Manuela Pietraß
Bild und Wirklichkeit

Manuela Pietraß

Bild und Wirklichkeit
Zur Unterscheidung von
Realität und Fiktion
bei der Medienrezeption

Leske + Budrich, Opladen 2003

Meinen Eltern

Gedruckt auf säurefreiem und alterungsbeständigem Papier.

Die Deutsche Bibliothek – CIP-Einheitsaufnahme
Ein Titeldatensatz für die Publikation ist bei Der Deutschen Bibliothek erhältlich

ISBN 3-8100-3636-6

© 2003 Leske + Budrich, Opladen

Das Werk einschließlich aller seiner Teile ist urheberrechtlich geschützt. Jede Verwertung außerhalb der engen Grenzen des Urheberrechtsgesetzes ist ohne Zustimmung des Verlages unzulässig und strafbar. Das gilt insbesondere für Vervielfältigungen, Übersetzungen, Mikroverfilmungen und die Einspeicherung und Verarbeitung in elektronischen Systemen.

Satz: Büroservice Barbara Pietraß, Rendsburg
Druck: DruckPartner Rübelmann, Hemsbach
Printed in Germany

Inhalt

Vorwort 9

Einleitung 11

1. **Bildrezeption als medienpädagogische Problemstellung...** 17
1.1 Erfahrungsnähe oder Realitätsverlust durch Bilderflut?........ 17
1.2 Bildpädagogische Ansätze... 22
1.3 Die Rezeptionsperspektive beim Bilder-Sehen 25
1.4 Realitäts- und fiktionsbezogene Bilder.................................. 30
1.5 Formulierung der Fragestellung 33

2. **Forschungsstand: Darstellungsformen zwischen Realität und Fiktion und ihre Rezeption**.. 35
2.1 Die Wirkung isolierter Darstellungsmittel............................ 37
2.2 Darstellungsformen zwischen Realität und Fiktion............... 40
2.2.1 Untersuchungen im Bereich der Gewaltwirkungsforschung.. 40
2.2.1.1 Fiktionale Gewaltdarstellungen in unterschiedlichen Genres. 41
2.2.1.2 Fiktionale Gewalt im realistischen und fantastischen Setting 42
2.2.1.3 Der Vergleich von Faction- und Fiction-Schemata 43
2.2.2 Authentisierende und fiktionalisierende Darstellungsmittel... 45
2.2.2.1 Authentisierung im Bereich der Unterhaltung....................... 45
2.2.2.2 Fiktionalisierung beim Reality TV 48
2.2.3 Darstellungsform und realer bzw. fiktionaler Kontext 52
2.3 Die Untersuchung einer realitäts- und fiktionsbezogenen Bildrezeption 54

3. **Bildrezeption aus Perspektive der Rahmen-Analyse**......... 57
3.1 Grundlagen der Rahmentheorie.. 58

3.1.1	Rahmen als sinngebende Ordnungsmuster sozialer Erfahrung	58
3.1.2	Rahmen als kontextuelle Interpretationshinweise und primäre Rahmen	61
3.1.3	Die Modulation als Grundlage von Fiktion	64
3.1.4	Rahmeninneres und Rahmenrand	69
3.2	Aufführen und Zuschauen	70
3.3	Zusammenfassung	75
4.	**Das Bildzeichen und die Konstitution seiner Relation zur Wirklichkeit**	**77**
4.1	Semiotische Grundlagen	77
4.2	Der Objektbezug des Bildes	80
4.2.1	Ikonizität als Funktion der Bildbedeutung	83
4.2.2	Die Indexikalität des bewegten Bildes	90
4.2.3	Symbolische Bildverwendung	94
4.3	Zusammenfassung	95
5.	**Bedeutungskonstitution im Bild aus rahmenanalytisch-semiotischer Perspektive**	**97**
5.1	Die rahmenanalytische Unterscheidung von Ereignis und Bildbedeutung	98
5.2	Rahmenhinweise und Rahmenschichten	101
5.3	Die Bedeutungsebenen des Bildes in der Filmsemiotik	106
5.4	Die Bedeutungsebenen des Bewegtbildes in rahmenanalytisch-semiotischer Perspektive	113
5.4.1	Der Gegenstand	113
5.4.1.1	Authentische Ereigniswiedergabe	114
5.4.1.2	Illustrierende Ereigniswiedergabe	118
5.4.2	Die Darstellung	121
5.4.3	Das Genre	124
5.5	Zusammenfassung	129
6.	**Empirische Untersuchung der Bildrezeption: Methode und Ergebnisse**	**131**
6.1	Forschungsansatz	131
6.1.1	Methodisches Vorgehen: Die Provokation von Rahmenzuordnungen	133
6.1.2	Untersuchungsanlage	139
6.1.2.1	Materialauswahl	139
6.1.2.2	Die Untersuchungsgruppe	142

6.1.2.3	Durchführung der Interviews	143
6.2	Auswertung	146
6.3	Darstellung der Ergebnisse	151
6.3.1	Rahmungsprofil der Sequenz „Cubus"	151
6.3.2	Rahmungsprofil der Sequenz „Hochzeit"	155
6.3.3	Rahmungsprofil der Sequenz „Roboter"	160
6.3.4	Rahmungsprofil der Sequenz „Küstenwache"	165
6.3.5	Rahmungsprofil der Sequenz „Venedig"	170
6.3.6	Rahmungsprofil der Sequenz „Gefechtssimulation"	176
6.3.7	Rahmungsprofil der Sequenz „Kinderfrau"	182
6.3.8	Rahmungsprofil der Sequenz „Kalligraphie"	189
7.	**Die Unterscheidung von Wirklichkeiten im Bild**	197
7.1	Rahmungswissen	197
7.1.1	Realität und Fiktion auf Ebene des Gegenstands	198
7.1.2	Hinweise der Darstellungsmittel auf Realität und Fiktion	202
7.1.3	Teilhabe am Rahmeninneren und Einordnung des Rahmenrandes	204
7.1.4	Einbezug außerbildlicher Wissensbestände	208
7.2	Empathie und Distanz bei der Bildrezeption	210
7.3	Der Zusammenhang zwischen Perspektivenübernahme und Darstellungsform	213

Resümee 219

Literatur 223

Anhang: Filmsequenzanalyse (Legrand, Patricia/Reim, Ursula) 235

Vorwort

Wissenschaftliche Arbeit ist nicht nur abhängig von einem zeitlichen und gedanklichen Freiraum, ebenso wichtig ist es, in der Offenheit des Forschungsprozesses Sicherheit vermittelt zu bekommen, den eingeschlagenen Weg weiterzugehen. In dieser Weise waren an der Entstehung der vorliegenden Arbeit, die zugleich meine Habilitationsschrift an der Ludwig-Maximilians-Universität München darstellt, einige Personen besonders beteiligt.

Ich danke meinem Habilitationsvater Prof. Dr. Rudolf Tippelt, dass er mir die Möglichkeit gab, diese Arbeit zu verwirklichen. Prof. Dr. Hans Wagner danke ich für seine fachliche Begleitung seit vielen Jahren. Ebenso wichtig ist es mir, Prof. Dr. Dieter Spanhel für seine vielfältige Unterstützung zu danken. Prof. Dr. Irmgard Bock und Prof. Dr. Heinz Mandl danke ich, wie auch den bereits Genannten, für ihre Gutachtertätigkeit. Mein Dank geht auch an Prof. Dr. Christian Doelker, dessen Ansatz in dieser Arbeit ein wichtiger Baustein ist. Die Durchführung der empirischen Untersuchung wurde von der Deutschen Forschungsgemeinschaft gefördert, wofür ich stellvertretend Dr. Manfred Nießen danke. Für ihre Projektmitarbeit danke ich Patricia Legrand und Ursula Reim, für ihre Hilfe beim Korrekturlesen Aiga von Hippel, M. A. An den Verlag Leske + Budrich, namentlich Edmund Budrich, geht mein Dank für die Veröffentlichung des Manuskripts. Für die Erstellung der Druckvorlage danke ich meinen Eltern. Nicht zuletzt danke ich meinem Mann für sein Interesse und seine Geduld, die mich während dieser Arbeit begleiteten.

Einleitung

„Also es ist ja gar keine richtige Welt, sondern es ist ja schon alles irgendwie fiktiv" bewertete ein Student die ihm vorgeführten Bilder und ein anderer meinte dazu, „man empfindet es nicht als echt". Die fraglichen Bilder stellten einen Gefechtsverlauf aus dem Golfkrieg 1991 nach, sie waren mit dem Computer simuliert, die Gegenstände vereinfacht und schematisiert. Die den Bildern zugrunde liegenden Kampfhandlungen waren einmal „real" gewesen, und nicht „fiktional". Doch die Art und Weise der Bilddarstellung rückte die kriegerische Auseinandersetzung in den Bereich der Fiktion.

Welche Rolle spielt die Art und Weise, wie Bilder Wirklichkeit präsentieren, bei der vom Betrachter hergestellten Relation zwischen Bild und Wirklichkeit? Diese Relation besitzt beim Bild eine besondere Qualität, die es gegenüber anderen Übertragungscodes, insbesondere der Schrift, auszeichnet. Weil es scheinbar nicht erlernt werden muss, Bilder zu verstehen, weil sie faszinieren und vor allem das bewegte Bild in seinen Bann schlägt, ist das Bild fragwürdig. Ist seine Weise der Realitätsvermittlung nicht scheinhaft und trügerisch? Führt es nicht dazu, dass wir uns leicht vom realen Gehalt des Bildes verführen lassen und nicht bemerken, dass sich dahinter weniger verbirgt, als es uns glauben machen möchte? Wahrgenommene Realitätsnähe und direkter Durchblick auf (eine wie auch immer geartete!) Wirklichkeit zeichnen einen bestimmten Typ von Bildern aus, mit dem wir insbesondere durch das Fernsehen konfrontiert sind. Doch offensichtlich gibt es auch Bilder, die nicht so real wirken, wie das oben genannte Beispiel computergenerierter Bilder. Vielleicht kann man sogar sagen, dass bei der Computersimulation etwas verlorengegangen ist, was das fotografische Bild auszeichnet, denn dieses bildet Wirklichkeit direkt ab, es hat eine testierende Qualität und macht seinen Betrachter zum Augenzeugen. Dieser Unterschied wird in den eingangs zitierten Aussagen der Studenten deutlich. Zwar wissen sie, dass die Sequenz tatsächliche Ereignisse simuliert, aber das erscheint ihnen nicht so. Dazu sind die Bilder zu schematisiert, der Computer als Vermittlungstechnologie zu deutlich erkennbar. Realität im Bild rückt fort, sie scheint angesichts der groben Bildauflösung, der geringen Detailtreue als künstlich und gestellt.

Die Möglichkeit, gesellschaftliche Wirklichkeit in den Medien resp. in Bildern darzustellen, ist an begrenzte Zeichenvorräte geknüpft. Über die Darstellungsmittel wird diese Begrenztheit erweitert, sie liefern metakommunikative Hinweise darüber, wie etwas zu verstehen ist. In den Darstellungsformen der Bilder liegen Spielarten des Umgangs mit Wirklichkeit, die „– unter sich verschärfenden Konkurrenzbedingungen – zum entscheidenden Faktor (werden), um die knappe Ressource Aufmerksamkeit breiter Publika täglich zu binden" (Paus-Haase 2000, S. 246). Unter dem Diktat der Inszenierung dominiert nicht mehr der Inhalt, sondern die Form, was zur Entstehung vielfältiger „Hybridwirklichkeiten" beiträgt. In ihnen wird die Unterscheidung zwischen Wirklichkeitsbereichen nur ungenau vollzogen, die Grenzen zwischen real und fiktiv, authentisch und simuliert zerfließen und lassen aus Bildern eine undifferenzierte Oberfläche entstehen, deren Aufgabe es ist, gesehen zu werden, und nicht, etwas zu zeigen. Einst war das Zeigen die das Foto von allen Bildern heraushebende Besonderheit, die ihm nicht nur die Funktion des Beleges von Realität verlieh, sondern den Durchblick auf Realität erlaubte. Mittlerweile aber ist „das Bild nur da angekommen, wo das Wort schon lange ist" (Prase 1997, S. 10), als Träger von Inhalten, aber nicht als Fenster zur Welt. Das Bild muss, wie das Wort „gelesen", d. h. entziffert, und auf seine Aussage hin befragt, also interpretiert werden. Die Studierenden in obigem Beispiel erkannten, dass es sich um sozusagen manipulierte Bilder handelte, und dass diese Bilder etwas zeigten, was sich tatsächlich einmal ereignet hatte.

Aber vielleicht geht trotz dieser korrekten Einordnung etwas verloren in einer Zeit, in der Wirklichkeit zunehmend durch Medien vermittelt und dargestellt wird? Wenn Bilder nicht repräsentieren, sondern präsentieren, dann werden sie selbst zur Wirklichkeit. Was bedeutet das für unseren Umgang mit Medienwirklichkeit, durch deren Medialität gesellschaftliches Leben erfahrbar wird? Die Tragweite dieser Frage bemisst sich an der Funktion der Medien selbst, in ihrem öffentlichen Raum manifestiert sich der Gelenkpunkt zwischen den begrenzten Erfahrungsmöglichkeiten des Individuums und deren sozialer Erweiterung durch Medienvermittlung. Es geht also nicht um die Unterscheidungsfähigkeit von Medien und Realität, nicht um das Bewusstsein der Konstruktivität medialer Wirklichkeiten. Nach Welsch begreifen wir heute ohnehin „Dank des Umgangs mit den medialen Wirklichkeiten (...), daß Wirklichkeit immer schon eine Konstruktion war, nur gestand man sich das früher nicht ein" (1991, S. 87). Es geht vielmehr darum, dass in der Bewusstheit des „Gemachtseins" (Welsch) eine postmoderne Gleich-Gültigkeit wachsen kann, ist alles gemacht, kann man im Spiel mit Wirklichkeiten Bilder „an sich vorbeirauschen lassen" (ebd.). Doch wenn Bilder auf diese Weise zur reinen Oberfläche werden, geht die Differenzierung von Realität und Fiktion, von Tatsache und Deutung, von Authentizität und Inszenierung, in der sich erst die Verbindlichkeit des Erfahrens und Handelns konkretisieren lässt, verloren.

Trotz der nicht nur in der Medienpädagogik intensiv diskutierten Frage nach der durch das Bild konstituierten und den durch die Zunahme von Bildern veränderten Formen von Wirklichkeitserfahrung liegen über die Differenzierung der im Bild vermittelten Wirklichkeiten durch die Rezipienten noch geringe Kenntnisse vor. Bisher überwiegen Studien, die entweder das Bild oder seine Rezeption in den Mittelpunkt stellen. Tatsächlich aber sind beide Seiten miteinander verwoben; Bilder enthalten Sinn, und Rezipienten vollziehen diesen Sinn nach, wie mit dem rahmenanalytischen Zugang sichtbar gemacht werden kann.

Rahmen sind in diesem Ansatz nicht als Bilderrahmen zu verstehen, die wie Grenzmarkierungen Ereignisse einfassen. Diese Metapher suggeriert die Vorstellung, es handle sich beim Bild um einen, einem Fensterrahmen gleich umfassten, Ausschnitt von „Wirklichkeit", wobei der Rahmen anzeigt, dass nicht die gleichen Gesetze gelten, wie bei anderen nicht-bildhaften Ereignissen. Die Auffassung des Bildes als eines Wirklichkeitsausschnitts, der gleichermaßen „in die Wirklichkeit einginge", wäre er nicht gerahmt, ist auf die Ähnlichkeit des Bildes mit der von ihm dargestellten Wirklichkeit zurückzuführen. Das Bild muss einen Rahmen besitzen, denn sonst könnte man es ja gleichsam für das halten, was es darstellt! In Goffmans Ansatz stellen „Rahmen" (frames) keine materiellen Grenzen, sondern kontextualisierte Einheiten von Sinn dar, die unsere Erfahrung von Wirklichkeit typenhaft organisieren. Vermittelt werden die Rahmen durch spezielle Hinweise im Bild, die auf die unterschiedlichen Weisen des Bildes, Wirklichkeit darzustellen, zurückgehen. Damit aber sind Bilder mehr als durch materielle Rahmen begrenzte Wirklichkeitsausschnitte, die so verstanden werden können, wie jene Wirklichkeit, auf die sie einen Ausblick erlauben. Die vielfältigen Wirklichkeiten im Bild sind, wie bereits das Beispiel der Computersimulation veranschaulichte, nicht miteinander gleichzusetzen, sondern sie repräsentieren unterschiedliche Sinn- und Erfahrungsformen, die sich erst in ihrem Nachvollzug dem Rezipienten erschließen. Im Rezeptionsprozess sollte sich demnach die Vielfalt von Wirklichkeiten im Bild spiegeln, sofern die Betrachter Bilder nicht als gleich-gültige Oberfläche wahrnehmen.

Um diese Unterschiede in der Rezeption von Wirklichkeit im Bild, die auf die Darstellung von Wirklichkeiten zwischen Realität und Fiktion im Bild verweisen, geht es in der vorliegenden Untersuchung. Wie der Zusammenhang zwischen dargestellter und rezipierter Relation von Bild und Wirklichkeit theoretisch und empirisch erfasst wurde, soll in Verbindung mit einem Überblick über die einzelnen Kapitel verdeutlicht werden.

Im *ersten Kapitel* werden, in Anknüpfung an die kulturkritische Diskussion, die Besonderheiten und Veränderungen aufgezeigt, die angesichts einer wachsenden Bilderflut entstehen. Als problematisch wird vor allem die Abbildhaftigkeit des Bildes gesehen, wobei es in den kulturkritischen Ansätzen nicht mehr als ein Zeichen, das auf Realität verweist, verstanden wird, sondern diese herstellt. Damit aber wird das Bild zur eigentlichen Wirklichkeit. Um so wichtiger ist es, die visuelle Kompetenz zu schulen, was in der Bildpädagogik thematisiert wird. Vom Rezipienten verlangt dies die Einnahme spezifischer Rezeptionsperspektiven (Doelker 1987) auf die Relation von Bild und Wirklichkeit. Diese Relation wird für die weitere Untersuchung unter eine rahmenanalytische Unterscheidung realitäts- und fiktionsbezogener Bilder gestellt. Realität bezeichnet die Einbindung von Ereignissen in die Verbindlichkeit des alltäglichen Handelns und Fiktion die Unverbindlichkeit von Welten, die auf sich selbst bezogene Sinnbezüge entwerfen und darin „geschlossen" sind. Bezüglich der Aussagefunktion des Inhalts besteht ein eminenter Unterschied, der vor allem dadurch verstärkt wird, dass Medien einen vermittelten Erfahrungszugang bieten, d. h. sowohl Präsentation wie Rezeption unterstehen der damit gegebenen Herausforderung, das Vermittlungsdefizit auszugleichen und – positiv gewendet – der Ermöglichung von Erfahrungs- und Erkenntniserweiterung.

Wissen wir zwar, dass der erwachsene Zuschauer zwischen Realität und Fiktion trennt, so sind wenig empirische Kenntnisse darüber vorhanden, wie sich dieser Unterschied im Prozess der Rezeption qualitativ vollzieht, d. h. wie Rezipienten Medienwirklichkeiten unterscheiden. Dies liegt auch daran, dass den im Bild gegebenen Informationen wenig Aufmerksamkeit geschenkt wurde. Hinsichtlich der Programm-Mischformen liegen einige Untersuchungen vor, die wichtige Hinweise auf die Rolle der bildlichen Darstellungsformen bei der Unterscheidung von Realität und Fiktion geben. Einen näheren Einblick in den Forschungsstand gibt das *zweite Kapitel*.

Im *dritten Kapitel* wird die rahmenanalytische Perspektive, wie sie oben bereits angeschnitten wurde, auf den Prozess der Medienrezeption übertragen.

Rahmen als kontextualisierte Sinneinheiten transportieren Zeichen, ein Anschluss an die Semiotik, der von Goffman zwar erwähnt, aber nicht ausgeführt wird. Insofern gilt es, im folgenden *vierten Kapitel* den Zeichenstatus des Bildes zu bestimmen, zunächst um seiner besonderen Objektbeziehung als Beziehung zur „Wirklichkeit" gerecht zu werden. Es wird gezeigt, dass das Verständnis von Ikonizität als Ähnlichkeit mit dem Gegenstand eine verkürzte Sichtweise auf das Bild vermittelt, unter der die spezifischen Darstellungsformen und damit Interpretationshinweise von Bildern verloren gehen.

Aufgrund ihrer wachsenden Bedeutung stehen im Fokus der Untersuchung bewegte Bilder, deren Art und Weise Bedeutung zu vermitteln im *fünften Kapitel* analysiert wird. Es liefert unter Einbezug der Rahmentheorie sowie filmsemiotischer Ansätze eine Analyse der Bedeutungsebenen des Bewegtbildes, auch unter Einbezug des besonderen, Objekte direkt abbildenden Status des Kamerabildes.

Untersuchungen zur Medienrezeption stehen vor dem Problem, dass dies ein „innerer Vorgang" (Grimm 1999) ist, dessen Prozesse nicht offen vorliegen. In Anlehnung an Goffman wurde eine Methode entwickelt, mit deren Hilfe Rahmungssituationen künstlich provoziert wurden, die einen empirischen Nachvollzug von Medienrezeption als Rahmungsprozess erlauben.

Dieser methodische Zugang und die Ergebnisse der Erhebung werden im *sechsten Kapitel* dargestellt.

Eine zusammenfassende Interpretation hinsichtlich einer auf die Wirklichkeiten im Bild bezogenen Rezeption findet sich im letzten, *siebten Kapitel*.

Ist in der vorliegenden Untersuchung vom Bild die Rede, so ist damit das bewegte Bild gemeint, wie es im Fernsehen zu sehen ist. Hier besteht die derzeit größte Diversifikation an bildlichen Verwendungszusammenhängen und damit auch die größte Vielfalt an Genres und ihren Codes. Die Ergebnisse aber sind grundsätzlich auf Bildrezeption übertragbar, weil das grundlegende Untersuchungsinteresse, die Repräsentation von Wirklichkeit im Bild, für alle anderen Bildformen ebenfalls gilt. Weiterhin bezieht sich die Arbeit in der Fragestellung und in ihrer Erhebung auf Personen, die Realität und Fiktion unterscheiden können, und dabei auf Erwachsene. Bei Kindern ist diese Fähigkeit nicht nur vom Alter, sondern wie Aufenanger (1996) fand, auch von der vorhandenen Medienkompetenz abhängig.

Die Perspektive der Nutzer wurde über die vom Bildproduzenten möglicherweise intendierte Bedeutung gestellt, ihr Verstehen begrenzt den durch das Bild vermittelten Sinn.

1. Bildrezeption als medienpädagogische Problemstellung

1.1 Erfahrungsnähe oder Realitätsverlust durch Bilderflut?

Die Besonderheit der Erfahrung von Bildern wird häufig mit einer von Plinius dem Älteren überlieferten Anekdote beschrieben, wonach den Wettstreit zwischen zwei Malern nicht der gewann, dessen gemalte Trauben so wirklich aussahen, dass sie von Tauben angepickt wurden. Sondern es siegte jener Maler, der auf die Frage, wo sein Bild denn nun sei, auf einen Vorhang wies. Als sein Kontrahent den Vorhang wegziehen wollte, musste er erkennen, dass er auf ein Bild hereingefallen war (vgl. Doelker 1998, S. 32; Neiva 1999, S. 75f.). Die Besonderheit des Bildes liegt, wie mit dieser Erzählung veranschaulicht werden soll, in seiner wahrgenommenen Ähnlichkeit mit dem dargestellten Objekt. Das Bild erzeugt den Eindruck, Wirklichkeit zu sein, was seine zeichenhafte Referenz zur Realität aufweichen lässt – die Differenz zwischen Bild und Gegenstand verschwindet.

Die Ähnlichkeit des Bildes mit realer, über den Augensinn vermittelter Erfahrung räumt ihm einen Sonderstatus im Bereich visueller Informationsvermittlung ein. Die Wirkung des Bildes liegt im Beispiel des Plinius in seiner Abbildhaftigkeit, in seiner der realen Wahrnehmbarkeit vergleichbaren Objekterfahrung. Sie hebt die „Seinsdifferenz" (vgl. Gadamer 1995) des Bildes zur Realität auf und schafft damit eine zweite Wirklichkeit, die nur Schein ist, deren Scheinhaftigkeit aber schwer zu durchschauen ist, da das Bild in seiner Präsenz wirkt und dadurch Erfahrung erzeugt. Die darin formulierte „Immanenzthese" (Röll 1998, S. 72ff.) geht davon aus, dass eine unmittelbare Beziehung zwischen Bild und dargestelltem Gegenstand bestehe, dass das Bild gleichfalls einen Anteil an der Realität des dargestellten Objekts besitze, d. h. die bildliche Erfahrung nähert sich in ihrer Qualität der Erfahrung des realen Objektes an. Dies ist noch heute aktuell in der Befürchtung, „daß durch die Bilder eine kritische Wahrnehmung unterlaufen wird sowie die technisch produzierten Abbild-Welten unhinterfragbar eine Vorstellung über das Ur-Bild (Realität) geben und damit zu Vorbildern der Weltwahrnehmung werden, von der ausgehend die gesammelten Erfahrungen interpretiert werden" (ebd., S. 74). Eine Annahme, der sich auch Franz-Josef Röll mit der These anschließt, „daß es zu Verwechslungen zwischen Bild und Abbild kommen kann". Als Beispiel nennt er die Verschmelzung von computeranimierten Sequenzen mit Filmsequenzen, wie in „Jurassic Park" mit seinen authentisch wirkenden Dinosauriern. Wenn solche Szenen nicht mehr als Effekt erkennbar sind, dann helfe „nur die Vernunft bzw. das rationale Wissen, dass die wirklichkeitsgetreu kreierten Saurier eigentlich ausgestorben sind, obgleich die Augen etwas anderes beobachten" (ebd.).

Das Bild wird zum Abbild, das keine Bildhaftigkeit besitzt, da es nicht eine verborgene Botschaft vermitteln, sondern einen Gegenstand zeigen will. Insbesondere beim Fernsehen bezieht der Zuschauer aus der Abbildhaftigkeit die Illusion, etwas selbst gesehen zu haben (Mattenklott/Donsbach/Brosius 1995), woraus auch seine Glaubwürdigkeit entspringt (Berg/Kiefer 1996). Die Fernsehkamera operiert nach dem Augenzeugenprinzip, das in der Malerei „die negative Regel" bezeichnet, „daß der Künstler nichts in sein Bild aufnehmen darf, was der Augenzeuge in einem bestimmten Augenblick von einem bestimmten Punkt aus nicht hätte sehen können" (Gombrich 1984, S. 249).

Nach Müller-Doohm sind Abbilder „Reproduktionen von Gegebenem und insofern funktional auf ein Nichtbildliches bezogen". Bilder dagegen stellen „eine eigene Realität dar, die aus einer Vielfalt von Gestaltungsformen und Strukturelementen besteht" (1997, S. 85). Kennzeichnend beim Bild ist seine Doppelgestalt, in der es seinen Gegenstand offen zeigt und zugleich in seiner Offenheit weitere Sinngehalte verbirgt. Die Unterscheidung zwischen Bild und Abbild liegt in der Verwendungsfunktion eines Bildes. Die Werbefotografie, bei der die Botschaft in „Formen professioneller Inszenierung" verpackt sei (S. 89), geht z. B. nicht in ihrer Abbildhaftigkeit auf. Ihre Bildlichkeit resultiert aus der offensichtlichen Kommunikationsfunktion. Das Bild besitzt also die Aufgabe, etwas zu zeigen, doch zeigt es darin zugleich sich selbst mit (Waldenfels 1995, S. 238), eine Ästhetik, die auf „unmittelbar erfahrener Präsenz" beruht. Die Zeichenhaftigkeit des Bildes wird dadurch aufgehoben (vgl. Erjavec 1998, S. 44) und muss vom Betrachter selbst ins Bewusstsein gerufen werden. Doch unterläuft die Erfahrungsnähe des Bildes eine solche Distanzierung, seine „Faszination" liegt eben darin begründet,

„daß es ontologisch wahr ist, sich dem logischen Urteil entzieht, also unmittelbar anspricht, daß es in besonderem Maße auf sich selbst verweist, auf seine eigene Realität, auf seine Qualitäten, nicht zuletzt seine ästhetische. Das Bild wird demnach als etwas Konkretes erlebt" (Baumhauer 1986, S. 48).

Das Bild ist ein Zeichen, das weder wahr noch falsch ist, das nicht logisch beurteilt werden kann. Erst die Zuordnung zu einem Zeichenzusammenhang schafft eine Aussage über die Aussage des Bildes, aber wiederum nicht eine logische, da ein Bild kein Urteil oder Argument darstellt (ebd.).

In Verbindung mit der logischen Unhinterfragbarkeit liefert seine Erfahrungsnähe den Betrachter dem Bild aus: „Die Bilddiskurse" haben nach Thomas Meyer „eine suggestive Macht, für die spontane Wahrnehmung ihren Diskurscharakter zu verleugnen" (1995, S. 56). Der Zuschauer müsse in Distanz zur Bildwirkung treten, indem er „die Angewohnheit des zweifachen

Blicks" erlernt, „der mit den Bildern immer auch die Regie erkennt, die sie ihm präsentiert, damit er deren Absichten nicht wehrlos zum Opfer fällt" (ebd., S. 68). Die „ikonische Differenz" zwischen Bild und Realität erleichtert den „zweifachen Blick", da sie die Bildlichkeit im Gegensatz zur Abbildhaftigkeit betont. Sie ist stark, wenn das Bild davon lebt „etwas zu zeigen, auch etwas vorzutäuschen und zugleich die Kriterien und Prämissen dieser Erfahrung zu demonstrieren" (Boehm 1995, S. 34). Allerdings favorisiere die moderne Reproduktionsindustrie „das Bild als Abbild, als Double der Realität" (ebd.). Bildersehen gehe dann in Richtung faktisches Sehen, wenn eine möglichst gute Wiedererkennung des Abgebildeten intendiert ist, z. B. bei einem Passfoto.

Die vorhandenen Medientechnologien, Foto, Fernsehen, Computer und Kommunikationsumwelten wie die Werbung versorgen durch die von ihnen produzierte Bilderflut mit einem wachsenden Sehangebot. Sonesson erklärt dafür verantwortlich die Zunahme an Bildoriginalen und -kopien, „das Anwachsen der Bildkategorien, der Verwendungszweck von Bildern in den verschiedensten Kontexten", „die weitere Zirkulation der Bilder im Vergleich zu früher" und „die stärkere Aktivation der Bilder durch Kanäle wie Fernsehen oder Illustrierte" (1993, S. 55). Zugleich unterliegen die Medien mit ihrem Zwang zur Visualisierung ihren eigenen technischen Möglichkeiten (Ludes 1991, 1993) und damit der Notwendigkeit der Foto- oder Telegenität: nur das erscheint in den Medien, was visuell darstellbar ist, was den technischen und normativen Vermittlungsstandards entgegenkommt. Aktualisierung und visuelle Darstellbarkeit dominieren ebenfalls den Informationsbereich, für den Ludes folgende Trends feststellt: 1) Die Verwendung leicht erkennbarer „visueller Stereotypen", was 2) am ehesten gelingt durch Ankerpersonen; 3) „die Anzahl der Ereignisorte und Handlungen muss sich diesen Mustern anpassen", was 4) dazu führt, dass „die genannten Stereotypisierungen (…) eine Stilisierung der Berichte nach dramaturgischen Erzähl-, medienästhetischen Darstellungsvisionen (ermöglichen)" (1993, S. 77). Der Zwang zur bildlichen Visualisierung führt zu einer „Ikonisierung der Weltanschauung" (Zillmann; zit. n. Ludes 1993), die in der Forschung z. B. mit einem Zuwachs an Bildern in der Tagesschau von 50 auf 70% in den vergangenen zwanzig Jahren belegt wird (Brosius 1998). Bilder sind „Aufmerksamkeitsgaranten Nummer 1" (Meckel 1999, S. 357), wobei die Visualisierungsstrategien nach Miriam Meckel zur Folge haben, dass Bilder zu „Hybridobjekten" werden, „über deren Authentizität sich zunächst einmal wenig sagen lässt" (ebd.). Hickethier sieht darin zwar kein Problem, erlangten Bilder ihre Authentizität nicht aus einer

„vormedialen Wirklichkeit, sondern die Zeichen haben ihre Referenz in den Bedeutungen, in semantischen Einheiten. Virtualität ist deshalb für die Nachrichtenerzählungen kein wirkliches Problem, weil es die grundsätzliche Differenz zwischen Bericht und Berichtetem immer schon gegeben hat." (Hickethier 1997, S. 17)

Allerdings beziehen Nachrichten ihre Glaubwürdigkeit auch aus ihrer Objektivität, wie sie durch die unmittelbare Aufzeichnung (scheinbar) garantiert ist, so dass Virtualität durchaus ein Problem werden könnte. Löst sich der in der Anschauung wahrnehmbare und codifizierte direkte Bezug des Bildes zu seinem Objekt auf, so entsteht ein Referenzverlust. Frederic Jameson sieht hierin ein Kennzeichen der Postmoderne. Der Referenzverlust von Zeichen stelle eine Stufe im dreigliedrigen Wandel des Zeichens dar. Während im Realismus Zeichen und Referent noch miteinander verbunden gewesen seien, seien sie in der Moderne getrennt. In der Postmoderne würde nicht nur das Zeichen von der Realität getrennt, sogar seine Bedeutung würde problematisiert, so dass nur noch das Signifikat übrigbleibt (vgl. Erjavec 1998, S. 48). Dies ist z. B. die Ansicht von Jean Baudrillard, nach dem das Reale in einer Hyperrealität untergeht, er diagnostiziert eine „Agonie des Realen", die er auf seine Verdoppelung zurückführt. Disneyland sei geschaffen worden zur Wiederbelebung der Fiktion des Realen (1978, S. 25): Nach Baudrillard ist „die neue Ontologie (...) die des Doubles, zu der die Herrschaft der elektronischen Medien uns hinführt" (Krüger/Wensierski 1990, S. 197). Indem sich die Pole zwischen Realität und Simulakrum, zwischen Produktion und Reproduktion des Realen auflösen, wird „das Feld der Simulation und absoluten Manipulation betreten" (Baudrillard 1978, S. 51). Zeichen dienen danach nicht mehr dem Zweck der Referenz auf Realität, sondern sie referieren auf sich selbst (vgl. S. 38).

Die moderne Kunst ist ein Paradigma postmoderner Bildtheorie, sie führt die Entkoppelung von Zeichen und Bedeutung durch sich selbst vor, indem sie die Theorie der Ikonizität des Bildes, als des Bezugs zwischen Zeichen und Referent aufgrund einer ihnen zugeschriebenen Ähnlichkeit problematisiert. Die Kommunikation zwischen Betrachter und Bild entwickelt sich nicht mehr aus dieser wahrgenommenen Ähnlichkeit, „das, was Aussage werden oder als solche soll anerkannt werden können, [entwickelt sich] erst im Hinblick auf den Abzug der Signifikate aus den Signifikanten" (Reck 1998, S. 154). Das Bild besitzt keinen sichtbaren Referenten, der seine Bedeutung konstituiert, sondern der Betrachter wird dazu aufgefordert, diese Referenz selbst zu erzeugen, was dazu führt, dass das Bild „außerhalb der Erkenntnisleistung des Betrachters nicht mehr existent [ist]" (S. 158, vgl. auch S. 154f.). Auf dieser Ebene der „Signifikazität" findet eine „Entkoppelung von Zeichen und Bedeutung, Syntax und Aussage, bildnerischer Universalgrammatik und Repräsentation" statt (Reck 1998, S. 137). Das Bild wird bei der reinen Signifikazität nicht mehr durch das Zeigen bestimmt, sondern durch seinen Status als Bild, was zur Konsequenz hat, dass sich das Bild in Rückbezug auf sich selbst bestimmt: „Selbstreflexion und Selbstreferentialität treten an die Stelle von Denotation und Repräsentation. Das Wirkliche ist, was das Bild im Hinblick auf sich selber inszeniert" (ebd., S. 159). Die Bildform, die noch immer auf Repräsentation hinweist, lässt die Erwartung des Betrachters ins Leere laufen. Aufgrund der Simulationstechnik in der Kunst ist es nicht mehr möglich, „auf die andere Seite des Spiegels überzugehen", zum Realen selbst geworden, kann das Bild „nicht mehr transzendieren, verklären oder träumen" (Baudrillard 1995, S. 95). Verschwindet das Ästhetische aus der Kunst, das das Bild zu einem anderen der Realität werden ließ, wird das Bild selbst zum Realen:

„Die Simulakra sind keine Simulakra mehr, sie entstehen wie aus einer materiellen Evidenz heraus, vielleicht als Fetische, zugleich völlig entpersonalisiert, desymbolisiert, und dennoch höchst intensiv und direkt als Medium besetzt – ohne irgendeine ästhetische Vermittlung." (ebd. S. 97)

Das Materielle ist in die Bilder eingedrungen, so dass die Dinge hierin selbst präsent werden, und nicht, wie in der Vorstellung der Seinsdifferenz, im Bild eine Form der Spiegelung erfahren, die ihr Geheimnis (ebd., S. 95) sichtbar macht. In dieser Auffassung wird das Bild „zu einem Eigenwesen hochstilisiert" (Doelker 1997a, S. 41). Wie zu jener Zeit der Höhlenbilder, als nicht das Wesen des Abgebildeten seine Wirkung entfaltete, sondern das Bildwesen selber (vgl. S. 38), kommt nach Christian Doelker eine magische Komponente ins Spiel, es verändert sich, womit sich der Medienphilosoph Flusser (1995) befasst, die Perspektive auf Realität. Die technischen Bilder sind nicht bedeutungsvoll in dem Sinne, dass sie uns etwas über die Welt sagen, sondern sie produzieren Welt. Der Vektor der Referenz, der traditionell vom Bild auf Realität verwies, hat sich umgekehrt, und obwohl diese Bilder „Ballungen von Punkten" sind, würden sie erlebt, „als ob sie ein uns angehendes Etwas wären" (Flusser 1995, S. 43). Wie Baudrillard auch kritisiert Flusser den Verlust der Bedeutung des Bildes, also dass mit ihm etwas ausgesagt werden solle. Sei beim Ölporträt die Absicht, „einen Menschen zu bedeuten" offensichtlich, so erwecke das technische Bild den Anschein, „als ob es sich Punkt für Punkt mit dem Körper des Politikers decken würde, als ob jeder Punkt dieses Körpers einen Punkt im Bild hervorgerufen hätte" (ebd., S. 49). Insofern würde der Zuschauer in eine Haltung der Kritiklosigkeit gegenüber dem Bild verfallen, und vielmehr den Politiker selbst kritisieren – Kepplinger konnte diesen „essentialistischen Trugschluß" empirisch nachweisen (1987). Die Bilder haben nach Flusser ihre Bedeutungsfunktion verloren, da sie in Richtung des Konkreten entworfen wurden und nicht umgekehrt das Konkrete abstrahieren. So dienten sie nicht mehr zum Handeln, sondern der Zuschauer würde von ihnen „programmiert" (1995, S. 50). Sich ein Bild durch die Bilder machen zu können, ist folglich nicht ihre Absicht, sondern das Bild selbst konkret zu nehmen. Ein solcher „Aufstieg der medialen Bildwelt zur eigentlichen Wirklichkeit" veranlasst Wolfgang Welsch von einer „Anästhetisierung" durch Bilder zu sprechen. Wir würden zu bilderlosen und fensterlosen Monaden, „kontakt- und fühllos gegenüber der ehedem eigentlichen, ‚konkreten' Wirklichkeit, die inzwischen zur uneigentlichen, sekundären, scheinhaft-farblosen Realität herabgesunken ist" (1991, S. 72). Das Bild ist damit selbst zur Realität geworden, es veranlasst nicht zu einem differenzierenden Blick auf Realität, sondern erstickt diese Differenz, in dem es sich selbst zum Eigentlichen erhebt.

1.2 Bildpädagogische Ansätze

Die Relation des Bildes zur Wirklichkeit wird durch die Art und Weise, Bilder zu erzeugen und Ereignisse in ihnen präsent zu machen, bedingt. Kann man die Bildwelten aufgrund ihrer eigenen systembedingten Dynamik schwer beeinflussen, so bleibt die Hinwendung zum Betrachter. Seine Kompetenz, kritisch zu durchschauen, wie Bilder Wirklichkeit veranschaulichen, bedeuten und schaffen, ist eine (medien)pädagogische Aufgabenstellung.

Bei der im Begriff der Bilderflut konstatierten Dominanz des Visuellen geht es genauer gesagt um die Dominanz des Piktoralen, unter der die Vermittlung von Welt in Form der bildlichen Symbolik zum Leitmedium wird. Doch ist auch das Bild wie Sprache und Schrift ein kommunikatives Zeichen, das Botschaften enthält. Ihre korrekte Entzifferung ist die Grundaufgabe der Erziehung zur visuellen Kompetenz. Die meisten Ansätze zielen darauf, von der inhaltlichen und formalen Bildpräsentation ausgehend, den Mediennutzer zu befähigen, Bilder von ihrer wirklichkeitsähnlichen, erfahrungskonstituierenden Wirkkraft zu abstrahieren und als eigene Sprachform zu verstehen. Ein weiterer Ansatz ist die gegen die Übermacht der Bilder gestellte Kompetenz der sprachlichen Verarbeitung bildlicher Erlebnisse (z. B. Benz 1998), der nicht vorgestellt werden soll, da in ihm die bildliche Ebene nur indirekt betrachtet wird als Erfahrung induzierender Faktor.

In der englischsprachigen Literatur kann man grundsätzlich zwei Richtungen der *visual literacy* unterscheiden, eine eher wahrnehmungsfundierte und eine semiotisch fundierte, wobei sich, angeregt durch die literatur- und kulturwissenschaftliche Perspektive, insgesamt die Berücksichtigung der Kontextabhängigkeit von bildlichen Aussagen durchsetzt. Ein Beispiel für einen wahrnehmungsorientierten Ansatz ist der von Paul Messaris. Bildrezeption als das Erkennen von Gegenständen versteht er als „the ability to recognize the meaning of visual images (both still pictures and movies)" (1997, S. 158). Diese Fähigkeit ist auf die kulturelle Sozialisation zurückzuführen und wirkt sich einschränkend auf das interkulturelle Bildverstehen aus. Letzteres zu fördern ist für Messaris Ziel der visual literacy. Deborah Curtiss (1994) erstellt eine auf Basis der Sprachwissenschaft systematisierte Definition, die die Unterscheidung zwischen Form und Inhalt, die kontextuelle Bedeutung, die Verbindung einzelner Elemente zu einer Grammatik, den Stil und die Interpretation des historischen Kontextes sowie die Kompetenz zur Produktion von Bildern umfasst (S. 53f.). Bei Gunther Kress und Theo van Leeuwen wird aus Perspektive der *social semiotics* visuelle Kompetenz (1998) zur Fähigkeit, bildliche Zeichen nicht als abbildende Repräsentanten zu verstehen, sondern als Mittel, soziale Realität zu veranschaulichen. Das Bild wird als eine Form gewählt, eine Aussage in die, gemäß dem ursprünglichen sozialen Kontext, plausibelste Form zu fassen (vgl. S. 11), Bildsprache ist danach Ausdrucksmittel soziokulturell bedeutsamer Sachverhalte und Verhältnisse. Als Kompetenz der Entzifferung von Bildsprache ist es jedoch schwierig, visual literacy auf Bewegtbilder zu beziehen. Aufgrund ihrer Flüchtigkeit ist die Analyse von Bewegtbildern als Bestandteil der Medienerziehung schwer durchführbar, was den in diesem Bereich häufig wahrnehmungspsychologisch fundierten Zugang erklärt (z. B. Amey 1976; Messaris 1997).

Einen auf Stand- sowie auf Bewegtbilder beziehbaren Ansatz der Bildpädagogik legt der Medienpädagoge Christian Doelker vor, für den Bildkompetenz eine rezeptive und eine produktive Komponente enthält. Die Fähigkeit zum Bilderlesen und die Bildherstellung bis zur Erstellung von sprachlich-bildlichen Texten stellt er in seinem Buch „Ein Bild ist mehr als ein Bild" (1997) dar. Grundsätzlich folgt auch er der Differenzierung von unmittelbarer Anschauung und bildlicher Aussage durch den Rezipienten. Visuelle Kompetenz richtet sich auf die Analyse dreier Bedeutungsebenen des Bildes (vgl. Doelker 1997a, S. 146ff.), und bezieht subjektive, semantische, kontextuelle und kommunikative Abhängigkeiten der Bildbedeutung ein. In der „subjektiven", durch die individuelle Rezeption geleiteten Bedeutung, nimmt jeder ein Bild in seinem persönlichen Interessenshorizont auf. Die „inhärente Bedeutung" beschreibt alle semantischen Gehalte eines Bildes, von der spontanen Bedeutung, wie sie aufgrund nonverbaler Verhaltensäußerungen entsteht, über die „feste" zur „latenten" bis zur „intertextuellen Bedeutung". Die intendierte Bedeutung bezieht sich auf die Ergründung der durch den Bildkommunikator intendierten Absicht, die sichtbar wird, wenn man den durch Sprache gegebenen Zusammenhang (deklarierte Bedeutung) zu Rate zieht. Weitere Aspekte der intendierten Bedeutungsebene sind die transtextuelle (biographischer und zeitgeschichtlicher Hintergrund), funktionale und kontextuelle (andere Texte desselben Autors) sowie die intertextuelle Bedeutung, also zwischen verschiedenen Texten. Beim Fernsehen besteht die besondere Herausforderung, dass der Rezipient die durch die „phylogenetische Prägung" geleitete Wahrnehmung überwinden müsse und lernen, „die Aufmerksamkeit von den buchstäblich attraktiven Punkten der Darbietung (lateinisch attrahere = anziehen) auf die weniger attraktiven, aber möglicherweise informativeren Teile des Textes zu richten" (S. 155). So sind bewegte Bilder attraktiver als unbewegte, Inhalte der primären Bedürfnisse attraktiver als jene sekundärer, kommt das Auffällige vor dem Neutralen und das Visuelle vor dem Verbalen (vgl. ebd.). Der Zuschauer muss sich die Kompetenz aneignen, „seine Wahrnehmung zu dekonditionieren" (ebd.). Im „Mäandern" zwischen Text und

Bild hat er jeweils zu orten, wo die wichtigere Information zu erlangen ist (Doelker 1979, S. 56ff.; 1989, S. 209ff.). Zum Beispiel sind „Realbilder", wie das Bewegtbild sie darstellt, nicht immer als solche aufzufassen, sondern sie können auch als „Schaubilder, Zierbilder und Füllbilder" gelesen werden (1997, S. 156).

Auch Dieter Baacke betont die Notwendigkeit der visuellen Kompetenz, doch stellt er die im Bild liegende Möglichkeit ästhetischer Erfahrungen über den Weg der Faszination in den Mittelpunkt. In Anlehnung an den Anthropologen Erwin Straus schließe Faszination Empfindungen ein, „die sich aber zu Wahrnehmungen weiterentwickeln können oder auch zum Erkennen von Wahrheiten, Tatbeständen, Einsichten über sich selbst" (1995, S. 40). In diesem Verständnis werde die über die Wahrnehmung geleitete Faszination zu einer „Erlebnisform des Vermittelns" (ebd.), deren Ermöglichung Baacke nur im Kino gewährleistet sieht, da Fernsehbilder kaum noch wahrgenommen würden. Röll (1998) knüpft an Baacke an und betont die durch das Bild ermöglichte ästhetische Erfahrung. Ihr Wert liege in ihrer Unverbindlichkeit, bei der die ästhetische Erfahrung zum Vorausgriff, zum Korrektiv oder zum Entwurf potenzieller Erfahrungsfelder wird. Sie aktualisiert sich nach Röll auf drei Ebenen: „Aktive Imagination bedeutet die Beschäftigung mit dem Symbol als schöpferische Auseinandersetzung mit dem Unbewußten". Sie umfasst „eine (imaginäre) Dialogfähigkeit mit inneren Phantasiebildern und symbolisch aufgeladenen Medienbildern" (S. 403). „Reflexive Imagination" versetzt in die Lage, „Ästhetisierung der Welt mit reflexiven Instrumentarien des ästhetischen Denkens (wie z. B. Montage-Denken, Symbol-Decodierung) gegenüberzutreten" (S. 403) und auf der dritten Ebene der „produktiven Imagination" wird „die Erfahrung von konkreter Realität in einen symbolischen Kontext" übersetzt, sie stellt „eine handlungsorientierte Beschäftigung mit Bildwelten" dar (S. 404). Der tiefenpsychologisch fundierte Ansatz Rölls betont vor allem den Aspekt der Symbolhaftigkeit von Bildern. Diese gilt es fruchtbar zu machen im Prozess der ästhetischen Erfahrung bzw. durch eigene Produktionen selbst symbolbildend tätig zu werden. Wahrnehmung bezieht sich in beiden Ansätzen auf den Sehsinn als visuelle Wahrnehmung und fordert eine Wahrnehmungsschulung, die die Gestaltungsformen von Bildern aktiv erkennt und in die Erfahrung miteinbezieht. Ästhetisch ist diese Erfahrung nicht, weil es sich um den Sehsinn handelt, wie der Begriff einer wahrnehmungsorientierten Bildpädagogik impliziert, sondern weil das Bild eine Neuproduktion von Erfahrung ermöglicht, und damit von der Unmittelbarkeit entlastet.

Trotz der mit der Einsicht in die Konstruiertheit von Bildern verbundenen und als notwendig verstandenen Förderung visueller Kompetenz spielt das Bild eine untergeordnete Rolle in der Pädagogik, die einen ihr von Baacke zugeschriebenen „Widerwillen gegen den Seh-Sinn" besitzt: „Die Welt der bewegten Bilder, des lustvollen Sehens und die Pädagogik befinden sich in einem kaum noch begonnenen Lernverhältnis." (1995, S. 33) Bezieht sich Baackes mittlerweile acht Jahre zurückliegende Äußerung auf einen Aspekt ästhetischer Bildung, so formuliert er doch ein Grundproblem der Auseinandersetzung mit dem Bild, das zu einer Erfahrungsform führt, die außerhalb kritischer Distanznahme liegt und von dieser aufgrund der Wirkkraft des Bildes schwer einholbar erscheint. Zugleich weckte das Bild aufgrund seiner direkten Zugänglichkeit lange Zeit nicht den Anspruch, einer besonderen Aufmerksamkeit zu bedürfen, Fernsehen braucht man, im Gegensatz zum sprachlichen Diskurs, nach Ansicht des sicherlich populärsten Medienkritikers Postman (1985), nicht zu lernen. Noch 1997 stellt Doelker „ein krasses Mißverhältnis zwischen der zunehmenden Bildmenge und der Qualifikation im Umgang mit Bildern" fest (S. 11). Insgesamt kann man für den deutschsprachigen Raum sagen, dass sich seit Mitte der neunziger Jahre Bildpädagogik als Teilbereich der Medienpädagogik zu etablieren beginnt (Baacke 1995; Meyer 1995; Doelker 1997a; Röll 1998): „Bild-Pädagogik, Bild-Bildung ist ein Oberbegriff für eine Befähigung zur Auswertung jeder Art von Bildern und von Bildinformation." (Doelker 1997a, S. 50). Ist das Bild in den letzten Jahren auch stärker in den Fokus der Pädagogik gerückt, die vorliegenden Ansätze und Methoden sind nach wie vor überschaubar. Vielleicht handelt es sich hier tatsächlich, wie der Kommunikationswissenschaftler Peter Ludes meint, um eine generationenübergreifende Aufgabe, die mit der Literalisierung zu vergleichen ist, nämlich als „formation of concepts of visual communications competence, comparable to those of written communication competence (...) a task thus left to the next generation, a task perhaps comparable to the spread of literacy" (1994, S. 21).

1.3 Die Rezeptionsperspektive beim Bilder-Sehen

Ein Bild ist nicht gleich ein Bild, sondern Bilder unterscheiden sich hinsichtlich dessen, wo und wofür sie eingesetzt werden: z. B. stellen die ästhetischen Bilder der Filmkunst, Bilder in den Nachrichten, die auf reale Geschehnisse bezogen sind und Bilder, die inszenierte Ereignisse wie bei Dokusoaps wiedergeben, unterschiedliche (Medien-)Wirklichkeiten dar. Dass deren Differenzierung verloren gehen könnte, ist dem Abbildcharakter des Bildes zuzuschreiben. Bei den vorgestellten bildpädagogischen Ansätzen steht die Loslösung von der unmittelbaren Anschauung und dem Verständnis des Bildes als eines Mittels, Aussagen vorzunehmen und nicht Gegenstände abzubilden, des Bildes als Zeichen, im Mittelpunkt. Wenn die Repräsentation sozialer Wirklichkeit zunehmend über Medien resp. Bilder geschieht, dann muss nicht nur eine korrekte Entzifferung von Bildern erfolgen, sondern eine Differenzierung von unterschiedlichsten Wirklichkeiten und deren Erfahrung. Andernfalls würden Bilder als eine gleich-gültige Oberfläche wahrgenommen, z. B. Abbilder von kriegerischen Handlungen so, als gehörten sie zu einem Actionfilm. Tatsächlich aber handelt es sich bei beiden Bildformen um unterschiedliche Zeichenwirklichkeiten, die eine unterschiedliche Referenz zur Realität besitzen. Die Unterscheidung des Fiktiven von der Realität ist „kulturell bedeutsam, weil es [das Fiktive; M. P.] eine gegenständliche Demarkationslinie zieht zwischen dem, was real, und dem, was imaginär ist. Wo diese Demarkationslinie sich verflüchtigt, mischen sich Realität und Imagination" (Krämer 1995, S. 137). Dann kann nicht mehr zwischen innerer Bedürfnislage und Beanspruchung von außen differenziert werden, Subjektivität als erkennendes Sich-zur-Welt-stellen ist nicht erreichbar. Wenn auch Müller-Funk in Diskussion postmoderner Ansätze die Vorstellung, „wir lebten in einer Welt vollständiger Simulation, in der die Wirklichkeit ununterscheidbar würde vom Schein der Bilder" als „absurd" bezeichnet, weil der Golfkrieg ein reales Ereignis bleibt, auch wenn er im Fernsehen dargeboten wird (1996, S. 77f.), so bleibt doch die Frage bestehen, wie sich für den Rezipienten der Realitätsgehalt eines Krieges im Bild konstituiert und welchen Unterschied er zu einem Actionfilm herstellt.

Die Spiegelung dieses Unterschieds in der Rezeptionsperspektive der Nutzer ist für Doelker ein Bestandteil kompetenten Umgangs mit Bildern. Die zwischen verschiedenen „Perspektiven" wechselnde Haltung der Zuschauer auf die gesehenen Ereignisse ist ein Bestandteil der „Kulturtechnik Fernsehen" als eines Bereichs von Medienkompetenz. Doelkers Modell basiert auf dem Verständnis des Bildes als Zeichen und der mit dem jeweiligen Zeichenbegriff gegebenen Objektrelation. Im Gegensatz zu den bildpädagogischen Ansätzen oben geht es also nicht um die bildliche Oberfläche und deren Aussage, sondern um die Referenz des Bildes zum Objekt und damit um Wirklichkeiten im Bild.

Im Zeichenbegriff wird eine Relation des Zeichenkörpers zu dem von ihm bezeichneten Objekt ausgedrückt. Geht man von einer Kameraaufzeichnung aus, so liegt bei jedem Bewegtbild ein direkt abbildender Objektbezug vor, jedoch entstehen Verluste, eine eins-zu-eins Abbildung von Realität ist nicht möglich (vgl. Doelker 1989, S. 71ff.). Das abgebildete Objekt ist Bestandteil der in Anschluss an Karl Popper so bezeichneten „W1", „die uns umgebende, mit den fünf Sinnen wahrnehmbare Wirklichkeit" (1989, S. 66). Dass mit W1 nicht eine unbearbeitete, unveränderte, von jedem auf dieselbe Weise erfahrene Wirklichkeit gemeint ist, zeigt sich an den weiter vorhandenen Wirklichkeiten „W2" und „W3". W2 benennt die durch das Medium aufgezeichnete und veränderte Wirklichkeit und W3 die „wahrgenommene mediale Wirklichkeit", welche auf Verarbeitung von W2 beruht (S. 65ff.). Dieses Modell stellt eine systematische Grundlage dar sowohl für die Analyse der Relationen von den bei der Fernsehkommunikation miteinander in Beziehung tretenden Wirklichkeitsbereichen bis hin zu Mediatisierungseffekten (als Einfluss der W3 auf W1; S. 92f.) in Form von Vorstellungsbildern, als auch für die Analyse von den bei medialen Darstellungs- und Vermittlungsprozessen involvierten Teilbereichen, die die Seite der Präsentation und der Rezeption umschließen.

Doelker unterscheidet von einer abbildenden oder „direkt sprechenden" Funktion der Bilder die bedeutungskonstituierende oder zeichenhafte Funktion (was den möglichen Ausgangspunkt einer primären Wirklichkeit W1 als Referenz voraussetzt; vgl. S. 124). Auf Abbildebene ist das Bild „Referent der hinter ihm liegenden W1" (S. 124). Der durch das Bild hergestellte Bezug zur W1 und die damit für den Zuschauer konstruierte Illusion des miteigenen-Augen-Sehens löse sich allerdings durch die Möglichkeit der Digitalisierung, aber auch durch einen unsauberen Umgang mit dem Bildmaterial durch die Redakteure zunehmend auf, so dass „die Sache, die Referenz, zu flimmern beginnt und sich schließlich ganz aufzulösen droht" (Doelker 1997b, S. 255). Bei den verschiedenen Umgangsformen mit Bildern geht Doelker von der abbildenden Funktion in der Live-Übertragung aus, die „Beleg für eine bestehende Faktizität" ist. „In allen anderen Fällen bezeugt es lediglich eine Wirklichkeit, die zur Zeit der Aufnahme bestand, was nicht unbedingt heißen muss, dass diese weiter existiert." (S. 256) Insofern könne diese Bildform zumindest „War-heit" als gewesene Faktizität in Anspruch nehmen. Der (undeklarierte) Rückgriff auf Archivmaterial aber ist ein illustrativer, kein Faktizität belegender Umgang mit Wirklichkeit. Weitere Formen der Wirklichkeit im Bild sind die „gestellte Wirklichkeit" (Nachstellung eines Ereignisses wie es sich – vermeintlich – abgespielt hat), „gefälschte Wirklichkeit", „generierte Wirklichkeit" (durch Digitalisierung) und „inszenierte Wirklichkeit" (vgl. S. 256f.). Während der Rückgriff auf Archivmaterial eine Form der illustrativen Verwendung des Bildes mit dem bereits aufgenommenen Ereignis darstellt, beziehen sich alle anderen Formen, bis auf die „generierte Wirklichkeit", auf das Ereignis selbst, das für Zwecke der Erzeugung des Augenscheins gefälscht wurde. Bei der Generierung von Bildern ist die Erzeugung von Authentizität durch die direkte Aufnahme aufgehoben, es wird ein Bild von Wirklichkeit hervorgebracht. Der Filmpublizist Kay Hoffmann (1997) gibt eine Reihe schöner Beispiele, wie mit Hilfe von entsprechenden Techniken der Eindruck von Authentizität künstlich hergestellt wird, wo scheinbar beobachtbare Ereignisse nur noch im Computer vorhanden sind (wie die fallende Feder im Vorspann zu *Forrest Gump*; Hoffmann 1997, S. 271). Medienpädagogisch gesehen scheinen Formen der Erzeugung eines Augenzeugeneindrucks einer als authentisch erscheinenden Realität durch Manipulation insofern als problematisch, weil der Zuschauer diese Weisen der Bildmanipulation nur bedingt erkennen kann. Denn er muss sich an den durch das Bild vermittelten Informationen über den Wirklichkeitsgrad des zur Darstellung gebrachten Ereignisses orientieren und „von der dargebotenen W2, wahrgenommenen W3, angemessen auf die W1" schließen (Doelker 1989, S. 215). Diese Leistung beschreibt Doelker durch vier verschiedene Formen von „Perspektivenübernahme", die der Zuschauer je nach dem mit dem Bild gegebenen Umgang mit Wirklichkeit übernimmt:

> „Perspektive 1 entspricht der Abbildungsachse. Sie bietet den direkten ‚Durchblick' auf den konkreten Referenten, bedeutet ‚Fern-Sehen' im buchstäblichen Sinne: als ‚elektronisches Fernrohr'.
>
> Perspektive 2 geht von der triadischen Auffassung des Zeichens aus und interpretiert die Darbietung ja nach dargestellter Sachlage auf deren Bedeutung respektive auf deren faktischen Hintergrund hin, wobei letzere beide Komponenten durchaus zusammenhängen können.
>
> Perspektive 3 geht von einer dyadischen Zeichenkonzeption aus. In der Darbietung enthaltene Bildinformation wird wie ein verbaler Text gelesen, der zwar seine Bedeutung auch aus einem allfälligen Referenten schöpfen kann, aber nicht zu schöpfen braucht. Sie entspricht der Mitteilungsachse: Bilder sind als Bildzeichen verwendet.
>
> Perspektive 4 schließlich ‚nutzt die Darbietung als reine Signifikanten (diese Aussage ist zwar paradox), ohne sich um die dazugehörige Bedeutung zu kümmern'." (S. 132)

Perspektive 1 (P1) ist die Perspektive des Augenzeugen vor dem Bildschirm, der Fernsehbilder als Fenster zur Welt verfolgt. P2 geht von der triadischen Zeichenrelation aus, bei der zwischen dem Gegenstand, auf den das Zeichen referiert und der Zeichenbedeutung unterschieden wird, und geht auf den Zeichenreferenten oder auf die mit dem Zeichen gegebene Bedeutung hin. Für P3 ist die dyadische Zeichenrelation Modell, die zwischen Signifikat und Signifikant unterscheidet, so dass hier allein die Bedeutungsebene des Bildes im Vordergrund steht, nicht sein gegenständlicher Bezug. P4 entspricht dem „Fernsehen als elektronischem Kaleidoskop", wie die in Videoclips häufig verwendeten schnellen Bildwechsel, die in einer „reinen Signifikazität" aufgehen (Röll zit. n. Reck 1998, S. 137). Bilder sind hier reine Darbietungen, die auf nichts anderes verweisen als auf sich selbst und deren Funktion nicht in der Bedeutungskonstitution liegt, sondern im ästhetischen Vergnügen. Auch das Zappen ordnet Doelker in diese Zuschauerperspektive mit ein (S. 110), bei dem hinter dem Bild liegende Referenten sowie Bedeutungsfunktionen unter der visuellen Oberfläche verloren gehen. Realität und Fiktion unterscheidet Doelker in W2, während „W2d" die dokumentarische W2 bezeichnet, ist „W2f" eine fiktionale Wirklichkeit, „deren Referenz ungewiß ist" (1989, S. 86). W2f kann einen Wahrheitsgehalt besitzen oder sich, wie die Satire, in einer fiktionalen Form auf einen realen Sachverhalt beziehen.

Der Kommunikator legt die Gültigkeit der jeweiligen Perspektive durch seine Bildverwendung fest. Ein Bild kann z. B. als „Beleg für Realität", als „Repräsentation von Realität" (z. B. um etwas zu erklären oder um eine fantastische Welt zu zeigen) und als „Form" (z. B. als Dekoration oder ohne kommunikativen Zweck als Selbstzweck) eingesetzt werden (Doelker 1998,

S. 22ff.). Die Rezeptionsperspektive ist an die Bildverwendung geknüpft und die mit ihr verbundene Aussagefunktion des Bildes, ein Beispiel ist die Verwendung von Aufzeichnungen über die Lebensweise einer anderen Kultur in einer Reportage, um Aussagen bildlich zu konkretisieren. Die Bilder werden in diesem Beispiel repräsentierend im Sinne des dyadischen Zeichenmodells verwendet, besitzen aber eine direkte Referenz auf der Mitteilungsachse, ein doppelter Bezug, der dem Wechsel in der Bezugnahme der Perspektive 2 entspricht. „Natürlich" würde sich, so Doelker, „ein Rezipient kaum auf solche Verbindlichkeiten festlegen lassen", sondern es entspräche „seinem Status von ‚Entfesselung‘, zwischen den verschiedenen Achsen zu wechseln" (1989, S. 132).

Allerdings beschränken normative Grenzen diese Freiheit des Zuschauers, auch bezüglich der Trennung von Realität und Fiktion. Ihre Vermischung findet im Bereich des Ästhetischen statt, das einen dyadischen Zeichengebrauch voraussetzt (Bedeutungsfunktion), aber nicht einen Referenten wie im triadischen Modell ausschließt. So könnte eine Landschaftsaufnahme (Abbildfunktion) ästhetisch verwendet werden (Bedeutungsfunktion) und der Zuschauer im Rückgang auf das Objekt die Landschaft als reale Ansicht – wie ein Abbild – genießen. Anders als Fiktion und Realität stehen der ästhetische und außerästhetische Sektor, wie dies der Kunstwissenschaftler und Semiotiker Jan Mukarovsky formuliert, „zueinander in einem stetigen dynamischen Verhältnis, das man als dialektische Antinomie charakterisieren kann" (1970, S. 15). Das Ästhetische und Außerästhetische sind nicht kongruent zu Fiktion und Realität getrennt, sondern ihre Bestimmung läuft quer zu diesen. Sie ist nicht an die Dinge gebunden und subjektiv, und sie ist abhängig davon, was als geschmackvoll gilt oder nicht, d. h. im Rahmen dieser Grenzen können auch realitätsbezogene Ereignisse dem ästhetischen oder fiktionale dem außerästhetischen Sektor in Darstellung und Rezeption zugeordnet werden:

„1. Das Ästhetische ist weder eine reale Eigenschaft der Dinge noch eindeutig an bestimmte Eigenschaften der Dinge gebunden. 2. Die ästhetische Funktion von Dingen ist nicht völlig in der Macht des Individuums, wenn auch aus rein subjektiver Sicht etwas ohne Rücksicht auf seine Gestaltung eine ästhetische Funktion erhalten (oder verlieren) kann. 3. Die Stabilisierung der ästhetischen Funktion ist Sache eines Kollektivs, und die ästhetische Funktion ist Bestandteil des Verhältnisses zwischen dem menschlichen Kollektiv und der Welt." (ebd., S. 29)

Die Relation des Ästhetischen zum Außerästhetischen bestimmt jeweils die als angemessen aufgefasste und geforderte Weise des Umgangs mit Bildern. Medienpädagogische Bedenken dem Bild gegenüber, wie sie zum Beispiel im Bereich der Pornographie oder auch Gewalt geäußert werden, betreffen dementsprechend meist die Frage, inwiefern eine Ästhetisierung z. B. von Gewalthandlungen sittlich akzeptabel ist oder umgekehrt, inwiefern eine zu geringe Ästhetisierung, also die fehlende Kenntlichmachung der Seinsdifferenz das Bild real erscheinen lässt. Die Bestimmung der Grenze beider Bereiche ist also nicht mit der Differenzierung von Realität und Fiktion gleichzusetzen, dient aber zu deren Aufrechterhaltung.

Aufgrund ihrer Vermitteltheit ist der Umgang mit Medienwirklichkeiten äußerst sensibel, wie es die öffentliche und wissenschaftliche Auseinandersetzung mit Darstellungsformen zeigt, die Realität und Fiktion, Authentizität und Inszenierung, Information und Unterhaltung vermischen – z. B. Talkshows, Dokusoaps und Inszenierungen wie „Traumhochzeit". Er ist angewiesen auf die Festlegung von Bezugsrahmen, die das bestimmen, was im Folgenden gültig ist und die bestimmen, in welcher Relation dieses Geschehen zu allen anderen sozialen Ereignissen steht. Insofern ist es nicht gleichgültig, was innerhalb und was außerhalb dieser Bezugsrahmen steht, was als real verbindlich gilt und was als Spiel, und noch vielmehr, welchen Platz es auf der zwischen diesen beiden Polen aufgespannten Abstufungen einnimmt. Gerade weil die Realität „zu flimmern" (Doelker) beginnt, weil wir gesellschaftlich zunehmend mit Abstraktionsprozessen (vgl. Flusser 1995) konfrontiert sind, werden die Nuancierungen feiner und die Kompetenz, sie bestimmen und bewerten zu können, eine Leistung von (Medien-)Sozialisation und (Medien-)Erziehung. Erst auf dieser Basis wird es möglich, nicht nur in Distanz zur Realitätsnähe des Bildes zu treten, sondern vor allem auch die mit Bildern und allen anderen Zeichen vorgenommenen Einstufungen zwischen Realität und Fiktion so zu unterscheiden, dass Medienwirklichkeiten nicht nur Oberfläche sind, sondern kommunikativ erzeugte und soziokulturell definierte Verbindlichkeiten herstellen. In einer Zeit wachsender Medialisierung besteht hierin eine wesentliche Grundlage für einen sachlich orientierten, ästhetisch differenzierten, ethisch angemessenen und empathisch rückbindenden Umgang mit Bildern und den in ihnen visualisierten Ereignissen.

1.4 Realitäts- und fiktionsbezogene Bilder

Das Fiktionale ist bei Goffman Bestandteil des „So-tun-als-ob", „eine Handlung, die für die Beteiligten eine offene Nachahmung oder Ausführung einer weniger transformierten Handlung ist, wobei man weiß, dass es zu keinerlei praktischen Folgen kommt" (1993, S. 60). Voraussetzung dafür ist die Verwendung von Zeichen so, dass sie im Bereich des „So-tun-als-ob" nicht das bedeuten, was sie in einem anderen, z. B. nicht fiktionalen Zusammenhang bedeuten würden. Der Kontext verändert also die ursprüngliche Bedeutung, wie es Gregory Bateson am Spiel von Ottern darlegt. Dort denotiert der spielerische Biss einen Biss, aber er denotiert nicht das, was ein Biss tatsächlich denotiert (vgl. 1972, S. 180). Der Bezugsrahmen „This is play" ist verantwortlich für die Transformation, er setzt fest, dass das, was vollzogen wird, seine ursprüngliche Bedeutung nur noch bezeichnet, aber nicht realisiert: „These actions, in which we now engage, do not denote what would be denoted by those actions which these actions denote." (ebd.)

Das Spiel ist ein Seinsbereich, der sich durch die Bezugnahme der Handelnden auf ihr Tun und die mit ihm beabsichtigten Folgen konstituiert. Dabei ist allerdings zu unterscheiden zwischen Lernen und Spiel, denn auch die Übung ist ein „So-tun-als-ob", was Spiel und Lernen einander annähert. Insofern ist diese Kennzeichnung für fiktionale Welten nicht ausreichend, die sich dadurch auszeichnen, dass hier ein Ereigniszusammenhang geschaffen wird, auf den sich jede Interaktion im Rahmen des „So-tun-als-ob" bezieht. Der fiktionale Ereigniszusammenhang steht, anders als das Üben, in keinem direkten (inhaltlichen) Bezug zur (faktischen) Realität, sondern er ist ein geschlossener Sinnbereich, innerhalb dessen alle Äußerungen und Handlungen bedeutungsvoll sind. Sinnbereich ist abzuheben von dem, was beim phänomenologischen Ansatz mit „geschlossenen Sinngebieten" (Alfred Schütz), wie sie fiktionale Welten darstellen, gemeint ist. Geht es dort um einen spezifischen Erlebnisstil und eine spezifische Bewusstseinsspannung (vgl. Schütz/ Luckmann 1979, S. 59ff.), die den Übertritt von einem Sinngebiet in ein anderes kennzeichnen, so interessieren im Vorliegenden die der Zuweisung dieses „Realitätsakzentes" (Schütz) zugrunde liegenden Inhalte, die das jeweilige Sinngebiet konstituieren und einen Zusammenhang darstellen, der aus „sinnverträglichen Erfahrungen" besteht (1979, S. 49). Nach Schütz ist es nicht möglich, verschiedene Sinnbereiche ineinander zu führen, sondern sie werden jeweils mit einem „Schock" betreten, so dass verschiedenste Sinngebiete nebeneinander existieren und wir im „Laufe eines Tages, ja einer Stunde (...) durch Modifikationen der Bewußtseinsspannung eine ganze Reihe solcher Gebiete durchlaufen" (S. 50). In einer rahmentheoretischen Auffassung von Realität und Fiktion dagegen sind die durch Rahmen gekennzeichneten Sinnbereiche ineinander überführbar, was durch eine Transformation der mit Handlungen und Zeichen verbundenen Intentionen geschieht, d. h. durch Bedeutungsverschiebung wird ein neuer Rahmen gesetzt. Dann würde durch eine ernst gemeinte Bissandeutung der spielerische Rahmen gebrochen, und durch dasselbe Zeichen aufgrund seiner unterschiedlichen Bedeutungssetzung der Rahmen Spiel in Kampfandrohung umgesetzt. Rahmen bezeichnen damit nicht Wirklichkeiten, sondern kommunikativ vorgenommene Bezugnahmen, die sich erst durch die Bezugnahme als „Wirklichkeiten" konstituieren und als solche spezifische Formen der Erfahrung sozialer Wirklichkeit bestimmen. Realitätsbezug meint – der Begriff Realität wird in Abgrenzung zu Fiktion verwendet – jene Ereignisse und Aussagen, die als sie selbst bedeutungsvoll sind und ihre Bedeutungshaltigkeit aus jener Welt beziehen, deren Handlungswirkungen wir eine Konsequenz beimessen, welche wiederum am Bezugsrahmen eben jener Welt gemessen wird. Realität stellt eine Grundlage

und einen Bezugspunkt für fiktionale Bedeutungszusammenhänge dar, aber nicht diese selbst.
Gemäß der rahmentheoretischen Definition zeigt sich, dass Medien- resp. Bildwirklichkeiten genaugenommen *Wirklichkeitsbezüge* sind, die angeben, in welchem Bezugsrahmen die mit dem Bild kommunizierten Inhalte stehen. Mit der Rede von realen und fiktionalen Bildern werden dementsprechend die tatsächlich bestehenden Zusammenhänge verschleiert. Nicht das Bild ist fiktional, sondern das, was mit dem Bild kommuniziert wird! Insofern sind vorliegend mit realen und fiktionalen Bildern realitäts- oder fiktions*bezogene* Bilder gemeint. Beide stehen in einem Verhältnis zueinander, das mit Mukarovsky (1970) als eines von Mitteilung und Kunstwerk beschrieben werden kann. Ein Kunstwerk ist für ihn ein autonomes Zeichen, das nicht in einem Bezug zur äußeren Realität steht, anders als das mitteilende Zeichen, das seine Bedeutung an der Wirklichkeit überprüfen kann. Das Kunstwerk befindet sich also nicht in einem Sachbezug zur Realität, sondern Sachbezüge werden erst durch den Betrachter hergestellt, sie sind Bestandteil seiner eigenen Erfahrung und nicht des Kunstwerkes (vgl. Fischer-Lichte 1984):

„Das Kunstwerk stellt also einerseits als autonomes Zeichen wohl eine eigene Wirklichkeit sui generis dar, andererseits aber wird es im Akt der Rezeption auf die Wirklichkeit bezogen. Die Beziehung zwischen Kunst und Wirklichkeit ist insofern auch nicht im Werk selbst hergestellt, sondern ist Resultat jenes Prozesses der Bedeutungskonstitution, der vom Rezipienten vollzogen wird." (Mukarovsky 1970, S. 160)

Wenn ein Zuschauer das gescheiterte Liebesglück eines Filmpaars auf eigene Partnerschaftsprobleme überträgt, bezieht er sich auf seine realen Erfahrungen. Der Film als Kunstwerk aber bleibt ein autonomes Zeichen mit einer eigenen Wirklichkeit.

Zusammenfassend werden mit Realität und Fiktion Bezugnahmen auf den Sinn von Handlungen und Aussagen bezeichnet, wobei durch die Bezugnahme, die z. B. durch Bilder kommuniziert wird, etwas hergestellt wird, was wir als real oder als fiktional bezeichnen. Durch das beschriebene Verhältnis zueinander entsteht die Abgrenzung der Begriffe, Realität oder Realitätsbezug meint die Bezugnahme auf Ereignisse, die ihre Bedeutungszuweisung aus der täglichen Lebenswelt beziehen, und damit eine faktische Relation herstellen, während die Fiktion oder der Fiktionsbezug einen geschlossenen Sinnzusammenhang schafft, aus dem und innerhalb dessen die Aussagen und Handlungen ihre Gültigkeit beziehen. Letztendlich ist eine scharfe Abgrenzung zwischen beiden Bereichen nicht vollziehbar, es besteht zwischen ihnen eine Grauzone, die allerdings – wie bezüglich der vielfältigen neuen Medienwirklichkeiten bereits erwähnt wurde – immer wieder neu geklärt werden muss, weil sie die Grundlagen unseres Handelns und unserer Orientierung in der Welt betrifft.

1.5 Formulierung der Fragestellung

Aufgrund seiner Realitätsnähe gehen kulturkritische Schriften von einer Veränderung der Wahrnehmung von Wirklichkeit durch das Bild aus. Es werde zum Surrogat für Realität, weil es nicht mehr auf Wirklichkeit verweise, sondern diese schaffe. Nimmt man diese kulturkritische Auffassung, dass sich durch die Bilderflut Wirklichkeitskonstitution in einer Oberfläche produzierter Bedeutung erschöpft, ernst, so ist der medienpädagogische Blick auf die Entzifferung visueller Codes verkürzt, wenn er nicht die mit dem Bild konstituierten Wirklichkeiten einschließt. Als grundlegende Bezüge, die gleichfalls Pole vielfältigster Hybridformen von Medienwirklichkeiten aufspannen, wurden Realität und Fiktion definiert. Sie verlangen spezifische Rezeptionsperspektiven der Zuschauer, die mit dem Ansatz von Doelker als Grundlage eines kompetenten Umgangs mit Bildern bestimmt wurden.

Der Zusammenhang zwischen Bild und Wirklichkeit als wahrgenommener Realitätsnähe des Bildes kann damit näher spezifiziert werden: Bilder sind nicht miteinander gleichzusetzen, sondern sie erscheinen in vielfältigen Verwendungszusammenhängen und den mit ihnen kommunizierten Wirklichkeiten.

Folgende Fragen sind damit offen: Auf welche Weise resp. anhand welcher im Bild gegebenen Informationen unterscheiden Rezipienten Wirklichkeiten im Bild? Es geht also um die Bedeutung des Bildes und der von ihm gegebenen Informationen bei der durch die Rezipienten vorgenommenen Einordnung dieser Wirklichkeiten. Die zweite Frage lautet, wie spiegelt sich diese Unterscheidung in der Rezeptionsperspektive der Rezipienten? Sie zielt auf qualitative Unterschiede bei der Rezeption von realitäts- und fiktionsbezogenen Bildern.

Beide Fragen schließen damit eine doppelte Perspektive ein: jene auf das Bild und die ihm mitgegebenen Informationen, und jene auf den Rezipienten, der diese Informationen verarbeitet. D. h. es ist eine produkt- und rezeptionsanalytische Vorgehensweise erforderlich, um den Zusammenhang zwischen Bild und Wirklichkeit als im Bild konstituierter und vom Betrachter interpretierter Wirklichkeit klären zu können.

2. Forschungsstand: Darstellungsformen zwischen Realität und Fiktion und ihre Rezeption

Das hier verfolgte Untersuchungsinteresse ist auf das Bewegtbild gerichtet, einerseits weil das Bewegtbild zu den dominierenden Vermittlungsformen gehört und andererseits weil der empirische Forschungsstand bezüglich der Bildrezeptionsweisen noch eher gering ist. Es werden demgemäß empirische Arbeiten herangezogen, die sich auf das Bewegtbild beziehen sowie Untersuchungen, die solche Darstellungseffekte des Fotos isolieren, die auch auf das Bewegtbild übertragbar sind. Die vorliegende Fragestellung richtet sich weiterhin auf die rezeptive Phase und die durch die Rezipienten hergestellte Unterscheidung von Realität und Fiktion. Hierbei handelt es sich um kommunikativ hergestellte und damit um bewusstseinsfähige Akte. Insofern blieben Schlussfolgerungen bezüglich der Rezeption dann unvollständig, wenn allein eine Analyse der Präsentationsebene vorgenommen würde:

„Die Analyse der Medienprodukte hat einen unbestreitbaren Eigenwert, bleibt aber im Hinblick auf Medienwirkungen zwangsläufig unvollständig, weil die zugehörigen Rezeptionen ausgeklammert sind. Medienprodukte sind Rezeptionsvorlagen, die erst in und durch die Rezeption ‚Bedeutung' erlangen" (Grimm 1999, S. 16).

Obwohl in der vorliegenden Untersuchung die Bildrezeption Erwachsener empirischer Gegenstand ist, sollen aufgrund des geringen Forschungsstandes ebenfalls Arbeiten herangezogen werden, welche die Rezeption von Kindern betrachten. Sofern Kinder bereits über die Fähigkeit der Unterscheidung von Fiktion und Realität verfügen, sind die Ergebnisse aussagefähig für die vorliegende Fragestellung. Der Forschungsstand ist hinsichtlich folgender Schwerpunktsetzungen relevant:

1. Untersuchungen zur Rezeption von Bewegtbildern generell;
2. Untersuchungen, die den Einfluss der bildlichen Darstellungsformen betrachten;
3. Untersuchungen, die die Differenzierung von Wirklichkeiten bei der Bildrezeption verfolgen;
4. Modelle zur Untersuchung einer realitäts- und fiktionsbezogenen Bildrezeption.

Hinsichtlich des Forschungsstandes kann Folgendes vorausgeschickt werden:

Ad 1) Die Zahl der Untersuchungen zur Bewegtbildrezeption als solcher ist äußerst gering. Von einer eigenständigen Forschungsrichtung kann man nicht sprechen.

Ad 2) In der Medienwirkungsforschung sind zwei Richtungen zu unterscheiden: die Untersuchung des Einflusses bildlicher Darstellungsmittel und die Bedeutung des Bildes für Lerneffekte im Bereich der Nachrichtenforschung. Weitere Ergebnisse liegen vor allem zu Mischformen im Fernsehprogramm vor.

Ad 3) In der Medienpädagogik und in der Medienwirkungsforschung wird im Zusammenhang mit Programm-Mischformen diskutiert, inwiefern die Darstellungsformen einen Einfluss auf die Unterscheidungsfähigkeit von Fiktion und Realität besitzen. Dabei geht es allerdings nicht um die Bildrezeption als solche, sondern das Bild wird im Zusammenhang des gesamten Rezeptionsprozesses gesehen.

Ad 4) Die meisten Untersuchungen legen keine explizite theoretische Begründung ihres zugrunde liegenden Rezeptionsmodells vor. Grundsätzlich kann man bezüglich der vorliegenden Untersuchungen das Modell der Wahrnehmungswirkung und das verstehensorientierte Modell unterscheiden, die auch kombiniert vorkommen (z. B. Grimm 1999). Die Differenzierung von Realität und Fiktion durch die Rezipienten selbst ist nur im verstehensorientierten Modell vorzunehmen, bei dem zwei Richtungen unterschieden werden können: das Verständnis der Rezeption unter kognitiven und unter handlungstheoretischen Ansätzen (Charlton 1995, S. 20ff.). Kann man weiterhin zwischen handlungstheoretisch und kulturwissenschaftlich orientierten Ansätzen differenzieren, liegen bezüglich der vorliegend leitenden Fragestellung lediglich handlungstheoretisch orientierte Arbeiten vor: Die in der Text-Leser-Interaktion vorgenommenen Interpretationen werden nicht kulturell oder ideologisch kontextualisiert – wie in kulturwissenschaftlichen Ansätzen –, sondern bezüglich der in der sozialen Ordnung bestehenden und von den Medien repräsentierten Differenzierungen wie Unterhaltung und Information, Realität und Fiktion.

Insgesamt gesehen wird der Bereich der realitätsbezogenen Rezeption vor allem von der kommunikationswissenschaftlichen Rezeptionsforschung, insbesondere der Nachrichtenforschung, abgedeckt. Das Interesse der medienpädagogischen Rezeptionsforschung liegt vor allem im Bereich der Unterhaltung, hier wird auf Modelle der literaturwissenschaftlichen Rezeptionsästhetik zurückgegriffen, die auf das Fernsehen übertragen werden. Allerdings sind die Ansätze und Ergebnisse des Fiction-Bereichs nicht auf das Fernsehen im Allgemeinen übertragbar (Corner 1991, S. 277), was auch umgekehrt gilt.

2.1 Die Wirkung isolierter Darstellungsmittel

In der Medienwirkungsforschung wird die Rolle des Bildes bei der Rezeption vor allem im Bereich der Nachrichtenforschung untersucht sowie bezüglich seiner eindrucksbestimmenden Wirkung hinsichtlich verschiedener Darstellungsformen. Beide Bereiche beziehen nicht nur das Bild ein, sondern aufgrund des Interesses am Verstehen und Behalten von Informationen gehen sie von einer realitätsbezogenen Rezeption aus.

Die Wirkung auf Behaltenseffekte, Aufmerksamkeit und das Verstehen von Nachrichten (vgl. Brosius 1998) steht hinsichtlich des Einsatzes von Bildern im Zentrum der Nachrichtenforschung. Die zwei grundlegenden Themenbereiche sind dabei die Wort-Bild-Konkordanz und der Bildinhalt. Für die vorliegende Fragestellung sind diese Untersuchungen insofern nicht aufschlussreich, als der Realitätsbezug der Bilder durch den Gegenstand Nachricht per se gegeben ist und damit nicht eigens expliziert wird. Damit kann auch das hier verwendete Rezeptionsmodell, das von einer Wirkung von Präsentationsformen auf Lern- und Behaltenseffekte ausgeht, nicht übertragen werden. Die Differenzierung der Präsentationsformen selbst bezieht sich weitgehend auf den Einsatz von Bildern bzw. dem Verzicht darauf und auf die Wort-Bild-Konkordanz. Beide Aspekte schließen sich mit der hier vorgenommenen Einschränkung auf die Bildebene aus. Darüber hinaus sind die Angaben zu dem in den Untersuchungen verwendeten Material im allgemeinen schematisiert wiedergegebene Inhaltszusammenfassungen, da sich das Interesse vorrangig auf die Behaltensleistung der inhaltlichen Information bezieht (vgl. Brosius 1997). Für die hier angestrebte Differenzierung der bildlichen Präsentationsform sind diese Angaben unzureichend. Aus den genannten Gründen ist ein Anschluss vorliegender Problemstellung an diesen Forschungsbereich nicht möglich.

Nicht der Einsatz von Bildern selbst, sondern wie formale Darstellungsmittel auf die Aufmerksamkeit und das Verstehen wirken, ist die zentrale Frage (z. B. Böhme-Dürr 1985) folgender Untersuchungen. Einen umfassenden Überblick über den Forschungsstand bis 1987 gibt Karin Böhme-Dürr (1987). Die Darstellungsformen hinterlassen bestimmte Eindrucksqualitäten, so kann z. B. die Schnitthäufigkeit die Informationsaufnahme verhindern (vgl. Böhme-Dürr 1987, S. 382) und vermutlich auch einen negativen Effekt auf die Behaltensleistung besitzen aufgrund der Blockierung des „inneren Verbalisierens" (Sturm 1991). In den neunziger Jahren wurden Untersuchungen zur Wirkung der Präsentationsform im Bereich des *Reality TV* vorgenommen, auf die unten näher eingegangen wird.

Generell ist es fraglich, ob Darstellungsmittel isoliert untersuchbar sind, denn dabei wird nicht in Betracht gezogen, dass sie Bestandteil typischer Präsentationsformen sind, die hinsichtlich Inhalt und Genre in ihrer Bedeutung variieren. Hier kann man die schon 1977 von Huth, Jüngst, Krzeminski und Salzmann an Untersuchungen des Hans-Bredow-Instituts geäußerte Kritik „zu der Frage, welchen Einfluß ‚bestimmte, von den Nachrichtenredaktionen vorgegebene Darstellungsformen von Fernsehnachrichten auf das Zuschauerverhalten ausüben'", anführen (S. 403): Die Autoren verstehen das Kommunikat als Text, der „eine unter Sinnkriterien geordnete Menge von Zeichen" darstellt, so „daß die den Text konstituierenden Zeichen bereits komplexe [sic] sind, deren einzelne Elemente nicht losgelöst von diesen Zeichen eine kalkulierbare Bedeutung haben können" (ebd. S. 403), was die Loslösung der Darstellungsformen vom Inhalt verbietet.

Entgegen dieser Kritik erscheinen solche Untersuchungen dann aufschlussreich, wenn es gelingt, einzelne Darstellungsmittel so zu variieren, dass die Einheit von Form und Inhalt nicht berührt ist. Es besteht eine Praxis der typischen Verwendung von Darstellungsmitteln bei bestimmten Inhalten, die den Sehgewohnheiten der Zuschauer entspricht. Wird diese durch das manipulierte Untersuchungsmaterial nicht verletzt, erscheint die losgelöste Verwendung von Darstellungsmitteln plausibel, denn dann wird ein der realen Kommunikationssituation entsprechendes Material eingesetzt. Die Untersuchungsergebnisse geben Einsicht in die konnotative Bedeutung von Darstellungsformen (zumindest für die untersuchten Genres):

- Für Bewegtbilder können Ksobiech, Tiedge und Bor (1980) in einer Studie an zwei verschiedenen Testgruppen mit je 40 Studierenden nachweisen, dass Fernsehnachrichten, die mit Videoband aufgenommen sind, einen höheren Grad an wahrgenommener Unmittelbarkeit („perceived immediacy"; Schlüsselwörter lauten z. B. ‚on the scene', ‚this just in', ‚at this moment'; S. 58) erreichen gegenüber identischen Nachrichten, die auf Magnetband aufgezeichnet wurden.
- Bei Fotos erhöht Farbigkeit die Geschwindigkeit der Objektidentifizierung und farbige Bilder erfordern darüber hinaus eine geringere Verstehensleistung als Schwarzweißfotos (Gilbert/Schleuder 1990, S. 751 und 756).
- Dass Kamerawinkel und Belichtung konnotative Elemente bei Fotos enthalten, kann Espe (1985) in einer Untersuchung mit Hilfe des standardisierten Eindrucksdifferenzials an 180 Schülern nachweisen. Es sei sinnvoll, nach formalen Präsentationsweisen zu fragen, um „fotografische Techniken als bedeutungsmodifizierende Elemente zu beachten" (S. 69). Während z. B. die Vogel- und Froschperspektive Assoziationen wie „fügsam, nachgiebig, weich usw." resp. „mächtig, stark, hart" hervorriefen, hatte die Augenhöhe keine konnotative Tendenz (S. 65). Die Belichtungszeit wurde widersprüchlich bewertet, bis auf die Stufe Dunkelgrau, der zunehmende Kontrast wurde als überwiegend positiv bewertet (S. 69).

- Zu vergleichbaren Ergebnissen kommt Kepplinger in einer aufwändigen Studie (1987), in der er u. a. die Wirkung von Darstellungsmitteln auf die Wahrnehmung von Personen untersucht. Er kommt zu dem Schluss, dass „Kameraperspektiven, Einstellungsgrößen und Schnittfolgen (...) einen zum Teil erheblichen Einfluß auf die Auffälligkeit und wahrgenommene Tendenz der Darstellung sowie auf die Wahrnehmung der dargestellten Person [besitzen]" (S. 14). Starke Untersichten und starke Draufsichten heben negative Merkmale hervor und tragen deutlicher zum Gesamteindruck einer Person bei als positiv betonende Darstellungsformen. Weiterhin vermitteln einen „positiven und homogenen Eindruck (...) Aufnahmen aus der Augenhöhe und aus der leichten Untersicht, einen negativen und diskrepanten Eindruck rufen Aufnahmen aus der starken Untersicht und der starken Draufsicht hervor" (ebd.). Auch sind die negativ wirkenden Mittel stärker im Eindruck als die positiv betonenden. Und: „Betrachter, die günstige Aufnahmen gesehen haben, schreiben der dargestellten Person eher positive Motive und Verhaltensweisen, Betrachter, die ungünstige Fotos gesehen haben, dagegen eher negative Motive und Verhaltensweisen zu." (S. 17) Aufgrund seiner Ergebnisse bezeichnet Kepplinger den Wahrnehmungsmodus des Bildes als „essentialistischen Trugschluß". Damit bezeichnet er die Zuweisung von durch Darstellungsformen hervorgerufenen Qualitäten zur Qualität des gesehenen Inhalts – und nicht zur Qualität der Vermittlung! Anders als beim Lesen eines Textes, wo dissonante Informationen auffällig werden, fehlt bei der Bildbetrachtung „ein Schutz gegen dissonante Informationen" (S. 18), so dass eine tendenzielle Darstellung beim Bild nicht auffällig wird. Danach ist der Rezipient durch die Wahl der Darstellungsformen manipulierbar, weil ihm eine Wirklichkeitsinterpretation vorgelegt wird, deren auslegender Charakter für ihn nicht hinterfragbar ist.

Betrachtet man die formalen Präsentationsweisen als Mittel, die etwas aussagen und nicht als Mittel, die eine Wirkung hervorrufen, dann gilt es zu untersuchen, ob ihnen von Seiten der Zuschauer dieselbe Bedeutung, wie sie von den Produzenten intendiert ist, zugeschrieben wird. Darstellungsmittel werden dann vom effektvollen Mittel zum Code (vgl. Keppler 1985, S. 206ff.). Nach Angela Keppler können Darstellungsformen als Interpretationsweisen von Wirklichkeit verstanden werden, die wiederum auf Konventionen zur Herstellung von Glaubwürdigkeit, Objektivität, Zeugenschaft etc. beruhen. Wenn der Zuschauer bestimmte Darstellungsformen z. B. als gewollt abwertend erkennt, und er damit die Möglichkeit der Relationierung von intendierter Aussage und anderer Betrachtungsweisen des Gegenstandes besitzt, so sind sie ein Hinweis für die Bildinterpretation. Die Beziehung zwischen Bild und Darstellung wird umgekehrt, aus der Wirkung wird die erkannte Absicht des Produzenten. Allerdings sind Bedeutung und Wirkung keine durcheinander ersetzbare Paradigmata. Im Bedeutungsparadigma steckt die Gefahr, die

Bedeutungszuweisungen nicht ausreichend mit der Darstellung in Zusammenhang zu bringen, d. h. eventuelle Wirkungsmechanismen zu übersehen, wie dies die unten zitierten Untersuchungen von Jürgen Grimm (1999) zeigen.

2.2 Darstellungsformen zwischen Realität und Fiktion

Wurde in den oben genannten Studien die Wirkung isolierter Darstellungsmittel auf den Betrachter untersucht, steht in den folgenden die Erzeugung einer bestimmten Wahrnehmungswirkung durch Darstellungsformen, die typischerweise realen oder fiktionalen Bildern zugeordnet werden, im Mittelpunkt: Hauptprobleme sind erstens die den Eindruck von Realität und Fiktionalität bewirkende Gestaltungsweise von Bildern und die durch ihre Verwendung bedingte Zuordnung zu Realität und Fiktion durch die Rezipienten; und zweitens die Rolle der Bildverwendung als real oder fiktional resp. informativ oder unterhaltend in Zusammenhang mit der Darstellungsform.

2.2.1 Untersuchungen im Bereich der Gewaltwirkungsforschung

In der Forschung zur Mediengewalt spielt es eine wichtige Rolle, inwiefern fiktionale Mediengewalt von realer Gewalt und Gewalt in realitäts- und fiktionsbezogenen Bildern durch die Rezipienten unterschieden wird. Insofern liegen Untersuchungen vor, die sich 1) mit der Frage der Rezeption in verschiedenen Genres auseinander setzen und 2) damit zusammenhängend mit der Unterscheidungsfähigkeit von realer und fiktionaler Gewalt. Es handelt sich hierbei im Bereich der Medienpädagogik um Untersuchungen mit Kindern und Jugendlichen, im Bereich der Medienwirkungsforschung um Untersuchungen mit Erwachsenen. Bei der Diskussion um Gewalt in den Medien geht es zumeist um Bilder physischer Gewalt, psychische und strukturelle Gewalt sind schwieriger visualisierbar. Obwohl die vorgestellten Studien zur Gewalt nicht primär auf die Bildrezeption angelegt sind, sind sie aus dem genannten Grund doch insofern aufschlussreich, als Rezeption von Gewalt vor allem immer Rezeption von gewalttätigen Bildern ist. Da der Kenntnisstand bezüglich einer realitäts- und fiktionsbezogenen (Bild-)Rezeption noch gering ist, sollen diese Untersuchungen einzeln vorgestellt werden. Allerdings werden nur jene Aspekte hervorgehoben, die die leitende Fragestellung betreffen.

2.2.1.1 Fiktionale Gewaltdarstellungen in unterschiedlichen Genres

In einer qualitativen Untersuchung mit 60 Kindern von 6 bis 13 Jahren geht der Medienpädagoge Stefan Aufenanger (1996a) unter Mitarbeit von Claudia Lampert und Yvonne Vockerodt dem Verwechslungsrisiko von realer und fiktionaler Gewalt nach. Den Kindern werden nach ihrer eigens getroffenen Auswahl insgesamt elf verschiedene 1- bis 2-minütige Sequenzen aus Slapstickkomödien, Zeichentrickfilmen und Vorabendserien, Spiel- und Fernsehfilmen sowie einer Show vorgespielt, die Komik und Gewalttätigkeit miteinander verbinden (i. e. „Tom und Jerry", „Fred Feuerstein", „Popeye" (Comic und Filmversion), „Die Simpsons", „Dick und Doof", „Pippi Langstrumpf", „Bud Spencer", „Power Rangers", „A-Team", „Wrestling"). Die Bewertung des Verwechslungsrisikos wird nach folgenden Gesichtspunkten vorgenommen (vgl. S. 13f.):

- Die Verwechslung von Realität und Fiktion, weil Kinder nicht den medialen Charakter der Figuren verstehen;
- die Verwechslung von realer und inszenierter Gewalt, d. h. Kinder haben keinen Gewaltbegriff und können daher noch nicht den inszenierten Charakter durchschauen;
- Gewalt und Humor werden verwechselt, d. h. die Gewalt wird durch den humoresken Kontext entschärft.

Aufenanger unterscheidet drei verschiedene Typen der Gewaltbewertung, die nicht allein nach dem kognitiven Entwicklungsstand begründet werden können, sondern auch die bestehende Medienkompetenz miteinbeziehen, welche das Verwechslungsrisiko beeinflusst (S. 147f.). Bei Typ 1 findet „keine Differenzierung von Realität und Fiktion" statt (S. 146), Typ 2 stellt ein „Zwischenstadium der Differenzierung von Realität und Fiktion" dar (S. 154ff.) und Typ 3 kann eine „Differenzierung zwischen Realität und fiktiver Gewalt" vornehmen (S. 168ff.). Aufgrund der leitenden Fragestellung will ich mich auf Typ 3 beschränken, bei dem den Kindern bereits bewusst ist, „daß es sich bei dem Geschehen um eine filmische Konstruktion handelt" (S. 168):

- Kinder können „Realfilmgewalt" – damit bezeichnet Aufenanger durch reale Personen gespielte Gewalt – aufgrund ihres Wissens um das Zustandekommen der Szenen als lustig bewerten (vgl. S. 168). Obwohl sie z. B. sehen, dass Schläge ausgeteilt werden, entlastet ihr Wissen darum, dass diese Schläge nicht wirklich treffen, die Rezeption der Gewalt (ebd. und S. 178ff.).
- Eine ähnliche Funktion besitzt auch das Wissen um die tatsächlichen Folgen von Gewalt, die Handlungen können also als inszeniert und unrealistisch erkannt werden (S. 169ff.).
- Über Zeichentrickgewalt wird gelacht, weil die Darstellung als witzig aufgefasst wird. Während alle Kinder die realistische Version des Popeye-

Films als brutal beurteilten, empfanden sie die Zeichentrickversion als lustig (vgl. S. 176).
- Auch Zeichentrickgewalt kann als brutal empfunden werden, wenn die Kinder Bezüge zu einer vergleichbaren realen Situation herstellen (in der Untersuchung eine Erschießungsszene) oder sich mit den Figuren identifizieren (S. 181).

Versteht man die Aussagen über die rezipierte Gewalt zugleich als Aussagen zu Bildern, so lässt sich festhalten, dass in der Bildrezeption qualitative Unterschiede bezüglich der wahrgenommenen Realitätsnähe der Bilder resp. Bildinhalte bestehen. Sie liegen in der Darstellungsform begründet, reale Schauspieler sind als „echte" Figuren erkennbar, während Trickfiguren nicht real sind. Aber es ist nicht die Realitätsnähe von Bildern allein, die Gewalt realistisch erscheinen lässt, es gehen auch Wissen über das Genre und Beurteilungsfähigkeit der gesehenen Inhalte mit ein. So kann eine Distanzierung stattfinden, die Gewalt erscheint als weniger realistisch, als sie im Bild aussieht.

2.2.1.2 Fiktionale Gewalt im realistischen und fantastischen Setting

Entsprechend können auch die Ergebnisse einer Untersuchung von Grimm (1993a) interpretiert werden, die sich ebenfalls mit der Rezeption verschiedener gewalttätiger Darstellungsformen befasst, wenngleich es nicht um die Beurteilung, sondern die Wirkung des Gesehenen geht. Der Fokus liegt einerseits auf dem Vergnügen der Horrorfans, unerträgliche Szenen – wie bei einer Mutprobe – auszuhalten, und andererseits auf dem empathischen Empfinden für die Gewaltopfer. Insgesamt 81 Personen wurden die Filme „Marathon-Mann" und „Tanz der Teufel" vorgespielt. Während der erste Film in einem realitätsnahen Setting angesiedelt ist, ist der zweite ein sogenannter Horrorfilm mit fantastischem Charakter und extremen Gewaltdarstellungen (S. 210). Die Gewaltszenen, im ersten eine Folterszene beim Zahnarzt, im zweiten klamaukhaft-eklige, übertriebene Gewalt, sind unterschiedlich realitätsnah angesiedelt. Bestehen beim ersten Film Bezüge zur täglichen Lebenswelt, ist dies beim zweiten nicht der Fall. In einer kaum erträglichen Szene wird der Hauptdarsteller Dustin Hoffman von einem ehemaligen SS-Zahnarzt gequält. Auf diese Grausamkeit zeigten die Probanden die stärksten Reaktionen, sowohl was empathische Ausdrucksgesten (mit der Zunge über die Zähne fahren; S. 209), wie die physiologische Erregung und die Erinnerungsleistung (eigene Erfahrungen beim Zahnarzt; ebd.) betrifft. Spielt der erste Film mit Bezugnahmen auf die Realität, so schafft der zweite eine bildliche Hyperrealität. Ist der Zuschauer im ersten Fall aufgefordert, innerlich teilzuhaben, wirken die Bilder des Horrorfilms in ihrer Übertreibung aggressiv-abstoßend.

Die Erinnerungsleistungen differieren hinsichtlich der jeweils vorgenommenen Bezugnahmen. Fallen den Probanden zur ersten Szene eigene Erfahrungen ein, die ein Mitfühlen mit dem Opfer ausdrücken, so werden die Gräueltaten des Horrorfilms als übertrieben abgetan: ‚Wie er sich die Hand absägt' oder ‚Das mit dem ‚Kopf ab"' (S. 210). Hier findet eine Distanzierung vom Gesehenen statt, es wird nicht personalisiert wie im ersten Fall. Bei Durchsicht der zitierten Aussagen deutet sich an, dass die Zuschauer die Bilder unterschiedlich einstufen, obwohl es sich in beiden Fällen um fiktionale Bilder handelt. Sind sie im ersten Fall eine Bezugnahme zu realen eigenen Erfahrungen, bleiben sie im zweiten Fall als Bildfetzen in Erinnerung, die keinen realen Bezug besitzen. Vergleichbares fiel bereits bei Aufenanger auf, auch hier besaß die Darstellungsweise des Ereignisses bzw. die Realitätsnähe des abgebildeten Gegenstandes Einfluss auf den Eindruck des Gesehenen.

2.2.1.3 Der Vergleich von Faction- und Fiction-Schemata

Bildrezeption kann nach den Ergebnissen von Aufenanger und Grimm als ein Bezugsverhältnis verstanden werden, bei dem Bild und Wirklichkeit in Zusammenhang mit der wahrgenommenen Realistischkeit der Darstellung in Relation gesetzt werden, wobei hervorzuheben ist, dass es bei beiden Untersuchungen nicht um die Bildgestaltung, sondern um die Untersuchung der Relationierung gewalttätiger Handlungen mit der Realität geht. Unter dieser Fragestellung steht auch eine umfassende Studie Grimms zur Rezeption von fiktionaler Mediengewalt (1999). Seine Datenauswertung zielt auf die mögliche Einstellungsänderung durch medial präsentierte Gewalt. Medienrezeption beschreibt er mit einem von ihm entwickelten „kognitiv-physiologischen Forschungsansatz". Methodisch ist er im Ansatz der Erforschung der Medienwirkung zu verorten, für deren Bestimmung die eindeutige Auslösung durch einen medialen Stimulus und damit Zurückführung auf die Medienrezeption Voraussetzung ist (vgl. S. 223). Den kognitiven Anteil versteht Grimm als „psychosoziale Wirkungen", die er „als nicht zufällige Verschiebungen im Einstellungssystem der Mediennutzer nach versus vor der Rezeption erfaßt" (S. 224), während physiologische Effekte als „Schwankungen des Erregungs- und Aktivierungsniveaus verstanden [werden], die in der kommunikativen Phase durch fortlaufende Messungen von Hautleitungsfähigkeit und Puls festgestellt werden können" (S. 227). Medienwirkungsprozesse werden also in einer doppelten Perspektive von physiologischen und psychosozialen Effekten untersucht:

„Zu den Grundüberzeugungen des *kognitiv-physiologischen Forschungsansatzes* gehört es, daß zwischen stimulierenden Fernsehprogrammen und potentiellen Verhaltenswirkungen kognitive Verarbeitungsprozesse stehen, in denen der Rezipient Verbindungen zwischen dem Medienszenario und lebensweltlichen Situationen herstellt und seine physiologische Befindlichkeit während des Nutzungsvorgangs mit ‚Bedeutung' ausstattet." (S. 227)

Die Beurteilung von Gewalt durch die Nutzer versteht Grimm als die Relationierung von fiktionalen und realen Mustern des Ausübens und der Legitimation von Gewalt. Unter Anwendung der Schematheorie unterscheidet er

Fiktion und Realität nicht als Wirklichkeitsbereiche, sondern als Schemata, die auf „Fiction" und „Faction" angewandt werden:

„Die Termini *Fiction* und *Faction* subsumieren einerseits eine jeweils spezifische Klasse von Medienprodukten und sind andererseits durch die dazu passende Rezeptionshaltung definiert. Der homonyme Sprachgebrauch läßt sich damit begründen, dass Spielfilme und Nachrichtensendungen wie auch die Kognitionsmodi *Fiction* und *Faction* durch den Gebrauch fiktionaler bzw. faktionaler Kognitionsschemata gekennzeichnet sind. So bedeutet die Reflexion fiktionaler Sachverhalte vor dem Hintergrund von Alltagserfahrungen und noch mehr deren Implementierung in das lebensweltliche Orientierungswissen einen Wechsel zu Kognitionsschemata, die ähnlich wie *Faction*-TV-Formate Wirklichkeit konstruieren, ohne Wirklichkeit zu sein." (Grimm 1999, S. 20)

Grimm geht es darum herauszuarbeiten, wie Gewalt hinsichtlich ihrer Begründung und Akzeptanz verarbeitet wird, Verarbeitung als Bezugnahme auf in der Realität gültige Gesetzmäßigkeiten. Realtität und Fiktion fungieren also als implizite Maßeinheiten für Gewalt. Insofern interessiert Grimm die Relationalität von intrafiktional und extrafiktional. Die Zuschauer stellen die in Spielfilmen vorgefundenen Handlungsmuster sowohl in einen intrafiktionalen Zusammenhang zur Erklärung und Rechtfertigung resp. Ablehnung von Gewalt, und stellen diese Handlungsmuster auch in Relation zur extrafiktionalen Realität und der hier geltenden Gesetzmäßigkeiten und Voraussetzungen für Gewalt und Gewaltsanktionen (S. 537ff.; S. 566f.; S. 698). Diese Differenzierung bezieht sich auch auf die rezeptive und post-rezeptive Phase. In der rezeptiven Phase der Illusion „wird die Urteilsbildung durch fiktionale Referenzen bestimmt". In der post-rezeptiven Phase treten dann wieder „Realitätsbezüge in den Vordergrund des Räsonierens, das die Filmerfahrung kritisch am Maßstab der Wirklichkeit überprüft und die ursprüngliche Vorherrschaft der außermedialen Lebenswelt als vollgültigen Orientierungsrahmen wiederherstellt" (S. 568).

Obwohl sich Grimms Untersuchung insofern auf Bilder bezieht, als Gewalt vor allem visuell dargestellt wird, ist sein Ansatz für die Untersuchung realer und fiktionaler Bilder nicht geeignet, weil

1) der Erregungszustand für die Unterscheidung von Realität und Fiktion ein ungeeignetes Messinstrument ist, da diese Unterscheidung mittels einer aktiven Bezugnahme in Kommunikations- und Handlungsakten erfolgt. Grimm zeigt in einer Untersuchung 1993, dass die Ankündigung jeweils gleicher Bilder als Fiction oder Faction bei zwei Probandengruppen hinsichtlich der physiologischen Indikatoren keine signifikanten Unterschiede bewirkt (1993a, S. 25). Aufgrund seiner Ergebnisse im kognitiven Bereich schließt Grimm, dass „sich in den tieferen Erlebnisschichten der Filmrezeption ‚fiction' und ‚faction' ähneln. Eine Unterscheidung wird erst bei höherkomplexen kognitiven Prozessen möglich" (ebd.).

2) Eine Übertragung auf die Bildrezeption ist auch deswegen nicht möglich, weil aufgrund der auf die Einstellungen der Rezipienten gerichteten Be-

trachtungsweise die direkte Bezugsetzung zwischen Bild und Bildrezeption verlorengeht (wie dies auch in den oben genannten Studien der Fall ist). Eine Untersuchung der Bildrezeption dagegen muss die auf anderen Ebenen als dem Bild transportierten Bedeutungsmuster ausblenden, um die direkte Bezugsetzung zwischen Bild und Rezeption zu ermöglichen.
3) Bezüglich der Frage der Wirklichkeitsrelationen geht es Grimm um die Relationierung von Fiktionalität und Realität. Was nicht in seinem Untersuchungsinteresse liegt, ist die Bezugsetzung von Faction (in den Medien) mit Faction (in der Handlungswelt). Unter dem Schemaansatz verwischt die Differenz zwischen beiden Wirklichkeitsbereichen, auf Faction bezogene Schemata als Gewaltmuster und Legitimationsmuster von Gewalt gelten für Medien und Handlungswelt.

2.2.2 Authentisierende und fiktionalisierende Darstellungsmittel

Als authentisierend bezeichnete Mittel sollen den Eindruck eines realen Geschehens verstärken, fiktionalisierende zielen auf eine ästhetisch-dramaturgische Inszenierung. Berücksichtigt man, dass die jeweils eingesetzten Darstellungsmittel bestimmten Genres und den mit ihnen vorgenommenen Bezugnahmen auf Wirklichkeit entnommen sind, so findet eine Vermischung dieser beiden Bereiche durch die Wahl der Codes statt. Im Verhältnis zu den Rezeptionsstudien überwiegt in diesem Bereich die Medienanalyse als methodisches Vorgehen. Ihre Begründung beziehen medienanalytische Studien aus der mit bestimmten Darstellungsformen beanspruchten Verbindlichkeit von etwas als real oder fiktional, was bei den genannten Mischformen den Zuschauer in die Irre führen könnte, sowohl was die vermutete Wirkung als auch deren Bewertung durch die Zuschauer anbelangt.

2.2.2.1 Authentisierung im Bereich der Unterhaltung

Der Einsatz authentisierender Darstellungsformen im Bereich der Unterhaltung ist im Vergleich zum umgekehrten Fall der Fiktionalisierung von Realität weit geringer untersucht. Dies könnte daran liegen, dass dieser Fall weniger häufig vorkommt bzw. dass das gesellschaftliche Bewusstsein im Bereich der Ästhetik einen größeren Spielraum lässt – mit zwei Ausnahmen: 1) das Verbot des Übertritts der fiktionalen Wirklichkeitsebene; letzteres muss eingehalten werden, um den Spielcharakter (z. B. Vermeidung von Gefahren für Mensch und Tier) aufrechtzuerhalten; 2) jene Arbeiten und Diskussionen, welche die Fragen des Geschmacks und damit sittliche Grenzen betreffen, wenn z. B. durch den Einsatz authentisch wirkender, gewalthaltiger Bilder der fiktionale Bezug aufgeweicht wird. Das kann dann zu einem Fall für die Bundesprüfstelle für jugendgefährdende Schriften und Medieninhalte werden.

Bezüglich der möglichen Realitätsnähe durch ihre animierten Bilder fielen in den letzten Jahren vor allem Computerspiele auf (Pietraß 2001). Aufgrund der vorliegenden Einschränkung auf die bildlichen Darstellungsformen werden Untersuchungen zu Unterhaltungsserien mit Themen wie der „Alltagsdramatisierung" (Göttlich 2000, S. 194) in *Daily Soaps* oder der informativen Realitätsnähe aufgrund inhaltlicher Richtigkeit (Schnake 2000) nicht näher berücksichtigt.

Unter der vorgenommenen Einschränkung auf den zur visuellen Darstellung gebrachten Inhalt ist eine Untersuchung des Londoner Medienwissenschaftlers David Buckingham zum Einsatz authentisierender Mittel im Bereich der Fiktion relevant. In seiner Studie „Moving images: understanding children's emotional responses to television" (1996) widmet er sich unter anderem der Unterscheidungsmöglichkeit von Realität und Fiktion durch die Zuschauer (S. 213ff.). An ausgewählten Fernsehsendungen, die in der Öffentlichkeit aufgrund ihres Mischverhältnisses zwischen den beiden Wirklichkeitsbereichen diskutiert wurden, untersucht Buckingham die Art und Weise des Umgangs, also der Wahrnehmung und des Verstehens (vgl. S. 5) derartiger Programmformen durch Kinder und Jugendliche. Seine Stichprobe umfasste 72 Kinder in den Altersgruppen 6-7, 9-10, 12-13 und 15-16 Jahre (S. 8). Methodisch gesehen handelt es sich um eine qualitative Studie, bei der die Datenerhebung sowohl durch Gruppeninterviews vorgenommen wurde, als auch durch Einzelbefragungen von Kindern und Eltern (S. 8f.). Eines der ausgewählten Programme gehört zum Bereich des realitätsbezogenen Reality TV („Crimewatch UK") und zwei sind Unterhaltungsprogramme mit fiktionalem Bezug („Casualties" und „Ghostwatch"). Hier sollen nur letztere vorgestellt werden, vergleichbare neuere Erhebungen zu authentisierenden Sendungen im Bereich der Fiktion sind mir nicht bekannt. Die betreffenden Sendungen sind hinsichtlich des Umgangs mit den bildlichen Darstellungsformen von Interesse, eine Spezifizierung, die bei „Crimewatch UK" anhand der Ausführungen Buckinghams nicht vollziehbar ist. Den durch die Darstellungsform erreichten Grad an Realismus bezeichnet Buckingham als dem Text „interne" Kriterien, im Gegensatz zu jenen „that are external to the text, that is, upon our experience of, or beliefs about, the real world" (S. 214).

In der Krankenhausserie „Casualties" geht es vor allem um Notfälle, die durch spektakuläre Unfälle hervorgerufen wurden. An den Interviewaussagen zeigt sich, dass vor allem die Bilder der Verletzten die Grenze zwischen Realität und Fiktion sprengen:

„Trevor (15): You know when they've got a scalpel, and they're cutting them like that, all the blood's coming out, it's really good ... You think it ain't real, but how can it not be real? 'Cause it does look so real." (S. 220)

Aussagen wie diese über die Perfektion der Special Effects, die die Verletzungen realistisch aussehen lassen, zeigen, dass der Augenschein und das Wissen, dass die Sendung fiktional ist, ein Spannungsverhältnis eingehen, das einen großen Teil des Vergnügens an der Sendung bestimmt. Diese Bilder können insofern mit Augenkitzel angesehen werden, als der Zuschauer weiß, dass es sich um „gemachte" Bilder handelt. Dennoch bleibt ein Vergewisserungsbedarf, der sich in den Gedanken der Zuschauer darüber manifestiert, wie die betreffenden Szenen wohl gefilmt wurden (S. 221f.). Wie wichtig eine solche Distanznahme vom trügerischen Augenschein ist, zeigt sich an der Sendung „Ghostwatch". Hier wurden ein angeblich von Gespenstern heimgesuchtes Haus und seine Bewohner im Stil einer Live-Reportage gefilmt.

„Martha [15; M. P.]: It's the style, of how it's filmed./Like with The Bill it looks like there's just a camera been shoved out in the street, and it's all real and it's all happening. (…) you could see the mistakes, and if someone dropped the camera, the camera went down." (S. 241)

In dieser eindrucksvollen Szene ist die Kamera auf einen hinter einem Vorhang vermuteten Geist gerichtet und plötzlich, als habe der Kameramann den Geist gesehen, wird sie wegbewegt. Durch diese Darstellungsform wird der Eindruck von Authentizität und Teilhabe erzeugt. Die Produzenten greifen auf aus realitätsbezogenen Genres bekannte Darstellungsformen zurück und erreichen so eine Verunsicherung des Zuschauers bezüglich ihrer Einordnung als real oder fiktional. Es ist zu vermuten, dass dieser Effekt vor allem auch deswegen erreicht wurde, weil sich die jungen Zuschauer nicht ganz sicher waren, ob es sich um Realität oder Fiktion handelte. In einer solchen Situation werden die eingesetzten Darstellungsmittel zu Orientierungsmitteln darüber, ob etwas real oder fiktional ist. Erst am Ende des Films, bei dem ein Mädchen selbst zum Geist wird, wird der fiktionale Bezug deutlich. Die Produzenten „übertreiben" und verlieren damit die anfängliche Plausibilität. Nach Buckinghams Interpretation sind die nachträglichen kindlichen Deutungen über Fiktionalität von den Äußerungen der Eltern geprägt. Sie beziehen sich darauf, dass die Sendung einen fiktionalen Bezug angab, nicht auf die Tatsache, ob solche Dinge überhaupt möglich sind. Damit stützen sich sowohl die Kinder wie die Eltern auf textinterne Kriterien (S. 243). Der Hinweis, dass es sich um Fiktion handelt, wurde allerdings von der Anmoderation dieser Geisterjagd offensichtlich nur äußerst zurückhaltend geäußert, um den angezielten Effekt nicht zu zerstören. Kinder mussten sich von ihren Eltern Entlastung darüber holen, dass die Bilder gestellt waren, wobei Buckingham von äußerst verängstigten Kindern berichtet, die sich die Sendung allein angesehen hatten. Der dokumentarfilmähnliche Stil wurde auch durch den Einsatz von fingierten Telefonanrufen verschreckter Zuschauer erzeugt, die vorgaben, in ihrem eigenen Haus Geister entdeckt zu haben. Die Verwendung authentisierender Darstellungsmittel beeinflusste in dieser Sendung das unmittelbare Erleben so stark, dass der bestehende, fiktionale Bezug aufgehoben wurde und nur als gezielte Vergewisserung wiederherstellbar war.

2.2.2.2 Fiktionalisierung beim Reality TV

Bilder, die aufgrund ihrer Darstellungsweise Bezugnahmen zwischen Realität und Fiktion verschwimmen lassen, finden sich vor allem in den Mischformen von Unterhaltung und Information, von Authentizität und Fiktionalität. Solche Entgrenzungen von Fiktion und Realität im Sinne einer Fiktionalisierung von Wirklichkeit werden in den Medienwissenschaften unter dem Konzept der „Theatralität" diskutiert. Mit dem Begriff werden Inszenierungsstrategien von medialen und nicht-medialen Ereignissen und Handlungsweisen bezeichnet, die fiktionalisierende und „medialisierende" Züge aufweisen (siehe dazu Göttlich/Nieland/Schatz 1998a, S. 7ff.). Raymond Williams Beitrag „Drama in einer dramatisierten Gesellschaft" (1998) markierte 1974 einen wichtigen Punkt in den Überlegungen des Verhältnisses zwischen Theater und Medien (Göttlich/Nieland/Schatz 1998a, S. 19). Eine Dramatisierung anderer Wirklichkeitsbereiche als des Theaters erkennt Williams (1998) dort, wo die Inszenierungsformen des Dramas übernommen werden, was zur Fiktionalisierung dieser Wirklichkeitsbereiche führe, z. B. in der Werbung, wenn der Schauspieler seine Talente dafür nutzt, um für ein Produkt zu werben. Mit dem Begriff der Theatralität werden Erscheinungsweisen bezeichnet, die die Unterscheidung und Unterscheidbarkeit von Fiktion und Realität problematisieren. Ein in der Medienpädagogik intensiv diskutiertes Beispiel ist der Bereich des Infotainment, „die Konvergenz zwischen Information und Unterhaltung in den Medien" (Mikos 2000, S. 30), was eine Fiktionalisierung von Realität bewirkt: reale Ereignisse werden dargestellt, als handele es sich um Geschichten, die erfunden wurden, um zu unterhalten. Umgekehrt werden Ereignisse nachgestellt und ein Unmittelbarkeitseffekt erzeugt, der auf nachträglicher Inszenierung, nicht direkter Aufzeichnung beruht. In den sogenannten Doku-Soaps wird Authentizität inszeniert, z. B. zunächst in „Real World" in MTV in den neunziger Jahren und im Sommer 2000 in der bereits erwähnten Serie „Big Brother" in RTL 2 (Pietraß 2002a). Fiktionalisierung wird durch den Seriencharakter erzielt, der eine Identifikation mit den realen Personen nahe legt, als seien sie Schauspieler in Rollen, Authentisierung durch den Einblick in das Privatleben, das aber inszeniert ist. Auch bei den Auftritten von Prominenten in den Medien findet eine Inszenierung von Lebensstil und Persönlichkeit statt. Reale Menschen werden in einen ästhetisierenden Rahmen gestellt, der Realität fiktionalisiert (Pietraß 2002b). Das Bild visualisiert in diesen Beispielen nicht nur das jeweilige Ereignis, sondern das Ereignis wird durch das Bild erst zugänglich gemacht. Dem entgegen steht das medienpädagogische Anliegen, dass die Zuschauer den Inszenierungscharakter durchschauen und dieser nicht durch die Anschauungskraft des Bildes aufgehoben wird. Dieses Anliegen führt zu Untersuchungen, die wie die bereits genannten medienanalytisch vorgehen, und durch die Betrachtung des Medienangebotes auf die Funktion, Rezeption und Sozialisation der genannten Programmformen schließen.

Klärungsbedarf hinsichtlich der Trennung von Realität und Fiktion führt zumeist mit der Etablierung neuer Genres oder hinsichtlich als sozial negativ bewerteter und befürchteter Sozialisationsfolgen zu Forschungsaktivitäten (vgl. Winterhoff-Spurk 1994, S. 209). Untersuchungen, die die Präsentationsform zwischen Realität und Fiktionalität explizit thematisieren und dies auch rezeptionsanalytisch untersuchen, finden sich im Bereich medialer Gewaltdarstellungen generell und besonders bezüglich des Reality TVs. Dieser Forschungsbereich befasst sich ähnlich wie die genannte Studie Buckinghams explizit mit der Unterscheidung verschiedener Wirklichkeiten und zwar hinsichtlich der Gestaltungsformen. Insofern ist hier bezüglich der Frage nach der Rezeption realer und fiktionaler Bilder am ehesten ein Beitrag zu erwarten.

Grimm (1994) definiert Reality TV „als eine Programmform, die mit dem Anspruch auftritt, Realitäten im Sinne der alltäglichen Lebenswelt anhand von Ereignissen darzustellen, die das Gewohnte der Alltagsroutine durchbrechen" (S. 155). Reality TV wird damit dem Bereich des Infotainment zugerechnet, die Dramatisierung von wahren Ereignissen schafft die Nähe zur Unterhaltung, der reale Bezug den informativen Charakter. Diese Sendeform kam Anfang der neunziger Jahre im Privatfernsehen in Deutschland auf (Wegener 1994, S. 20ff.). Als Vorläufer wird „Aktenzeichen XY" angesehen, eine Sendung, die im Vergleich zum modernen Reality TV nüchtern wirkt, jedoch bereits durch die filmische Nachstellung der Ereignisse einen dramatisierenden Anstrich besitzt. Die im Reality TV bestehende Mischung von Darstellungsformen, die die Authentizität der Ereignisse betonen, sie aber zugleich durch ihre dramaturgischen Mittel fiktionalisieren, wird von Theunert und Schorb anschaulich geschildert:

„Auftritte von Verbrechern erfolgen in Krimimanier, Menschen geraten in lebensgefährliche Situationen und werden in letzter Minute gerettet. Auffällige Perspektiven sorgen für Spannung, der Einsatz von Musik und Originalgeräuschen ist exakt auf den Verlauf des Geschehens abgestimmt und dramatisiert es. Die Darbietung des Geschehens in Zeitlupe oder seine Wiederholung garantieren genaues Mitverfolgen. Realitätsgehalt und Authentizität werden durch verschiedene Elemente suggeriert: Es werden reale oder glaubwürdige Orte integriert, der Sprecher leitet nach Art der Live-Übertragung durch das Geschehen. Vor allem aber treten in Interviews echte Opfer auf, die in den Spielszenen meist so perfekt gedoubelt werden, dass der Eindruck entsteht, die Menschen, die tatsächlich in das Geschehen involviert waren, würden es selbst nachstellen. Das ist jedoch nur bei ‚Notruf' (RTL) der Fall ..." (1995, S. 242f.).

Winterhoff-Spurk (1994) untersuchte mit Hilfe einer computerunterstützten Analyse (SAARSYS) 34 Einzelbeiträge mit insgesamt 1947 Einstellungen. Seine Ergebnisse zeigen (vgl. S. 109ff.), dass bei Reality TV folgende stilistische Mittel bevorzugt eingesetzt werden: harte Schnitte (96% aller Einstellungen, S. 109); hauptsächlich Normalaufnahmen (56%) und Großaufnahmen (39,4%); feste Einstellungen (49%) und Normalperspektive (71%); Tiefenschärfe (89%); Licht (60% Tagesatmosphäre), normale Farbgebung (97%); Handlung meist Rettungsaktionen von Personen und Tieren; die auftretenden

Personen sind meist Retter; die untersuchten Einstellungen sind entweder als Spielfilme inszeniert oder eher wie Dokumentationen und Reportagen aufgemacht; Personen werden meist in Groß- oder Nahaufnahme gezeigt (Ermittler 54,8% Großaufnahme, Opfer 51,7%); Opfer häufig mit Aufsicht; auch bei Tätern und professionellen Rettern überwiegt die Großaufnahme gefolgt von der Nahaufnahme; bei Amateur-Rettern wird häufig die *Living Camera* eingesetzt; die Entwicklung zum Geschehen hin erfolgt meist in Halbtotale, Halbnah- und Nahaufnahmen, die Notsituationen meist in der Kameraeinstellung Totale und Verbrechen in Groß- und Nahaufnahme; in den Ermittlungssituationen ebenfalls Groß- und Nahaufnahme und bei den Rettungsaktionen die normale Kameraeinstellung. Auf diese Weise wird einerseits ein realitätsnaher Effekt erzielt (z. B. durch Farbgebung, dokumentarischen Stil, Living Camera), durch Kameraperspektive wird Nähe zu den Opfern erzeugt, die Protagonisten werden personalisiert, durch den Spielfilmcharakter werden die Zuschauer emotional involviert.

Der realitätsnahe Eindruck wird durch den dramaturgischen Anstrich wieder aufgehoben und umgekehrt – sofern – und dies ist zu betonen, die Zuschauer wissen, dass die Ereignisse gestellt sind. Bei Erwachsenen kann eine solche Dramaturgie ein ästhetisches Mittel der Distanzierung sein (vgl. Früh/Kuhlmann/Wirth 1996), während sie bei Kindern, die unsicher über die Realität des Geschehens sind, als authentisierendes Verstärkungsmittel wirkt (vgl. auch Theunert/Schorb 1995, S. 222)! Hier zeigt sich, wie unten noch näher erläutert werden soll, dass die Rezeption stark von der Kenntnis des realen oder fiktionalen Kontextes, in dem die Bilder verwendet werden, beeinflusst ist, und zwar über die verwendete Darstellungsform hinaus.

Neben dem Angebot drastischer Bilder, was besonders für Kinder belastend sein kann (Theunert/Schorb 1995, S. 52), wird die Mischung von authentisierenden und fiktionalisierenden Darstellungsmitteln aus kommunikationswissenschaftlicher Perspektive als problematisch angesehen, weil Unterhaltungs- und Informationsanteile vermischt werden (Winterhoff-Spurk 1994, S. 40f.) und aus medienpädagogischer Perspektive, weil sie die Unterscheidung von Fiktion und Realität negativ beeinflusst. Aus letzterem Anliegen, also der Beeinflussung der Unterscheidung von Realität und Fiktion durch die Darstellungsform, fand eine Untersuchung von Wrestling-Sendungen statt (Bachmair 1996), die dem Reality TV zugerechnet werden können (Wegener 1994). Aufenanger (1996b) untersuchte mit Hilfe einer qualitativen Befragung von 30 Kindern und Jugendlichen im Alter von 10 bis 17 Jahren, inwieweit Kinder die in Wrestling-Sendungen ineinandergeschichteten Realitätsebenen durchschauen können. Wrestling ist ein Showkampf, der äußerst brutal scheint, wenn man nicht weiß, dass er inszeniert ist. Aufenanger beschreibt das Verwirrspiel zwischen real und fiktional folgendermaßen:

„Bereits bei der Betrachtung des Live-Ereignisses stellt sich die Frage, ob es sich beim Wrestling um einen wirklichen Kampf oder nur um eine Inszenierung bzw. Show handelt.

Die jeweilige Einschätzung bedingt die Auffassung darüber, ob bei den Kämpfen wirklich Gewalt angewandt wird. Daraus folgt wiederum die Frage, ob es sich beim Wrestling um einen fairen Wettkampf handelt oder ob die Kampfhandlung abgesprochen ist. Für die Beurteilung durch die Fans spielt die Einschätzung der Regeln und die Funktion der Schiedsrichter und Manager eine entscheidende Rolle. So gilt es zum Beispiel, die Manager in ihrer Funktion als Aufstacheler und Anheizer im Show-Rahmen zu sehen und ihnen weniger eine ernsthafte Rolle zuzuschreiben. Auch die Klärung der Frage, ob die Wrestler nur als Rollenträger auftreten oder als Personen agieren, ist unter diesem Gesichtspunkt entscheidend. (...) Setzt man sich mit Wrestling als Fernsehereignis auseinander, das zusätzlich medial inszeniert wird, so spielen für den Aufbau der Sendung die Manager beim gegenseitigen Aufheizen der Gegner eine bedeutende Rolle. Ein weiterer wichtiger zusätzlicher Bestandteil der Dramaturgie sind die Interviews, die Wrestler, ihre Manager oder die ‚Offiziellen' der jeweiligen Veranstalter geben. Auch die Moderatoren mit ihren Kommentaren geben dem Ganzen eine besondere Sichtweise, indem sie Wrestling als Sportkampf moderieren. Sie unterstützen dadurch das Bild eines ernsthaften Geschehens." (S. 88)

Diese verwickelten Verhältnisse müssen von den Zuschauern „entschleiert" (Aufenanger) werden. Die Ergebnisse zeigen (vgl. S. 95ff.), dass die Kinder und Jugendlichen in ihrer Fähigkeit der Einschätzung der Ereignisse genau daran scheitern. Gerade jüngere Kinder glauben, dass tatsächlich gekämpft, jedoch darauf geachtet werde, ernsthafte Verletzungen zu vermeiden. Selbst das Wissen aus anderen Medien und auch Gruppendruck können die Anschauung der Gewalt als real nicht widerlegen. Die meisten der befragten Kinder und Jugendlichen waren der Ansicht, dass sich die Wrestler auch außerhalb des Rings feindlich gesonnen seien, was die Interviews mit den Kämpfern verstärken. Wird der Showcharakter der Kämpfe durchschaut, so muss sich das noch nicht auf die Rolle der Schiedsrichter als ebenfalls gespielt ausdehnen, so wenn ihnen von den Kindern vorgeworfen wird, nicht genügend darauf zu achten, unfaire Handlungen zu unterbinden. Die Rolle der Moderatoren wurde trotz der Frage der Interviewer von keinem der Befragten erkannt. Aufenanger kommt damit zu dem Ergebnis: „Würde man auf die Kommentare und medialen Inszenierungen verzichten und den ‚reinen' Kampf zeigen, wäre vermutlich ein besseres Verständnis auf Seiten der Rezipienten zu erwarten." (S. 99) Da der Inszenierungscharakter jedoch wesentlich für das Verständnis ist, oder eben der Grund für das Missverständnis, sieht Aufenanger Wrestling im Fernsehen als eine „kinder- und jugendmedienschutzrelevante Veranstaltung" an (ebd.).

Aus den zitierten Untersuchungen wird ersichtlich, dass die Unterscheidung von Realität und Fiktion ungeachtet der eingesetzten Mittel von Kontextinformationen abhängig ist, die helfen, das Gesehene entgegen den verwendeten Codes zu interpretieren. Sie zeigen aber auch, dass die Darstellungsform eine „Annäherung" an Realität oder Fiktion bewirken kann.

2.2.3 Darstellungsform und realer bzw. fiktionaler Kontext

Angaben darüber, woher bestimmte Bilder stammen, geben einen Hinweis auf die Art und Weise der Entstehung von Bildern und darüber, ob das Geschehen real oder fiktional ist. Lag bei den oben genannten Untersuchungen der Schwerpunkt auf der Differenzierungsfähigkeit von Fiktion und Realität anhand der Darstellungsmittel, liegt er bei den folgenden in der sich bereits anzeigenden Bedeutung des realen oder fiktionalen Kontextes, in den die Sendung gestellt wird, und der daraus folgenden Einschätzung der Inhalte.

Früh, Kuhlmann und Wirth (1996) untersuchten den Zusammenhang zwischen Dramatisierung und Unterhaltung, zwischen realem und fiktionalem Kontext und Informationswert sowie die Wechselwirkungen zwischen diesen beiden Zusammenhängen unter den Fragen, ob „erstens eine stärkere dramaturgische Aufbereitung den Unterhaltungswert der Filmbeiträge [steigert]?", „zweitens der Realitäts- den Informationswert [erhöht], d. h. führt der explizite Hinweis auf den authentischen Charakter des Geschehens tatsächlich dazu, dass die Zuschauer sich besser fühlen?", und „drittens [soll] überprüft werden, ob eine stärkere dramaturgische Aufbereitung auch den Informationswert und viertens der Realitätsbezug auch den Unterhaltungswert der Filme steigern kann" (S. 431). Es wurden vier Versionen gleichen Inhalts konzipiert, die sich im Einsatz der dramaturgischen Mittel unterschieden. Die erste Version war ähnlich einer Nachrichtensendung konzipiert mit Standbildern, die zweite besaß kurze Filmszenen ohne Handlungszusammenhang, die dritte war der Sendung Aktenzeichen XY vergleichbar aufgebaut und die vierte Version im Stil des Reality TV mit starken dramaturgischen Mitteln. Die Versionen 3 und 4 wurden einmal als real und einmal als fiktional angekündigt. Die 132 Versuchspersonen bekamen je zwei Filmversionen zu sehen, das unmittelbare Filmerlebnis wurde mit dem semantischen Differenzial erfasst, und weiterhin wurden vier Items zum Informationsaspekt erhoben (es werden nur jene Ergebnisse referiert, die für vorliegende Fragestellung weiterführend sind):

- Die höchste Informationsqualität wird der Version R1 zugesprochen, die an Nachrichten erinnert und, wie die Autoren vermuten, weil sie an Nachrichten erinnert (S. 437).
- Abgesehen von der Sonderstellung der Version R1 steigert sich der wahrgenommene Informationsgehalt der Sendung mit der Zunahme von dramaturgischen Darstellungsmitteln (S. 437).
- Der subjektive Informationswert steigt signifikant, wenn die Filmversionen 3 und 4 als real angekündigt werden (S. 438).
- Die am stärksten dramatisierte Version wurde als am informativsten und den besten Einblick vermittelnd angesehen, und nach der Nachrichtenversion am wirklichkeitsgetreuesten (S. 439).

- Dass solche Filme unterhaltsam seien, wird in keiner der Realversionen bestätigt (S. 439f.).

Dramaturgische Darstellungsmittel steigern den Informationsgehalt, vermutlich ist dies auf die größere Dichte der Informationen durch die zusätzlichen Bilder zurückzuführen. Werden diese als in einem Realitätsbezug stehend angekündigt, so kann die damit gegebene Authentizität ebenfalls den Informationsgehalt verstärken. Wahrscheinlich ist darauf auch die Bewertung der Version R1 zurückzuführen, Nachrichten kommt als (realitätsbezogenem) Genre eine hohe Glaubwürdigkeit zu. Allein die Ankündigung, ob etwas real oder fiktional sei (Version 3 und 4), erhöhte bei gleicher dramaturgischer Gestaltung den wahrgenommenen Informationsgehalt. Information ist damit nicht nur eine Sache der Darstellungsform, sondern auch des bestehenden realen oder fiktionalen Bezugs. Dass die Zuschauer die als real angekündigten Versionen als nicht unterhaltsam einstuften, verstärkt noch diesen Zusammenhang.

Vergleichbar damit sind die Ergebnisse einer Untersuchung Grimms (1993b), ebenfalls aus dem Bereich des Reality TV. Dieselbe Sendung, ein Beitrag über Lynchjustiz in Brasilien von RTL Explosiv, wurde jeweils 40 Probanden einmal als Dokumentation und einmal als Fälschung angekündigt. Erhoben wurde die Filmbewertung mit dem semantischen Differenzial und das Filmerleben mit der Messung von Hautleitfähigkeit und Pulsfrequenz. Bezüglich der Glaubwürdigkeit weichen die Bewertungen der beiden Gruppen am stärksten voneinander ab, die Beglaubigung der Bilder erhöhte, die Nicht-Beglaubigung verringerte den „Realitätseindruck der Bilder": „Die Fiktionalisierung, die durch die Instruktion ‚Fälschung' verursacht wird, beeinträchtigt im subjektiven Urteil der Rezipienten nicht nur die Glaubwürdigkeit, sondern auch den Spannungswert des Films." (S. 24f.) Allerdings vermute ich, dass die erlebte Spannung eine Bewertungskategorie ist, die von den Rezipienten als nicht angemessen für dieses Genre, das sie ja als dokumentarisch auffassten, empfunden wird. Dem entspricht, dass Interesse und emotionales Involvement bei der ‚faction'-Gruppe überwiegen – sie verfügte ja nicht über Distanzierungsmöglichkeiten wie die ‚fiction'-Gruppe, die sich sogar die Etikettierung der Sendung als „dumm" erlauben konnte. Dagegen zeigen die Antworten der offenen Fragen, „daß die Bilder eine stark realitätsähnliche Wirkung" besaßen:

„Die Brutalität (…) ist so realistisch nachgestellt, daß man da schon mitempfinden kann"

„Der Realismus des Verbrennens war schon sehr groß, und ich meine, es ist vielleicht doch kein Unterschied, ob es eine filmische Darstellung ist oder eine wirkliche Verbrennung, letztendlich nähern sich die Dinge an" (Grimm 1993b, S. 5).

Oder die Bilder wurden dem eher realitätsbezogenen Nachrichtenstil zugeordnet, wie die oben zitierte zweite Aussage zeigt und auch die folgende:

„Es war so eigenartig, ich hab mich immer nur damit beschäftigt, weil da ja stand, es sei nachgestellt worden, wie haben die das nachgestellt? Das muß ein sehr aufwendiger Trick gewesen sein – ansonsten war das schon sehr abstoßend."(ebd.) Insgesamt erweist sich die Zuordnung, ob sich etwas so und nicht anders zugetragen habe, nicht allein von der Darstellung abhängig. Allerdings ist zu vermuten, dass die Akzeptanz der Zuschauer als real oder fiktional bei der gleichen Darstellungsform nur deswegen bei beiden Untersuchungen durchhaltbar war, weil es sich bei Reality TV um eine Mischform handelt, was auch für die dramatisierende Nachrichtenform von RTL Explosiv gilt. Insofern zeigt sich gerade hier, welche Verantwortung von der angegebenen Bildquelle ausgeht. Die Ergebnisse dieser beiden Untersuchungen bestätigen, dass der Darstellungsform Aufmerksamkeit zugesprochen werden sollte. Der Einsatz von dramaturgischen Mitteln, der insbesondere im Einsatz von Bildern resp. Bildgeschichten besteht, erhöht den wahrgenommenen Informationswert und Realitätseindruck. Konkretion und Dramaturgie können die Unmittelbarkeit des Erlebens und damit den realen Eindruck der Augenzeugenschaft offensichtlich steigern. Die Einschätzung der Sendungen als nicht unterhaltsam, sofern sie als real angekündigt waren, mag einerseits auf soziale Erwünschtheit zurückzuführen sein, andererseits kann das vermeintliche Wissen um Authentizität keine ästhetische Distanzierung (vgl. Pietraß 1997, S. 243) vom Gesehenen ermöglichen.

2.3 Die Untersuchung einer realitäts- und fiktionsbezogenen Bildrezeption

Hinsichtlich der Einstufung von Realität und Fiktion bei der Bildrezeption können die angeführten Arbeiten wichtige Hinweise geben, jedoch sind alle zitierten keine eigenständigen Untersuchungen zur Bildrezeption. Wenn im folgenden bezüglich der dargestellten Ergebnisse von Bildrezeption die Rede ist, so gilt dies mit der Einschränkung, mit der die Auswertung vorgenommen wurde, nämlich der Vermittlung von Gewalt vor allem auf Bildebene und dem Bild als Bestandteil der Gesamtbotschaft. Folgende empirische Hinweise liefert der Forschungsstand bezüglich der leitenden Fragestellung:

- Die Darstellungsformen sind Bestandteil des mit einem Genre gegebenen Informations- und Unterhaltungsaspekts resp. Realitäts- und Fiktionsbezugs.
- Die im Bild transportierten Inhalte und ihre Darstellung haben eine Wirkung auf die Wahrnehmung von etwas als real oder fiktional.

- Die Angabe darüber, ob etwas real oder fiktional sei, wird über die Machart und den Inhalt des Gesehenen gestellt, wenngleich die Darstellungsform der bestehenden Angabe zuwiderlaufend verunsichern kann.

Die vorhandenen Forschungsergebnisse zeigen, dass die Untersuchung der Rezeption realer und fiktionaler Bilder in ihrer Bedeutung empirisch begründet ist, und zwar sowohl hinsichtlich der im Bild gegebenen Informationen wie auch hinsichtlich bestehender Unterschiede bei der Rezeption. Sie geben zwar Hinweise darauf, wie eine Realität und Fiktion differenzierende Bildrezeption beschrieben werden kann, aber sie sind nicht ausreichend, um qualitative Unterschiede der Rezeptionsperspektiven beschreiben zu können. Dies liegt unter anderem daran, dass das Bild nicht als eigener Informationskanal operationalisiert wurde. (Die Untersuchungen zu Darstellungseffekten sind dabei nicht berücksichtigt, da sie nicht die Information resp. Bildbedeutung, sondern die Wirkung betrachten.) Insofern wurden Ergebnisse reinterpretiert, die sich *auch* auf das Bild beziehen. Was fehlt, ist eine systematische Untersuchung dessen, anhand welcher Hinweise im Bild Rezipienten Einstufungen hinsichtlich Realität und Fiktion vornehmen und wie sie diese Unterscheidung in der Rezeptionsperspektive vollziehen – also ob und wie sich realitäts- und fiktionsbezogene Rezeption qualitativ unterscheiden. Eine solche Untersuchung verlangt folgende Schritte:

- Die Bestimmung von Bildrezeption als eines interpretierenden Aktes, bei dem im Bild enthaltene Informationen gedeutet und auf die unterschiedlichen Wirklichkeiten, die Bilder darstellen, bezogen werden. (3. Kapitel)
- Die Bestimmung des Bildes als eines Zeichens, das auf eine ganz spezifische Weise Bedeutung konstituiert. (4. Kapitel)
- Die Bestimmung der insbesondere im Bewegtbild eingesetzten Mittel zur Bedeutungskonstitution, v. a. hinsichtlich der mit dem Bild kommunizierten Wirklichkeiten. (5. Kapitel)
- Die Generierung einer Untersuchungsmethode, die die von den Rezipienten interpretierten Hinweise des Bildes zur Einordnung in Realität und Fiktion erhebbar macht sowie die Einschränkung der Untersuchung auf das Bild, was seine Herauslösung aus dem gesamten Vermittlungszusammenhang voraussetzt. (6. Kapitel)

3. Bildrezeption aus Perspektive der Rahmen-Analyse

Ausgangspunkt der Fragestellung ist die Bedeutung der visuellen Gestaltungsmittel für die Differenzierung von verschiedenen Wirklichkeiten in Bildern durch die Rezipienten. Das zu Grunde gelegte Verständnis von Realität und Fiktion im Bild als kommunikativ vollzogene Bezugnahmen darauf, wie etwas zu verstehen ist, verlangt eine Theorie, die Rezeption als bewusstseinsfähigen Akt auffasst. Setzt dies auf der Präsentationsebene voraus, dass entsprechende Hinweise bestehen, ob ein Bild real oder fiktional ist, so auf Rezeptionsebene, dass der mit dem Bild kommunizierte Inhalt entsprechend verortet wird. Die Rahmen-Analyse Goffmans erweist sich dafür als geeigneter theoretischer Ansatz, da mit ihm sowohl der direkte als auch der medienvermittelte zwischenmenschliche Umgang als Deutung des Sinns von Aussagen und Interaktionen verstanden werden kann. Bei Goffman zeigt sich jede Form von Erfahrung als innerhalb von Rahmen geordnet, und alle Rahmen basieren auf der Schichtung von Sinn. Rahmungserfahrungen sind also nicht nur voneinander abgrenzbar, sondern zugleich ineinander überführbar, da sie beide auf Erfahrungskonstitution als Sinnkonstitution basieren. Sie gibt darüber hinaus methodische Hinweise – auf die im sechsten Kapitel näher eingegangen wird – wie Rahmungshandlungen sichtbar gemacht werden können.

Goffmans Werk erfuhr in den letzten Jahren erneute Aufmerksamkeit, da sich seine Anwendbarkeit insbesondere hinsichtlich der veränderten Rolle der Medien und mit ihr gegebener Problemstellungen erwies (z. B. Günther 1992, Manning/Cullum-Swan 1992, Willems 1997). Goffmans Verständnis vom Inszenierungscharakter sozialer Realität macht seine Arbeiten als theoretischen Bezugsrahmen nicht nur für die Beschreibung von Mediendramaturgien und -inszenierungen geeignet (z. B. Meyer 1998), sondern auch integrierbar in das skript- und genretheoretische Verständnis medialer Handlungs- und Ereignismuster (Willems 1997, S. 268ff.). Unter dem Begriff des *framing* wird die Kontextabhängigkeit medial vermittelter Bedeutung in der angloamerikanischen Literatur diskutiert (Entman 1991; Durham 1998). Goffmans Ansatz erhält Aktualität in einer Zeit, in der die Bestimmung von Verbindlichkeit auf Kriterien ihrer Inanspruchnahme gestützt wird, in der die Diskursivität der Wirklichkeitserfahrung (z. B. Fiske 1996) und der Inszenierungscharakter von Realität (z. B. Göttlich/Nieland/Schatz 1998b) sich als Heuristiken zur Analyse der Konstitution sozialer Realität als fruchtbar erweisen. So wird dieser Soziologe (neu) entdeckt, erst vor wenigen Jahren erschien die erste und bislang einzige deutschsprachige Monographie zu Goffman (Willems 1997). Allerdings verleitet die Griffigkeit seiner Beschreibungen und theoretisch-begrifflichen Konstrukte dazu, den zugrunde liegenden theoretischen Bezugsrahmen oberflächlich abzuhandeln. Gegenüber Goffmans Arbeiten zur Identitätskonstitution ist die Rahmentheorie vergleichsweise wenig bearbeitet. Insbesondere ihr Bezug auf medienwissenschaftliche Fragestellungen steht weitgehend aus. Wie auch Herbert Willems in seiner theoretisch-empirischen Studie zur Rahmentheorie hervorhebt, bietet die Rahmen-Analyse „einige interessante Ansatzpunkte für die Analyse (…) von Aspekten der Medienkultur, insbesondere von Zusammenhängen zwischen Medienerzeugnissen und Medienrezeptionen" (1997, S. 142).

Im Folgenden soll dieser Ansatz unter Hervorhebung jener Punkte beschrieben werden, die die Rahmentheorie als implizite Rezeptionstheorie erkennbar werden lassen. Diese Argumentation basiert auf zwei Grundpfeilern, 1) dem Verständnis von Wirklichkeit als kommunizierten Bezugnahmen auf Wirklichkeit, die als Rahmen besonderen Bedingungen der Sinnkonstitution unterliegen und 2) dem Verständnis von Rezeption als der Entzifferung solcher Bezugnahmen durch die Rezipienten. Die Anknüpfungspunkte für diese Interpretation werden, wie gezeigt wird, von Goffman selbst gegeben, von ihm allerdings nur ansatzweise ausgeführt.

3.1 Grundlagen der Rahmentheorie

3.1.1 Rahmen als sinngebende Ordnungsmuster sozialer Erfahrung

Die Rahmen-Analyse hat die Bedeutung der Kenntnis und Aufrechterhaltung von Rahmen für das Funktionieren gesellschaftlicher Zusammenhänge zur Basis, insofern ist sie ein wissenssoziologischer Ansatz (Willems 1997, S. 50). Die gesellschaftlichen Zusammenhänge werden in ihrer Auffassung durch Rahmenrelationen und Rahmungshandlungen geschaffen. Das zu Grunde gelegte Verständnis der medialen Wirklichkeit als eine nach Bezugnahmen auf Wirklichkeit hin geordnete, verlangt ein pragmatisches Modell der Zeichenverwendung, das die Kontextualität von Sinn einbeziehen lässt. Goffmans Ansatz ermöglicht die Interpretation sowohl von Bildern selbst als auch ihrer Rezeption innerhalb von Rahmen. In der gewählten Perspektive wird der Rezeptionsprozess nicht nur als ein transformierender, sondern als ein sozial ordnender verstanden, entsprechend der immer wieder aufs Neue zu erbringenden Leistung der ordnenden Orientierung in den Räumen sozialer Wirklichkeit (vgl. Willems 1997, S. 50). Rahmen verweisen „auf situative und d. h. empirisch-konkrete Praxisverhältnisse, die eine Wirklichkeitsebene eigener Art darstellen" (ebd., S. 46). Die durch sie vorgegebenen Bedeutungs- und Handlungsmuster werden nicht, wie es der symbolische Interaktionismus versteht, durch das Individuum hervorgebracht, sondern von diesem vorgefunden. Goffman stellt die Vorstrukturiertheit des Verständnisses von Handlungssinn jenseits der biographischen Individualität dar, wobei Vorstrukturiertheit der Interpretationsmuster nicht ausschließt, dass diese sozialhistorisch veranlasst und bestimmt sind (vgl. S. 44f.).

Die Konstitution von und der Umgang mit der sozialen Organisation von Kommunikation und Interaktion ist die leitende Fragestellung Goffmans. Die „interaction order" ist ein Anliegen, das der weltbekannte amerikanische Soziologe von Beginn seiner Forschungstätigkeit an verfolgt (vgl. Lenz 1991, S. 27; eine vollständige Publikationsliste s. Hettlage/Lenz 1991a, S. 445ff.). Mit der Rahmen-Analyse entwickelt er sein früheres Konzept des „sozialen Anlasses" weiter (vgl. Lenz 1991, S. 36). Den sozialen Anlass bestimmen zeitliche und räumliche Besonderheiten, wie auch solche des Settings und des angemessenen Verhaltens (vgl. ebd.).

Goffman interessiert sich besonders für die Zerbrechlichkeit und Manipulierbarkeit sozialer Ordnung und zeigt dabei zugleich die Kontingenz und Komplexität sozialer Realität. Wenngleich es aus seiner Perspektive immer Individuen sind, die handeln, interessiert ihn Selbstdarstellung in der Interaktion nicht als individualisiertes Unterfangen, sondern vielmehr befasst er sich mit den erkennbaren und typisierbaren Mustern, die eine Gesellschaft bereithält, um das Individuum zu den verschiedensten Anlässen vor die Augen anderer zu entlassen und zugleich sein Innerstes vor den Augen der anderen zu schützen. Der Gedanke der Bühnenartigkeit des Verhaltens in sozialen Räumen ist bei seiner Konzeption des Rahmenbegriffs ebenfalls Vorbild und zeigt schon hier seine Eignung für eine Übertragung auf die Medien.

Mit Rahmen benennt Goffman Organisationsformen von Erfahrung. Es geht ihm dabei nicht, wie er hervorhebt, um soziale Strukturen, sondern „um die Struktur der Erfahrung, die die Menschen in jedem Augenblick ihres sozialen Lebens haben" (S. 22). In der „Rahmen-Analyse" (Frame Analysis, 1974) beschreibt er, „daß wir gemäß gewissen Organisationsprinzipien für Ereignisse – zumindest für soziale – und für unsere persönliche Anteilnahme an ihnen Definitionen einer Situation aufstellen" (1993, S. 19). Rahmen ermöglichen und bestimmen Handeln, „indem sie Wirklichkeitsräume vordefinieren und durch Grenzzeichen fixieren" (Willems 1997, S. 66). Besteht das wesentliche Forschungsanliegen Goffmans in der Interaktionsanalyse, so erweitert er mit dem Rahmenmodell den Bereich der unmittelbaren Verfolgung von Handlungszielen um deren Darstellung für Zuschauer. Mit dem Verständnis von Theater und Medien als Ereignissen, die innerhalb eines „Aufführungs-Rahmens" stattfinden, schafft er die Möglichkeit der Analyse (massen) medialer Erfahrungen als Rahmen. Goffmans primärer Fokus ist jedoch, wie er in „Geschlecht und Werbung" (1981b; erstmals 1976) als Analyse von medialen Inszenierungen zeigt, die Analyse von Interaktionen hinsichtlich ihrer jeweils sozial strukturierten Formen. Mit der „Modulation", dem „Theater-Rahmen" und dem „Aufführungs-Rahmen" gibt er Anhaltspunkte für die Analyse der Wirklichkeitsbezüge von Rahmen und führt dies selbst auch in Bezug auf Bilder fort, indem er es als ein „rahmentheoretisches Problem" bezeichnet, „in welch unterschiedlichem Sinn wir von Bildern sagen können, daß sie wahr, wirklich, gültig, aufrichtig, ausdrucksvoll oder aber falsch, unecht, gestellt, unwahr, retuschiert oder geschönt sind" (1981a, S. 55). Es handelt sich bei diesem rahmentheoretischen Problem also darum, welchen Bezug Bilder zu der von ihnen dargestellten Wirklichkeit besitzen. Dass dieses Problem mit der Rahmen-Analyse zusammenhängt, zeigt das Interesse Goffmans an der Spieltheorie. Nach einer Aufarbeitung der von Goffman verwendeten Sekundärliteratur finden sich in sechs seiner Arbeiten immerhin 13 Hinweise auf die Spieltheorie Thomas Schellings (The strategy of conflict, Cambridge: Harvard University Press 1960; zit. n. Lenz 1991, S. 67). Auch der Bezug auf die „sub-universes" nach William James, sowie die Erwähnung der Arbeiten Alfred Schütz', der den „Schock" beim Übertritt von einer Sinnwelt in eine andere beschreibt, sowie der in der Rahmen-Analyse gewählte Ausgangspunkt von Gregory Batesons Schrift „A Theory of Play and Phantasy" (1974) zeigen, dass für Goffman zur Erstellung der Rahmen-Analyse die Differenzierung verschiedener Erfahrungsbereiche voraussetzend war. Allerdings muss man einräumen, dass Goffman selbst diesen Zugang kaum explizit verfolgte. So erwähnt er zwar, dass ihn besonders die Fähigkeit der Aufrechterhaltung von Rahmen durch den Zuschauer interessiere, und dass das Auseinanderhalten der getrennten Bereiche Fantasie und tägliches Leben nicht so eindeutig sei, wie es scheine, doch verfolgt er dies nur implizit, nämlich unter dem Aspekt jener Formen, die die Transformation von Rahmeninhalten regeln (1993, S. 165 und 175).

Ein grundlegender Bezugspunkt der Rahmentheorie ist der bereits erwähnte Aufsatz Batesons (1974), aus dem Goffman den Ausdruck „frame" bezieht. Das gleiche Ereignis, die gleiche Handlung oder der gleiche Sachverhalt haben in den verschiedenen Rahmen „Spiel" und „Kampf" verschiedene Bedeutungen. Mit Bateson gelingt es Goffman, über den Ansatz von James' hinauszugehen (Willems 1997, S. 63), zugleich distanziert er sich jedoch von Bateson. Diesem sei es nicht darum gegangen, dass die Bedeutung von Aktivitäten aus etwas gebildet werden kann, das bereits bedeutungsvoll ist, und dass dieses Etwas ebenfalls aus einem Bezugsrahmen heraus bedeutungsvoll ist (vgl. ebd.). Ein Gedanke, der für die Rahmen-Analyse tragend ist, da auf ihm die Möglichkeit der schichtenden Transformation von Bedeutungseinheiten basiert. Batesons Rahmenmodell ist zudem auf die psychische Ebene bezogen, während sich Goffman für die soziale Dimension von Rahmen interessiert. Aus seiner Sicht verweisen Rahmen „auf situative und d. h. empirisch-konkrete Praxisverhältnisse, die eine Wirklichkeitsebene eigener Art darstellen" (Willems 1997. S. 46). Nach Darstellung Willems' war es jedoch nicht Bateson, sondern Georg Simmel, der den Rahmenbegriff erstmals verwendete und „durchaus wesentliche Gedanken der Goffmanschen Rahmentheorie und verwandter Ansätze" vorwegnahm (ebd., S. 30f.). Obwohl Goffman Simmels Arbeiten vor allem in früheren Jahren rezipierte (Lenz 1991, S. 61 u. 67), stellt er selbst diesen Bezug nicht her. Im Gegensatz zu Goffman aber beschreibt Simmel mit Rahmen Räume, die durch ihr spezifisches Wesen abgeschlossen sind. In diesem Aspekt vergleichbar ist auch die Sichtweise James, bei dem „sub-universes" eigene Sinnwelten sind, eine Auffassung, die auch Schütz übernimmt (vgl. Schütz 1979, S. 48). Die durch Rahmen bestimmten Sinnbezüge dagegen sind in ihrer Relation zu der sie umgebenden sozialen Umwelt zu sehen. Einerseits, weil Rahmen zumeist in ihrer Negation sichtbar werden, andererseits, weil sich gerahmte Ereignisse auf die äußere Umwelt beziehen. Durch die Art und Weise, welcher Sinn innerhalb eines Rahmens den Dingen gegeben wird, grenzen Rahmen Bereiche ab, die unsere Alltagswelt strukturieren und Vorgaben der Verbindlichkeit von Sinn konstituieren.

3.1.2 Rahmen als kontextuelle Interpretationshinweise und primäre Rahmen

Die Zuordnung von Interaktionen zu Rahmen basiert auf dem Rahmungswissen der Teilnehmer, das ihnen die Interpretation von Rahmenhinweisen auf die gemeinte Aussage ermöglicht. Anhaltspunkte für die Unterscheidung der jeweils gültigen Rahmen sind nur aus dem situativen Zusammenhang zu erhalten. Alle Mitteilungen „tragen nämlich unweigerlich neben der expliziten eine implizite (metasprachliche oder metakommunikative) Bezeichnungsebene in sich, die erst durch Abstraktion und Relationierung erschlossen werden muß" (Hettlage 1991, S. 107). Durch ihre Mehrdeutigkeit sind Mitteilungen anfällig für Missinterpretationen. Metakommunikative Rahmenmitteilungen geben Hinweise darauf, was innerhalb und was außerhalb eines Rahmens liegt. Eine Leistung von sozialen Gruppen besteht mithin darin, „schnell auf Gleichförmigkeit oder auf systematische Differenzierung, also auf einen Organisationsrahmen hinzuarbeiten" (ebd., S. 109). Hettlage interpretiert die im Zuge der Sozialisation wachsende Flexibilität im Umgang mit Mehrdeutigkeiten als Voraussetzung für die Notwendigkeit metakommunikativer Hinweise „welche Bedeutung aus der Fülle des Möglichen gemeint ist und welche anderen Wirklichkeitsverständnisse eben ausgeschlossen sind" (S. 102).

Aufgrund ihrer strukturierten Sinnhaftigkeit kommt sozialen Interaktionen eine Zeichenhaftigkeit zu, die die Interpretationsbasis für aufeinander bezogene Handlungen darstellt. „Wir alle spielen Theater" (Goffman 1969) zeigt, wie das Handeln für andere Informationscharakter besitzt und damit sowohl den Handelnden als auch die Interaktionspartner in einen Erwartungshorizont stellt (vgl. Willems 1997, S. 53). Wie Goffman schon in diesem frühen Werk unter implizitem Vorgriff auf seine Rahmen-Analyse erkennen lässt, unterliegen Interaktionen präformierten Sinntypen.

Der für die vorliegende Arbeit wichtige Aspekt liegt in dem Sachverhalt, dass inhaltliche Bedeutungen von Handlungen und Aussagen nicht ablösbar von ihrem Kontext sind, der den Sinn bestimmt. Menschliche Kommunikation ist mehrdeutig, mit den im Prozess der Sozialisation zunehmenden Erfahrungskontexten wächst auch der Bedeutungshorizont einzelner Zeichen:

„Einerseits werden im Verlauf der Sozialisation kollektiv eingeschliffene Handlungs- und Deutungstypen tradiert und eingeübt, andererseits werden durch die gleichzeitig damit stattfindende permanente Erweiterung des Handlungs- und Deutungsrepertoires die Geltungsbereiche und Anwendungsräume jener ursprünglich relativ festen Typen variiert oder gar aufgelöst: Relevanzsysteme, Bedeutungshorizont und Vokabular erweitern sich; die Bedeutungsmöglichkeiten der Einzelzeichen werden immer umfangreicher – entsprechend der zunehmenden Menge von Erfahrungskontexten, denen sie zugeordnet werden können." (Soeffner 1989, S. 149)

Ohne das Vorhandensein von Hinweisen auf die jeweilige Interpretationsrichtung ist die Zuordnung von Zeichen zu Bedeutungen nicht möglich (vgl. Soeffner 1986, S. 80). Durch die mit den Rahmen vermittelten Interpretationsanweisungen wird Mehrdeutigkeit reduziert, so dass die Handelnden darin „Deutungs- und Koorientierungssicherheit" finden können (Soeffner 1986, S. 80). Das Rahmungswissen ist eine im Sozialisationsprozess erlangte, unabdingbare Kenntnis über den Zusammenhang sozialer Interaktionen. Es erfüllt damit „essentielle psychische Funktionen" (S. 51). Aufgrund ihrer Auslegungsbedürftigkeit erhalten Interaktionen eine „fiktionale Qualität", Regieanweisungen zeigen an, „daß etwas so und nicht anders gemeint ist". Damit verweist der Interaktionspartner „auf das sonst auch noch Mögliche, dem hier der Wirklichkeitsakzent entzogen wird, den es an anderer Stelle erhalten könnte" (S. 81). Es zeigt sich hier die Brüchigkeit sozialer Ordnungen, ihre stets nur vorläufige Gültigkeit.

Rahmen sind wie dünne Membrane, die nur das zur Geltung kommen lassen, was innerhalb des Rahmens liegt. Was außerhalb des Rahmens zur Deutung herangezogen werden könnte, wird im aktuellen Rahmen ungültig. Soziale Wirklichkeit wird auf diese Weise reduziert und durch den Rahmen in eine Form der (mehr oder weniger) eindeutig gültigen Ordnung gebracht. Rahmen sind nicht feststehend, sie können von den Interaktionspartnern neu definiert werden, z. B. durch ein Lachen gelockert: „Es gelten dann neue Regeln der Relevanz, d. h. der Bezugsrahmen hat sich verändert, ist vorläufig zerbrochen, wird vielleicht selbst zum Gegenstand des Gesprächs und der Kritik." (Hettlage 1991, S. 114) Eine andere Möglichkeit der Rahmenveränderungen sind Rahmenbrüche. Hier wird der jeweils gültige Rahmen durch das sichtbar, was ihn zerbricht oder zu zerbrechen droht. So verlangen Rahmen ein spezifisches Engagement in ihre Anforderungen, Fehlverhalten wird z. B. vom menschlichen Körper mit seinen Bedürfnissen provoziert und seinem Widerstand dagegen, sich immerzu den Anforderungen von Rahmen zu unterwerfen. Gerade beim Schauspieler sind Grenzen der rahmengerechten Instrumentalisierung des Körpers gesetzt, so müssen Verletzungen vermieden werden, geschehen sie dennoch, wird der fiktionale Rahmen gebrochen.

Ein Rahmen dient als sinngebender Bezugszusammenhang zum Verstehen sozialer Interaktion und Kommunikation. Als nicht hintergehbare Sinnzusammenhänge sind die primären Rahmen jene Schicht, auf die alle Interpretationen zurückgeführt werden können. „Da diese Definitionen als ursprünglich und nicht weiter rückführbar erlebt werden oder als solche vorbewusst angewendet werden, spricht Goffman von ‚primären Rahmen'" (Hettlage 1991, S. 128). Wichtig ist zu berücksichtigen, dass sich Goffman selbst ausdrücklich von Ansätzen abhebt, die Realität als das verstehen, was bei ihm der primäre Rahmen ist. Goffman geht es also nicht darum, verschiedene abgegrenzte Bereiche der Wirklichkeitszuwendung zu unterscheiden, sondern die Alltagswelt selbst ist für ihn eine vielfach gerahmte und geschichtete Wirklichkeit. Sie ist als solche allerdings nur dann zugänglich und entschlüsselbar, wenn man sich auf bestimmte Ereignisse, die Erfahrung konstituieren, bezieht, und nicht auf eine ontologische Differenzierung verschiedener Wirklichkeitsebenen abzielt (1993, S. 602ff.).

Mit der Klasse der primären Rahmen wird eine Kategorie geschaffen, die Sinnloses von Sinnhaftem unterscheidet, sie machen „einen sonst sinnlosen Aspekt der Szene zu etwas Sinnvollem" (Goffman 1993, S. 31). Primäre Rahmen sind jene Sinnschicht, die sozusagen „höheren", transformierten Sinnschichten zugrunde liegen (vgl. Willems 1997, S. 52), mit anderen Worten, das was übrigbleibt, wenn alle anderen äußeren Rahmenschichten weggebrochen werden. Da die primären Rahmen jene Sinnschicht enthalten, die weiteren Rahmen ihre Grundlage verleiht, sozusagen als denotierende Zeichensubstanz, schaffen sie die Grundlage des Verstehens als „‚wörtlich zu nehmende', deskriptive Sprachen" (Giddens 1997, S. 142; s. a. Willems 1997, S. 52ff.). Primäre Rahmen werden nach natürlichen und sozialen unterschieden. Natürlichkeit ist für Goffman eine sozial konstruierte Kategorie und ergibt sich als solche aus sozialen Zuschreibungen der Entziehung eines Willens und einer Verantwortlichkeit. Am Beispiel des Damespiels führt er aus, wie hier einerseits materielle Aspekte eingehen, so das Ziehen der Steine, und andererseits die mit den Zügen eingenommenen Positionen, die man als zeichenhaft auffassen kann. Handlungen sind damit aus zwei Perspektiven zu verstehen:

„Die eine, die allen Handlungen mehr oder weniger gemeinsam ist, hat mit der offensichtlichen Beeinflussung der natürlichen Welt in Übereinstimmung mit den besonderen Einschränkungen zu tun, die dem Naturablauf eigen sind; die andere Verstehensweise hat mit den besonderen Welten zu tun, in die der Handelnde verwickelt werden kann, und die eben recht verschiedenartig sein können." (Goffman 1993, S. 33)

Die natürlichen Rahmen beziehen sich auf die Ordnung, wie wir sie vorfinden, sind aber zugleich selbst Bestandteil der Kultur, da sie die Erfahrung der natürlichen Ordnung bereits regulieren. Ihnen liegen bestimmte Vorstellungen über diese Ordnungsverhältnisse zugrunde, auf ihre kognitive Dimension anspielend spricht Goffman auch von Schemata (S. 37): „Natürliche Rahmen identifizieren Ereignisse, die als nicht gerichtet, ‚nicht orientiert', nicht belebt, nicht geleitet, ‚rein physikalisch' gesehen werden; man führt sie vollständig, von Anfang bis Ende, auf ‚natürliche' Ursachen zurück" (ebd.). Er verwendet in diesem Zusammenhang auch die Begriffe „Naturvorgänge", „Naturereignisse" (S. 33), „materielle Welt" (S. 34). „Im Gegensatz zu diesen ‚amoralischen' bzw. entmoralisierenden Perspektiven erscheinen soziale Rahmen als Deutungshintergründe, die Ereignisse oder Taten zu Handlungen machen" (Willems 1997, S. 56). Bei sozialen Rahmen steht der Willen einer handelnden Person als Ursache für Situationen und Ereignisse: „Soziale Rahmen (…) liefern einen Verständnishintergrund für Ereignisse, an denen Wille, Ziel und steuerndes Eingreifen einer Intelligenz, eines Lebewesens, in erster Linie des Menschen, beteiligt sind." (Goffman 1993, S. 32)

Primäre Rahmen stellen sozusagen den Primat aller Interpretationen dar und sind die letzte Bezugsgröße, die gemeinhin als „wirklich" oder als „Realität" bezeichnet wird. Wenn alle kommunikativ etablierten Bedeutungsschichten fortgeräumt sind, verbleiben „reale Sanktionen in der materiellen Welt die letzte Grundlage der Wirklichkeit" und zeigen deutlich, auf welcher Wirklichkeitsebene man sich befindet (Hettlage 1991, S. 152). Die im primären Rahmen zu deutende Realität ist dabei nicht als ein vorhandener Ausgangspunkt zu verstehen, etwas, was da ist, sondern eine Bezugsgröße, die den Maßstab für die Interpretationen liefert. Ist z. B. ein Mensch mit Anomalien konfrontiert, welche die aktuelle Rahmung in Frage stellen, so geht er zurück zum Ausgangspunkt und hinterfragt den primären Rahmen auf seine Gültigkeit (vgl. Manning/Cullum-Swan 1992, S. 243).

3.1.3 Die Modulation als Grundlage von Fiktion

Eine „Modulation" findet statt, wenn ein primärer Rahmen, z. B. ein Kuss, in einen anderen Rahmen überführt wird, wie ein gespielter Kuss auf der Bühne. Sie beschreibt etwas, das „nicht ganz das ist, was es zu sein scheint, sondern diesem nur nachgebildet ist" (S. 56). Rahmenwechsel finden durch Modulationen statt, aber nicht von einem Ereignis zu einem anderen, sondern durch Bezug auf ein und dasselbe Ereignis, das durch die Modulation transformiert wird. Der Begriff Modulation liefert die Grundlage für das rahmentheoretisch begründete Verstehen von verschiedenen Bezugsweisen auf Wirklichkeit (vgl.

Goffman 1993, S. 57), mit ihrer Hilfe kann zwischen Realität und Fiktion unterschieden werden.

Modulationen sind „ein System von Konventionen, das eine primär sinnvolle Tätigkeit in etwas transformiert, was dieser Tätigkeit nachgebildet ist, von den Beteiligten aber als etwas ganz anderes gesehen wird" (Hettlage 1991, S. 138). Die an der Modulation Beteiligten aber wissen, dass eine Modulation stattfindet und nicht das, wonach es für einen Außenstehenden möglicherweise aussieht, der z. B. einen lediglich als Show inszenierten „Wrestling"-Kampf für einen wirklich gewaltsamen Boxkampf halten könnte.

Modulationen lassen sich in zwei Klassen einteilen, je nachdem, ob sie vor einem „Publikum" gelten sollen oder nicht. Im letzteren Fall „handelt es sich um Rahmungen von Bewußtseinsprozessen und Verhaltensweisen in Abwesenheit oder potentieller Abwesenheit anderer" (z. B. Tagträume oder Gedankenexperimente; vgl. Willems 1997, S. 62). Die erste Gruppe bezieht sich auf Kommunikations- und Interaktionsprozesse und beschreibt die Definition von Ereignissen und Handlungen als nicht in einem primären, sondern in einem transformierten Sinn stattfindend, z. B. Kampf als Spiel. Aufgrund ihrer Wichtigkeit für die vorliegende Fragestellung möchte ich Goffmans „vollständige Definition" der Modulation (1993, S. 57) ungekürzt wiedergeben:

„a) Es handelt sich um eine systematische Transformation eines Materials, das bereits im Rahmen eines Deutungsschemas sinnvoll ist, ohne welches die Modulation sinnlos wäre.
b) Es wird vorausgesetzt, daß die Beteiligten wissen und offen aussprechen, daß eine systematische Umwandlung erfolgt, die das, was in ihren Augen vor sich geht, grundlegend neubestimmt.
c) Es gibt Hinweise darauf, wann die Transformation beginnen und enden soll, nämlich zeitliche ‚Klammern', auf deren Wirkungsbereich die Transformation beschränkt sein soll. Entsprechend zeigen räumliche Klammern gewöhnlich das Gebiet an, auf das sich die Modulation in dem betreffenden Fall erstrecken soll.
d) Die Modulation ist nicht auf bestimmte Ereignisse beschränkt, die unter bestimmten Blickwinkeln gesehen werden. Ganz so, wie man völlig zweckorientierte Handlungen spielen kann, etwa die Tätigkeit eines Zimmermanns, kann man auch Rituale spielen wie Hochzeitszeremonien, ja sogar, im Schnee, einen fallenden Baum; jedoch ist zuzugeben, daß Ereignisse, die in einem natürlichen Bezugssystem gesehen werden, der Modulation weniger zugänglich zu sein scheinen als Ereignisse in einem sozialen Bezugssystem.
e) Für die Beteiligten erscheint etwa das Spielen eines Kampfes und das Herumspielen mit Damesteinen weitgehend als das gleiche – ganz anders, als wenn diese beiden Tätigkeiten im Ernst ausgeführt werden. Die einer bestimmten Modulation entsprechende systematische Transformation verändert die entsprechende Tätigkeit vielleicht nur geringfügig, doch sie verändert entscheidend, was in den Augen der Beteiligten vor sich geht. In unserem Beispiel scheint es so, als würde gekämpft oder Dame gespielt, doch die Beteiligten würden vielleicht sagen, es sei in Wirklichkeit die ganze Zeit bloß gespielt worden. Wenn also eine Modulation vorliegt, so bestimmt sie ganz entscheidend, was in unseren Augen vor sich geht." (Goffman 1993, S. 57)

Modulationen beziehen sich auf Material, das in einem anderen Rahmen bereits einen Sinn besitzt, und dieser Sinn wird transformiert. Dabei können mehrere Sinnbezüge schichtweise übereinander gelagert werden. So ist denkbar, dass z. B. ein Ereignis im Rahmen Hochzeitszeremonie stattfindet, und dieses in einer Reportage als Beispiel für die Ritualität von Hochzeitszeremonien verwendet wird und in einer weiteren Transformation in einem satirischen Beitrag lächerlich gemacht würde. Der Rahmen Hochzeitszeremonie enthält ebenfalls Modulationen, so hat z. B. das gegenseitige Anstecken der Ringe nicht die Funktion des Ansteckens als eines solchen, sondern ist als Vorführung des gegenseitigen Ansteckens ein Zeichen der Verbundenheit.

Wenn die Beteiligten oder nicht alle Beteiligten darüber Bescheid wissen und sich einig sind, dass eine Modulation stattfindet, kann es zu ernsthaften Missverständnissen kommen. Als Interpretations- und Handlungskontext ist die Modulation jeweils sinnbestimmend, Nichtkenntnis oder Nichtbefolgen der Modulation kann zu Grenzverletzungen führen, wie sie beim Spiel stattfinden können, aber auch bei Fehlorientierungen, Beleidigungen etc. Der Rahmen steckt dabei im sprichwörtlichen Sinn den Raum ab, für den die Transformation gilt.

Allen Formen von Modulationen liegt ein ursprünglich primärer Rahmen zu Grunde, der nach gewissen Konventionen transformiert wird. Sie geben die Rahmengrenzen vor, so dass die historische Entwicklung der Transformationskonventionen sichtbar macht, worin die Grenzen von Rahmen begründet werden. Die Teilhabe, das Aufgehen in Rahmen erzeugt jeweils einen eigenen Seinsbereich: „Die Grenzen dieser Tätigkeit sind Grenzen von Tätigkeiten, die einen gefangen nehmen und überwältigen können. Die Geschichte dieser Grenzen ist die Geschichte dessen, was für uns lebendig werden kann." (Goffman 1993, S. 70) Die Rahmengrenzen machen sichtbar, welche soziale Übereinstimmung bezüglich der Akzeptanz und Anforderung des Aufgehens in den Modulationen besteht, ihr Erlernen stellt einen wesentlichen Bestandteil des Sozialisationsprozesses dar, da auf ihrer Kenntnis die Bewertung von sozialen Interaktionen und damit Handlungsorientierung beruht.

Goffman (1993) nennt fünf Grundformen von Modulationen, von denen das „So-tun-als-ob" (S. 60ff.) zur Unterscheidung von Fiktion und Realität führt. Mit „So-tun-als-ob" meint Goffman „eine Handlung, die für die Beteiligten eine offene Nachahmung oder Ausführung einer weniger transformierten Handlung ist, wobei man weiß, dass es zu keinerlei praktischen Folgen kommt" (S. 60). Insgesamt unterscheidet Goffman vier verschiedene Formen des So-tun-als-ob: *Spiel*, *Fantasieren*, *Scherz* und *Drama*. Fantasieren oder Tagträumen findet im Allgemeinen ohne Publikum statt, ist also eine Sonderform, da es nicht durch Interaktion getragen wird. Das Spiel bezeichnet Goffman als die wichtigste Art des So-tun-als-ob (S. 61). Bei ihm wird „die Interaktion zwischen einem Individuum und anderen (oder einem Partnerersatz) von verhältnismäßig kurzzeitiger Verstellung unterbrochen" (S. 61).

Bei der Transformation der Handlungen zum So-tun-als-ob gibt es Grenzen des guten Geschmacks, z. B. ist nicht jeder Scherz zu jedem Zeitpunkt passend. Beim Drama werden wirkliche Handlungen und Ereignisse in Drehbücher transformiert, wobei es ebenfalls Grenzen gibt, z. B. liegen sie im Körper des Schauspielers, der dem So-tun-als-ob Einschränkungen auferlegt.

Das So-tun-als-ob unterscheidet sich von den anderen Modulationsformen dahingehend, dass es sich auf die alltägliche Handlungswelt bezieht und diesen Bezug durch eine Bedeutungstransformation erreicht, die durch die ästhetische Inszenierungstechnik vollzogen wird. Diese gibt an, dass die Interaktion nicht für sich genommen werden darf, sondern dass sie eine Aussage besitzt, die aus dem geschlossenen Sinnzusammenhang des Spiels, des Dramas, des Tagtraums oder dem sozusagen kleinen Drama des Scherzes zu verstehen ist.

Anders verhält es sich mit den restlichen Modulationstypen, die nicht in Zusammenhang mit Fiktionalität stehen, sondern die eigene Ereignisinszenierungen darstellen, deren Durchführung und/oder Ausgang aber einen Wert für die Realität besitzt – anders als beim So-tun-als-ob, wo genau das einen Rahmenbruch zur Konsequenz hätte! Diese Modulationen sind *Wettkampf, Zeremonie, Sonderausführung, In-anderem-Zusammenhang-stellen*[1]. Der Wettkampf wird häufig als eine Form des Spiels angesehen, was der Ernsthaftigkeit des Kampfes und der Bedeutung seines Ausgangs für das Leben der Sportler und auch ihrer Fans nicht ganz gerecht wird. Auch nach Goffman liegt dem Wettkampf das Urbild „irgendeines Kampfes" zu Grunde (S. 69), „die Regeln des Sports schränken Stärke und Art der Aggression ein" (ebd.). Die Entwicklung der Modulation ist hier jedoch so weit vorangeschritten, dass der ursprünglich transformierte primäre Rahmen, die „Nachbildung der Handlungen des täglichen Lebens" (S. 70) anscheinend verschwunden ist und der Wettkampf selbst zu einem primären Rahmen geworden zu sein scheint. Bei Zeremonien, also sozialen Riten wie Hochzeiten oder Bestattungen, wird nicht, wie beim Theaterstück, dem die Zeremonie aufgrund der vorgeschriebenen Rollendramaturgie ähnelt, das Leben moduliert, sondern ein Ereignis in ihm (vgl. S. 71). An Zeremonien nehmen Menschen teil, die eine Rolle qua Amtes erfüllen, und jene, an denen das Ereignis ausgeführt wird, stellen „eine ihrer zentralen sozialen Rollen" dar (ebd.). Eine Zeremonie wird für etwas durchgeführt, das Bedeutung in der Welt hat, der die Zeremonie angehört, z. B. das Leben zweier junger Menschen, die eine dauerhafte Bindung eingehen. Die Sonderausführung transformiert Verhaltensweisen, die in einem anderen Rahmen zu einem Ergebnis führen würden, sie sind Proben für bestimmte Verhaltensweisen, Ereignisse und Zeremonien. Im Gegensatz zum So-tun-als-ob wird nicht die Bedeutung des realen Interaktions-

---

1 Die etwas unglückliche Übersetzung soll im Weiteren durch „In-anderen-Zusammenhang-stellen" ersetzt werden.

vorbildes transformiert, sondern diese bleibt bestehen, wird aber aufgrund des Probens noch nicht erfüllt:

„Stücke einer normalen Tätigkeit können in anderem Zusammenhang zu unverkennbar anderen als den ursprünglichen Zwecken ausgeführt werden, wobei man sich darüber im klaren ist, dass das eigentliche Ergebnis der Handlung nicht eintritt." (S. 71f.)

Bei der Sonderausführung ist „der wirkliche Kontakt mit der Welt ausgeschlossen (…), da die Ereignisse von ihren gewöhnlichen Zusammenhängen und Folgen ausgeschlossen sind" (S. 72). Proben und Demonstrationen sind die zwei Klassen der Sonderausführungen, im Bereich der Computertechnologie würde man den Begriff Simulation wählen. Die Demonstration hat im Gegensatz zur Probe den Zweck, für andere vollzogen zu werden, anderen einen Einblick in bestimmte Bereiche zu gewähren. Ist das Einüben wesentliche Voraussetzung für das Gelingen der eigentlichen Handlung, unterliegt die Demonstration Grenzen, die ihre Durchführung problematisch werden lassen kann. So darf bei einer Simulation nicht Gerät eingesetzt werden, das zu Bruch gehen könnte und dann den ungestörten Ablauf des realen Vorbildes stören würde, z. B. bei einer Simulation für Fluglotsen. Eine dritte Form der Sonderausführung ist die Dokumentation, die sich Aufzeichnungen eines tatsächlichen Ereignisses oder seiner Elemente bedient, um vorzuführen, wie etwas wirklich war, ein Modul, das in den Medien ein eigenes Genre darstellt. Bei diesem Modul muss die ursprüngliche Bedeutung des Ereignisses zu Gunsten jener unterdrückt werden, wozu die Veranschaulichung (z. B. eine Videoaufzeichnung) dient, nämlich als Dokument tatsächlich stattgehabter Ereignisse. Die Aufrechterhaltung des Rahmens ist davon abhängig, dass die Zuschauer auf die Tatsächlichkeit des Ereignisses achten und nicht auf seine ursprüngliche Bedeutung, z. B. eine Gewalthandlung. Zuletzt sei noch das In-anderen-Zusammenhang-stellen erwähnt, das beinhaltet, „daß einige Motive für eine Handlung die gewöhnlichen sind, während andere, besonders wenn sie stabilisiert und institutionalisiert sind, den Handelnden aus dem gewöhnlichen Tätigkeitsfeld herausheben" (S. 88). Mit diesem Modul sind medieninszenierte Ereignisse gut zu beschreiben, z. B. wenn ein hochrangiger Politiker im Rahmen einer Unterhaltungsserie Werbung für seine Partei resp. Person betreibt.

Modulationen können selbst Bestandteile von Rahmen sein, z. B. die offene Nachahmung im „So-tun-als-ob" beim Theaterrahmen (s. u.). Und sie können weiteren Modulationen unterworfen werden, so dass der Gegenstand einer Modulation eine Modulation ist. Wenn z. B. eine Probe im Rahmen eines Dramas aufgeführt wird, ist eine weitere Modulation als Rahmenschicht hinzugefügt worden. Ein primärer Rahmen muss immer vorhanden sein, da sich auf ihn der Inhalt der Modulation bezieht, transformiert wird aber bei weiteren Modulationen nicht der Inhalt, sondern der Rahmen (Goffman 1993, S. 96). Die Modulationen beschreiben auf Ebene der Beteiligten den Vollzug einer transformierenden Interaktion. Wären die an ihr Beteiligten nicht in

Kenntnis dessen, dass eine Modulation stattfindet, würden sie das Geschehen für etwas ganz anderes halten, als es tatsächlich ist. Damit ist das Erkennen einer Modulation auf Seiten des Rezipienten konstitutiv für das Verstehen von Medienwirklichkeiten, zugleich liegen im Medienprodukt Möglichkeiten irreführender Modulationshinweise.

3.1.4 Rahmeninneres und Rahmenrand

Modulationen beruhen auf Transformation, jede Transformation in einen neuen Rahmen nimmt von etwas Ausgang, das, weil einem Rahmen zugehörig, eine bestimmte Bedeutung besaß, so dass Rahmenschicht für Rahmenschicht aufeinander gelegt werden kann. Insofern kann man eine innere Schicht und einen äußeren Rand von Rahmen unterscheiden:

„Da es Rahmen geben kann, in denen Modulationen von Modulationen enthalten sind, empfiehlt es sich, sich jede Transformation als Hinzufügung einer Schicht zu dem Vorgang vorzustellen. Und man kann sich mit zwei Seiten des Vorgangs beschäftigen. Eine ist die innerste Schicht, in der sich ein dramatisches Geschehen abspielen kann, das den Beteiligten gefangennimmt. Die andere ist die äußerste Schicht, gewissermaßen der Rand des Rahmens, der uns sagt, welchen Status das Ganze eigentlich in der äußeren Welt hat, wie kompliziert auch die Schichtung nach innen sei." (Goffman 1993, S. 96)

Der Rahmenrand verortet das gerahmte Ereignis in der sozialen Realität, er liefert die gültige Orientierung darüber, wie Handlungen und Aussagen zu verstehen sind. Insofern kann man sagen, dass Rahmenränder die soziale Realität strukturieren und typenhaft ordnen.

Vom Rahmenrand als äußerster Schicht ausgehend wird die Bedeutung aller weiteren unter Aufrechterhaltung ihrer jeweils eigenen Bedeutung bestimmt. Warum die Bedeutung von Ereignissen nur an ihnen abgelesen werden kann, wird nachvollziehbar an den *Täuschungen* als zweite große Gruppe der Transformationen. Sie werden inszeniert, um eine Zielperson zu dem Glauben zu veranlassen, dass ein bestimmter Rahmen gültig sei, wobei das Ziel nicht die Modulation einer realen Vorlage – ein Vorgang der allen Beteiligten aufgrund bestimmter Konventionen transparent ist –, sondern der erzeugte Glauben ist, dass etwas Bestimmtes vor sich gehe. Natürlich ist die Täuschung nicht durchschaubar – für die Getäuschten. Sie sehen nur den Rahmenrand, der anzeigt, dass etwas vor sich gehe, was aber nicht tatsächlich vollzogen wird. Insofern ist der Rahmen einer Täuschung doppelt, er bedeutet nach außen etwas anderes als nach innen für die an ihr wissend Beteiligten. Übertragen auf das Fernsehen sind ein Beispiel für Täuschungen „Fakes" (Born 1997), hier vollziehen die Zuschauer den Rahmen nach, der als vermeintlich äußerster Rand gegeben ist (Pietraß 2002c). Wie die Modulationen basieren auch die Täuschungen auf der Verwendung von Transformationskonventionen, doch nicht um zu zeigen, was vor sich geht, sondern um vorzugeben, dass das Gezeigte vor sich gehe. Um den äußersten Rahmenrand zu erkennen, müsste dem Getäuschten ein Wissen vermittelt werden, das die „Gemachtheit" der Modulation als angeblich vorliegender Modulation aufdeckt, also ein Wissen, das nicht durch den Rahmen vermittelt wird, sondern außerhalb desselben liegt. So hätten die Zuschauer der Sendung „Ghostwatch" ihr Wissen, dass es keine Geister gibt, heranziehen können, um die täuschende Authentizität der Darstellung als gemachter leichter durchschauen zu können (Buckingham 1996).

3.2 Aufführen und Zuschauen

Mit dem Aufführungsrahmen, der für alle Ereignisse gilt, die für andere vollzogen werden und an denen diese anderen als Zuschauer partizipieren, ist der Anschluss der Rahmen-Analyse an die Rezeptionsforschung möglich. Goffman definiert eine Aufführung als „eine Veranstaltung, die einen Menschen in einen Schauspieler verwandelt, und der wiederum ist jemand, den Menschen in der ‚Publikums'-Rolle des langen und breiten ohne Anstoß betrachten und von dem sie einnehmendes Verhalten erwarten können" (Goffman 1993, S. 143). Bei Aufführungen wird etwas für andere inszeniert, wobei die Partei der „Schauspieler" und jene der Zuschauer nicht miteinander interagieren bzw. nicht so, dass eine Störung der Aufführung stattfindet (S. 146). Aufgrund ihres vermittelnd-inszenierenden Charakters besitzen Medien grundsätzlich aufführenden Charakter, Fernsehen findet im aufführenden „Fernseh-Rahmen" statt, und zwar auch dann, wenn es sich um non-fiktionale Genres handelt. Der Begriff des Rahmens bezieht sich hier nicht auf den Vorgang der Interaktion jener, die die Aufführung bestreiten, sondern auf den Bühnencharakter der Aufführung, die auch beim Fernsehen aus Zuschauern und Akteuren besteht.

Das Thema einer Aufführung kann moduliert sein, wie beim Theater (1993, S. 154), aber auch Bestandteil eines primären Rahmens, z. B. wenn über ein Unglück berichtet wird. Eine Aufführung kann mehrfach gerahmt sein, so ist ein Bridgespiel ein „vorgeführtes Spiel", wenn es im Fernsehen übertragen wird, ein „dargestelltes Spiel", wenn es Bestandteil eines Filmes ist, und ein „vorgetäuschtes Spiel", wenn es von einem Betrüger arrangiert wurde (vgl. S. 146).

Aufführungen unterscheiden sich „nach der Ausschließlichkeit des Anspruchs der Zuschauer auf die Handlung, der sie beiwohnen" (S. 144). Einen ausschließlichen Anspruch besitzt das Publikum eines Theaters, des Hörfunks oder auch der Romanleser, wo die Handlung exklusiv für den Rezipienten aufbereitet wurde. Der Zuschauer von Arbeitern auf einer Baustelle nimmt sich währenddessen den Anspruch auf die „Handlung" heraus, die Arbeitenden selbst kümmern sich nicht um die Dramatik ihres Handelns. Auch die Berichterstattung über gesellschaftliche Ereignisse im Fernsehen rechnet Goffman zu den Aufführungen, weil sie dem Zuschauer als solche angeboten werden. Die Bandbreite des Aufführungsrahmens wird verständlich, wenn man die der Aufführung zugrunde gelegte Systematik betrachtet: Zu einer Aufführung gehören Akteure und ein Publikum, aber es gehört auch dazu, dass die Aufführenden das Ziel ihres Handelns auf die Augenzeugenschaft anderer innerlich abstellen, mit anderen Worten kann man also bezüglich des aufgeführten Ereignisses den Grad seiner Inszenierung unterscheiden. Dieser wird durchbrochen, wenn z. B. bei einer reinen Aufführung die Modulation durch einen primären Rahmen, wie ihn der Körper mit seinen Bedürfnissen darstellt, nicht aufrechterhalten werden kann. Werden die Grenzen des Aufführungsrahmens überschritten, verleiht es dem Ereignis einen hohen Grad an Authentizität. Das Publikum wartet oft geradezu gespannt darauf, dass mediale Inszenierungen authentische (und nicht inszenierte Realität) durchscheinen lassen, z. B. bei Doku-Soaps wie *Big Brother* (Pietraß 2002a).

Eine Sonderform der Aufführungen sind jene, die das aufgeführte Geschehen „zu etwas von seinem Vorbild im richtigen Leben systematisch Verschiedenem werden lassen" (Goffman 1993, S. 165), denen also das Modul des So-tun-als-ob zu Grunde liegt. Zu ihnen zählt Goffman das Theater, den Hörfunk und Roman, man könnte auch noch den (fiktionalen) Film hinzufügen, die alle zugleich reine Aufführungen darstellen.

Die Aufführungen im Fernsehen unterscheiden sich ebenfalls nach dem Grad ihrer „Reinheit". Zwar ist das im Fernsehen zu sehende Ergebnis selbst immer eine Aufführung, doch muss das Ereignis selbst keine Aufführung sein. So gibt es Aufführungen wie einen Unterhaltungsfilm, die eigens für das Publikum inszeniert werden, aber auch solche wenig reinen Formen, bei denen die im Fernsehen erscheinenden Akteure nicht wissen, dass sie Aufführende sein werden, z. B. beiläufig aufgenommene Passanten. Ein Staatsakt dagegen besitzt selbst bereits Aufführungscharakter, sein zugrunde liegendes Modul ist die Zeremonie, die für ihre Inszenierung im Fernsehen noch zusätzlich medienspezifisch aufbereitet wird, wie die Hochzeit der Angehörigen von Königshäusern.

Je nach Grad der Aufführung richten die aufführenden Personen ihre Interaktionen zum Publikum hin aus. Beim Theater, Hörspiel, Roman, aber auch beim Film wird das reale Vorbild mit Hilfe spezifischer Methoden transkribiert, zum Beispiel durch die Herstellung des Bühnenraumes oder die Positionierung der Personen in einem zum Publikum hin offenen Winkel (siehe S. 159ff.). Es etablieren sich spezifische Transformationskonventionen, die das Publikum aber nicht davon abhalten, das Ereignis hinsichtlich seines realen Vorbildes zu verstehen, es nimmt „eine automatische und systematische Korrektur, und zwar anscheinend ohne Bewusstwerden der dabei angewandten Transformationskonventionen" vor (S. 165). Diese „höchst bemerkenswerte Fähigkeit des Zuschauers" (ebd.) kann als Rahmungsleistung des Rezipienten interpretiert werden, denn die Transformationskonventionen sind ja nicht nur Strategien zur Bewältigung einschränkender Vermittlungsbedingungen und der Bedeutungskonstitution, sie stellen zugleich Rahmenhinweise dar. Goffman beschränkt sich auf Transkriptionsmethoden, die bei Aufführungen nach einer Vorlage eines untransformierten Ereignisses zu Stande kommen. Es ist jedoch davon auszugehen, dass die Vermittlung von Ereignissen in den Medien generell durch Transformationskonventionen gesteuert wird. Beim Fernsehen werden sie durch seine lineare Visualität bedingt und zeigen sich z. B. als der Wechsel von einem Gesicht zum anderen bei Gesprächen, ohne die Partner gleichzeitig zu sehen; als Vermittlung einer Gesamtperspektive zu Beginn einer Szene, um das ganze Setting zu veranschaulichen; als spezifische Schnitttechniken, um eine Verkürzung von Handlungen zu erreichen, z. B. wenn jemand eine längere Strecke geht usw. Als „faszinierend" bezeichnet es Goffman, dass der Mensch die Möglichkeit besitzt, über diese Unterschiede zwischen realem Vorbild und transkribiertem Ereignis hinwegzusehen, so dass „eine Desorganisation der Wahrnehmung verhindert werden kann, während gleichzeitig die Fesselung durch den Handlungsverlauf erhalten bleibt" (1993, S. 264). Hierin liegen bereits Hinweise auf eine rahmenanalytische Rezeptionstheorie, welche die innere Teilhabe des Zuschauers bei gleichzeitigem Bewusstsein von der Gemachtheit des Ereignisses als Bestandteil des Rezeptionsaktes beinhaltet. Innere Teilhabe kann nicht unterschieden werden nach verschiedenartig transformierten Vorgängen, man wendet sich ihnen gleichermaßen zu, ob es sich um einen primären Rahmen handelt oder z. B. einen Theaterrahmen. Diese Zuwendung zu verschiedenen Wirklichkeiten interpretiert Goffman als inneres „Gefangengenommen-Sein" durch den gerahmten Vorgang (S. 378):

„Es ist zu betonen, daß die Frage des Von-etwas-Gefangengenommen-Seins keine Unterscheidungsmöglichkeit zwischen nicht-transformierten und transformierten Vorgängen bietet; das Gefesseltsein eines Lesers von einer Romanepisode ist in dem hier zur Rede stehenden Sinne dasselbe wie sein Engagement an einem Stück ‚wirklicher' Erfahrung." (S. 377)

Unterscheidet Goffman nicht die Art und Weise der inneren Teilhabe, so heißt dies nicht, dass der jeweilige Rahmen – wie im vorangehenden Zitat Roman oder ‚wirkliche' Erfahrung – keine Rolle spielte im Moment des Von-etwas-Gefangengenommen-Seins. Wie sich diese Unterscheidung manifestiert, darüber ist bei Goffman wenig zu erfahren. Einen Hinweis liefert die Beschreibung von Fehlengagements in Rahmen, die „Herunter"- und „Heraufmodulationen", welche die Transformation in höhere oder niedrigere Rahmenebenen beschreiben. Heruntermodulationen des Geschehens vollziehen sich dann, wenn transformierte Vorgänge in eine niedrigere Rahmenschicht abgleiten, etwa wenn sich zwei Wrestling-Kämpfer wirklich zu verprügeln begännen.

Übertragen auf das Publikum bedeuten Heruntermodulationen, dass es sich vom Geschehen absorbieren lässt und im Rahmeninneren aufgeht. Ein gewisser Grad der Heruntermodulation ist Voraussetzung, um sich vom Geschehen mitreißen zu lassen, „und dieser Zwischenzustand ist gerade das, was für das Verhältnis zwischen Schauspielern und Publikum notwendig ist" (S. 396). Das Verwechseln von Fiktion mit Realität würde den Grenzbereich einer vollständigen Heruntermodulation bedeuten. Das Heraufmodulieren ist „der Übergang von einer bestimmten Entfernung von der eigentlichen Wirklichkeit zu einer größeren, eine nicht vorgesehene Vermehrung der Schichten des Rahmens" (S. 397). An den Grenzfällen des Herunter- und Heraufmodulierens wird sichtbar, dass das innere Gefangengenommen-Sein in Zusammenhang mit dem jeweils gültigen Rahmen steht, beim Fehlengagement des Herunter- und Heraufmodulierens wird der gültige Rahmen zugunsten von Transformationen in falsche Rahmenschichten vollzogen. Goffman interessiert sich vor allem für jene Fälle, bei denen sich die an einem Rahmen beteiligten Interaktionspartner nicht an die mit dem Rahmen gegebenen Regeln halten. Es sind allein soziale Gepflogenheiten, die eine Fehltransformation verhindern was allerdings nicht immer gelingt, z. B. wenn sich ein Kinopublikum entschieden hat, Ernsthaftes ironisch zu nehmen (S. 398). Eine problematische Heraufmodulation würde es darstellen, wenn reale Gewalttätigkeiten wie ein Actionfilm betrachtet werden, Goffman selbst benennt die Möglichkeit, dass der Aufführungscharakter der Fernsehberichterstattung „die Bevölkerung geneigt macht, sich gegenüber allem und jedem in die Rolle des Zuschauers zu begeben" (S. 145). Die Zuschauerrolle ist nur dann angemessen, wenn die Akteure eines beobachteten Ereignisses sich selbst in einem Rahmen befinden, der ihre Persönlichkeit ausblendet. So ist es nicht unpassend, bei einem privaten Golfspiel zuzuschauen, aber jemandem beim Lesen auf der Parkbank zu betrachten, ist ungehörig. Im ersten Fall blendet der Rahmen der sportlichen Betätigung die Persönlichkeit des Spielers aus, „die Sonderwelt des Spiels (tritt) an die Stelle der Alltagsverhältnisse" (S. 404). Anders beim Lesen, hier würde jemand, der als Person in eine Tätigkeit involviert ist, begafft (würde der Golfspieler aufgrund eines Fehlschlages sich auf den Rasen werfen und mit Händen und Füßen um sich schlagen, wäre das Zuschauen indiskret, weil er hier als Person unmittelbar beteiligt wäre!). Die Differenzierung von Tätigkeiten durch die Beteiligung oder nicht der agierenden Person, zeigt eine Trennlinie für das, was als sozial angemessen in Bezug auf die Medienberichterstattung zugelassen wird. Bilder leidender Menschen, z. B. nach einer Naturkatastrophe, nehmen den Opfern ihre Würde, da sie unmittelbar betroffen sind und von den Zuschauern in ihrer ganzen Person, die durch das Leid bloßliegt, gesehen werden. Mit seiner inneren Haltung kann der Zuschauer für ihre Würde einstehen dann, wenn er den primären Rahmen ihres Leids nicht verlässt, die Bilder mit Empathie betrachtet und nicht neugierig-interessiert hinstarrt. Die Vorgänge des Herunter- und Heraufmodulierens weisen auf eine Ethik des

73

angemessenen Zuschauens hin, die sich aus der dem jeweiligen Ereignis gebührenden Teilnahme und Distanz ergibt. Sie können als Grenzen der „Entfesselung" des Zuschauers bei Einnahme der unterschiedlichen Rezeptionsperspektiven verstanden werden (Doelker 1989, siehe 1.3). Hier das richtige Maß zu finden ist ein normativer Bestandteil des Mediensozialisationsprozesses, es stellt „eine wechselseitige Verpflichtung" (Goffman 1993, S. 394) dar, der sich alle am Rahmen Beteiligten zu unterwerfen haben. Hier wird wieder die ethische Dimension von Medienkompetenz sichtbar, nämlich die soziale Bedeutung von medialen Ereignissen so einzustufen, als handelte es sich nicht nur um flüchtige Bildwelten, sondern um zwar bildlich vermittelte, aber doch verbindliche soziale Wirklichkeit.

Betrachtet Goffman vor allem jene Fälle, bei denen der Zuschauer nicht den richtigen Rahmen aufrechterhält, so liegt eine weitere Möglichkeit der Fehlmodulation in den Interpretationshinweisen verborgen, welche der Rahmen mitliefert. Ausgehend davon, dass Medienprodukte ebenso wie direkte Interaktionen gerahmt sind, gehört es zum Rahmungswissen des Rezipienten, die verschiedenen Schichten unter Einbezug der zugrunde liegenden primären Rahmen zu verstehen. Wie Goffman am Beispiel des Buchdrucks und mehrfach geschichteter Rahmen bemerkt, „scheint doch unsere Fähigkeit, mit dem Durcheinander fertig zu werden, auf eine bemerkenswert gut entwickelte Fähigkeit hinzudeuten, gleichzeitig verschiedene Ebenen hinzunehmen, auf denen über verschiedene Aspekte des gleichen Materials gesprochen wird" (S. 255). Zugleich setzt dies aber voraus, dass man auch entsprechend über die verschiedenen Schichten und gültigen Rahmen informiert wird. Medienpädagogisch gesehen werden damit vor allem jene Fälle interessant, in denen Herunter- und Heraufmodulationen aufgrund irreführender Interpretationshinweise entstehen, hier also weniger der Zuschauer, sondern die Präsentationsweise der Aufführung verantwortlich ist. Damit begibt man sich auf Betrachtungsebene der vorliegenden Untersuchung, in der die im Bild transportierten Rahmungshinweise in Zusammenhang mit der realitäts- und fiktionsbezogenen Rahmungsweise des Rezipienten gestellt werden, oder, um an das Vorhergehende dichter anzuschließen, aufgrund welcher Hinweise und wie das innere Engagement der Rezipienten der vorgegebenen Modulation resp. des vorgegebenen Rahmens entsprechend vollzogen wird. Dazu ist eine Kenntnis dessen notwendig, welche Rahmen Bilder enthalten und auf welche Weise Rahmungshinweise im Bild transportiert werden, womit sich das nächste Kapitel befassen wird.

3.3 Zusammenfassung

Die Bedeutung der Kenntnis und Aufrechterhaltung von Rahmen ist Basis für das Funktionieren gesellschaftlicher Zusammenhänge, die durch Rahmen und ihre Relationen strukturiert sind. Aus dem Verständnis sozialer Wirklichkeit als gerahmter, d. h. der Kontextualisierung von Bedeutungseinheiten in Sinnbezüge, die in einer kommunikativen und interaktiven Praxis gewachsen sind, ergibt sich die Anschlussfähigkeit der Rahmentheorie an die Medien. Soziale wie mediale Wirklichkeit sind gleichermaßen sinnhaft kontextualisiert, da die Rahmen der Medien Bestandteil des Verstehens sozialer Wirklichkeit sind, sie sind in ihr entstanden und verweisen zugleich auf sie. Medienrezeption kann damit in Bezug auf die fortlaufende Auslegungsnotwendigkeit sozialer Wirklichkeit verstanden werden. M. a. W. ist der Rezeptionsprozess nicht nur als ein Sinn interpretierender, sondern zugleich als ein sozial ordnender zu verstehen, entsprechend der immer wieder aufs Neue zu erbringenden Leistung der Orientierung im Geflecht der „Einheiten der gesellschaftlichen Wirklichkeit" (Luckmann; zit. n. Willems 1997, S. 50). Mit der Rahmentheorie werden diese Einheiten als in einem spezifischen Kontext gefasste und auf diesen bezogene Sinn- und Erfahrungseinheiten verstanden.

Bezüglich der Medienrezeption sind zwei Bezugspunkte zu unterscheiden, einmal das Medienprodukt, das selbst einen gerahmten Vorgang darstellt, und die Rezeptionssituation, die eine dem gegebenen Rahmen entsprechende Interpretation verlangt und damit als angemessene Rezeptionsperspektive selbst gerahmt ist. Die Funktion von Rahmen ist es, komplizierte Sinnzusammenhänge zu kennzeichnen und interpretierbar zu machen. Solch komplizierte Sinnzusammenhänge ergeben sich unter anderem aus der hier interessierenden Problemstellung, wie vom Rezipienten Fiktion und Realität im Bild unterschieden werden. Nach Goffman entsteht Fiktion als Transformation einer realen Vorlage, dass eine Transformation stattfindet, wird durch das entsprechende Modul beschreibbar und typischerweise in Rahmen, z. B. dem Theaterrahmen, transportiert.

Rahmen sind dabei nicht einfach wie Umzäunungen eines Ereignisses zu verstehen, sondern sie enthalten verschiedene Schichten, einen Rahmenrand und eine innere Schicht. Die innere Gefangennahme am vermittelten Ereignis findet in der inneren Rahmenschicht statt, während die äußere markiert, welchen Status das gesamte Ereignis besitzt, z. B. dass es sich um eine Theateraufführung handelt. D. h. der Zuschauer muss beide Rahmenschichten im Auge behalten, sonst besteht die Gefahr einer von Goffman so bezeichneten Herunter- oder Heraufmodulation. Eine Heruntermodulation bedeutete, den Modulationscharakter der Fiktion aus dem Auge zu verlieren, und das modulierte Ereignis mit seiner realen Vorlage gleichzusetzen, eine Heraufmodulation könnte den Zuschauer in eine Perspektive der gleichgültigen Neugierigkeit gegenüber realen Bildern, z. B. leidenden Menschen, versetzen. Damit gibt Goffman einen wichtigen Anhaltspunkt für die an den Bildrezipienten gestellte Anforderung, seinerseits ein Verhältnis zu dem im Bild dargestellten Ereignis zu finden, so dass dieses Verhältnis jenem Status angemessen ist, den es auch als nicht-vermitteltes Ereignis besäße.

Ich will dieses Kapitel mit einem Zitat Willems schließen, das nochmals deutlich macht, wie der Rezipient selbst an der Aufrechterhaltung des Rahmens beteiligt ist. Der Zuschauer kann nach Willems als

„Rahmungs- bzw. Modulationssubjekt betrachtet werden, das dem medialen Fluß der Rahmungen (z. B. von Fernsehsendungen) sein eigenes ‚System von Rahmenwechseln überlagert'. Die Rahmentheorie bietet Instrumente für die Analyse der Lesarten und Perspektiven der Rezipienten, für deren Möglichkeiten, Rahmen einzusetzen, umzudrehen, hinauf- oder herunterzumodulieren." (Willems 1997, S. 142)

Allerdings findet seine Interpretationsfreiheit Grenzen im Medienprodukt resp. Bild selbst, dessen Art und Weise Bedeutung zu tragen, Gegenstand der zwei folgenden Kapitel ist.

4. Das Bildzeichen und die Konstitution seiner Relation zur Wirklichkeit

Ikonizität wird als bedeutsamste Qualität des Bildes und seines besonderen Zeichenstatus angesehen. Ikonizität als Ähnlichkeit mit der abgebildeten Wirklichkeit wird, wie eingangs ausgeführt, für die erfahrene Nähe des Bildes zu der von ihm dargestellten Wirklichkeit angesehen. Die Frage der Beziehung zwischen Bild und Objekt ist damit für das Verstehen bildlicher Wirklichkeiten konstitutiv, sie ist Gegenstand der Semiotik. Wird jedoch Ikonizität als wesentliches Bestimmungsmerkmal des Bildes auf die Ähnlichkeit zwischen Bild und Objekt verkürzt, werden in der Semiotik vorfindbare Grundlagen für die Bedeutungskonstitution von Bildern übersehen: Ikonizität ist nicht Voraussetzung zur Interpretation des Bild(zeichens), sondern eine Funktion seiner Bedeutungskonstitution.

4.1 Semiotische Grundlagen

Wie die Sprach- hat sich auch die Bildsemiotik in eine strukturalistische und eine pragmatistische Richtung entwickelt, die sich auf ihre jeweiligen Gründerväter Ferdinand de Saussure und Charles Sanders Peirce beziehen. Der Linguist Ferdinand de Saussure (1857-1913) wird neben dem Pragmatisten Peirce (1839-1914) als einer der Väter der Semiotik aufgefasst, die er als „Semiologie" bezeichnet. De Saussure gilt als Begründer des strukturalistischen Ansatzes, wonach alle Bedeutungssysteme als Zeichensysteme aufgefasst werden, „die unabhängig vom Einzelnen immanent nach Maßgabe interner Form- und Bedeutungsdifferenzen strukturiert sind" (Reckwitz 1997, S. 320). Auf der Unterscheidung zwischen *langue* und *parole* gründet de Saussure sein semiotisches System. Während Parole die „Realisationen des Sprechens" bezeichnet (Krampen 1979, S. 27), ist Langue das Regelsystem der Sprache, das die Parole zum Ausdruck kommen lässt. Die Langue ist eine unabhängig vom Subjekt bestehende „soziale Entität" (Reckwitz 1997, S. 320), ihre Strukturen werden vom Subjekt vorgefunden und reproduziert. Diese Dichotomie ermöglicht es, die Sprache als eigenes System zu erforschen (Larsen 1998, S. 2042f.). Entsprechend besitzt auch das Zeichen eine zweistellige Relation. Objekte werden innerhalb der Klassifikationssysteme anhand der für ein semiotisches System relevanten Eigenschaften Klassen zugeordnet. Die Objekte eines Klassifikationssystems stehen in Opposition zueinander, d. h. dass „sie sich anhand des Vorhandenseins oder Nichtvorhandenseins solcher Eigenschaften gegeneinander abgrenzen" (Krampen 1979, S. 28). Der Stellenwert von Objekten in Klassifikationssystemen kann also nur in Relation zum Klassifikationssystem, nicht aus sich heraus begründet werden: „Ein Signal in einem bestimmten Verständigungssystem ist kein Signal in einem anderen" (ebd.). Die semiotische Struktur ergibt sich aus der Koordinierung zweier Klassifikationssysteme zueinander. Dass die Klassifikation also von einem bestimmten Gesichtspunkt her erfolgen muss, setzt neben den Signifikanten ein zweites Klassifikationssystem voraus. Dessen Klassen sind nach de Saussure die Signifikate, es enthält die Bedeutungen des Verständigungssystems. D. h. es gibt nach de Saussure ein Bedeutungssystem, das den Signifikanten des Verständigungssystems ihre Relevanz verleiht (vgl. Krampen 1979, S. 29). Die Zweigliedrigkeit des Zeichens impliziert, dass sich jede Substanz in (sprachliche) Zeichen setzen lässt, wäre das Zeichen eingliedrig, müssten Objektwelt und Sprachwelt identisch sein. Auf dieser Basis formuliert de Saussure seinen Zeichenbegriff als Einheit von Signifikant und Signifikat. Wichtig ist dabei, dass de Saussure nicht das Vorhandensein eines empirischen Gegenstandes oder vorsprachlichen Lautes in seine Überlegungen miteinschließt: „Linguistisch relevant sind nach ihm nur das psychische Bild des Lautes und das psychische Bild des Gedankens oder des Gegenstandes." (Larsen 1998, S. 2043) Das dyadische Zeichenmodell de Saussures ist Grundlage für die Perspektivenübernahme P3 nach Doelker, bei der die „Bildinformation wie ein verbaler Text gelesen wird" (1989, S. 132; siehe 1.3). Der Referent als Objekt, wie er im triadischen Zeichenmodell Peirce' beinhaltet ist, geht hinter der intendierten Bedeutung des Zeichens unter. Es ist dies die vor allem im fiktionalen Bereich vorliegende ästhetische Rezeptionsweise, die ein Spiel mit Bedeutungen, nicht mit Referenten auszeichnet.

Das Objekt wird bei de Saussure nur unter dem Gesichtspunkt der „Arbitrarität" von Zeichen relevant. Arbitrarität bezieht sich sowohl auf die Beziehung der Zeichen untereinander wie auf die Beziehung des Zeichens zum Gegenstand, womit im letzten Fall auch eine erkenntnistheoretische Dimension der Semiologie de Saussures zum Tragen kommt (Larsen 1998, S. 2049): „Mit ‚Arbitrarität' ist gemeint, daß die Eigenschaften der Zeichen nicht aus den Eigenschaften der Dinge oder der äußeren Umstände abgeleitet werden können" (ebd.). Die Relation zwischen Zeichen und Gegenstand beruht auf Vereinbarung. Bei dem beliebten Beispiel der Semiotiker, Pferd als sprachlicher Zeichenkörper und die Klasse von Pferden als Signifikans, ist eine bestehende Arbitrarität einleuchtend. Aber wie ist das beim Bild eines Pferdes? Kann man hier wirklich noch von Vereinbarung sprechen oder ist dem Zeichen nicht vielmehr ein Bezug zum Gegenstand aufgrund seiner sichtbaren

Ähnlichkeit inhärent? In der Semiotik liegt hier ein wichtiger Punkt der Auseinandersetzung: Ist das bildliche Zeichen arbiträr oder motiviert, d. h. ist seine Besonderheit durch außerhalb des Bildzeichens liegende Relationen begründet? Nach Peirce liegt diese Begründung in der Ikonizität des Bildzeichens, aufgrund der Ähnlichkeit zwischen Zeichen und Gegenstand ist das Bildzeichen motiviert.

Anders als de Saussure geht Peirce von einer dreigliedrigen Struktur des Zeichens aus, „(1) das Zeichen selbst, (2) das Zeichen in Beziehung zu seinem Objekt, (3) das Zeichen in Beziehung zu seinem Interpretanten" (Oehler 1979, S. 14). Der Begriff des Zeichens ist dabei nicht ganz eindeutig, beschreibt er einerseits den Zeichenkörper, und andererseits die vollständige triadische resp. dyadische Struktur, die das Zeichen erst bestimmt (Doelker 1989, S. 122). Wenn im Folgenden von Zeichen die Rede ist, ist damit diese gesamte Relation gemeint, wobei der Fokus auf den Zeichenkörper sowie seine Objektrelation gelegt wird. Die Beziehung zum Interpretanten, ein Begriff, der sowohl die Bedeutungshervorbringung wie ihre Interpretation umfasst, soll hier nicht weiterverfolgt werden[2]. Sie wird später als Deutung der bildlichen Bedeutungskonstitution durch die Rezipienten relevant.

---

2 Das Verständnis des Interpretanten im Sinne eines Empfängers impliziert, dass eine vollständige Übereinkunft der beteiligten Zeichenverständnisse vorliegt, was den Prozess der Semiose abbrechen würde. Nach Peirce aber wird er gerade an dieser Stelle fortgesetzt. Sonessons Verständnis des Peirce'schen Interpretanten als „simply that which determines the relation between the other two" (1995, S. 75) besticht in ihrer Knappheit, wird aber erst verständlich, wenn man sich genauer betrachtet, was beim Prozess der Semiose geschieht. Nach Sauerbier (1984) ist der Interpretant keine Person, denn damit würde das Problem „nur verschoben", weil auch die Person beim Akt der Interpretation Zeichen einsetzt. Er beschreibt die dreigliedrige Zeichenstruktur nach Peirce folgendermaßen:
„Das Zeichen basiert auf einem Mittel, das als Vehikel für einen bezeichneten Inhalt der ersten, im Prozess der Semiose fungiert; dabei nimmt das Zeichen Bezug auf ein Objekt und wendet sich an ein interpretierendes Bewußtsein, dementsprechend hat es einen Interpretanten. Dieser Interpretant nun ist als interpretierendes Bewußtsein ein ‚interpretierendes Zeichen'." (S. 648)
Es gibt drei verschiedene Möglichkeiten des Bezugs zwischen Zeichen und Interpretant: Der Interpretant interpretiert das Zeichen mit Hilfe eines anderen Zeichens außerhalb des ersten, er interpretiert durch das Zeichen andere Zeichen oder als dritte, fundamentale Möglichkeit bringt er die Bedeutung des Zeichens hervor, die nicht aus sich heraus existiert. Damit versteht Sauerbier den Peirce'schen Interpretanten einmal als Voraussetzung für den Akt der Interpretation, zum anderen als dessen Resultat (vgl. S. 650). Die Existenz oder Wirkung von Zeichen hängt von anderen Zeichen ab, die sie selbst interpretieren oder durch die sie interpretiert werden, d. h. ein Zeichen ruft im Bewusstsein einer Person ein Äquivalent seiner selbst hervor, das selbst ein Zeichen ist. Damit besitzt der Begriff Interpretant eine doppelte Bedeutung, er ist interpretiertes und interpretierendes Zeichen zugleich (vgl. Sauerbier 1984, S. 651). Er umfasst „die Bedeutung eines gegebenen Zeichens und zugleich die Bedeutung eines anderen Zeichens (...), welche das vorhergehende Zeichen interpretiert" (ebd.). Die Bezeichnung „Interpretations- oder Informationssystem" (Baumhauer 1986, S. 39) für Interpretant beschreibt griffig, dass der Interpretant den beidseitigen Bezug von Bedeutungsermittlung und -hervorbringung innerhalb eines Zeichensystems umfasst, wobei das Problem unüberbrückbarer Systemgrenzen nicht aus-

Der Zeichenstatus des Bildes steht in engem Zusammenhang mit seiner Bestimmung als real oder fiktional. So gründen sich nach Doelker (1989) auf der Herstellung eines direkten Objektbezugs (triadisches Modell), der z. B. in Nachrichten angezielt wird, bzw. des Verständnisses des Bildes als Repräsentanten für etwas (dyadisches Modell), wie bei ästhetischen Bildern, unterschiedliche Rezeptionsperspektiven. Die Objektbeziehung ist Bestandteil der Art und Weise, wie Bilder eine Relation zur Wirklichkeit konstituieren bzw. wie Wirklichkeit im Bild konstituiert wird.

4.2 Der Objektbezug des Bildes

Peirce teilt die Objektbeziehung in drei Typen ein, in Ikone, Indizes und Symbole. Die jeweils dominierende, beim Bild die ikonische, ist bestimmend:

„Ein Ikon ist ein Zeichen, das mit seinem wirklichen oder fiktiven Objekt eine Ähnlichkeit aufweist, z. B. ein Bild, ein Schema, ein Diagramm; ein Index ist ein Zeichen, das nicht in einer abbildenden, sondern in einer realen Beziehung zu seinem Objekt steht, als Hinweis oder Anzeige, z. B. ein Wegweiser, ein Wetterhahn, ein Zeigestock, ein Symptom einer Krankheit. Ein Symbol ist ein Zeichen, das von seinem Objekt nur in dem Sinne bestimmt ist, daß es so interpretiert wird, also von Ähnlichkeit oder physischer Verbindung mit seinem Objekt unabhängig ist, z. B. eine Fahne." (Oehler 1979, S. 15)

Die Bestimmung des Bildzeichens als Ikon übersieht, dass Ikonizität nur *ein* Bestandteil in der Objektbeziehung, wenn auch der dominierende ist. Zwar wird beim fotografischen Bild auch seine Indexikalität beachtet (z. B. Prase 1997), der Symbolcharakter des Bildes jedoch steht nicht im Blickfeld. Von einem ästhetischen Standpunkt gesehen ist jedoch gerade dieser wichtig, weil er in die konnotative Bedeutung des Bildes eingeht (Monaco 1993, S. 144ff.).

Bei der Klärung des Objektbezugs von Zeichen leisteten C. K. Ogden und I. A. Richards 1923 (1994) einen wichtigen Beitrag. Ihr Werk „The Meaning of Meaning" argumentiert für den Einbezug des Objektes in die dyadische Zeichenrelation, was durch die Saussuresche Auffassung des Zeichens fallengelassen worden war. Die Autoren führen in die dyadische Zeichenrelation (Signifikans und Signifikat) das Objekt als eigene dritte Größe ein, und zwar so, dass eine direkte Beziehung zum Objekt nur durch das Signifikat besteht, während zwischen Signifikans und Objekt keine direkte Beziehung besteht. M. a. W. ist das Objekt nicht direkt zugänglich, sondern nur über das Signifikat (siehe Abbildung).

---

geschlossen ist. Dass mit der Definition Peirce' kein regressum ad infinitum vorgegeben ist, liegt in der kommunikativen Praxis begründet, die jeweils Endpunkte der Interpretation im Kommunikationsakt setzt (vgl. Oehler 1995, S. 16).

```
                    Thought or Reference
              (Signifikat, Bezeichnetes, Referenz)
                           /\
                          /  \
                         /    \
                        /      \
                       /        \
                      /          \
                     /------------\
        Symbol                         Referent
(Signifikans, bezeichnendes Symbol)   (Referent, Objekt)
```

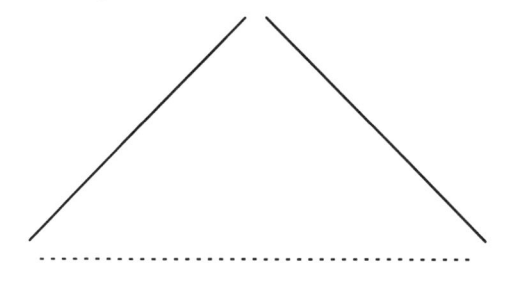

(nach Ogden & Richards 1994, S. 16;
deutsche Übersetzungen nachträglich eingefügt)

Zwischen *Symbol* und *Referent* (Objekt) besteht keine durchgängige, sondern eine gestrichelte Linie, was die Indirektheit des Bezugs zum Objekt veranschaulichen soll. Meinem Verständnis nach führten die Autoren das Objekt in die Zeichenrelation ein, weil Zeichen Realität ordnen und damit Realität aufgrund des Zeichengebrauchs fehlinterpretiert werden kann. Das Objekt wird in ihrem Modell zu einer abhängigen Größe, Zeichen ordnen die Dinge, es besteht nicht eine Ordnung von vornherein, auf die sich die Zeichen beziehen und in deren Abhängigkeit die Aussage steht (vgl. S. 14). Eine kausale Beziehung besteht nach Ogden und Richards zwischen Symbol, Referenz und Objekt, aber es besteht *keine* kausale Beziehung zwischen Symbol und Objekt. Diese Beziehung muss vom Redenden bzw. Hörenden vollzogen werden, und zwar dem Objekt möglichst entsprechend, um die Verständigung zu gewährleisten (S. 17). Um unmissverständliche und realitätsadäquate Aussagen zu treffen, ist es deswegen nötig, dass bestimmte Regeln eingehalten werden. Sie sind im Symbolsystem festgehalten durch einen „Kanon" unerlässlicher Voraussetzungen, der die Beziehung zwischen dem bezeichnenden Symbol und dem Objekt resp. Referenten regelt (S. 175ff.), z. B. dass ein Symbol für nur einen Referenten steht (S. 175). Die Regeln gehen davon aus, dass Zeichen grundsätzlich missverständlich sein können. Sie beschreiben eine Ordnung des sinngemäßen Verstehens von Zeichen, d. h. den Ausschluss von Mehrdeutigkeiten, den die Autoren auf der Realität des Objektes als Kontext des Gemeinten (vgl. Larsen 1998, S. 2053) basieren.

Nach der heftigen Kritik Ecos „ist der Schaden, den das Dreieck der Semiotik zugefügt hat und immer noch zufügt, der, daß es die Auffassung perpetuiert (...), die Bedeutung eines Ausdrucks hätte etwas mit der Sache zu tun, auf die der Ausdruck sich bezieht. Das Referens ist nämlich der vom Symbol benannte Gegenstand. Die Referenz [resp. das Bezeichnete; M. P.] dagegen ist etwas sehr viel Ungenaueres" (Eco 1994, S. 70). Die von Eco kritisierte Auffassung der Gleichsetzung der Referenz mit dem Objekt verhindere, das „kulturelle Wesen der Signifikationsprozesse zu begreifen" (ebd., S. 71). Der Prozess des Bezeichnens ist für Eco nicht ein ontologischer, sondern ein kultureller Sachverhalt. Wenn man „die Verifizierung des Signifikans [resp. Referenz, M. P.] an den Gegenstand bindet" (ebd.), handle man sich zwei Probleme ein: „a) Man macht damit den semiotischen Wert des Signifikans von seinem Wahrheitswert abhängig. b) Man ist gezwungen, den Gegenstand zu identifizieren, auf den sich das Signifikans bezieht, und dieses Problem führt zu einer unauflösbaren Aporie." (S. 71)

Der semiotische Wert empirisch nicht überprüfbarer Gegenstände, z. B. von Fiktionen oder Relationen, wird damit an ihre empirische Überprüfbarkeit gebunden, was ein unauflöslicher Widerspruch ist. Nach Eco ist nicht die Tatsache der Unterscheidung wahrer und falscher Aussagen semiotisch interessant, als vielmehr die Identifizierung kulturell verankerter Codes, die jeweils die Wahrheit oder Falschheit von Aussagen erkennbar machen. Am Beispiel Abendstern zeigt er, dass damit nicht ein bestimmter Stern, sondern eine „kulturelle Einheit" (Eco) bezeichnet ist, auf die der Stern bezogen wird. Die im Kanon festgelegten Regeln sollen gewährleisten, dass der Objektbezug widerspruchsfrei ist, sie sind also logischer Art. Notwendig sind sie, weil das Objekt nicht selbst, sondern nur durch das Bezeichnende (Signifikans) erfahren werden kann, das Objekt kann sozusagen nicht selbst dafür sorgen, richtig verstanden zu werden. Auch bei Berücksichtigung einer kulturell gefärbten Semantik des Referens bleibt dieser von Ogden und Richards beschriebene Zusammenhang bestehen. So soll z. B. durch den Kanon „Ausdehnung" (S. 180) sprachlich eindeutig festgemacht werden, ob man die kulturelle Einheit Abendstern meint oder vielleicht seine naturwissenschaftliche Darstellung, weil der gleiche Referent unterschiedliche Referenzen resp. kulturelle Deutungskontexte besitzt.

Wie ich die Ausführungen von Ogden und Richards verstehe, geht es ihnen jedoch weniger um das ontologische Problem des Bezugs von Zeichen und Objekt, als um ein zeichenethisches, nämlich die Verwendung von Zeichen so, dass sie einen Zugang zur Realität erkennbar machen. Bezogen auf die Frage nach der Unterscheidung von Realität und Fiktion ist es von erheblicher Bedeutung, ob man die Referenzen „Nachrichtensendung von einem Flugzeugabsturz" und „Flugzeugabsturz in einem Kinofilm" unterscheiden kann, der Wert der Zeichen ist dann insofern vom Ereignis berührt, als sie eindeutig gewährleisten müssen, dass man Fiktions- und Realitätsbezug des

Referenten differenzieren kann. Ogden und Richards selbst allerdings bemühen sich nicht um das Problem der Fiktionalität als einer Bezugsetzung, sondern um jenes des fiktionalen Objekts, und das auch nur an vier Stellen. Denn sie verwechseln hier, so wie Eco bemängelt (s. o.), den Referenten mit der Referenz, d. h. die Referenz ist fiktional, wenn der Referent (z. B. Einhorn) dies ist. Wenn aber ein Kind sagt, es habe ein Einhorn gesehen, ist zwar der Referent fiktional, nicht aber die Referenz!

Das Anliegen von Ogden und Richards Aussagen gilt nicht jenen Zeichen, die einen direkten Bezug zum Objekt herstellen, wie Bilder (S. 17), hier besteht für sie ein direkter Bezug zum Referenten, was eine eindeutige Referenz zur Folge habe (bzw. haben könne, wie bei Foto-Manipulationen, die vom Betrachter für Realität gehalten werden könnten; S. 186f.). Am Fall der Manipulation wird deutlich, was die Autoren aber selbst nicht erkennen, dass erst die Unterscheidung von Referenz und Referent eine Manipulation erkennbar werden lässt, und insofern auch beim direkten Objektbezug der Bilder zwischen Referenz und Referent zu unterscheiden sind. Die Referenz ist, wie dies auch in „The Meaning of Meaning" deutlich wird, eine Aussage, die Referenten einsetzt, d. h. *Referenz ist kontingent, Referenten sind es nicht.* Hierin gründet sich die Mehrdeutigkeit jedes Zeichens. Bilder können in unterschiedlichen Verwendungszusammenhängen eingesetzt werden und sind damit aufgrund ihres Zeichen-Objekt-Bezugs dann missbrauchbar und missverständlich, wenn die Referenz nicht eindeutig bestimmt wird, die weder durch die Indexikalität, also die direkte und wirklichkeitsgetreue Abbildung, noch durch ihre Ikonizität gewährleistet ist. Damit kann nun endgültig definiert werden, was mit der Rede von Wirklichkeit im Bild gemeint ist: *Die Wirklichkeit im Bild stellt die zeichenhaft hergestellte Referenz zu Referenten dar, deren Kontingenz durch den Aussagezusammenhang (bzw. Rahmen) eingeschränkt wird.*

4.2.1 Ikonizität als Funktion der Bildbedeutung

Ikone sind visuelle Zeichen, die mit dem Gegenstand gemeinsame Eigenschaften teilen, auf denen ihre Ähnlichkeit beruht (Eco 1991, S. 200). Die Ähnlichkeit bezieht sich auf den visuellen Eindruck, den das Ikon hervorruft. Durch Morris wurde diese Definition wiederaufgenommen (vgl. ebd.). Ähnlichkeit ist nach Morris nicht eine vollständige Ähnlichkeit, sonst wäre das Ikon dasselbe wie die Sache selbst, sondern Ähnlichkeit ist eine Sache des Grades. Eco kritisiert die Auffassung Morris', sie würde zwar den „gesunden Menschenverstand zufriedenstellen können, nicht aber die Semiotik" (S. 201). Seine Argumentation zielt darauf ab, dass ikonische Zeichen zwar „Bedingungen der Wahrnehmung des Gegenstandes" wiedergeben, diese wahrgenommene Ähnlichkeit aber auf bestimmten Erkennungscodes basiert, die kulturell definiert sind. Die Eigenschaften eines Gegenstandes werden aufgrund der in einer Kultur prävalenten Erkennungsweise wahrgenommen und mit dem ikonischen Zeichen kommuniziert. Das ikonische Zeichen enthält die relevanten Züge des Erkennungscodes eines Perzepts, z. B. dass ein Zebra weiße Streifen im Fell hat: „Das ikonische Zeichen konstruiert also ein Modell von Beziehungen (unter graphischen Phänomenen), das dem Modell der Wahrnehmungsbeziehungen homolog ist, das wir beim Erkennen und Erinnern des Gegenstandes konstruieren." (S. 213)

Auch Ernest Gombrich (1984) kommt zu dem Schluss, dass von einer Ähnlichkeit zwischen Bild und Gegenstand nicht gesprochen werden könne, wenn sich diese auch in der Wahrnehmung als solche zeige. Sehe das Bild nicht dem dargestellten Gegenstand so ähnlich, dass man überhaupt nicht davon sprechen könne, dass es hier ein Zeichensystem gibt, mit Hilfe dessen Kenntnis eine Dekodierung des Dargestellten notwendig ist? Nach seiner Auffassung geht die logische Widerlegung der Ähnlichkeit am Problem vorbei, denn der Fisch schnappt nach dem Köder, weil er ihn für das Repräsentierte hält. Der Fisch handelt reizgesteuert, und in dieser biologischen Verfasstheit sieht Gombrich den Grund für die Fähigkeit, Bildinhalte als Naturgegebenes wahrzunehmen, da sie uns dazu veranlasst, für uns Bedeutungsvolles wahrzunehmen. Damit sei es der Sinn, „der uns die Konvention verstehen läßt, und nicht die Konvention, die uns den Sinn klarmacht" (S. 285). Bildverstehen sei nicht eine Sache der Ähnlichkeit, sondern der Äquivalenz. Die Frage ist damit nicht die nach der Gemeinsamkeit zwischen Bild und Gegenstand, sondern eine nach der Gemeinsamkeit zwischen Konfigurationen. Wenn Bilder mit einer Umrisslinie Gegenstände nachzeichnen, so ist das nicht, weil der Gegenstand eine Umrisslinie besitzt, sondern weil dessen Umrisslinie uns dann erscheint, wenn wir uns im Raum bewegen. Damit gibt die Umrisslinie das wieder, was wir in der Bewegung sehend erfahren. Was der Betrachter lernen muss, ist „ein System von Äquivalenzen, von denen uns einige so selbstverständlich vorkommen, daß man sie kaum als Konvention empfindet" (S. 279). Während es damit für Gombrich mehr oder weniger naturgetreue Bilder gibt, widerspricht Nelson Goodman (1976) seiner Position. Für Goodman besteht keine andere Beziehung zwischen dem Bild und seinem Zeichen als eine der Konvention. Repräsentation ist nicht eine Frage der Ähnlichkeit, sondern der Vereinbarung, da Ähnlichkeit zwischen fast allem hergestellt werden könne. Die Art der Repräsentation als naturgetreu, ästhetisch oder realistisch sei damit eine Sache der Gewohnheit. Das Erkennen von Ähnlichkeit ist folglich eine kulturell gelernte Fähigkeit, die bewirkt, dass wir an einem bestimmten Objekt auch in der Realität das wahrnehmen, was uns in einem als realistisch erscheinenden Bild als dem Objekt ähnlich erscheint. „Realism is a matter not of any constant or absolute relationship between a picture and its object but of a relationship between the system of representation employed in the picture and the standard system." (S. 39) Was eine Täuschung des Bildes als sein Gegenstand bewirkt, ist, dass man gelernt hat, diesen Gegenstand auf eine ganz bestimmte Weise wahrzunehmen und das wiederum wird von der Art und Weise beeinflusst, wie wir es gewohnt sind, ihn dargestellt zu sehen. Ähnlichkeit und Täuschung sind damit in gewisser Weise selbst Produkte der Praxis von Repräsentation. Gombrich misst also die Abbildhaftigkeit des Bildes an der entsprechend wahrgenommenen Realität. Nach Eco existiert nicht eine Homologie zwischen Zeichen und Realität, sondern eine Homologie unserer Auffassungsweise beider. Sehen wir das bewegte Kamerabild als ein Beispiel für eine realitätsgerechte Darstellung, so heißt sehen für uns, die sichtbare Oberfläche zu reproduzieren. Sehen könnte sich aber auch auf ganz andere Aspekte konzentrieren, wie dies zu Beginn des Jahrhunderts mit der Bewegung der Fall war. Sie war es, welche die aus heutiger Perspektive wenig realitätsnahe Abbildung realitätsnah empfinden ließ. Damit wird es also wichtig, die Konventionen einer als ähnlich der Realität empfundenen Darstellung zu analysieren, nicht aber eine vermeintliche Ähnlichkeit als Ausgangspunkt zu nehmen.

Auch für den Semiotiker Göran Sonesson ist einer logischen Äquivalenzrelation (z. B. Scholz 1991) zu widersprechen, weil ihre Argumente

„den Alltagsbegriff der Ähnlichkeit mit der Äquivalenzrelation in der Logik gleichsetzen. Anders gesagt: sie sind unangemessen, weil der Mensch so dargestellt wird, als lebe er in der Welt der Naturwissenschaften, wo er doch in einer bestimmten soziokulturellen Lebenswelt zu Hause ist. Die unmittelbarste Konsequenz ist, daß viele der Konventionen, die den Bildern zugesprochen werden, sich als schon der Lebenswelt zugehörig erweisen." (Sonesson 1993, S. 146)

Neben der Visualiät als Wahrnehmungsweise nennt auch Sonesson Ikoniziät als wesentliches Merkmal zum Verständnis des Bildzeichens (1994, S. 69). Ikonizität ist jedoch nicht die das Bildzeichen ausschließlich charakterisierende Eigenschaft und nicht an sich an visuelle Zeichen gebunden (vgl. S. 74), vielmehr ist zu unterscheiden zwischen Ikonizität und Visualität, die keine notwendig miteinander verbundenen Kategorien sind. Sonesson folgt Peirce, nach welchem die Ikonizität des Bildes nicht – wie im Diagramm oder der Metapher als weiteren Typen ikonischer Zeichen – durch Relationen, sondern durch Qualitäten bestimmt wird. Es handelt sich jedoch um keine eindeutige Differenzierung, da auch das Bild wie das Diagramm oder die Metapher relational ist. Im Gegensatz zum Diagramm erzeugt aber das Bild zumindest die Illusion, dass es eine Ähnlichkeit von Qualitäten gebe (vgl. Sonesson 1995, S. 75).

Mit der Wirkung des piktoralen, in Unterscheidung zu anderen visuellen Zeichen zieht Sonesson die Wahrnehmung des Betrachters mit ein, die beim piktoralen Zeichen in Zusammenhang mit der durch die Bildelemente konstituierten Bedeutung steht. Die ikonische Besonderheit des Bildes ist nicht allein durch eine Analyse der Bildelemente zu erfassen, sondern muss mit einer Theorie der Wahrnehmung verbunden werden. Piktoralität ist nach Sonesson eine Qualität, bei der die wahrgenommenen Zeichen, anders als bei der Sprache – wo dies allerdings auch nur begrenzt möglich sei – nicht in einzelne, distinkte Elemente aufgelöst werden können. Wie Phoneme sind die Linien und Oberflächen eines Bildes als distinkte Elemente genommen bedeutungslos, „but whereas the phonemes, once they have been put together to form a word, continue to lack separate meaning, pictorial traits take on, and distribute among them, the global meaning of the whole configuration" (Sonesson 1995, S. 95). Wobei das Verstehen von auf eine ganze Konfiguration verweisenden Linien leichter ist, wenn der Inhalt aus unserer täglichen Lebenswelt vertraut ist. Je weniger er aber den hier geprägten Erwartungen entspricht, desto mehr Details sind notwendig zum Verstehen, das auf unsere kulturelle und historische Erfahrung zurückgreift (S. 93f.).

Die Voraussetzung zum Zustandekommen eines zeichenhaften Bezuges liegt in einem gemeinsamen Grund (ground). Zwei Objekte teilen bestimmte Gemeinsamkeiten, die den gemeinsamen Grund herstellen, was nicht heißt, dass alle Eigenschaften der beteiligten Objekte in die Zeichenrelation miteingehen. „Thus the ground is the potential of things to serve in a particular type of sign relation." (Sonesson 1995, S. 74) Woher aber kann der Zeicheninterpret wissen, dass z. B. der Wetterhahn nicht einen ikonischen Bezug zum Hahn herstellt, sondern einen indexikalischen zur Richtung des Windes? Voraussetzung dafür ist die Unterscheidung zwischen ikonischem und indexikalischem Grund. Das Ikon ist ein Zeichen, „in which the ‚thing' which serves as its expression in one or another respect is similar to, or shares properties with, another ‚thing', which serves as its content" (Sonesson 1995, S. 75). Beide Dinge besitzen Eigenschaften, die von einem bestimmten Standpunkt aus als ähnlich angesehen werden können, so wie der eiserne Hahn dem realen ähnelt, geht man von einem Vergleich der typischen Umrisslinie eines Hahns aus. Der Index ist ein Zeichen, „in which the ‚thing' which serves as its expression is, in one way or another connected with another ‚thing', which serves as its content" (ebd.). Der Wetterhahn kann also deswegen in einem indexikalischen Bezug zur Windrichtung gestellt werden, weil ein Satz von Eigenschaften besteht, der der Relation von Windrichtung und Drehung des Hahns innewohnt. Bei einem konventionellen (i. S. v. arbiträr) Zeichen dagegen besteht kein *ground*, an dem zwei Dinge, die als Ausdruck und Inhalt der Zeichenrelation dienen, miteinander verbunden sind. Das konventionelle Zeichen ist ‚ungrounded', es kann auf der Basis jeglicher ‚Dinge' fundiert werden, während ikonischer und indexikalischer Bezug auf der gemeinsamen Partizipation bestimmter Eigenschaften von Zeichen und Inhalt basieren (vgl. ebd.).

Der auf Ähnlichkeit basierende ikonische Grund, den ein Bild mit seinem Objekt teilt, besteht nach Sonesson im Wiedererkennen eines in der Realität dreidimensionalen Ereignisses auf einer zweidimensionalen Fläche. Visuelle Ikonizität als Bestimmung des Bildzeichens ist damit nicht in einer außerhalb von Zeichen und Gegenstand liegenden Ähnlichkeit begründet, sondern in der Wahrnehmung der Ähnlichkeit durch den Rezipienten. Sonessons Bestimmung von Ikonizität stellt eine Versöhnung der eingangs zitierten widersprüchlichen Bestimmungen von Ikonizität als vorhanden bzw. zugeschrieben dar und weitet sie auf die Analyse des Rezeptionsprozesses aus. Wird Ikonizität als solche wahrgenommen, so ist sie vorhanden, wobei Sonesson einschränkt, dass nicht alle Elemente der Beziehung zwischen Zeichen und Gegenstand auf einer wahrgenommenen Beziehung beruhen, sondern schon das Vorhandensein einiger ausreichend ist, um Ähnlichkeit zu erzeugen. Visuelle Ikonizität ist beim bildlichen Zeichen durch die Besonderheit der Wahrnehmungsähnlichkeit bestimmt, womit sich visuelle Ikonizität zum Charakteristikum von Bildern erhebt, und das Bildzeichen in seiner Ikonizität eine besondere Bestimmung erhält, die es von anderen visuellen und/oder ikonischen Zeichen unterscheidet. Sonesson kommt zu folgender Definition des Bildzeichens:

„If a particular iconic sign produces the illusion of literally seeing in the two-dimensional surface of the expression plane the projection of a scene extracted from real world three-dimensional existence (with or without a suggestion of lineal perspective) then it is more particularly a pictorial sign, or a picture, as this term is ordinarily used." (1995, S. 78)

Das Bild ist damit nicht ein ikonisches, sondern näher spezifiziert ein *piktorales* Zeichen, das sich durch die wahrgenommene Ikonizität als des gemeinsamen Grundes, der die Zeichen-Objekt-Relation ausmacht, definiert.

Eine wahrnehmungspsychologische Untersuchung der Rezeption, ein Ansatz den Sonesson präferiert, kann z. B. Aufschluss darüber geben, inwieweit Ikonizität als graduell abstufbare Ähnlichkeit mit einem realen Objekt besteht und darüber hinaus, inwieweit Wahrnehmungsähnlichkeit als solche besteht bzw. kulturell erlernten Codes unterliegt. Eine Untersuchung von Ikonizität in ihrem Zusammenhang mit kulturell spezifizierter kommunikativer Praxis dagegen setzt deren Verständnis als Mittel des Zeichenbezugs voraus, sie knüpft am Aussagekontext an, in dem ein Zeichen verwendet wird und der den ikonischen Grund bestimmt. Damit wird Ikonizität zu einem doppeldeutigen Aspekt des Zeichens: sie weist einerseits auf Ähnlichkeit hin bzw. enthält diese strukturell, andererseits ist sie ein bedeutungstragender Hinweis. Sowohl Sonesson als auch die belgische Groupe µ folgen diesem Ansatz einer doppelten Bestimmung von Ikonizität.

Auf Basis der Auffassung von Semiotik als impliziter Rezeptionstheorie bestimmt die Groupe µ (1995) Ikonizität nicht als Kopie, sondern als Rekonstruktion, eine Leistung, die sowohl vom Produzenten wie vom Rezipienten erbracht werden muss und die auf einer Isomorphie zwischen Zeichen und Objekt beruht:

„To sum up, the iconic sign does possess certain characteristics of the referent, thus conforming to its classical definition (to be amended in a way soon to be disclosed). But it simultaneously possesses certain characteristics which come not from the model, but from the producer of the image: insofar as this producer offers definable features, another function of the sign is to allow the recognition of the producer. Finally, because it displays characteristics which differ from those of the referent, the sign appears as distinct from the referent and thus respects the principle of alterity. The iconic sign is thus a mediating instance with a twofold reference function: it refers back to its model (or referent) and to its producer." (Groupe µ 1995, S. 29)

Die Isomorphie ist ein Satz von Elementen im Bild, dem bestimmte Elemente des Modells entsprechen. Die Entsprechung der Elemente wird durch den Vorgang der Transformation T erzielt. Während die Transformation T1 die (ikonische) Korrespondenz zwischen dem Modell resp. Objekt und dem Ikon bezeichnet, ist die Transformation T2 eine Hervorbringung von Ikonizität durch den Produzenten des Ikons (vgl. Groupe µ 1995, S. 28). Auf diese Weise werden Arbitrarität und Motiviertheit des ikonischen Zeichens nicht als einander ausschließende Prinzipien verstanden, sondern in einem Modell verbunden. Motiviertheit des Zeichens beruht danach auf zwei Voraussetzungen: Transformation und Konformität, wobei erstere auf letzterer beruht. Transformation kann alles in alles überführen, z. B. eine Kappe in eine Pfeife. Damit Ikonizität zustande kommt, muss die Transformation ein „co-typing" sein (S. 36), also eine Art Kopiervorgang beinhalten. Das Ikon steht somit in einer mittelnden Position zwischen Modell und Produzent, dessen individuelle Hervorbringung von Ikonizität durch die Transformation T2 ausgedrückt wird, was die Möglichkeit einer Untersuchung von Stil eröffnet (vgl. S. 28) – Ikonizität also als *darstellendes Mittel* versteht!

Das Modell der Groupe µ überlässt die Bestimmung der Ikonizität des Zeichens nicht allein der Objekt-Zeichen-Beziehung, sondern bezieht sowohl den Produzenten des Zeichens als auch seinen Rezipienten mit ein, da der Typus, der die Ähnlichkeit zwischen Zeichen und Modell beinhaltet, sowohl beim Produzenten als auch beim Rezipienten vorliegt. Groupe µ stellt aufgrund des Einbezugs des Objekts ausdrücklich die Nähe zum Zeichenmodell von Ogden und Richards heraus, wenn sie auch auf eine Unterscheidung bezüglich der Verbindung zwischen Zeichen und Objekt Wert legt. Ist es bei Ogden und Richards eine gestrichelte Linie, die irgendwelche reale Verbindungen über die semiotische Beziehung hinausgehend ausschließt, besteht für die Groupe µ zwischen dem Zeichen und dem Objekt eine durchgehende Linie. Sie soll anzeigen, dass die Verbindung „less mediated" ist (S. 31), da Ikonizität auf vorhandenen Isomorphien beruhe.

Ikonizität allein ist aber noch nicht ausreichend für die Bestimmung dessen, was ein ikonisches Zeichen ist. Was lässt einem das Wasser im Mund zusammenlaufen, wenn man auf einem Plakat ein Glas Bier sieht, obwohl man davon abgehalten ist zu versuchen, das Glas auszutrinken? Es ist das, was Groupe µ, ohne sich an Goffman anzulehnen, als Rahmen (frame) bezeichnet, also der Kontext, der Interpretationshinweise enthält und die Zeichenhaftigkeit festlegt: „In this way iconism depends on our knowledge of the rules governing the use of objects, which can turn some of these objects into signs."

(S. 38) Allerdings sei die Erkennungsmöglichkeit eines Zeichens nicht immer ganz klar, z. B. wenn eine Streichholzschachtel als Zeichen für Schachtel verwendet wird. Unterscheidet man zwischen solchen Situationen direkten Zeigens und Veranschaulichens und jenen der Medienvermittlung, zeigt sich ein grundlegender Unterschied. Das Bier auf dem Werbeplakat ist nicht deswegen als Zeichen erkennbar, weil es sich vom realen Bier unterscheidet, sondern weil das Bier für etwas anderes steht als ein Glas Bier. Erkennbar wird dies daran, wie das Glas Bier erscheint: nämlich als ein übergroßes, zweidimensionales Glas Bier, das an der Straße zusammen mit Schriftzeichen auf einem großen Blatt Papier dargeboten wird. Eindeutigkeit wird durch diesen komplexen Kommunikationsakt erzeugt, Ikonizität als visuelle Ähnlichkeit eines fotografierten mit einem echten Glas Bier ist darin nur *ein* Bestandteil, und zwar jener, der aufgrund der Verwendung ikonischer Zeichen eine Botschaft transportiert, nämlich dass es um schäumendes, kühles Bier geht. Anders ist dies z. B. bei Schaufensterauslagen als Werbung für das Angebot eines Geschäftes oder bei Bildern auf Verpackungen. Die totale Ähnlichkeit des Zeichens mit seinem Gegenstand muss aufgelockert werden, damit die Zeichenhaftigkeit des Gegenstandes entsteht, z. B. durch die Hinweise „Dekoration" oder „Serviervorschlag".

Die Unterscheidung einer sekundären von einer primären Ikonizität nach Sonesson (1995, S. 81) zielt in eine ähnliche Richtung. Primäre Ikonizität basiert auf einer Ähnlichkeitsrelation, die hilft, die Zeichenrelation zu erkennen und aufzubauen, und Eigenschaft des Bildes ist. Sekundäre Ikonizität bezeichnet das, was Peirce mit Ikonizität benannt hatte und auf dem vom Interpreten erkannten Hinweis auf die Zeichenrelation beruht. Ikonizität etabliert sich danach als ein Code, der auf einem außerhalb der Zeichensituation bestehenden Wissen basiert: Schon die Plakatform zeigt an, dass es nicht um ein Glas Bier, sondern um Bier der Marke xy geht, auf die das Plakat Appetit machen soll. Die Unterscheidung wird aufgrund einer Differenz erzielt, die nicht negativ aus der unvollständigen Transformation erzielt wird (wie bei T2), sondern das Plakat, eventuell Schriftzeichen, die Größe des Objektes etc. zeigen vielmehr an, dass ein zeichenhafter Bezug besteht, obwohl die Ähnlichkeit mit einem Glas Bier (und nicht einer bestimmten Marke) besteht. Kulturkritische Beiträge zum Bild beziehen sich zumeist auf die nach Sonesson so bezeichnete primäre Ikonizität, die Wahrnehmungsähnlichkeit des Bildes, – dass das Bildzeichen komplexer ist, zeigt seine sekundäre Ikonizität als Bestandteil der kommunizierten Gesamtaussage. Die Beachtung nur der primären Ikonizität lässt außer Acht, dass ein Bild als ein semiotisches Phänomen kommuniziert, was die Frage der wahrgenommenen Ähnlichkeit mit dem Gegenstand nur solange aufrechterhalten lässt, solange die sekundäre Ikonizität nicht beachtet wird. Im Beispiel des Plakates ist die Ähnlichkeit mit einem realen Bierglas Teil der Bedeutung, die sich eben auf die Frische und Kühle etc. eines Glases Bier bezieht. Je mehr das Bild einem realen Glas ähnelt, desto besser ist diese Bedeutung transportierbar. Ist jedoch die materiale Ebene des Zeichenträgers ungewohnt, so kann dies zur Folge haben, dass das Plakat als solches, also die sekundäre Ikonizität dominiert (Sonesson 1995, S. 82). Durch die Unterscheidung zweier Formen von Ikonizität wird Ähnlichkeit in ihrer kommunikativen Funktion deutlich. Die bei primärer Ikonizität gegebene Isomorphie mit dem Gegenstand verliert ihre Bedeutung als typusbestimmende Differenzierung ikonischer Zeichen und wird in Form der sekundären Ikonizität in einer kommunikativen Funktion sichtbar. Die wahrgenommenen Isomorphien sagen etwas über die Bedeutung aus, womit Ikonizität zum bedeutungskonstituierenden Mittel wird. Als kontextuell gebundene ist sie zugleich nicht nur hinsichtlich der Objektrelation aussagefähig, sondern hinsichtlich ihrer kommunikativen Funktion, welche durch die Bildverwendung gegeben ist. Die Bildverwendung bestimmt also Ikonizität als bedeutungsvolle, wobei es verschiedene Weisen ikonischer Ähnlichkeitsrelation gibt, m. a. W. unterschiedliche Weisen, Ähnlichkeit im Bild auszudrücken. Die jeweilige Weise der Ikonizität ist Bedeutungsträger der Bildaussage. Einfach gesagt, kann das bewegte Kamerabild nicht an sich als ikonisch angesehen werden, sonders es verlangt eine Analyse der Art und Weise seiner Ikonizität, was auf die Bedeutung der je spezifischen Gestaltungsformen von Bildern verweist. Versteht man die im zweiten Kapitel dargestellten Forschungsergebnisse als die jeweils unterschiedliche Bedeutung von Weisen, Ikonizität herzustellen, dann ist diese Differenzierung von Ikonizität auch empirisch belegbar.

4.2.2 Die Indexikalität des bewegten Bildes

Bei der Kameraaufnahme wird eine Serie mechanischer Ursache-Wirkungs-Operationen vollzogen, die das Kamerabild zu einer direkten Abbildung werden lassen, ungeachtet aller weiteren Bearbeitungsformen, denen die Aufnahme unterzogen wird. Aufgrund ihrer Aufnahmetechnik können Foto und Film als „Spurbilder" (Doelker) eingesetzt werden, journalistische Verwendung finden sie in der Dokumentation und in der Reportage (vgl. Doelker 1998, S. 22). Doelker spricht in diesem Zusammenhang von einer „registrativen Funktion", im Gegensatz zur „regenerativen" der zeichnerischen Abbildung. Bei beiden Bildtypen besteht die Möglichkeit, dass „Wirklichkeit reproduziert wird" (S. 23). Die Reproduktion wird aufgrund von Mimesis erstellt, die eine möglichst große Ähnlichkeit mit dem abgebildeten Gegenstand anzielt. Das registrierte Bild ist „vom Betrachter kraft der detailreichen Similarität, der direkten Ähnlichkeit als unmittelbare Spur von Realität erkennbar" (Doelker 1989, S. 155). Ähnlichkeit wird zu einem Bestandteil der Bildaussage, wodurch sich die Zeichnung weniger durch ihre Detailfülle, als durch den mit der Art der Ähnlichkeit gegebenen Hinweis auf die Herstellung unterscheidet. Ein „registriertes Bild" beschreibt eine andere Realität abbildende Produktionsweise von Bildern als eine Zeichnung, was wiederum durch die realitätsähnliche Darstellung erkennbar wird (ebd.). Die technischen Möglichkeiten der Registrierung würden aber nur soweit als „real" akzeptiert, wie eine bestimmte Form von Ikonizität durch die Reproduktionstechnik vermittelt wird. Das „Realbild" bezeichnet mithin einen Wahrnehmungseindruck, der jenem der wahrgenommenen Realität entspricht. Digitale Bilder wie vom Halleyschen Kometen dagegen entsprächen nicht unserer Wahrnehmung von Realitätstreue und würden deswegen, obwohl es sich um registrierte Bilder handelt, vom Zuschauer nicht als Realbilder i. S. von realistisch verstanden (vgl. S. 155). Auf Ebene der (ikonischen) Indexikalität ist das Bild „Referent der hinter ihm liegenden W1" (S. 124). In einer auf hinter das Bild gerichteten Perspektive P1 ist es Möglichkeit oder Aufgabe des Zuschauers, „gewissermaßen auf der Abbildungsachse mental auf das Objekt zurückzugehen" (1989, S. 215). Auch wenn das Bild des Kometen Halley nicht seiner Wahrnehmungsgewohnheit von Abbildungen entspricht, müsste der Zuschauer es dennoch als Hinweis auf ein hinter dem Bild stehendes Objekt lesen können. Dies verlangt eine Leistung, die Wissen und nicht eine „reine" Wahrnehmung – sofern man von einer solchen überhaupt sprechen kann – voraussetzt. Gibt man damit die Perspektive einer Archaik der Wahrnehmungskanäle auf, wonach dem Bild der archaischere Kanal zukommt und es deswegen auch der unmittelbar wirksame ist (Prase 1997, S. 62), so kann man das Wissen um die Zeichenfunktion in den Vordergrund stellen: Weil der Zuschauer weiß, wie das Bild entstand, kann er es als registriertes Bild verstehen, d. h. in seinen indexikalischen Objektbezug stellen. Entgegen der die Diskussion dominierenden Ikonizität von Bildern war es, wie Prase hervorhebt, für Peirce die direkte Verbindung zwischen Objekt und Zeichen, die ihn dazu veranlasste, Fotografien als Indices zu klassifizieren (S. 58). Die mechanische Aufnahme- und zeitgleiche Wiedergabefähigkeit verleiht Kamerabildern ihren Wirklichkeitsgehalt und ihre emotionale Kraft, das Foto ist, mit der schönen Formulierung Sonessons „eine zurückgelassene Spur seines Referenten" (1993, S. 153). Das Wissen um die Reproduktionsfunktion der Kamera verleiht ihnen Eindringlichkeit, der Betrachter weiß, dass es sich um Realität handelt. Die Intention des Kameramannes als Bildproduzent wird weniger wichtig als die testierende Kraft der Bilder (Plantinga 1997, S. 59f.), die eine in der mimetischen Ikonizität sichtbar werdende indexikalische Referenz ist.

Die indexikalische Referenz besteht, wie Sonesson es nach Peirce definiert (1993, S. 153), in einem direkten Bezug zwischen dem Zeichen und dem Gegenstand. Ihr Bezug liegt darin, dass das ausdruckgebende Element sich auf ein anderes bezieht, das das erste mit seinem Inhalt versorgt. Tatsächlich stellt jedes Kamerabild eine direkte Aufnahme her, doch können auch hier, wie bereits bei der Ikonizität, verschiedene Weisen der Indexikalität unterschieden werden. Bei der Live-Aufzeichnung oder auch bei der längeren Wiedergabe nicht geschnittener Ereignisse ist die durch die Indexikalität gegebene testierende Kraft besonders stark. Die Bedeutsamkeit des indexikalischen Objektbezugs wird bei solchen ungestellten Direktaufnahmen wirksam, die ohne das Wissen der beteiligten Personen entstehen (versteckte Kameras, Überwachungskameras, Laien-Videos). Die mit diesen Videotechniken erstellten Aufnahmen mit ihrer Kameraposition, dem verwackelten Bild, Grobkörnigkeit, Schwarzweißtechnik etc. sind ein (scheinbarer) Garant für die Entstehung der Bilder und ihre reale Zeugniskraft resp. Indexikalität. Die fototechnische Indexikalität wird anhand der Bildoberfläche sichtbar, sie sieht anders aus bei einer Aufzeichnung mit einem Videogerät oder einer Computersimulation. Ihre Darstellung unterscheidet sich von der als realitätsnah geltenden, detailreichen Farbaufnahme (vgl. Kress/van Leeuwen 1998, S. 163f.). Danach ist die Einstufung als authentisch auch auf das Wissen über die mit der Bildoberfläche gegebene Entstehung des Bildes zurückzuführen, also auf den in der Art und Weise der (darstellenden) Ikonizität verschlüsselten Hinweis auf die jeweils bestehende (technisch bedingte) Indexikalität.

Da auf die Bildherstellung hinweisende Codes auch manipuliert werden können, oder beim Beispiel Doelkers der Halleysche Komet in der Anschauung wenig beeindruckend sein kann, ist Indexikalität nicht von Zusatzinformationen wie Quelle, Aufnahmedatum, technischen Informationen ablösbar. Die aufgrund der Bildtechnik codifizierte Indexikalität von Kamerabildern unterscheidet sich von echten Indices, z. B. der Hufabdruck eines Pferdes, der mitteilt, dass hier ein Pferd war: „Das Photo des Pferdes, das sich für gewöhnlich nicht an der Stelle des wirklichen Pferdes befindet, sagt nur ‚Pferd'; und danach können wir dann erst mit der Rekonstruktion von Raum und Zeit beginnen." (Sonesson 1993, S. 154)

Auch im Fall der Live-Berichterstattung ist der Zuschauer auf diesen Hinweis angewiesen, um eine aktualitätsbezogene Einordnung des Gesehenen leisten zu können, was nach Sonesson die Konsequenz nach sich zieht, dass „das Photo zunächst ein Ikon [ist], bevor seine indexikalischen Eigenschaften entdeckt werden können" (ebd.). Wir brauchen um die Indexikalität eines Fotos nicht zu wissen, um es als Ikon zu erkennen: „Indexikalität in Fotografien ist eigentlich eine Frage nachträglicher Gedanken und besonderer Umstände." (ebd.) Indexikalität ist also nicht nur eine technische Bezugsgröße zwischen Bild und Gegenstand, sondern kann bei Glaubwürdigkeit des Produzenten auch ein Hinweis für die Authentizität eines Bildes sein. Die Frage der Manipulation war mit dem Kamerabild schon immer verknüpft, sie wird aber um so brisanter durch die Einführung der digitalen Technik. Deren Fortschritt wird es erlauben, Bilder künstlich so herzustellen, als seien sie ein Zeugnis für direkt abbildende Indexikalität, da sie genauso aussehen, wie mit der Kamera aufgenommene Realität (vgl. Plantinga 1997, S. 64ff.). Insofern sind die Bedenken jenen Bildern gegenüber verständlich, die einen indexikalischen Bezug simulieren, tatsächlich aber keinen solchen besitzen (z. B. Meckel 1999).

Die Glaubwürdigkeit ist also ein wichtiger Bestandteil insbesondere jener Genres, die einen Bezug zu realen Ereignissen besitzen. Da bestimmte Aufnahmetechniken, z. B. Überwachungskameras, nur in bestimmten Situationen eingesetzt werden, enthalten sie einen Hinweis auf die Authentizität des Gesehenen oder darauf, als was das Gesehene verstanden werden soll, z. B. als authentisches Material in einem Krimi. Auf Seiten des Zuschauers ist Indexikalität also als Kenntnis über die Herstellung von Bildern vorhanden, solange sie – technisch bedingt – als solche sichtbar wird. Hier zeigt sich, dass die Kraft von Bildern auf mehr beruht, als auf ihrer durch die Ikonizität gegebenen (scheinbaren) Opazität, die Faszination von Bildern kann auch vom Wissen über ihre Entstehung herrühren. Der Markt der Kinderpornographie und einer durch die Interessenten erhofften Authentizität ist ein erschreckendes Beispiel dafür.

Beim Reden vom indexikalischen Objektbezug wurde noch nicht näher definiert, was mit Gegenstand gemeint ist. Geht man von detailarmen Bildbeispielen aus, wie der Skizze eines Pferdes als Zeichen für Pferd, scheint der Gegenstand klar benennbar. Doch sind Kommunikationsakte meist komplexer. Schon die Möglichkeit, die Skizze besage „Mein Pferd", beinhaltet den Bezug auf ein bestimmtes Pferd mit ganz bestimmten Eigenschaften, der ikonische Grund besteht im Teilen dieser besonderen Merkmale über die allgemeine Referenz Pferd hinaus. Auch der indexikalische Bezug ist klar ersichtlich, die Zeichnung gibt wieder, was aus Sicht des Zeichners als besondere Eigenschaften seines Pferdes über die allgemeinen Eigenschaften Pferd hinausweisen. Beim bewegten Kamerabild ist die Bestimmung des Gegenstands jedoch noch schwieriger. Zeigt die Kamera ein Pferd beim Grasen, ist das noch relativ vergleichbar mit Foto oder Zeichnung, wenn auch ein zeitlicher Ablauf ins Spiel kommt. Wie aber ist der Objektbezug zu verstehen, wenn das grasende Pferd Bestandteil einer Reportage über einen Nachmittag in einem Reitstall ist? Das grasende Pferd wechselt mit Aufnahmen des Stalles, der Reitschule, Interviews mit Lehrern und Reitschülern etc. Der Objektbezug wird überdeckt durch einen weiteren, einer zeitlichen Abfolge entnommenen Ereignisbezug. Der Nachmittag in einem Reitstall ist ein Ereignis, auf das alle einzelnen Bilder kontextuell referieren, der indexikalische Objektbezug besteht also nur für einzelne Gegenstände (wie im Allgemeinen auch beim Gemälde), wobei darüber hinaus in der Montage „durch neue Kontextierung neue Signifikanz" geschaffen wird (Möller-Naß 1986, S. 28). Der Begriff Objektbezug ist irreführend, auch unter Berücksichtigung dessen, dass sowohl in der Sprache wie beim Bewegtbild der ausschließende Bezug auf einen einzelnen Gegenstand eine semiotische Simplifizierung darstellt. So wie Wörter in Form von Propositionen auftauchen, ist dies auch bei den im Bewegtbild sichtbaren Gegenständen (vgl. Metz 1972).

4.2.3 Symbolische Bildverwendung

Die dritte von Peirce angegebene Objektrelation des Bildes, die symbolische Relation, wird in der bildsemiotischen Literatur weitgehend vernachlässigt. Sie bezeichnet den konventionellen Gebrauch bestimmter Bildinhalte als für etwas stehend.

Auch ein Bild kann wie ein Begriff eingesetzt werden, z. B. wenn es um Kostenersparung im Gesundheitswesen geht und ein auf dem Behandlungsstuhl sitzender Patient gezeigt wird, der von einem Zahnarzt untersucht wird. Das Bild soll nicht konkret verstanden werden, sondern den gesamten Themenzusammenhang symbolisieren. Würde der Zuschauer sich auf das Bild konzentrieren und seinen konkreten Bezug, so würde er vermutlich die wichtigere, gesprochene Nachricht verpassen. Ein symbolischer Objektbezug besteht auch dann, wenn ein Bild metaphorisch genützt wird, wie zum Beispiel in einem Kinofilm, der mit Szenen wie „Hand in Hand im Park", „in einem Geschäft etwas anprobieren", „zusammen kochen", das gemeinsame Glück der Hauptdarsteller über eine Zeitspanne zeigen soll. Hier werden aus größeren Handlungszusammenhängen Bruchstücke gerissen, die den gesamten Zusammenhang veranschaulichen sollen. Es handelt sich dabei um Bruchstücke von Schemata, die vom Zuschauer „elaboriert" werden (Früh 1994), so dass aus den Bildern ganze Ereigniszusammenhänge werden. Auch hier liegt eine symbolische, auf Vereinbarung beruhende Verwendung insofern vor, weil der Bildinhalt für etwas anderes steht, als die Ereignisbruchstücke denotierend vorgeben.

Ein symbolischer Objektbezug wird durch die Bildverwendung etabliert, was mit konnotativen Hinweisen der Darstellung ausgedrückt wird (Monaco 1993, S. 144ff.; Messaris 1998, S. 75ff.). Im hier verstandenen Sinne meint der symbolische Objektbezug die Verwendung eines Bildes in einem anderen inhaltlichen Zusammenhang als der durch den ikonischen und indexikalischen Objektbezug vermittelten Aussage (vgl. Eco zur Konnotation 1991, S. 82ff.). Man kann dann von einer symbolischen Verwendung sprechen, wenn ein Bild etwas anderes als es selbst ausdrücken soll und dies nur bei Kenntnis der konventionalisierten Bildverwendungscodes erkannt werden kann. So weiß der werbegeübte Betrachter inzwischen, dass hell gekleidete junge Menschen auf Segelbooten „Lebensgefühl" versinnbildlichen.

Der symbolische Objektbezug weist auf Konventionen der Bildverwendung hin, auf die Etablierung von „Symbolsprachen". Er spielt in der vorliegenden Untersuchung eine untergeordnete Rolle, weil es hier nicht um die Analyse von typischen Codes, sondern um die Herstellung von Wirklichkeiten im Bild geht, diese aber im symbolischen Objektbezug bereits vorausgesetzt sind.

4.3 Zusammenfassung

Ikonizität, Indexikalität und Symbolizität sind nicht Eigenschaften von Zeichenklassen, und liegen auch nicht als ein Mischverhältnis vor (vgl. Prase 1997, S. 44), sondern sind semiotische Hinweise zum Verstehen eines Bildes. Die Objektrelationen zeigen sich als bedeutungskonstituierende Merkmale des Bildes und damit als Funktionen der Zeichenverwendung, die selbst Bestandteil der kommunizierten Aussage sind. Wären sie zeichenimmanent, so verlören Bilder ihre vielfältige Einsatzmöglichkeit. Zusammenfassend kann man also sagen:

- Ikonizität baut beim Kamerabild „auf indexikalischen Hinweisen als Teilzeichen auf" (Prase 1997, S. 44). Als Hinweis auf die Aussage eines Bildes ist Ikonizität nicht relational zum Objekt, sondern funktional zur Aussage zu verstehen und damit sind Arten der Ikonizität als Darstellungsformen zu unterscheiden.
- Indexikalität im Bewegtbild ist ein Hinweis auf seine Entstehung und besitzt damit einen Bezug zum Ereignis. Da Indexikalität ebenso wie das Ereignis manipulierbar ist, ist sie keine hinlängliche Aussage für den bestehenden Objektbezug, sondern auf kontextuelle Zusatzhinweise angewiesen.
- Symbolizität stellt unter Einsatz von Bildgegenstand und Bildgestaltung eine konventionalisierte Bildbedeutung dar.

Da alle drei Aspekte der Objektbeziehung nicht als immanente Zeicheneigenschaften aufzufassen sind, sondern in Abhängigkeit der Gesamtaussage stehen, ist die semiotische Bestimmung des Bildes um eine Theorie der Bildverwendung zu erweitern. Erst die Gesamtaussage liefert den Rahmen zum Verstehen der Objektrelationen, wobei diese ihrerseits auf die Gesamtaussage hinweisen, sofern man den Objektbezug als einen durch den Zeichenkörper *dargestellten* versteht, wie z. B. Grobkörnigkeit als Hinweis auf eine private Videoaufzeichnung. Die Frage des Objektbezugs des Bewegtbildes geht an dieser Stelle in die Frage seiner Darstellung über, die Gegenstand der Filmsemiotik ist, und damit in den Bereich der spezifischen Möglichkeiten des Bildes, Realität und Fiktion auszudrücken.

5. Bedeutungskonstitution im Bild aus rahmenanalytisch-semiotischer Perspektive

Im vorangehenden Kapitel wurde das Bild als Zeichen bestimmt, wobei seine Ikonizität als Art und Weise in einer bestimmten Kommunikationssituation Realität wahrzunehmen, seine Indexikalität als Bezug zu dem im Bild sichtbar werdenden Ereignis und seine Symbolizität als konnotatives Element der Bildsprache bestimmt wurde. Die Filmsemiotik als spezifisches Anwendungsfeld der Semiotik interessiert sich insbesondere für filmspezifische Codes, setzt sich also direkt mit der besonderen Art und Weise des bewegten Kamerabildes, mit Hilfe von Zeichen Bedeutung zu transportieren, auseinander. Sie liefert für die vorliegende Fragestellung eine wichtige Grundlage insofern, als mit ihrer Hilfe eine Erweiterung der Rahmen-Analyse vorgenommen werden kann. Denn zwar sind mit Hilfe des Ansatzes von Goffman Wirklichkeiten im Bild als gerahmte Sinneinheiten zu verstehen, doch fehlt ein Instrument zur Analyse der im Bild transportierten Bedeutungseinheiten. Im folgenden Kapitel soll eine Erweiterung von Goffmans rahmenanalytischer Bildbestimmung um die Filmsemiotik erfolgen. Gemäß der leitenden Fragestellung ist dabei nicht nur von Interesse, wie Bilder Hinweise auf Realität und Fiktion transportieren, sondern auch, welche Rahmenebenen das Bild selbst enthält.

Die Anfänge der Filmsemiotik werden an den Beginn der künstlerischen Auseinandersetzung mit dem Film gelegt. Bereits die Brüder Lumière hatten sich mit ihrer berühmten Aufnahme eines im Bahnhof einfahrenden Zuges kameraperspektivischer Stilmittel bedient (Bentele 1980, S. 120f.). Die Ablösung von Aufnahme- und Gestaltungstechniken, die der bisher gewohnten medienästhetischen Wahrnehmung (Theater) entsprachen, ermöglichte die Entdeckung und Entwicklung dem Medium Film eigener Formen der Darstellung. Bereits 1927 verwendet Boris Eichenbaum den Begriff „Filmsprache", wobei er ihn nicht nur metaphorisch verwendet, sondern bereits systematisch in die Bereiche Filmsyntax, -semantik und -satz untergliedert (vgl. Bentele 1980, S. 121). Die Begründung der Filmsemiotik, d. h. „ein systematisches Fruchtbarmachen linguistischer und semiotischer Begriffe und Gedankengänge für die Filmwissenschaft" (S. 123) datiert 1964 mit Christian Metz' Aufsatz „Le cinéma – langue ou language?" (1972) Ein weiterer herausragender Vertreter der Filmsemiotik ist wenige Jahre später Umberto Eco. In Deutschland machte sich vor allem Günter Bentele (1978, 1980) um diesen

Gegenstandsbereich der Filmwissenschaft verdient. 1997 veröffentlichte Tilo Prase seine Habilitationsschrift über „Bausteine zu einer Semiotik des Fernsehbildes", wie im Untertitel formuliert (einen Überblick zur Geschichte der Filmsemiotik liefert Bentele 1980).

5.1 Die rahmenanalytische Unterscheidung von Ereignis und Bildbedeutung

Die Frage, was „Fotografien nun eigentlich seien" ist für Goffman eine soziologische, und wahrnehmungspsychologisch nicht zu lösen, da das „rahmentheoretische Problem, in welch unterschiedlichem Sinn wir von Bildern sagen können, daß sie wahr, wirklich, gültig, aufrichtig, ausdrucksvoll oder aber falsch, unecht, gestellt, unwahr, retuschiert oder geschönt sind" offen bleibe (Goffman 1981b, S. 54f.). Damit wirft Goffman jene Problemstellung auf, die auch für die vorliegende Arbeit gilt. Ob ein Bild ein reales Abbild ist oder sein Gegenstand eine Art der Inszenierung von Realität, ist Bestandteil der hier gestellten Frage nach Bildwirklichkeiten und deren Vollzug bei der Rezeption.

Das Kapitel „Bilder-Rahmen" in dem Buch „Geschlecht und Werbung" (1981a, erstmals 1976) widmet sich ebenfalls – abgesehen von den bereits erwähnten Passagen in der Rahmen-Analyse – der Frage nach der Rahmung von Medienbotschaften. Goffman beginnt seine Überlegungen mit dem Blick auf den Bildgegenstand, der ein „Sujet" und ein „Modell" enthält. „Sujets gehören wohl zum menschlichen Lebensbereich, aber nicht immer zur realen Welt", während Modelle „Dinge von dieser Welt (sind), die ihm [dem Maler; M. P.] materiell zur Hand sind und in gewissen Phasen der Herstellung des Gemäldes als Vorlage dienen können" (ebd., S. 54). Beim Porträt besteht der besondere Fall, dass es zugleich Sujet und Modell ist, „und daher müssen wir sagen, dass das Double auch die Wirklichkeit sein könnte" (S. 56). Die Fotografie benötigt immer materielle Vorlagen, sie ist damit dem Porträt verwandt, das ein Bild von seinem Sujet im Sinne eines gestalterischen Schaffens und von seinem Modell im Sinne eines Abbildes ist (vgl. ebd., S. 53ff.). Diese Unterscheidung ist für Goffman unerlässlich, andernfalls hätte „dies katastrophale Konsequenzen für die Analyse":

„Denn bei biblischen Gemälden und auf der Bühne des Theaters wirft der Unterschied zwischen Sujet und Modell (oder zwischen Charakter und Schauspieler) zwar kein Problem auf, aber bei der Fotografie sind die Dinge in mehr als einer Hinsicht verworren: mal verschmilzt sie Sujet und Modell, mal verbirgt sie den Unterschied, mal setzt sie die Unterscheidung voraus, und ganz allgemein läßt sie uns glauben, wir hätten es mit dem einen Problem zu tun, während wir in Wirklichkeit vor einem anderen stehen." (S. 57)

Damit hat der Zuschauer zu entscheiden oder ist auf entsprechende Hinweise angewiesen, ob das, was er sieht, ein authentisches Ereignis ist oder lediglich zu Zwecken der Fotografie inszeniert. Goffman unterscheidet verschiedene Möglichkeiten der fotografischen Relation zwischen Sujet und Modell:

- Schnappschüsse, die „Gegenstände und Ereignisse so (zeigen), wie sie unabhängig von der Fotografie existieren" (S. 57).
- Manipulierte Fotos (durch Retusche, Montage etc.) und solche, bei denen „Modelle und Szenenmaterial, obgleich für sich ganz allein real, so zusammengebracht und arrangiert wurden, dass sich ganz falsche Schlüsse darüber aufdrängen, ‚wer' bei der Szene anwesend war und/oder was dort vor sich ging" (S. 59).
- „Offen erfundene Szenen ‚verschlüsseln' (keying) den fotografischen Beweis, der besagt, wer anwesend war und was vor sich ging" (S. 61). Wichtig ist hier nicht die Dokumentation dessen, was vor sich ging, sondern die Erzeugung eines Eindrucks – eine Quelle für solche Fotos ist vor allem die Werbung: „Es geht nicht um das Modell, sondern um das Sujet." (S. 62) Vergleichbar seien solche Fotos mit einem Geschehen auf der Bühne. Anders als gegenüber der Bühne aber sei der Betrachter eher bereit, Werbefotos ähnlich wie ein dokumentarisches Foto anzusehen, „wobei wir sein Modell zu recht mit dem Sujet gleichsetzen" (S. 63), weil man im Allgemeinen nichts über die Modelle weiß, die Ereignisse bereits vergangen sind. Damit behandelt dieser letzte Fall das Problem, dass dem Foto tendenziell ein dokumentarischer Sachverhalt unterstellt wird, es aber tatsächlich eine Inszenierung darstellen kann, und daher im „So-tun-als-ob" moduliert sein kann.

Steht beim Schnappschuss das Modell im Vordergrund und soll bei der zweiten Form das Sujet für das Modell gehalten werden, ist die dritte Form die offene Vermischung von Sujet und Modell: Die Authentizität eines Modells wird nicht davon beeinflusst, ob die Pose gestellt, der Hintergrund ein Requisit oder die Fotografie eine schlechte Arbeit ist. Sie wird erst davon beeinflusst, ob ein Double Porträt gesessen hat (vgl. S. 69f.). Wenn Modell und Sujet nicht ein und dasselbe sind, z. B. wenn ein Schauspieler (= Modell) als Arzt (= Sujet) posiert, dann haben wir „kein wirkliches Bild von einem Arzt" (S. 71), der Schauspieler spielt einen Arzt. Bei abgebildeten Szenen gelten dagegen andere Normen, die sich auf die Echtheit der Abbildung beziehen (S. 72). Systematisch wird die Abweichung von der Realität folgendermaßen kenntlich gemacht: daran, dass die Szene offensichtlich gestellt ist, was Goffman nicht davon unterscheidet, dass die Gegenstände der Fantasie entspringen (S. 72f.); daran, dass die abgebildeten Personen schauspielen und daran, dass die Szene zum Betrachter hin aufgebaut ist, was sie von ihrer natürlichen Positionierung unterscheidet, die abgebildeten Personen stellen „Beispiele für Personenkategorien" dar (S. 76).

Mit der Differenzierung von Sujet und Modell führt Goffman eine Kategorie ein, die nicht die Authentizität der abgebildeten Gegenstände, sondern jene der abgebildeten Wirklichkeit einer Analyse zuführt. So gelingt es ihm, neben den Unterscheidungskriterien real und fiktional, Dokument und Fälschung eines für die Inszenierung sozialer Realität einzuführen, ohne dass damit die Authentizität des Modells berührt wäre. Goffman unterscheidet mit Modell und Sujet allerdings nicht Realitäts- und Fiktionsbezug des Bildes. Das Sujet ist die intendierte Aussage, diese kann im Realitäts- oder Fiktionsbezug stehen, während das Modell immer ein realer Gegenstand ist, auch wenn es eine fiktionale Handlung durchführt. Die Trennung zwischen Sujet und Modell erlaubt es Goffman, die problematische Dominanz des ikonisch-indexikalischen Objektbezugs des Fotos zu verdeutlichen, weil eben der Betrachter prinzipiell die Neigung besitze, dieses als Dokument anzusehen und nicht seine mögliche Abweichung von der Realität zu berücksichtigen, also nicht das Sujet (resp. den symbolischen Objektbezug), sondern das Modell in den Vordergrund zu stellen.

Zusätzlich zur Frage, was eigentlich abgebildet sei in Bezug auf den Inszenierungsgrad des Abgebildeten, betrachtet Goffman die Bildart, nämlich „die Übertragung der offenkundigen Beschaffenheit der Welt auf das einzelne Foto" (S. 79). Hier unterscheidet er wiederum drei Formen: „Illustration", „Beleg" und „Symbolisierung". Alle drei Formen beziehen sich also nicht auf das offenkundige Schauspiel und Arrangement der Gegenstände als Abweichung von einer nicht inszenierten Realität, sondern sie stellen Formen der Bildverwendung dar.

Die Illustration gehört der Kategorie der Sujets an, ihre Aufgabe ist es, etwas zu verdeutlichen durch ein Zeichen, das auch in der Realität einen bestimmten Bedeutungsgehalt besitzt, z. B. das Unterhaken der Arme (S. 80). Sie sagt nichts über die Existenz dessen aus, was illustriert wird, nämlich freundschaftliche Nähe, sondern stellt diese lediglich dar. Ein Beleg ist ein Nachweis der Authentizität, ein „Spurbild" (Doelker), aber er sagt nichts über die Abfolge von Ereignissen über den im Foto belegten Moment hinaus aus. So kann man bei einem Foto von einer Hochzeit, mit dem das Austauschen der Trauringe aufgenommen wurde, nicht genau wissen, was vorher und hinterher stattfand. Der Beleg geht hier über in die Symbolisierung, die Goffman als Gegensatz zu Illustration und Beleg bezeichnet (S. 86), das Foto vom Tausch der Ringe kann als Symbol für ein ganzes Ritual der Liebe stehen. Diese Formen verraten etwas über die Verwendung und über unsere Lesart von Bildern, Goffman spricht auch vom „Umsetzungs-Code" (S. 79). Im Gegensatz zu den semiotischen Objektbeziehungen Ikonizität, Indexikalität und Symbolizität gewichtet Goffman nicht die Beziehung zwischen Zeichen und Objekt, sondern die Aussage eine Bildes über soziale Realität. Ungeachtet der hinter dem Bild stehenden sozialen Faktizität kann es der Mensch für seine kommunikativen Zwecke einsetzen, so dass die Rahmentheorie auch als eine pragmatische Theorie der Zeichenverwendung verstanden werden kann. Für die vorliegende Fragestellung ist Goffmans Ansatz geeigneter als die Semiotik, weil er zwischen dem im Bild Gezeigten und dessen Wirklichkeit, und dem, wie das Bild verwendet wird, unterscheidet. Denn erst auf Basis dieser Differenzierung wird es möglich, einerseits im Bild gefasste Rahmen als real oder fiktional einzuordnen, und andererseits Rahmen, welche durch die Bildverwendung den Rahmen des Ereignisses im Bild quasi übergestülpt werden, zu erkennen. Auch Muckenhaupt (1986) zielt mit seiner Loslösung des Bildes vom Sprachakt auf die Bildverwendung ab, ihn interessiert aber nicht die Relation zwischen Verwendung und Wirklichkeit im Bild. Unterscheidet man jedoch zwischen diesen beiden Ebenen, so wird deutlich, dass der Nachvollzug der Wirklichkeiten im Bild für den Rezipienten komplexer ist, als man aufgrund der Ikonizität des Bildes zunächst glauben möchte. Er ist auf eine genaue Bildbetrachtung angewiesen, die mit Blick auf das Modell resp. das Bild als Abbild nicht erschöpft ist.

5.2 Rahmenhinweise und Rahmenschichten

Durch die vorangehend beschriebene Unterscheidung zwischen der Verwendung von Bildern als Bedeutungsträger (Sujet) und dem Ereignis (Modell) ist es möglich, das was hinter dem Bild als Ereignis steht, von dem zu trennen, was mit dem Bild ausgesagt werden soll – wenn man so will, die Wirklichkeit des Ereignisses von der im Bild konstituierten Wirklichkeit zu unterscheiden. Bilder sind Darstellungen von realen oder fiktionalen Ereignissen, wovon die Weise der Bildverwendung abzuheben ist, die nicht in einem direkten Zusammenhang mit dem dargestellten Ereignis stehen muss. Das Bild des realen Arztes könnte als Illustration in einem Fotoroman verwendet werden. Um die tatsächlich bestehenden Rahmenverhältnisse zu durchschauen, ist der Bildbetrachter auf entsprechende Hinweise angewiesen. Rahmen werden, wie oben bereits ausgeführt, durch metakommunikative Interpretationshinweise angezeigt. Dabei unterscheidet sich die Interpretation eines unmittelbaren Handlungsablaufs von seiner Darstellung in den Medien durch die Zeitversetzung, die die Darstellung der Handlung zu einer stattgehabten Handlung werden lässt. Im Handlungsvollzug dagegen müssen die Handlungen im Vorgriff auf die erwartete Intention des Handlungspartners eingestellt werden – hier wird deutlich, wie wichtig es ist, einen gültigen Rahmen erkennen und wählen zu können. Für die mediale Darstellung von Handlungen gilt dagegen, dass sie angeben muss, welche Handlungsalternativen ausgeschlossen werden und welches Ziel eine Handlung verfolgt, wie es für den (wissenschaftlichen) Textinterpreten gilt:

„Wie die Anzeigehandlungen den Akteuren im Handlungsprozeß Wahrnehmungs- und Handlungsvorzeichen liefern, so gibt die Modellvorstellung vom ‚Rahmen' dem Interpreten gegenüber dem Text eine Interpretationsleitlinie: Bestimmte Themen, Gegenstände, Handlungszüge und Schwerpunkte werden konturiert, Vorder- und Hintergrund werden voneinander abgehoben, bestimmte Handlungssequenzen werden durch ihren ‚Rahmen' von anderen abgegrenzt wie – um in der Analogie zu bleiben – das Gemälde von der Wand." (Soeffner 1986, S. 77)

Auch für den Bildbetrachter konturieren sich durch den Nachvollzug im Bild gegebener Informationen die im Bild gegebenen Rahmen. Das Verstehen basiert maßgeblich auf der Vermittlungsleistung des Bildproduzenten, es liegt an ihm, durch entsprechende Regieanweisungen die Eindeutigkeit seines Kommunikats herzustellen. Indem er Interpretationsanweisungen gibt, wird auf „das sonst noch Mögliche [verwiesen], dem hier der Wirklichkeitsakzent entzogen wird, den es an anderer Stelle erhalten könnte" (ebd., S. 81). D. h. es existieren Markierungen, die dem Zuschauer Hinweise darauf geben, welcher Rahmen gültig ist oder dass ein neuer Rahmen eingeführt wird. Anhaltspunkte für die Verwendung von Rahmenhinweisen gibt Goffman im letzten Kapitel der Rahmen-Analyse, in welchem er sie auf das Gespräch überträgt und einen Anschluss zur Semiotik schafft (vgl. Manning/Cullum-Swan 1992, S. 244). Ein Ausbau dieser Gedanken wird später in seinem Buch „Forms of Talk" (1981a) vorgenommen.

Das Gespräch ist mit Beiträgen im Fernsehen zu vergleichen, weil nicht nur „Zeichen in Rahmen" transportiert werden, sondern weil auch der mündliche Bericht ebenso wie der Medienbeitrag sich von der tatsächlichen Erfahrung darin unterscheiden, dass der Redende bereits weiß, was er sagen will, er selbst kennt ja den Ausgang der Ereignisse! Der Redende kann also wie der Fernsehproduzent dem, was er sagen will, bestimmte Akzente verleihen, Vorder- und Hintergründe herstellen, kurz, den Bericht nach seinen Vorstellungen inszenieren. Eine weitere Verwandtschaft liegt darin, dass das Gespräch wie das Fernsehen Verwandtschaft zur Bühne besitzt, aber nicht zur unvermittelten Erfahrung: „His complete knowledge about what he will be saying differentiates talk from actual experience – not from staged performance." (Burns 1992, S. 304) Wie der Redende wird auch der Medienproduzent seine Botschaft nach bestimmten Regeln inszenieren, die jenen Inszenierungsformen gleichen, derer sich das Gespräch bedient: „Plays, films, novels, stories and also documentary reports, news items, interviews, and so on are all modelled on the dramatic narrative forms which make up the currency of most conversation." (S. 317) Medienbeiträge können also mit dem gesprochenen Bericht verglichen werden, sie sind auf einen dem Redenden bereits bekannten Ausgang der Ereignisse ausgerichtet, was die Aussagekraft der Rahmen-Analyse des Gesprächs für die Medienvermittlung generell belegt.

Beim Gespräch kann man wie beim Theater Rollen unterscheiden, so gibt es einen Helden, der meist der Ich-Erzähler ist, und ein Publikum. Die Rahmen des Gesprächs beziehen sich auf die verschiedenen Rollen, die der

Sprechende bei seiner Erzählung übernimmt bzw. die Teilnehmenden im Zusammenhang der jeweils eingesetzten Rahmungen übernehmen. Gesprochenes lässt sich durch eben die Rahmungsmethoden analysieren, die auch in der Interaktion zu beobachten sind: „Täuschungsmanöver, Modulationen, Rahmenbrüche, Fehlrahmungen und natürlich Rahmenstreitigkeiten" (Goffman 1993, S. 532). So gibt es auch im Gespräch Transformationen, z. B. dass das Gesagte in einem anderen Sinn gemeint ist, nämlich als Scherz. Eine Unterhaltung ist im übrigen besonders anfällig für Modulationen und Täuschungsmanöver, da „sie in einem wesentlichen Sinne nur sehr locker mit der Umwelt verknüpft sein kann" (Goffman 1993, S. 537). Das Gespräch steht mit übrigen Handlungsvorgängen häufig in keinem direkten Zusammenhang, es dient als Zeitvertreib und besitzt Spielräume in der Regelung seines Ablaufs. In Konsequenz bedarf es jedoch spezifischer Hinweise, wie etwas gemeint ist, ob z. B. ernst oder als Scherz (S. 538). Eine häufige Intention des Redenden in einer Unterhaltung ist es, einen Bericht über bestimmte Ereignisse und seine Partizipation an ihnen zu geben: „Er [der Redende] spielt gewissermaßen ein Tonband von einem früheren Erlebnis ab." (S. 539) Mit dieser Formulierung zielt Goffman auf den Berichtscharakter einer solchen Darstellung, deren Ziel es ist, jene Zuhörer, die nicht an dem Ereignis teilhatten, dieses miterleben zu lassen, was natürlich immer die Darstellung und damit Inszenierung für andere verlangt und sich vom unmittelbaren Erfahrungs- und Handlungsfluss unterscheidet. Der Transformationscharakter der Sprache ist also nicht der wesentliche Bezugspunkt der Rahmen-Analyse von Gesprächen, sondern die Inszenierungsweise durch den Sprechenden: „Kurz, eine Nachspielung gibt eine persönliche Erfahrung wieder und berichtet nicht bloß über ein Ereignis." (S. 540)

Die Nachspielung im Gespräch verlangt, ähnlich wie bei einem Drama oder dem Roman, die Zuhörer in die gleiche Kenntnislage zu versetzen, in der sich der Redende befand, bevor das berichtete Ereignis zu seinem aktuellen Entwicklungsstand gekommen war. Ohne diesen Spannungsrahmen wären die meisten Nachspielungen sinnlos, da sie den Redenden und die Zuhörenden um das Nacherleben des Ereignisses bringen würden. Dies setzt voraus, dass der Sprechende von sich selbst abstrahieren und sich eine Rolle, z. B. die des Unwissenden, zuweisen kann. Den Zuhörenden werden solche Wechsel durch Markierungen von Gesprächsteilen angezeigt, wie beim Zitat oder der ironischen Distanzierung durch eine veränderte Stimmlage. Damit werden die einzelnen Rahmenschichten durch die gewählte Darstellungsform unterscheidbar, die bestimmte Rahmen jeweils in den Vordergrund rückt (vgl. Manning/Cullum-Swan 1992, S. 245). Die Markierung der einzelnen Rahmenschichten nennt Goffman unter Wiederaufnahme des entsprechenden Kapitels in der Rahmen-Analyse „Klammern" (footings), die als metakommunikative Hinweise (s. a. Goffman 1981a, S. 280) angeben, in welchem Bezug der Sprecher zu dem Gesagten steht bzw. wie die eingeklammerte Einheit aufzufassen ist. „A change in footing implies a change in the alignment we take up to ourselves and the others present as expressed in the way we manage the production or reception of an utterance." (1981, S. 128).

Erkennbar werden Einklammerungen von Gesprächsteilen dann, wenn Sätze nicht nach dem Schema Sprecheräußerung-Höreräußerung klassifiziert werden, sondern nach der Perspektive der persönlichen „Einbettung" (embedding) von Gesprächsteilnehmern resp. Hörern in eine Äußerung/ein Gespräch. Am besten wird der Begriff der Einbettung deutlich, wenn man sich die im frühen „dramatologischen" Goffman (Willems 1997) bereits grundgelegte Sichtweise der Interaktion unter jenen, die etwas „bühnenhaft" inszenieren und jenen, die draußen stehen und zuschauen, veranschaulicht. Was bei der Aufteilung in Gesprächspartnerschaften verlorengeht, sind die feinen Nuancierungen, die Gesprächssegmente inhaltlich gliedern, weil die Aufteilung von Sätzen nach dem Sprecher-Hörer-Modell diese Perspektive abdeckt zugunsten von Sprachfunktionen, die sich auf eben dieses Modell beziehen. Die Fähigkeit der Einbettung, also der Einführung zusätzlicher Personen bzw. – bezogen auf das Sprecher-Ich – zusätzlicher Personenanteile, wird schon im frühen Kindesalter angeeignet:

„Once embedding is admitted as a possibility, then it is an easy step to see that multiple embeddings will be possible, as in the following:

To the best of my recollection
(1) I think that
(2) I said
(3) I once lived that sort of life.

Where (1) reflects something that is currently true of the individual who animates (the ‚addressing self'), (2) an embedded animator who is an earlier incarnation of the present speaker and (3) is a doubly embedded figure, namely, a still earlier incarnation of an earlier incarnation." (S. 150)

Aus der Perspektive der Selbstdarstellung spielt das teilhabende Publikum eine wesentliche Rolle, da (potenzielle) Hörerschaft notwendige Distanzierungen, Ein- und Ausgrenzungen verlangt. Gespräche sind durch die eingeklammerten Ebenen geschichtet (laminated) und enthalten in den einzelnen Schichten jeweils Rahmungen ursprünglicheren Sinns: „And each increase or decrease in layering – each movement closer to or further from the ‚literal' – carries with it a change in footing." (S. 154)

Ganz eindeutig ist die Unterscheidung von Rahmen und Klammern nicht, es erscheint aber richtig, Klammern nicht allein auf Gesprochenes zu beziehen (vgl. Hoyle 1993, S. 115), da Goffman sie in der Rahmen-Analyse auch hinsichtlich anderer Aktionen erwähnt. Dort markieren sie den Beginn und das Ende sozialer Ereignisse (1993, S. 500), aber sie können auch innerhalb eines bestehenden Rahmens darauf hinweisen, dass das, was eingeklammert ist, anders zu verstehen ist, als die übrige Situation.

Auch in den audio-visuellen Medien muss die Positionierung gegenüber dem „Sprichwörtlichen" resp. Bildlichen jeweils verdeutlicht werden, so dass der vollständige Sinn transparent wird. Wie beim Bericht handelt es sich um dekontextualiserte Ereignisse. Um Verstehen zu erzeugen, müssen die auf das Ereignis referierenden Zeichen in ihren ursprünglichen Kontext zurückgesetzt werden, damit ihr Sinn verständlich wird. Rahmen und Klammern kontextualisieren, indem sie metakommunikative Interpretationshinweise vermitteln. Auf den äußeren Rahmen bezogene Klammern sind dann im Fernsehen solche, die den Beginn und das Ende von Sendungseinheiten und -sequenzen kennzeichnen, im Rahmeninneren zeigen sie, wie beim Gespräch, einen Perspektivenwechsel an, ohne dass der im Moment gültige Rahmen gewechselt würde, z. B. wenn in Reportagen Urlauber und ihre Vergnügungen gezeigt werden, so dass die Bilder Ereignisse dokumentieren, der Sprecher aber eine ironische Tonart wählt, oder wenn mit Hilfe der Visualisierung von Geschwindigkeit der Wechsel in eine andere Bewusstseinslage des Protagonisten angezeigt wird, wie beim Traum. Handelt es sich beim Gespräch um Klammern, die Positionierungen zum Selbst des Sprechers und dem von ihm erzählten Ereignis darstellen, so bezüglich der Medien um Klammern, die Positionierungen zum Handlungsgeschehen darstellen. Medienkommunikate können danach keinen aussagerelevanten Gehalt für den Zuschauer besitzen, ist er nicht in der Lage, ihren Inhalt bezüglich des mit der jeweiligen Rahmung gegebenen Sinns einzuordnen.

Um eine Nachspielung vornehmen zu können, muss man also den Kenntnisstand der Zuhörer beachten und mit Hilfe von Markierungszeichen den Sinnbezug der gebrauchten Zeichen herstellen. Wenn es Goffman auch um subtilere Modulationen von Gesprächsteilen geht, z. B. die Distanzierung vom eigenen Verhalten, so ist sein Ansatz doch ein geeignetes Modell zur Analyse des Bildzeichens. Der Regisseur ist innerhalb einer Sendeeinheit wie der Berichtende darauf angewiesen, Sinnbezüge zu kennzeichnen. Wie beim Gespräch handelt es sich um formale Mittel, deren Einsatz eine vielschichtige Differenzierung ermöglicht und die Zeichen erst in Zusammenhang mit einer konkret vorgenommenen Bezugnahme auf Wirklichkeit stellt.

Goffman schließt den Aufsatz „Footing" mit der Bemerkung „I believe linguistics provide us with the cues and markers through which such footings become manifest, helping us to find our way to a structural basis for analyzing them." (S. 157) Unter der Perspektive des Einbezugs der Differenzierung des aktuellen Ichs durch zusätzlich einbezogene Protagonisten, wird die linguistische Gesprächsanalyse zu einer soziologisch-linguistischen. Mit seinem beinah versöhnlich klingenden Schlusssatz räumt Goffman die sprachanalytische Betrachtung von Äußerungen als möglich ein, womit er für die vorliegend angestrebte rahmenanalytisch-semiotische Betrachtung des Bildes und seiner Rezeption einen wichtigen Anschlusspunkt anbietet. Auch das Bild ist ein semiotisches Erzeugnis, seine Kontextualisierung durch Rahmen und

Klammern aber verleiht ihm erst die Aussagekraft sozialen Sinns. Auf welche Weise Rahmenhinweise im Bild vermittelt werden, darüber kann die Filmsemiotik Aufschluss geben.

5.3 Die Bedeutungsebenen des Bildes in der Filmsemiotik

Die Analyse der visuellen Oberfläche eines Bildes zielt auf ihre Gliederung in einzelne, bedeutungstragende Elemente. Pasolini sprach, wie Eco darstellt, von „Kinemen", den „kleinsten Einheiten, welche die Formen der Wirklichkeit sind" (1994, S. 256). Für Eco ist die kleinste bedeutungstragende Einheit von kinesischen Zeichen jene, die sich „im diachronen Fluß der Photogramme" (S. 260) aus kinesischen Figuren zusammensetzen. Problematisch ist die Aussagefähigkeit von mikrostrukturellen Bildanalysen in der Rezeptionsforschung, denn eine Übertragung der auf dieser Ebene gefundenen „minimal bedeutungstragenden Einheiten" auf die Interpretationen des Rezipienten ist nicht möglich. Die Differenzierung der Zeichenpartikel erfolgt gemäß unterschiedlicher theoretischer Annahmen und ist dementsprechend uneinheitlich, weiterhin sind diese Ansätze nicht empirisch gesichert, sondern sie werden an ausgewählten Beispielen erstellt, die Rezeptionsperspektive wird nur implizit berücksichtigt. Problematisch ist auch, dass „die kleinsten bedeutungstragenden Einheiten immer gegenständlich fundiert sind, sei es in Realitätspartikeln, sei es in zugeordneten Kognitionselementen" (Prase 1997, S. 53f.). Damit bleibt die Bildanalyse dem Paradigma der Ikonizität verhaftet und führt nicht darüber hinaus, weil Ikonizität als bildimmanent vorausgesetzt wird. Das hat zur Konsequenz, dass ihre kommunikative Funktionalität, die erst die Analyse der Bedeutung ermöglicht, außer Acht gerät. Das Bild wird nicht als ein kommunizierendes Zeichen, sondern als eine Oberflächenstruktur gesehen.

Unterfangen semiotischer Bildanalyse sind damit dann als sinnlos zu bezeichnen, wenn es ihr Ziel ist, distinkte Elemente des Bildaufbaus abzugrenzen, einzeln herausgenommene Bildelemente stehen immer in Zusammenhang mit größeren Einheiten und stehen für die ganze Einheit. Berücksichtigt man, dass ein Bild vor der Intention des Bildherstellers die Intention des Bildverwenders ausdrückt, womit ein Bild für einen kommunikativen Akt funktionalisiert wird (vgl. Muckenhaupt 1986), so geht in die vom Rezipienten hergestellte Verbindung zwischen Zeichen und Referent mehr ein, als der Verweis auf Objekte (vgl. ebd. S. 182ff.). Eine Auffassung, die im Übrigen auch Goffman in seiner Interaktionsanalyse vertritt, nach der die Interpretation einzelner Sätze nicht ohne die Berücksichtigung des Gesprächsrahmens erfolgen kann (Goffman 1981a, S. 131).

Es ist der Kritik Prases zu folgen, wonach die „finalen Bausteine (...) aus realen Kommunikationsvorgängen heraus bestimmt werden" müssen (1997, S. 52) und nicht, so ist zu ergänzen, aus der stillschweigenden Voraussetzung von einer bereits auf anderen Systemen basierenden Semantik. Auf mikroanalytische Weise kann nicht geklärt werden, „wie das Gesamtsystem (die ‚langue') des Fernsehbildes strukturiert ist, welche Subsysteme integriert sind und wie diese semantisch und syntaktisch genutzt werden" (ebd.). Einer mikroanalytischen stellt Prase die „makroskopische" Betrachtungsweise gegenüber, die er beschreibt als „‚Erkundung' des Zeichensystems des Films, Fernsehens oder der Bilder, sie will letztlich den systembildenden Regelapparat (die Codes) eruieren" (S. 52). Neben jenen Ansätzen, die die in Film und Fernsehen „‚integrierten' Schwesterkünste oder Medien" untersuchen (S. 52f.), sind vorliegend von größerem Interesse jene, die Klassifikationen der in den Bildern enthaltenen Codesysteme vornehmen. Da hier die Interpretationen des Rezipienten im Vordergrund stehen, interessieren jene Hinweise im Bild, die die Interpretationen leiten, und die in den Spezifika der verwendeten Codes zu vermuten sind.

Es hat sich die Gliederung der bedeutungstragenden Elemente des Bildes in Schichten oder Ebenen durchgesetzt, was auf die Annahme der Ikonizität zurückzuführen ist. Das Bild scheint einem vorreflexiven Verstehen, einer Art reinen Wahrnehmung zugänglich – was eine vorausgehende Sozialisation prinzipiell nicht ausschließt, inwiefern sie diese voraussetzt, ist jedoch strittig (z. B. Sonesson 1995, S. 81f.).

Da ein Bild mehr transportiert als ein dem unmittelbaren Wahrnehmungsprozess zugängliches Sehen von Gegenständen, dieser Mehr-Transport aber im Rahmen derselben Zeichen stattfindet wie die Wahrnehmung, ist der Gedanke einer Schichtung der Bedeutungsebenen des Bildes naheliegend (s. a. Opl 1990, S. 83f.; Prase 1997, S. 55ff.). Umberto Eco (1994, S. 248) sieht den Wahrnehmungscode als den allen anderen zu Grunde liegenden analytischsten Code an. Auch der Filmsemiotiker Christian Metz sieht zuunterst die „Perzeption an sich", zweitens „das Erkennen und Identifizieren audiovisueller Objekte", drittens „die Gesamtheit der ‚Symbolismen' und Konnotationen verschiedener Art, die den Objekten anhaftet", viertens „die Gesamtheit der großen narrativen Strukturen" und fünftens die Ordnung aller dieser Elemente „zu einem spezifischen Typ von Rede" (1972, S. 91). Nach Benteles Auffassung konstituieren sich filmische Zeichen dadurch, „daß sie eine materielle, eine interne morpho-syntaktische, eine semantische und eine pragmatische Dimension und syntaktische Beziehungen untereinander aufweisen" (Opl 1990, S. 54). Sein Modell differenziert zwischen sieben Bedeutungskomponenten, der „repräsentativen", der „selektiven", der „kinematographischen" (die die Repräsentation der Objekte mit den Mitteln der Kameratechnik benennt), der „kotextuellen" (Montage), der „gesellschaftlichen", „symbolischen" und „konnotativen" Bedeutungskomponente (ebd.). Doch, wie Opl bemerkt, sei auch damit „der Bereich dessen, was Filmzeichen ‚bedeuten' könn(t)en, noch längst nicht abgedeckt" (S. 55). Das von ihm vorgelegte Modell der Bedeutungsebenen des Filmbildes besitzt insgesamt sechs Schichten, was die vorliegenden Modelle nach der Wahrnehmungsebene und vor jener der präexistenten Objekte erweitert um die bedeutungskonstituierende Wirkung der Kamerahandlung. Für Opl ist damit jedes im Bild erscheinende Objekt bereits bedeutungsvoll, eine rein denotative Bedeutungsmöglichkeit blendet er, anders als Metz und Bentele, aus. Sein filmanalytisches Instrumentarium ermöglicht eine umfassende und systematische Beschreibung von Filmbildern unter der Berücksichtigung der eingesetzten filmischen Gestaltungsmittel, wobei Opl sich auf das Gestaltungsmittel der Kamerahandlung beschränkt, die er als zentrales bedeutungskonstituierendes Moment auffasst. Die ‚Bedeutungskomponenten' des Films unter Integration der genannten filmsemiotischen Ansätze werden in folgende Schichten untergliedert:

„0) Übertragungscodes: Filmzeichen werden von Maschinen produziert und reproduziert, die dazu aufeinander abgestimmt sein müssen.
1) Filmische Codeebene I: Filmzeichen reproduzieren einige bestimmte Bedingungen der natürlichen Wahrnehmung.
2) Filmische Codeebene II: Filmzeichen implizieren eine bestimmte, immer etwas bedeutende Sichtweise des Repräsentierten durch die Kamerahandlung. Es gibt eventuell Regelmäßigkeiten in diesen Sichtweisen oder Korrelationen dieser Sichtweisen mit bestimmten repräsentierten Objekten und Ereignissen oder Genres, Epochen usw.
3) Filmische Codeebene III: Filmzeichen repräsentieren präexistente Objekte und Ereignisse (Handlung vor der Kamera), die auch unrepräsentiert etwas (aber nicht unbedingt dasselbe wie im Film) bedeuten und die jenseits des Films eine eigene Dynamik besitzen.
4) Filmische Codeebene IV: Filmzeichen repräsentieren zuweilen präexistente Objekte und Ereignisse, die ihren bevorzugten Ort der Manifestation im [sic] bestimmten Arten von Filmen haben.
5) Filmische Codeebene V: Filmzeichen repräsentieren präexistente Objekte und Ereignisse im [sic] einem Kontext von anderen, vorausgehenden und nachfolgenden Filmzeichen.
6) Filmische Codeebene VI: Filmzeichen weisen zuweilen typische Sichtweisen auf, die in ähnlicher Form schon in anderen Filmzeichen vorkamen." (S. 82)

Die Bedeutungskonstitution durch die Kamera wird in eine hierarchische Reihe weiterer Bedeutungsebenen gesetzt nach der Wahrnehmung des Filmzeichens auf Ebene I (S. 57ff.), nämlich als die Bedeutung der Kamerahandlung als Ebene II; auf Ebene III folgt die „Handlung vor der Kamera als soziokulturelles Codesystem" (S. 74ff.), die „medienspezifische Verwendung soziokultureller Codes" (S. 77ff.) auf IV, der „Code der Montage" (S. 79f.) auf V und „filmische Zitate" dann auf Ebene VI (S. 80f.). Die Ebenen IV, V und VI drücken jeweils eigene Untersuchungsperspektiven aus, deren Bestandteil auch die Kamerahandlung sein kann (S. 77ff.).

Was bei Opl die „Handlung vor der Kamera als soziokulturelles Bedeutungssystem" ist, bezeichnet Prase als „Gastzeichen", nämlich „Zeichen anderer Code-Systeme" (S. 57), deren Inhalt außerhalb des Mediums bereits bedeutsam ist (S. 57ff.). Der „gegenständlichen Ebene" (S. 57) zugewiesene Codes wie Gestik, Institutionenembleme, Kunstwerke (vgl. S. 58) finden sich in Prases dreiebigem Modell – im Gegensatz zu jenem Opls – auf derselben Ebene wie die durch die formalen Gestaltungsmittel vorgenommenen Konnotationen. Dazu gehören z. B. die „Vermittlung eines Verständnishintergrundes", der „Aufbau eines Spannungsbogens", „die dramaturgischen Regeln visuellen Erzählens", aber auch Kamerablick und -bewegung sowie Montage (vgl. S. 59). Auf der zweiten Codeebene finden sich im Grunde alle bedeutungskonstituierenden Momente, die weder der Wahrnehmungsebene angehören noch der tertiären Ebene, auf der „allgemeinere Kommunikationsformen (wie Genres oder Sendeformen) visuell spezifiziert werden" (S. 60). Prase lehnt sich dem Schichtenmodell Ivan Bystrinas an, das und weil es hierarchisch gegliedert ist. Bystrina gehe von „primären Codes (Wahrnehmungs- und Erkennungscodes, Regelsystem des Informationsprozesses) aus, auf die sich sekundäre Codes (Bild- und Sprachcodes) schichten, die wiederum nach tertiären Codes (Aufbau gattungsspezifischer Texte und Programme) strukturiert werden" (Prase 1997, S. 55).

So unterschiedlich diese Modelle auf den ersten Blick sein mögen, bis auf Bentele gehen alle von der Wahrnehmung als einem primären Code aus, der bei Bentele der Bedeutung von Objekten entspricht, die diese auch unrepräsentiert besitzen. Eine nächste Ebene wird dann mit jenen Bedeutungsschichten erkennbar, die den sichtbaren Bildgegenstand und seine Darstellung mit Hilfe filmspezifischer Mittel enthalten. Bei Opl gehen diese Mittel mit der Bedeutung der Kamerahandlung allen anderen voraus. Weiterhin kann man jene Bedeutungsschichten zusammenfassen, die das Bild in seinem Gesamtzusammenhang bezeichnen, dazu gehört zunächst die Montage, dann die narrativen Strukturen und nach Metz diesen überlagert der „kinematographische Diskurs". Damit ist allen Modellen gemeinsam, dass sie drei Momente des Bedeutungsaufbaus teilen: Bildinhalt, Darstellungsweise und einen Kontext, in dem das Bild erscheint. Unterschiede bestehen hinsichtlich der Differenzierung dieser drei Momente und hinsichtlich ihrer Schichtfolgen.

Soll im Weiteren die in den Schichtmodellen bestehende Grundeinteilung nach Inhalts- und Darstellungsebene sowie Kontext übernommen und um die Unterscheidung von Realität und Fiktion erweitert werden, so wird die in den vorgestellten Modellen der Codierungsebenen enthaltene hierarchische Schichtung nicht übernommen. Eine Hierarchie der Bedeutungsebenen impliziert, dass die Interpretation von Zeichen sozusagen schichtweise abgetragen wird. Eine geschichtete Bedeutungshierarchie mag für analytische Zwecke hilfreich sein, doch ist ein Schluss auf die Bedeutungskonstitution durch den Rezipienten fragwürdig, weil Interpretation von Zeichen als ein Weg von unten nach oben verstanden wird, wobei eine „Archaik-Dominanz" der Bedeutungsinterpretation (Prase 1997, S. 72) unterstellt ist. Und zwar nicht nur eine Archaik der Wahrnehmungskanäle generell, nach der „das Fernsehbild den Kommentartext" dominieren soll (Opl 1990, S. 62), sondern in Konsequenz auch eine Archaik der Interpretation einzelner Elemente. Prase spricht von „biologisch begründbaren Gesetzmäßigkeiten bis zur kommunikationsgemeinschaftlich und historisch geprägten Konventionalität" (S. 61). Verstehen wird so als ein von grundlegenden zu immer weiter abgeleiteten Momenten der Sinnfestlegung gehender Prozess aufgefasst, mit einer von unten nach oben gehenden Dynamik, wobei unten eine Art präreflexive Stufe der Zeichenwahrnehmung steht und oben dann schließlich die endgültige Bedeutung des jeweiligen Kommunikationsaktes. Die Suche nach bedeutungsbegründenden Hierarchien impliziert damit, dass oben die Bedeutung liegt, unten aber nicht gefunden werden kann, d. h. ein Rückweg ist nicht möglich, sondern bedeutete eine Art Regression in präreflexive Wahrnehmungsformen. Versteht man, wie Goffman, soziale Wirklichkeit als organisiert durch Bedeutung gebende Rahmen, die einen Rand und eine innere Schicht besitzen, ist diese Annahme nur bedingt haltbar:

1) Die Vorstellung von hierarchischen Codeebenen impliziert das Vorhandensein quasi bedeutungsloser Elemente. Es ist z. B. zu vermuten, dass gehende und sprechende Menschen in Prases (1997) Analyse von fünfzig Sendungen zu sehen waren, dennoch als „vorsymbolisch" außer Acht gelassen wurden. Versteht man diese Handlungen als innerhalb primärer Rahmen stattfindend, dann sind sie jedoch insofern nicht bedeutungslos, als alle weiteren Konnotationen im Bild auf sie zurückgeführt werden können. Eine Hierarchie von codifizierten Handlungen im Bild zu erstellen wäre nur sinnvoll hinsichtlich der sozialen Bedeutungsschichtung, nicht hinsichtlich der medialen, die auf die soziale als eine Art Gesamtcode zurückgreift.

2) Wenngleich es auch dem Modell Goffmans entspricht, von primären Bedeutungen weitere Ableitungen zu treffen und somit eine Bedeutungsschichtung vorhanden ist, so sind alle Rahmen ausgehend vom äußersten in der sozialen Realität verankert. Die Bedeutungsschichtung geht nicht von unten nach oben, wie beim hierarchischen Modell, sondern von außen nach innen und zugleich von innen nach außen. Mit dieser Perspektive aber ist Kommunikation sowohl als unmittelbare Erfahrung, als auch als deren Einordnung in Sinnbezüge erfassbar, während das hierarchische Modell die tendenzielle Regression in unmittelbare Wahrnehmungsbereiche in sich trägt.

3) Und eine weitere Perspektive verstellt das hierarchische Codemodell: Das Bildverstehen ist rahmentheoretisch gesehen ein Prozess, der die vorhandenen Bedeutungsebenen immer wieder neu miteinander verschränkt, es ist nicht so, dass der Rezipient von unten zu oberen Schichten gehend Bedeutung konstruiert, sondern er geht auch umgekehrt vor. Die hierarchische Gliederung verbaut die Möglichkeit, dass der Rezipient auch von

einer „unteren" gegenständlichen Ebene auf das kommunikative Geschehen schließen kann. Bei Goffman wird Bedeutung durch die wechselnde Verschränkung einer unteren Ebene (oder innersten Rahmenschicht) mit einer obersten Ebene (oder äußersten Schicht) erzeugt und nicht als ein Prozess, der sich stufenweise aufbaut.

Aus den genannten Gründen erscheint es mir sinnvoller, nicht von einer hierarchischen Gliederung der bedeutungskonstituierenden Elemente des Bewegtbildes auszugehen, sondern die Code- resp. Bedeutungsebenen als analytische Instrumente einer bedeutungsanalysierenden Heuristik anzusehen, die dem Ziel der Analyse der Bildebene insgesamt gilt, ohne zugleich einen schrittweisen Aufbau der Bedeutungskonstitution zu implizieren.

Diese Vorgehensweise entspricht Modellen, die beim Bild eine denotative von einer konnotativen Ebene unterscheiden. Die denotative Ebene analytisch zu berücksichtigen ist unter einer rahmenanalytischen Perspektive sinnvoll, da auf sie weitere Bedeutungsebenen zurückgeführt werden bzw. diese von jener ausgehen. Von einer denotativen Bedeutungsebene auszugehen unterscheidet realitätsnahe Bilder und ihr Verstehen von jenen Bildern und Verständnisweisen, bei welchen die Bildbedeutung im Vordergrund steht. Bernd Weidenmann (1988) benennt diese unterschiedlichen Weisen des Verstehens als „ökologischen" und „indikatorischen" Verstehensmodus, die auf jeweils unterschiedliche mentale Modelle zurückgehen. Im ökologischen Modus werden Schemata aktiviert, die auf die wirklichkeitsgetreue Wahrnehmung des Bildgegenstandes zurückzuführen sind. Insofern ist dieser Modus vor allem auf gegenständliche, naturalistische Bilder anwendbar. Den Unterschied zum indikatorischen Bildverstehen bringt Weidenmann auf folgende Formel: „Für ökologisches Bildverstehen ist jede perzipierte Ähnlichkeit mit Realität informativ, für indikatorisches Bildverstehen jede Besonderheit der Bildgestaltung." (S. 79) Unter einer rahmentheoretischen Perspektive kann jedoch ökologisches Verstehen nur bei solchen Bildern möglich sein, deren Gegenstand bereits einen Deutungszusammenhang in sich trägt und der so die, durch kulturelle Sozialisation gebildeten, Schemata aktiviert. Ein Verstehen ohne Hinweis auf ihre Verwendung aktivieren können z. B. Gemälde wie das von Weidenmann angeführte „Bildnis der Eltern des Künstlers" von Otto Dix, oder Bewegtbilder, die Handlungsabfolgen wie das Zähneputzen zeigen. Das ökologische Verstehen des Bildes muss aber nicht seiner Aussage im Verwendungszusammenhang entsprechen, so könnte die gleiche Aktion Zähneputzen einmal ein Hinweis auf den Spleen der zahnputzfreudigen Heldin eines Spielfilmes und ein andermal Bestandteil einer Werbesendung für Zahnpasta sein. Die Voraussetzung für ein ökologisches Bildverstehen ist über seine kulturell definierte Semantik hinaus also eine Darstellungsweise, die diese Semantik transportieren kann, es wird, wie Weidenmann betont, dann gefördert, wenn die Darstellungsweise wahrnehmungsähnlich ist, also Gegenstände, Ereignisse und Handlungsfolgen ausreichend identifizierbar sind, wobei aber, so ist anzufügen, ein im Ereignis enthaltener, soziokultureller Code transportiert wird. Eine andere Unterscheidungsmöglichkeit ist die nach abbildenden und kommunizierenden Bildern. Das Abbild tendiert zu einer Aufhebung der „Seinsdifferenz" (Gadamer 1995), der Unterschied zwischen Bild und Realität verschwindet. In diese Richtung argumentieren auch Ogden und Richards (1994), beim ikonischen Zeichen würde der Unterschied zwischen Zeichen und Objekt aufgehoben. Auch für James Knowlton (vgl. Prase 1997, S. 37) verschwindet die Zeichenhaftigkeit des Bildes dann, wenn Zeichen und Referent zum Ding verschmelzen und in die Wahrnehmung übergehen. Das Ding ist ein „visual display" und kein Zeichen, was von der Verwendung abhängig ist, die im ersten Fall emotiv und im zweiten referenziell ist. Bei Zunahme der Ikonizität nimmt die Zeichenhaftigkeit ab, das „visual display" lenkt die Aufmerksamkeit auf sich selbst. Alle diese Ansätze basieren auf der intuitiv bestehenden Einigkeit bezüglich dessen, was wie „realitätsähnlich" aussieht, so dass eine weitere konnotative Bedeutungsebene zugefügt werden kann. Diese Unterscheidung zwischen Denotation und Konnotation ist allerdings nur dann sinnvoll, wenn auch der denotativen Ebene eine Bedeutungshaltigkeit zugesprochen wird, deren Quasi-Natürlichkeit nicht auf Bedeutungsschichten des Bildes, sondern des abgebildeten Gegenstands selbst zurückzuführen ist – also primäre Rahmen des abgebildeten Ereignisses selbst! Eine darüber hinaus gehende Bedeutung des Bildes zu erkennen setzt voraus, die filmischen Möglichkeiten in ihren gestalterischen und damit bedeutungskonstituierenden Momenten zu interpretieren. Die Anfänge des Films zeigen, dass auch diesbezüglich zwischen einer „reinen" Bedeutung unterschieden wurde, die durch den unverfälschenden Blick des Kameraauges wiedergegeben wird, und einer konstituierenden Bedeutung, die durch den spezifischen Einsatz der Kamera erzielt wird (Opl 1990, S. 48). Heute wird die Möglichkeit einer nicht verfälschenden Wiedergabe sowohl von Seiten der Filmemacher wie der Wissenschaft höchstens noch als medienethischer Näherungswert zum Maßstab genommen, die Unterscheidung von Denotation und Konnotation ist danach obsolet. An dieser Unterscheidung festzuhalten ist allerdings dann sinnvoll, wenn man berücksichtigt, dass die Konnotation erlaubt, von metakommunikativen Hinweisen zu sprechen als einer Metaebene des Hinweises auf Rahmenverhältnisse und die von ihnen beschriebenen Wirklichkeiten, die von einer untergelagerten Ebene primärer Rahmen zu unterscheiden ist und auf die die Metahinweise bezogen werden. Dies entspricht auch der semiotischen Auffassung Ecos, eine Konnotation werde „konstituiert durch einen konnotativen Code, der sie etabliert; das Merkmal eines konnotativen Codes ist die Tatsache, dass die weitere Signifikation auf einer primären Signifikation beruht" (1991, S. 85), „die Ausdrucksebene einer Semiotik [ist] eine weitere Semiotik" (S. 84). Übertragen auf das Rahmenmodell fungiert z. B. ein primärer Rahmen als Inhalt und ein weiterer Rahmen, z. B. das Spiel, als Ausdruck, die vorgenommenen Spielhandlungen tragen den konnotierenden Metacode „Das ist Spiel, nicht Ernst". Die Unterscheidung von Denotation und Konnotation ist gemäß Eco eine zwischen Inhalt und Ausdruck. Übertragen auf das Bild entspricht in der Rahmentheorie die Konnotation dem Hinweis auf die Transformation von etwas im Bild, das außerhalb des Bild-Rahmens bereits Bedeutung besitzt. Ist der denotative Code aufgrund dessen verstehbar, dass bereits aus anderen Kontexten bekannte Codes als Rahmungshinweise verwendet werden, ist es der konnotative aufgrund der Medienkompetenz des Rezipienten. Man könnte letzteren einen medial-konnotativen Code der Gestaltungsformen nennen. Wird hier die Unterscheidung von Denotation und Konnotation im beschriebenen Sinn aufrechterhalten, so soll, um eine begriffliche Eindeutigkeit zu erreichen, nicht von Denotation und Konnotation die Rede sein, sondern von (Bild-)Gegenstand und (Bild-)Darstellung.

5.4 Die Bedeutungsebenen des Bewegtbildes in rahmenanalytisch-semiotischer Perspektive

Die rahmenanalytische Unterscheidung zwischen Modell und Sujet verlangt die Unterscheidung zwischen dem Objekt, das abgebildet wird und der Bedeutung des Bildes, die durch seine Verwendung in einem bestimmten Sinnzusammenhang gegeben wird. Eine Analyse der im Bild konstituierten Wirklichkeit muss also Folgendes beachten: einerseits die Frage des (indexikalischen) Bezugs zwischen dem Bild und dem abgebildeten Objekt, weil dieser einen Hinweis darauf gibt, wie authentisch das abgebildete Objekt resp. Modell und der dem Arrangement der Objekte zu Grunde liegende Rahmen, der etwas darüber aussagt, in welchem Bezug die Objekte selbst zur Wirklichkeit stehen, z. B. ob die Modelle schauspielen. Zweitens weist die Rahmen-Analyse des Gesprächs darauf hin, dass es spezifische Markierungsformen (Klammern) gibt, die einen Hinweis auf die gültigen Rahmen sowie auf mehrfach geschichtete Rahmen vermitteln. Drittens besteht ein sinnhafter Kontext, in dem das Bild verwendet wird, z. B. als Illustration oder Beleg.

5.4.1 Der Gegenstand

Der Gegenstand ist das im Bild zur Darstellung gebrachte Ereignis, das bereits selbst Rahmen mit sich führt. Wie Metz formuliert: „Das gefilmte Ereignis, ob natürlich oder manipuliert, besaß schon seine eigene Expressivität, da es im Grunde genommen ein Stück Welt war und diese immer einen Sinn hat." (1972, S. 109) Die Expressivität (welche durch die Codesysteme ausgedrückt wird) könnten z. B. bei einem natürlichen Ereignis die Mimik von Sprechenden, bei einem manipulierten wie Filmaufnahmen Kleidung und Schminke der Schauspieler sein. Die Rahmen des Ereignisses sind die primären Rahmen auf Bildebene, z. B. Interaktionen in einem Schauspiel, die auf außerhalb des Bildes vorhandene Rahmensysteme, z. B. das Theater hinweisen, und erst davon ausgehend auf primäre Rahmen im Sinne Goffmans bezogen werden können (ein in der Wirklichkeit des Dramas gespielter oder echter Kuss?). Die auf Gegenstandsebene bestehenden Rahmenhinweise resp. Konnotationen sind von jenen zu unterscheiden, die als bedeutungkonstituierende Mittel auf Bildebene eingesetzt werden. Die Rahmen auf Ebene des Gegenstandes geben bereits an, ob es sich um ein reales oder ein fiktionales Ereignis handelt. Doch ist die vom Zuschauer zu erbringende Einordnung als real oder fiktional komplexer, denn abgesehen davon ist aufgrund der Indexikalität des Kamerabildes weiterhin zu unterscheiden, welcher Grad der Manipulation des Ereignisses durch die Bildverwendung erzielt wurde. Es geht hier um die von Goffman getroffene Unterscheidung von Fotos, die wie Schnappschüsse Belege von Wirklichkeit herstellen, von jenen Fotos, deren Ereignis auf irgendeine Weise manipuliert wurde, um etwas auszudrücken. Demgemäß soll im Folgenden zwischen zwei grundsätzlichen Formen der Referenz als Ereigniswiedergabe unterschieden werden, eine authentische, die angibt, dass der Gegenstand so wie er sichtbar wird, stattfindet bzw. stattfand, und eine illustrierende, bei der mit einem Bild *über* den Gegenstand etwas ausgesagt werden soll. Steht also im ersten Fall das Ereignis resp. Modell im Vordergrund, so ist es im zweiten die mit dem Bild erzeugte Aussage (Sujet). Die zur Zeit Goffmans noch nicht bestehende Möglichkeit, Bilder mit Hilfe des Computers zu generieren, soll mit einer Unterform der Illustration, der Simulation, einbezogen werden. Grundsätzlich geht es um den Grad der Kontingenz des im Bild wiedergegebenen Ereignisses. Folgen authentische Bilder der Kontingenz des unmanipulierten Interaktionsprozesses, so geht sie bei der illustrierenden Bildverwendung in der nachherigen Deutung des Ereignisses auf.

5.4.1.1 Authentische Ereigniswiedergabe

Der Begriff macht keine Aussage über den Inszenierungsgrad eines Ereignisses selbst, mit der Einschränkung, dass es sich um nicht identisch wiederholbare, also kontingente Ereignisse handelt, die z. B. in Live-Mitschnitten festgehalten werden. Authentizität bezieht sich darauf, dass Ereignisse in ihrem realen Ablauf gefilmt werden, das Ereignis liefert den Anlass für das Bild und nicht das Bild wird zur Oberfläche des Ereignisses. Verdeutlicht werden kann ihre Besonderheit am ungeplanten Ereignisablauf, wenn es, mit Goffman, zu Rahmenbrüchen kommt: Innerhalb eines mehr oder weniger geplanten Handlungsablaufs findet etwas Unvorhergesehenes statt, z. B. ein Mannequin stürzt auf dem Laufsteg oder ein Moderator verspricht sich. Außer solch ungeplanten gibt es auch anvisierte Rahmenbrüche, z. B. wenn Spielshows Teilnehmer zu Handlungen zwingen, denen sie nicht gewachsen sind (vgl. Burns 1992, S. 284).

Authentizität meint also nicht-nachbearbeitete Aufnahmen insofern, als der Ereignisablauf als solcher bestehen bleibt. Zwar enthalten auch Live-Aufzeichnungen Auffassungen und Hervorhebungen, indem der Produzent versucht, eine bestimmte Deutung des Ereignisses (z. b. nach seiner Vorstellung von Objektivität) zu vermitteln. Sogar die Installation von Überwachungskameras ist eine Form von Realitätskonstruktion, wird doch ein ganz bestimmter Blickwinkel gewählt, ein ganz bestimmter Installationsort und auch die Art des Films, z. B. die Möglichkeit der Unterscheidung von schwarzer und weißer Haut, gibt bereits Deutungskontexte vor (vgl. Fiske 1996). Dennoch bleibt bestehen, dass Bilder mit authentischen Ereignissen Wirklichkeit „konservieren", was die Kontingenz des Ereignisablaufs betrifft, die im Bild auffällig werden darf, selbst wenn Abweichungen vom Ablauf nicht gewünscht sind. Sie werden im Moment des Geschehens oder später gesendet mit Hinweis auf den Live-Charakter, ihre Aufzeichnung kann mit und ohne Wissen der Gefilmten stattfinden. Beispiele sind sportliche Ereignisse, Unterhaltungsshows, das Verlesen von Nachrichten, Aufnahmen von politisch bedeutsamen Geschehnissen, und auch solche Aufnahmen, die mit Hilfe einer versteckten Kamera oder eines Laienvideos erfolgt sind. Der authentische Bezug liegt sowohl im Bereich des Spiels, es könnte eine Theateraufführung gefilmt werden oder ein spielerischer Wettkampf, als auch im Realitätsbezug, wobei dies durch die Kamera beeinflusst sein kann, wie bei für die Medien inszenierten Ereignissen (z. B. Kepplinger 1992; Göttlich/Nieland/Schatz 1998b). Diese als fiktional zu bezeichnen wäre insofern unpassend, als Fiktion das Vorhandensein eines fiktionalen Handlungsplanes voraussetzt, der im Bild zur Bedeutung gebracht werden soll. Bei der authentischen Wiedergabe von Ereignissen aber wird nicht das Bild von diesem Handlungsplan bestimmt, sondern die Handlung bestimmt das Bild insofern, als es im Vergleich zur Handlung sekundär ist, lediglich Medium der Vermittlung. Fiktional ist also im Beispiel des Theaters der auf die Spielvorlage gerichtete Handlungsbezug, seine Filmaufnahme aber unterliegt dem unmittelbaren Hervorbringen der Handlung durch die Schauspieler und ist in diesem Sinne authentisch. Das Besondere der Authentizität ist also ihre in Bezug auf das Bild nicht-ästhetische Inszenierung. Zwar kann das Ereignis selbst inszeniert sein, aber das Bild kommt nicht als Träger von Bedeutung zur Vermittlung, sondern als Vermittler von Ereignissen. Seine Aufgabe ist es nicht, darüber hinaus Bedeutung zu konstituieren, wie bei Bildern, die in einer symbolischen Referenz stehen, z. B. Spielfilme. Das Bild steht dort in Bezug auf das Filmgeschehen, nicht auf eine außerhalb desselben stehenden Realität, mit den Worten Metz', „daß das Bild von vornherein nicht den Hinweis auf eine Sache außerhalb seiner Selbst aufweist, sondern die Pseudo-Präsenz dessen, was es selbst enthält" (1972, S. 109). Nach Hans-Ulrich Gumbrecht (1998) bezeichnet „Präsenz", das Nicht-Darstellende als „das Andere der Mimesis". Sein Begriff der Präsenz bezieht sich genau auf das Gegenteil dessen, was Metz damit meint. Dass das Filmbild „präsent" sei, heißt nach Metz seine „Undurchsichtigkeit" (1972, S. 100), seine Bedeutung ist reine Konnotation, da es ein künstlerisches Bild ist (S. 110). Bei Gumbrecht dagegen wird mit Präsenz gerade das hinter dem Bild liegende Ereignis zum Ausdruck gebracht, was dem hier gewählten Begriff der authentischen Referenz des Bildes entspricht, während die „Pseudo-Präsenz" Metz' die Illustration von fiktionalen Ereignissen benennt (s. u.). Mit der Präsenz wird Authentizität im Bild näher definierbar.

Für die Rezeptionsforschung trifft ebenfalls zu, was Gumbrecht für das in der hermeneutischen Tradition stehende Interesse der Interpretation von kulturellen Bedeutungsträgern, von als Darstellung aufgefassten kulturellen Phänomenen, bemerkt. Es habe dazu geführt, dass „die Geisteswissenschaften im Umgang mit den Modalitäten und Techniken der Darstellung ein hochkarätiges Instrumentarium" entwickelten:

„Ihre interpretative Kompetenz beruht auf einem breiten Repertoire von speziellen Begriffen wie Mimesis, Allegorie, Symbol, Simulation/Simulakrum, Fälschung, Verkörperung, Mimikry usw. Auf der anderen Seite dagegen, der Seite des Nicht-Darstellenden und des Nicht-Hermeneutischen, ist der Mangel an kritischen Begriffen so radikal, daß man daran zweifeln mag, ob nicht-darstellende Phänomene überhaupt in unserer Kultur existieren." (1998, S. 206)

Während nach Wolfgang Iser Mimesis ein Emergenzprozess ist und einen Bezug zu einem Referenten besitzt, ist das Andere der Mimesis Emergenz von etwas, das Interpretation abweist. „In diesem Kontext mögen der Surrealismus, der Dadaismus und andere verwandte Bewegungen als die Ankündigung des Abschieds vom Darstellungsparadigma erscheinen" (Gumbrecht 1998, S. 207). Während mimetische Erscheinungen unter dem Paradigma Signifikant/Signifikat stehen, also mit dem dyadischen Zeichenmodell de Saussures beschrieben sind, sieht Gumbrecht nicht-mimetische Erscheinungen als solche, die unter dem Paradigma „Form/Substanz" stehen (S. 209). In der Produktion von ‚Präsenz' sieht er „eine elementare Geste", wie sie zum Beispiel in der Messe zelebriert wird. Christi Leib und Blut sind nicht Signifikanten, auf die Brot und Wein als Signifikate hinweisen. Durch den Vorgang der Wandlung werden Christi Leib und Blut als „substantiell (‚wirklich') gegenwärtig gedacht" (S. 208).

„Aus anthropologischer Perspektive ist die Wandlung als zentrales Ereignis jeder Messe ein magischer Akt, weil sie materielle Gegenstände in räumliche Nähe zaubern soll. Sobald [geglaubt wird, daß] Christi Leib und Blut präsent sind, kann ihre körperliche Aneignung durch die Gläubigen im Akt der Kommunion stattfinden. Dieser Akt ist ein Akt der Theophagie, der durch den magischen Akt der Wandlung ermöglicht wird." (ebd.)

Eine andere Art der Erzeugung von Präsenz sieht Gumbrecht im mittelalterlichen Theater, bei dem nicht, wie heute, die Schauspieler „die materiellen Signifikanten" der darzustellenden Personen sind, sondern sie verkörperten „gewisse soziale und kosmologische Typen (,der Engel', ,der Heilige', ,der König', ,der Ritter', ,die Jungfrau', ,die Witwe' usw.) und machten sie dadurch wirklich und präsent" (S. 209). Auch besaßen mittelalterliche Stücke häufig keinen Plot, die Funktion des Theaters bestand darin, Präsenz herzustellen und wieder abzubauen. Eine Parallele dazu entdeckt Gumbrecht in Sportveranstaltungen. Auch hier wird durch den Bezug des Stadions zum Wettkampf, durch die Einhaltung von Regelhaftigkeit ohne inhaltlichen Plot, durch den körperlichen Auftritt der Athleten Präsenz erzeugt. Die zunehmende Bedeutung von sportlichen Veranstaltungen versteht Gumbrecht als das Verlangen nach Präsenz in einer auf Mimesis und Darstellung ausgerichteten Kultur. Präsenz sieht er auch in Fernsehübertragungen, er analysiert sie also nicht aus Perspektive der Darstellung, wenngleich im Stadion im Gegensatz zur Fernsehübertragung „die Bedingungen der Erfahrung (…) auf radikalere und ausschließlichere Weise zusammenzuwirken zu scheinen" (S. 226). Bei der Fernsehübertragung kämen nur insofern signifizierende Momente zum Tragen, als sie dem Zuschauer einen vollen Durchblick gewähren soll, er aber nicht, wie im Stadion, das Spiel selbst im Auge behalten kann: „Die Fernsehübertragung besteht aus Bildern, die aus einer Vielzahl von Blickwinkeln aufgenommen werden. Worauf diese Vielzahl von Blickwinkeln vor allem abzielt, das ist der Wert der ‚vollständigen Abdeckung' des Geschehens." (S. 224) Dies entspricht im Übrigen der Auffassung des Filmjournalisten Plantinga, für den das überzeugendste Argument für den Objektbezug des Bildes die Ähnlichkeit ist, weil sie mit jenen Informationen versorgt, die ein Beobachter erhalten würde, wäre er am selben Platz wie die Kamera: „The point is that one important function and capability of photography is to give visual information that would have been available to an observer of the scene." (1997, S. 54) Im Stadion dagegen muss der Zuschauer selbst eine solche Abdeckung erreichen, sofern er nicht einfach die Eindrücke auf sich wirken lässt, was in phänomenologischer Terminologie als ‚passive Synthese' bezeichnet ist. Die Fernsehübertragung dagegen schafft eine ‚aktive Synthese', indem bestimmte bedeutungskonstituierende Mittel eingesetzt werden, wobei Gumbrecht aber ausschließt, „daß es je zu dem Punkt kommt, wo das Spiel in etwas vollständig Narratives verwandelt wird" (S. 226):

> „Wenn Bedeutung das Erfahren des Kontrasts zwischen dem ist, was thematisiert wird (oder was sich tatsächlich ereignet) und dem, was im Hintergrund bleibt (was sich ereignen könnte, ohne daß es sich tatsächlich ereignet), dann können wir statistische und biographische Informationen, Vergleiche mit anderen Mannschaften und Spielern und sogar Wiederholungen in Zeitlupe als bedeutungsproduzierende Mittel verstehen." (S. 225f.)

Insofern versteht Gumbrecht bestimmte Darstellungsformen als Bedeutung konstituierend, indem sie auf das Spiel als einen „abwesenden Referenten" verweisen, d. h. hier ist nicht das unmittelbare Ereignis Gegenstand des Bildes, sondern die mit ihm getroffene Aussage über das Spiel. Reale Ereignisse beziehen sich auf eine Realität außerhalb ihrer selbst, und sind in Abgrenzung zur Geschlossenheit der fiktionalen Welten als offen zu bezeichnen, während der Zuschauer eines Dramas seine Interpretation vorrangig auf den Plot richtet. Im Bild verlangen beide Ereignisse jeweils eine unterschiedliche Leistung des Publikums: Im Fall des Theaterspiels interpretiert der Zuschauer das Bild auf seine Bedeutung hinsichtlich des Plots, im Fall des Nicht-Spiels hinsichtlich der außerhalb des Aufführungsrahmens liegenden Wirklichkeit. Auf Basis dieser Differenzierung ist es möglich, dem Ansatz Gumbrechts folgend, mimetische von nicht-mimetischen Ereignissen zu unterscheiden. „Was alle Spielarten der Präsenzproduktion zusammenhält", fasst Gumbrecht zusammen, „sind einerseits die immer wiederkehrenden Komponenten der räumlichen Nähe und der Dingheit und andererseits ihre allgemeine Distanz gegenüber der Dimension ‚Darstellung' sowie auch das Zurückweisen von Interpretation" (S. 227).

Ein weiterer Aspekt der Präsenz liegt in der Materialität des Ereignisses. Gumbrecht bezieht sich hier auf David Welbery, der den nicht-hermeneutischen Blick auf die materielle Seite eines Textes vom hermeneutischen Blick auf den Text unterscheidet. Der auf das Materielle gerichtete Blick erfährt die Seite als einzigartig, der auf Signifikation gerichtete Blick fasst verschiedene Formen des Materiellen hinsichtlich ihrer Bedeutung als ‚das Gleiche' auf, während ein „handschriftlicher Text, ein gedruckter Text und ein in Stein geritzter Text (…) alle für einen nicht-hermeneutischen Blick einzigartig ausschauen würden" (Gumbrecht 1998, S. 213). Übertragen auf das, mit der Terminologie Gumbrechts mimetische und nicht-mimetische Bild, sieht der Rezipient in letzterem die Einzigartigkeit des Ereignisses, in ersterem seine Aussagemöglichkeit in Vergleich zu anderen, ähnlichen Texten bzw. Lesarten von Texten.

5.4.1.2 Illustrierende Ereigniswiedergabe

Ihre Besonderheit lässt sich anhand des modernen Verständnisses vom Dokumentarfilm veranschaulichen, bei dem nicht die Objektivität der Darstellung wichtigster Annäherungswert ist, sondern jene Bedeutung, die durch die Bildverwendung ausgedrückt werden soll. Dokumentarfilm wird verstanden „im Sinne des Dokument geben von einer unabhängig von der Kamera existierenden Realität" (Berg-Walz 1995, S. 18). Während die Nachricht einer mit dem Ziel der objektiven Berichterstattung erfolgenden Darstellung am nächsten steht, ist der Dokumentarfilm schon ein Stück näher an der subjektiven Auffassung und Interpretation. Im Gegensatz zu einer Vorstellung der Authentizität des Kamerabildes verlangt das dokumentarische Bild vom Zuschauer mehr als die Illusion der Teilhabe. Er muss die jeweilige Verwendungsform des Bildes in Relation zum dargestellten Gegenstand jeweils derart miteinbeziehen, dass die intendierte Bedeutungsfunktion nicht in der scheinbaren Unmittelbarkeit des Bilderlebnisses verlorengeht. Auf diese Weise wird das Bild nicht als vermeintliches Abbild objektiver Realität aufgefasst, sondern als ein Zeugnis für Realität unter Kenntlichmachung seiner Funktion. Dies entspricht dem neueren Verständnis von Dokumentarfilm, bei dem nicht mehr der Anspruch von Objektivität aufrechterhalten wird. Der ehemalige Redakteur und Medienwissenschaftler Marchal spricht sogar von einer „Anmaßung' der Objektivität" (1996, S. 250) und fasst den „‚Widerspruch zwischen Realität und Fiktion'" als zu grob auf. Auch der Dokumentarfilm greife auf Praktiken der Inszenierung zurück, um etwas herauszustellen, um die innere Wirklichkeit des Menschen deutlich zu machen. Marchal versteht den Dokumentaristen als Filmemacher, der seinem Material eine bestimmte Form zu geben versucht, ohne den Eindruck von unmittelbarer Realitätswiedergabe zu schaffen, sondern vielmehr auf die Differenz zwischen Bild und Realität hinweist (S. 255).

Wie bei der dokumentarischen Bildverwendung stehen Realität und Fiktion bei der illustrierenden Ereigniswiedergabe insofern in einem Beziehungsverhältnis, als es bei beiden nicht darum geht, wie bei der Authentizität, etwas präsent zu machen, sondern etwas zu veranschaulichen, nämlich die Deutung eines Ereignisses. Nach Plantinga stellen „Nonfictions" Ansprüche an und machen Versicherungen über eine außerfilmische Wirklichkeit (1997, S. 43). Besitzen also Nonfictions einen direkten Zusammenhang zur alltäglichen Handlungswelt und weisen auf diese als ihren Bestandteil hin, so wird das fiktionale Ereignis geschaffen. Es steht in einem fingierten Bedeutungszusammenhang mit eventuell vergleichbaren, realen Ereignissen und bietet allenfalls Deutungskontexte derselben an oder schafft neue Erfahrungswelten wie Science Fiction. In beiden Fällen aber wird das Bild als Mittel eingesetzt, um einen Deutungskontext zu schaffen und mitzuteilen. Stellt der Dokumentarfilm eine Deutung von Realität dar, so ist das fiktive Ereignis diese Deutung selbst, die durch das Bild vermittelt wird. Komplizierter ist der Fall bei Filmen, die sich auf reale, historische Ereignisse beziehen. Hier ist der Inhalt eine mehr oder weniger realitätsbezogene Auslegung, das im Bild zur Darstellung kommende Ereignis aber ist gespielt und besitzt in diesem Zusammenhang einen fiktionalen Bezug. Nachdem Leonardo di Caprio in den Aufnahmen für *Titanic* „sterben" musste, wird er als Schauspieler wieder nach Hause gehen. Die Nachstellung eines realen Ereignisses in einer Dokumentation unterscheidet sich von einem solchen historischen Film dadurch, dass die Dokumentation sich auf das dokumentierte Ereignis in einer Weise bezieht, die den realen Sachverhalt zum primären Gegenstand hat, anders als der Film, bei dem die durch die Fiktionalität geschlossene Inszenierung im Vordergrund steht – wenngleich die Grenzen fließend sind. Im illustrierenden Bezug verweisen Bild und Ereignis auf ein drittes, nämlich auf die in Bild und Ereignis zur Darstellung gebrachte Auslegung von Wirklichkeit. Im Gegensatz zur authentischen Ereigniswiedergabe ist die Kontingenz des Ereignisses bei der Illustration in der nachherigen Auslegung aufgehoben, nicht der Verlauf steht im Vordergrund, sondern dessen Deutung.

Auch simulierte Bilder besitzen eine illustrierende Ereigniswiedergabe, die dem Ereignis gegebene Deutung steht im Vordergrund. Die simulierte unterscheidet sich jedoch von der illustrierenden Ereigniswiedergabe insofern, als bei einer illustrierenden Ereigniswiedergabe das Ereignis noch immer durchscheinen kann als ehemals authentische Sequenzen.

Mit der durch die Computertechnologie ermöglichten digitalen Erzeugung sinnlich erfahrbarer Daten kam auch die Rede einer „Simulation" von Realität auf. Tatsächlich ist dies nichts Neues, sondern ist direkt verbunden mit der Fähigkeit des Menschen, von der unmittelbaren Erfahrung abstrahierte Wirklichkeiten zu schaffen, die in einem symbolisch-vermittelten Bezug zur Realität stehen. Simulakra sind Abbilder von Objekten, die produziert wurden, ohne dass diese Abbilder vorhanden waren (vgl. Krämer 1995, S. 134). Die Simulation zielt darauf ab, „daß diejenigen, auf die hin die Simulation zielt, kein Wissen darüber haben, daß das, was gezeigt wird, ein Simulacrum ist" (S. 134). Eine Simulation sind auch Trompe-l'-oeil-Bilder, wie in der eingangs zitierten Anekdote. Anders als hier jedoch sind die Simulakra nicht, wie Flusser dies ausdrückt, „aus dem Konkreten herausgehobene, abstrahierte Flächen" (1995, S. 50). Simulierte Bilder sind nicht der Welt „treu" (Flusser), sondern ihrer Bedeutung. Objektivität beruht bei ihnen auf der Tatsache, dass sie das „klare und distinkte Begriffsuniversum" repräsentieren (S. 52).

Mit Hilfe der Computersimulation ist es möglich, virtuelle Realitäten zu erzeugen und sinnlich erfahrbar zu machen. Virtuell ist aber auch die Spielwelt und sind es alle Szenarien, die zur Veranschaulichung eingesetzt werden und es ermöglichen, einen Blick in eine räumlich-zeitlich aktualisierte Situation zu werfen, so dass ihr Bezug zur Realität virtuell ist. Virtuelle Realität ist „zu übersetzen als Wirklichkeit, die wirklich eine werden kann, auch wenn sie es noch nicht ist, eine mögliche Wirklichkeit" (Münker 1997, S. 109). Der Begriff virtuell ist damit auf entworfene Realitäten zu beziehen. Entworfen sind alle fiktionalen Welten, aber auch jene, die eine Möglichkeit dessen, wie etwas war oder sein könnte, aufzeigen. Der Begriff virtuell eignet sich damit nicht, zumindest aus der semiotischen Perspektive der Zeichenreferenz, für die mediale Darstellung tatsächlicher Ereignisse. Ebensowenig wie die detailgetreue Zeichnung eines Käfers virtuell ist, ist es die Nachstellung eines Kriegsgefechtes.

Die Besonderheit der Simulation in Bezug auf das Ereignis ist nach Lambert Wiesing (2000), dass visuell etwas zur Verfügung gestellt wird, dessen einzige Qualität es ist, sichtbar zu sein. Die Möglichkeit der Computerbilder realisiert sich vor allem darin, dass sie etwas immateriell Anwesendes schaffen, womit die Simulation in der „Nursichtbarkeit" (S. 24f.) bestehe. Besonders gilt dies für interaktiv erzeugte Bilder. So verwendet der Schachspieler, um das Beispiel Wiesings heranzuziehen, das simulierte Schachbrett nicht als Zeichen für etwas Abwesendes, sondern „ein anwesendes, imaginäres Schachbrett" (S. 24).

Auch bei der Simulation kann das in den Bildern dargestellte Ereignis fiktional sein, wie bei Computerspielen, oder real, wie im Beispiel der Nachstellung einer kämpferischen Auseinandersetzung oder der Einübung von Handlungen im Simulator. In beiden Fällen aber geht das Ereignis in seiner reinen Bedeutung im Bild auf.

5.4.2 Die Darstellung

Rahmen als kontextuelle Deutungsvorgaben von Informationen konstituieren sich durch spezifische Interpretationshinweise, welche filmsemiotisch gesehen die eingesetzten Darstellungsmittel sind. Es handelt sich hierbei um jene Rahmenhinweise, die dem dargestellten Ereignis verliehen werden, um Deutungskontexte auf Bildebene (nicht Ereignisebene!) zu erzeugen. Bereits in den Formen der Ereigniswiedergabe liegen solche Deutungskontexte verborgen, weil sie auf spezifischen Aufnahmetechniken beruhen, deren Sichtbarwerden im Bild selbst ein Hinweis auf seine Referenz ist, z. B. die pixelartige Darstellungsweise von computergenerierten Bildern. Handelt es sich hier um nicht-intentional mitgegebene Darstellungsmittel, so können Darstellungsmittel immer auch mit einer Intention, Bedeutung zu erzeugen, eingesetzt werden. Sind erstere sozusagen primäre Rahmen, weil sie quasi natürlich vorliegen, so stellen letztere Hinweise auf spezifische Rahmen und Modulationen dar, sie sind konnotativ.

Die Trennung in Gegenstand und Darstellung als Bedeutungsschichten des Bewegtbildes entspricht der Einteilung Kuchenbuchs in den „Bereich der Codes ‚dargestellter Gegenständlichkeit'" und „filmischer Darstellungsweisen". Den Zusammenhang zwischen beiden Bereichen beschreibt Kuchenbuch wie folgt:

„Der Film besteht vor allem aus der Möglichkeit, optisch-wahrnehmbare Gegenstände abzubilden, die bereits vorher durch den gesellschaftlichen Zusammenhang Bedeutung erlangt haben, Strukturimpulse beinhalten usw. Die Gegenstände werden durch die filmische Operation interpretiert, kombiniert, in einen anderen Kontext versetzt und erneut zum ‚Sprechen' gebracht. Die filmischen Darstellungsmittel modifizieren also Wirklichkeitsaspekte, die schon vorher durch den allgemeingesellschaftlichen Gebrauch ‚codifiziert' waren." (Kuchenbuch 1978, S. 34)

Dem Vorwurf widersprechend, dass das Kamerabild eine „schematische Abbildung der Wirklichkeit" sei, analysierte schon Arnheim 1932 die Möglichkeiten der „Aufnahmebedingungen des Filmbildes" (1974, S. 149) und sprach von den „unbegrenzten Fähigkeiten, die Wirklichkeit zu formen und umzugestalten, (welche) rein in den Aufnahmebedingungen liegen" (S. 153).

Repräsentieren Darstellungsmittel typische Weisen der Bedeutungsherstellung, handelt es sich um Darstellungsformen oder Codes. Die Funktion von Codes ist es, Regeln bereitzustellen, „die im kommunikativen Verkehr Zeichen als konkrete Gebilde generieren" (Eco 1991, S. 77): „Wenn ein Code die Elemente eines übermittelnden Systems den Elementen eines übermittelten Systems zuordnet, so wird das erste zum Ausdruck des zweiten und das zweite zum Inhalt des ersten." (S. 76) Zeichen treten also nicht als solche auf, sondern als „Zeichenfunktionen" (ebd.). Dem Rezipienten werden Codes als bedeutungskonstituierende formale Mittel präsentiert, wobei dies impliziert, dass bestimmte Darstellungsformen als bestimmte Bedeutungsformen verstanden werden, mit anderen Worten, dass sie konventionalisiert werden. Einerseits ist die Konvention eine Maßnahme der Verstehensökonomie, andererseits liegt hierin auch ein zwischen Produzent und Rezipient eingegangenes Einverständnis begründet. Fasst man Codes wie Goodman (1981) als rein konventionalisiert auf, ist die Problematik eine der Gewöhnung an bestimmte Codes, anders, als wenn man davon ausgeht, dass die Codeinterpretation auf anthropologisch begründbare Auffassungsweisen zurückzuführen ist. Letzteres Verständnis ist vor allem beim bildanalytischen Vorgehen anzutreffen: Aufgrund der als anthropologisch-psychologisch begründeten und auf grundlegenden Wahrnehmungsweisen beruhenden Codes werden Schlüsse über die Wirkungsweise von Bildern gezogen. Joshua Meyrowitz nennt solche Codes „paraproxemics" (zit. n. Messaris 1998): „Because they appear to be simple extensions of our everyday, real-world perceptual habits, we may interpret them without much conscious awareness or careful scrutiny." (S. 74) Die Legitimation entsprechender Studien besteht in der Annahme, dass die sinnhafte Kontextualisierung aufgrund von präreflexiv wirkenden Mechanismen erfolgt, die ihre Wirkung jenseits kritischer Distanzierungsmöglichkeit entfalten (z. B. Entman 1991; Günther 1992). Grundsätzlich ist jedoch das, was der Rezipient als bedeutungskonstitutiv wahrnimmt, von dem zu unterscheiden, was filmanalytisch als bedeutungskonstitutiv herausgearbeitet werden kann (s. a. Lehner 1987, S. 66ff.).

Erst mit den technischen Darstellungsmitteln kann die Bedeutungskonstitution im Bild vollzogen werden: „Die Codes der filmischen Darstellung (…) bilden die Grundvoraussetzung für die Sichtbarmachung des dargestellten Materials und seiner Organisation." (Kuchenbuch 1978, S. 38) Es ist allerdings nicht nur so, wie Kuchenbuch schreibt, dass ein primärer Kommunikationsakt abgebildet wird und dabei in die Abbildung interpretierend eingreife (S. 10). Danach würde die Kamera, wie Opl kritisiert, „maximal eine bestimmte (von vielen möglichen) Sichtweisen" auf einen Gegenstand wiedergeben (1990, S. 42). Tatsächlich könne man sogar so weit gehen zu fragen, ob durch die Kamerahandlung möglicherweise ein Apfel nur bezeichnet werde, er aber etwas ganz anderes bedeute: „Die zentrale Frage ist also, ob, und wenn ja, unter welchen Umständen und in welchem Maße sich die Bedeutung eines Filmbildes in Folge der Kamerahandlung von der Bedeutung des realen Gegenstandes unterscheidet." (S. 45)

Kuchenbuch (1978) liefert eine übersichtliche Katalogisierung der Darstellungsmittel, wobei vorliegend nur jene, die die visuelle Oberfläche betreffen, ausgewählt sind:

„A. Mittel der Gestaltung vor der Kamera (…)
  Das optische Material
  Das Dekor (Landschaften, Bauten, Requisiten)
  Die Darsteller: Typen, Mimik, Gestik, Kostüme, Masken
(…)
2. Die Aufbereitung des optischen Materials: Beleuchtung, Farbgebung usw.
B. Mittel der Gestaltung von Kamera-(…)Aufnahme
1. Die Aufnahme des optischen Materials: Einstellungsgröße, Einstellungsperspektive: Untersicht (Froschperspektive), Normalsicht, Aufsicht (Vogelperspektive); Optische Bildaufteilung insgesamt (Cadrage); Einstellungslänge (m, sec); Einstellungskombinationen: Schnitt, Abblende, Aufblende, Überblende (technische Möglichkeiten: Klappblende, Jalousie-, Schiebe-, Rauch-, Zerreiß-, Unschärfe-, Fettblende), Cash (Aufteilung des Bildes in verschiedene Bildflächen); Belichtung: Unter-, Normal-, Über-, Mehrfachbelichtung; Laufgeschwindigkeit der Kamera/Kamerabewegung: Schwenk, Parallelfahrt, Ranfahrt, Wegfahrt, Zoom, echte Fahrt; Objektbewegung: Haupt-, Nebenbewegung, im Vordergrund, im Hintergrund; Verhältnis von Kamera-Achse: (Kamerabewegung) zu Objekt-Achse (Objektbewegung).
C. Gestaltungsmittel nach der Aufnahme
1. Bearbeitung des Film-Materials: Die Film-Entwicklung (Lichtwerte, Grauwerte, Farbgebung), Spezialeffekte, die Bildmontage (Schnitt)
(…)
3. Bild-Ton-Montage." (Kuchenbuch 1978, S. 34)

Ein differenziertes Instrumentarium zur Inhaltsanalyse der mit der Kamera erzeugten Darstellungsformen liefert Opl. Er versteht unter einer Kamerahandlung „alle Manifestationen der audiovisuellen technischen Vermittlung von präexistenten Objekten und Ereignissen (…); der Ausdruck ‚Kamera' ist dabei als Metonym für den gesamten technischen Vermittlungsapparat zu verstehen" (1990, S. 60). D. h. jedoch zugleich, dass sowohl die Analyse von technischen Darstellungsmitteln wie auch ihr Auffälligwerden eine entsprechende Expertise voraussetzt. Da die Interpretation von Darstellungsmitteln ihre Begrenzung in den filmtechnischen Kenntnissen der Rezipienten findet, soll hier auf eine Vertiefung filmtechnischer Analysen verzichtet werden.

Solange die inhaltliche Aussage nicht hinzugenommen wird, sind Darstellungsmittel rein formal vorhanden, manifest werden sie erst in Verbindung mit einem Inhalt. Die Vogelperspektive ist nicht generell abwertend, sondern nur in bestimmten Zusammenhängen, z. B. bei Personen (Kepplinger 1987), in anderen kann sie den Blick von einer Brücke symbolisieren oder die Überschau über ein Gelände. Hier zeigt sich die begrenzte Aussagefähigkeit einer Bedeutungstheorie der Kameramittel, letztendlich sind Inhalt und Form aufeinander bezogen. Und aus einer rezipientenorientierten Perspektive sind

Kamerahandlungen erst dann bedeutungsvoll, wenn sie so verstanden werden. Abschließend kann man sagen, dass durch die Darstellungsweise eine Variation der inhaltlichen Aussage eines Bildes möglich ist und erst durch sie der bildliche Inhalt kommunikativ funktionalisiert wird. Anders ausgedrückt, eine begrenzte Zahl von Objekten erhält durch die Kombination mit den Darstellungsformen jene unbegrenzten Möglichkeiten der Konstitution von Sinn, die auch die Sprache auszeichnet. Die Darstellungsformen stehen zum Gegenstand in einem konnotativen Verhältnis, sie geben Hinweise zu seinem Verstehen resp. der dem Bild gegebenen Bedeutung. Es ist zu vermuten, dass sich die vermeintliche Unbegrenztheit der durch die Verknüpfung von Inhalt und Darstellung gegebenen Ausdrucksmöglichkeiten praktisch insofern begrenzt, als Darstellungsstile mit Bildinhalten verknüpft sind. Nicht jeder Inhalt wird auf jede erdenkliche Weise ausgedrückt, sondern die Etablierung von Codes dient der Sinnreduktion und damit der Kommunikationsökonomie. Spezifische Verknüpfungsformen von Gegenstand und Darstellung entstehen dadurch, dass ihre Verknüpfung bestimmte Kommunikationsformen entstehen lässt, z. B. Nachrichten oder Westernfilm. Insofern findet die Verbindung von Inhalt und Form erst hinsichtlich der jeweiligen Kommunikationsform statt, die im Bild sichtbar wird. Die in der Bildverwendung typisierte Aussage wird damit im Zusammenspiel Gegenstand-Darstellung indirekt bereits ausgedrückt.

5.4.3 Das Genre

Ein Bild wird immer in einem Kommunikationszusammenhang verwendet, es ist Bestandteil einer sprachlichen Handlung und nur in ihrem Zusammenhang ist seine intendierte Bedeutung verstehbar (Muckenhaupt 1986). Ein Bild kann zu verschiedenen Kommunikationsanlässen herangezogen und die Bildverwendung allein durch die Sprachhandlung angezeigt werden, also ungeachtet der Bildausführung. Auf dieser Basis fungiert das von Muckenhaupt (ebd.) im Zusammenhang der Begründung des Verständnisses von Bildern als „kommunikative Handlungen" verwendete Boxer-Beispiel Wittgensteins:

„Denken wir uns ein Bild, einen Boxer in bestimmter Kampfstellung darstellend. Dieses Bild kann nun dazu gebraucht werden, um jemand mitzuteilen, wie er stehen, sich halten soll; oder, wie er sich nicht halten soll; oder, wie ein bestimmter Mann dort und dort gestanden hat; oder etc. etc." (Wittgenstein, Ludwig (1960). Philosophische Untersuchungen. Schriften Bd. 1. Frankfurt, § 23; zit. n. Muckenhaupt 1986, S. 158.)

Die Bedeutung eines Bildes ist, wie Muckenhaupt mit diesem Zitat darlegt, von seinem Gebrauch abhängig. Er nennt verschiedene Typen der Bildverwendung, die als Veranschaulichung durch das Bild (mitteilen, werben, warnen; S. 160) oder als Beleg für eine Aussage (mitteilen, belegen, erinnern,

„daß eine neue Boxtechnik entwickelt worden ist"; S. 162) verstanden werden können. Allerdings ist Voraussetzung dafür die Verwendung eines Bildes in einer Darstellungsform, die für alle genannten Sprachakte geeignet ist bzw. sie verlangt einen zusätzlichen Hinweis auf die eventuell bestehende Ungeeignetheit der Darstellung, z. B. wenn eine Zeichnung anschaulicher wäre als ein gezeigter Schnappschuss. Mit einem Werbeplakat mit dem Boxer Henry Maske statt einer schematisierten Zeichnung als Beispiel wäre die mögliche Bildverwendung bereits durch die kommunikative Funktion des Plakates festgelegt: 1) es ist ein spezifisches Medium, das bereits die Botschaft (Werbung) mitkonstituiert; 2) die erkennbare Ähnlichkeit mit dem realen Henry Maske zeigt, das ist Henry Maske, 3) der fotografische Code, indiziert einen realen Menschen. Im Vergleich zum Beispiel Wittgensteins wird hier die Verwendung des Bildes in einer Kommunikationssituation um die Beachtung der Darstellungsform des Bildes erweitert, die konstitutiv für das Verstehen von Bildern ist (vgl. S. 183).

Die Bildverwendung stellt einen eigenen Rahmen dar, der die Aussage der sichtbaren Gegenstände in jenen Sinnbezug stellt, der mit der Verwendung intendiert ist. Markiert werden Rahmen, wie oben bereits ausgeführt, durch metakommunikative Deutungshinweise, die mit Hilfe der Darstellungsmittel gegeben werden. So lassen sie sich „rahmenanalytisch differenzieren und als Meta-Texte beschreiben, die Verstehen anweisen und Erwartungen konfigurieren" (Willems 1997, S. 142). Allerdings stehen Rahmen nicht als ein fix-und-fertiges Code-Repertoire zur Verfügung, dessen man sich bedient, sondern durch Rahmen werden Sinn-Räume im Interaktionsprozess hergestellt, innerhalb derer sich der Kommunikator bewegt. Bezüglich des Hörfunks beschreibt sie Goffman als „production formats", die einen definierten Raum zur Verfügung stellen, innerhalb dessen der durch das gewählte Format bestimmte Bezug zu dem Geäußerten gewahrt bleibt (vgl. Goffman 1981a, S. 230). Mit den production formats als typischen Darstellungsformen gibt Goffman eine Anknüpfungsmöglichkeit an den Genrebegriff. Das Genre, als französischer Begriff für Gattung, bezeichnet Typen von Kommunikationsakten in Medien. Das Fernsehen zeichnet sich durch Schnelllebigkeit und Kreativität im Hervorbringen neuer Programmformen aus, der Genrebegriff bezieht sich hier, anders als in der Literaturwissenschaft, weniger auf theoretische Bestimmungen, als auf in der Praxis gewachsene Begrifflichkeiten (vgl. Feuer 1992, S. 138ff.). Das hat zur Konsequenz, dass als Genre bezeichnete Gattungsformen nicht systematisch voneinander abgegrenzt werden, sondern typisch erkennbare Eigenheiten dieser Gattungen zu ihrer Namensgebung herangezogen werden. So unterscheidet Brian Rose (1985) zwischen insgesamt 19 Genres im US-amerikanischen Fernsehen. Wird, wie bei Rose, das Docu-Drama neben den Detektiv-Film, die Spielshow neben das Kinderprogramm gestellt, werden Darstellungsform, typischer Inhalt, Sparte und Spielform gleichberechtigt als genretypifizierende Merkmale herangezogen.

Bei der Suche nach einer genrespezifischen Abgrenzung von Programmformen wird deutlich, dass die Bestimmung von Genres vom praktischen Interesse geleitet ist. Das Produktionssystem, die Strukturanalyse des Textes oder der Rezeptionsprozess als interpretierende Handlung der Zuschauer sind nach Jane Feuer drei mögliche Positionen zur Bestimmung von genretypischen Merkmalen (1992, S. 144). Zuschauer beschreibt Feuer als „a social grouping whose similarities cause them to interpret texts the same way, as opposed to completely individual interpretations" (S. 144). Nach Feuer werden die ein Genre bestimmenden, auf Inhalt und Darstellung sowie auf institutionelle Bedingtheiten bezogenen Aspekte durch den Horizont der Rezipientenaussagen begrenzt. Die in der analytischen Genrebestimmung geltenden Ebenen helfen dann zur Auffindung und Systematisierung jener Aussagen der Rezipienten, die sich auf derartige Genrebestimmungen beziehen. Kommen solche Aussagen nicht vor, besitzt der Rezipient nicht dieses Deutungswissen bzw. benötigt es nicht, um zu einem Bildverständnis zu gelangen. Die Kenntnis von Genres stellt für den Zuschauer eine Interpretationshilfe dar – das Genre als bedeutungsbestimmender Kontext, dessen Funktion es ist, „to limit the free play of signification and to restrict semiosis" (Feuer 1992, S. 144).

Genres stellen nicht nur mediale Manifestationen von Kommunikation dar, sondern um diese zentrieren sich ebenfalls soziale Interaktionen. In Auffassung Ben Bachmairs (1996) umfasst die Genreforschung nicht nur den Medientext, sondern auch jene Texte und Interaktionen, die von den Rezipienten in Bezugnahme auf den Medientext produziert werden. Am Beispiel von „Wrestling-Shows" zeigt er, dass dies soziale Ereignisse sind, auf die die Mediennutzer sinnhaft Bezug nehmen. Genreforschung bezieht sich damit in einer auf die postkommunikativen Interaktionen der Rezipienten bezogenen Rezeptionsforschung auf um mediale Genres sich formierende Gruppierungen wie Fankulturen (Vogelsang 1995; Winter 1995). Diese Perspektive soll jedoch ausgeblendet werden, da das Genre nicht bezüglich seiner Symbolik, auf die sich soziale Interaktionen beziehen, von Interesse ist. Hier stehen als typisch auffallende Markierungen im Fokus, die den Kanon von Modalitäten der Bedeutungsfestlegung eines Genres bestimmen. Corner konstatiert, dass in der Rezeptionsforschung bisher zu wenig Beachtung auf das Genre gelegt wurde, weil die Berücksichtigung von Bedeutung im Zentrum der Aufmerksamkeit stand (1991, S. 277). Entsprechendes gilt auch für die Analyse genrespezifischer Darstellungsformen. Das Problem, mit dem man dabei gemäß Kress und van Leeuwen (1998) konfrontiert ist, besteht darin, „that literate cultures have systematically suppressed means of analysis of the visual forms of representation, so that there is not, at the moment, an established theoretical framework within which visual forms of representation can be discussed" (S. 20f.).

Bei der Genreanalyse wird im Gegensatz zur semantischen Analyse die Kontextabhängigkeit von Bedeutung in den Vordergrund gerückt sowie die

Typizität medialer Kommunikationsformen. Über deren Kenntnis müssen Produzent und Rezipient gleichermaßen verfügen, ein Ansatz, den Willems (1999) in Anschluss an Goffman verfolgt. Er geht von der Gerahmtheit von Kommunikation in Form von Genres aus, die beim Publikum ein bestimmtes Rahmungswissen voraussetzen. Am Beispiel Werbung veranschaulicht Willems, dass diese kommunikative Gattung zwei impliziten Wissensformen des Publikums folgen muss, nämlich einmal dem „kollektiv geteilten ‚Begriff' von Werbung". Zum anderen sind die Werber darauf angewiesen, „das die Werbungsrezeption bestimmende Wissen ihrer Publika zu erfassen. Auf dieser Grundlage ‚reflexiven' Wissens können die Werber ‚überzeugende' dramaturgische Strategien verfolgen" (S. 115). Ein „(Rahmen-)Strukturproblem" der Werber sei dabei ihr Glaubwürdigkeitsdefizit, dem die Werber mit bestimmten Inszenierungsstrategien entgegenzutreten versuchen. Ihre Strategien, z. B. wissenschaftliche Begründungen als Referenz für Glaubwürdigkeit, sind nicht erfunden, sondern dem entnommen, was in der Alltagswelt als Garant für Glaubwürdigkeit gilt. Um sich das Verständnis der Rezipienten zu sichern, aber auch um spezifische Verbindlichkeiten aufzubauen, müssten die Medien „derartige Sinnstrukturen aufgreifen und dramaturgisch umsetzen". Insofern seien Genres „reflexiv", weil man in ihnen, „wenn auch jeweils in kontextspezifischen Formen, Kristallisierungen (alltags-)kulturellen Basiswissens" finde (Willems 1999, S. 115, Fußnote 2).

Genres stehen dabei in einem doppelten Verweisungszusammenhang, einerseits beziehen sie sich reflexiv auf soziale Sinnverankerungen, andererseits sind sie durch die jeweilige technische Medialität auf bestimmte Formen der Sinnproduktion angewiesen, wie im vorliegenden Fall auf die Visualisierbarkeit sozialen Sinns. Genrespezifität ist damit immer auch vermittlungstechnologische Spezifität.

Das Verständnis von Genres als Systemen, die Sinn in Form einer bestimmten Regelhaftigkeit hervorbringen und transformieren, weist, wie mit Willems bereits gesagt wurde, auf das Genrewissen des Publikums hin. Medienproduzenten können dieses Wissen der Rezipienten, das „sowohl Wissen um typische Erzählmuster als auch das Wissen um formale filmische und fernsehspezifische Mittel" (Mikos 1994, S. 67) beinhaltet, nicht außer Acht lassen. Es enthält Verstehensformen, die sich nicht nur auf die Strukturierung medialer Inhalte beziehen, sondern auf unsere Ordnung von Wirklichkeit überhaupt. Wie Willems mit Bezug auf die Werbung sagt:

„Der Rahmen der Medienwerbung steht für einen kollektiv geteilten ‚Grundbegriff' von Realität, der auch ein Verständnis von Möglichkeiten beinhaltet, Sinn zu schöpfen und zu transformieren. ‚Man' weiß intuitiv, daß Werbung eine Wirklichkeit besonderer Art ist, die andere Wirklichkeiten spezifisch ‚verzerrt' darstellt" (Willems 1999, S. 117).

Willems verwendet Genre als Bezeichnung für Gattung, für eine grundlegende Kommunikationsform. Es wäre ebenfalls denkbar, innerhalb des Genres Werbung weitere Genres zu unterscheiden, z. B. Kinowerbung oder Waschmittelwerbung. Fungiert in diesen Beispielen einmal das Medium als differenzierendes Kriterium, ist es ein anderes Mal der Inhalt. Das ist nicht eine falsche Anwendung des Genrebegriffs, sondern drückt seine tatsächlich fehlende Genauigkeit aus. Es ist als ein Begriff zu verstehen, unter dem an bestimmten Kommunikationsformen hervorstechende Merkmale gefasst werden, die sich weniger systematisch als pragmatisch bestimmen lassen. Allerdings handelt es sich bei der Verwendung von Genre-Rahmen nicht lediglich um einen Griff in die Trickkiste, dies reduzierte den Rahmen auf ein bloßes Stilmittel. Die Interpretation des Rahmens durch den Rezipienten wird bei der medial vermittelten Erfahrung in existenzieller Weise verstärkt. Als Rahmen strukturieren und stabilisieren Genres die sinnhafte Konstitution sozialer Wirklichkeit in den Medien und können so als eine Sicherung sozialer (kommunizierter) Wirklichkeitserfahrung verstanden werden. Damit kommt den Darstellungsformen eine orientierende Funktion zu, die intensiven Auseinandersetzungen beim Aufkommen neuer Weisen, Wirklichkeit in den Medien darzustellen, z. B. durch Programm-Mischformen, finden hier ihre Begründung. Ihre Auslegungsnotwendigkeit verleiht der sozialen Wirklichkeit Zerbrechlichkeit, mit ihr zu „spielen" ist nur in immer wieder neu auszuhandelnden Grenzen gestattet. Der Produzent kann zwar bestehende Uneindeutigkeiten als gestalterisches Element im künstlerischen oder dramatischen Sinn nützen, aber ebenso schnell an Rahmengrenzen stoßen, verletzt er die Normen erlaubter Uneindeutigkeit. Als eine im Code sozial gesicherte Form der Rede über Wirklichkeit setzt das Genre Rahmen für solche Formen der sinnhaften Konstitution sozialer Wirklichkeit (Pietraß 2002c), und wird zu einem maßgeblichen Unterscheidungskriterium für die Bestimmung von Realität und Fiktion. Denn im Genre werden Realitäts- und Fiktionsbezug pragmatisch gefasst und typisierbar, in ihnen wird Wirklichkeit auf eine bestimmte Weise relevant. Insofern erhalten die in Genre-Rahmen geordneten Weisen der Darstellung eine über das unmittelbare Verstehen hinausgehende Bedeutung für die Organisation von Erfahrung.

Übertragen auf das Bild stellen Genres Kriterien für die Unterscheidung von verschiedenen Formen der Bildverwendung her, die sich auf die durch das Genre gegebenen kontextuellen Merkmale beziehen. Es stellt Konventionen oder Anweisungen darüber bereit, wie die innerhalb seines Rahmens stattfindenden Äußerungen und Ereignisse zu interpretieren sind. Im Genre-Rahmen wird die Kohärenz von Bildgegenstand und -darstellung formiert, es stellt den Kontext für die Gesamtaussage her und damit eine typisierende Ordnungsgröße für die Bestimmung von Realität und Fiktion.

5.5 Zusammenfassung

Mit seiner Unterscheidung zwischen Modell und Sujet trägt Goffman der Besonderheit des Fotos Rechnung, reale Gegenstände (Modell) abzubilden, was von der mit dem Modell zur Aussage gebrachten Bedeutung (Sujet) zu unterscheiden ist. Mit dieser Unterscheidung wird deutlich, dass in einem Bild eine doppelte Rahmensituation besteht: das Modell trägt bereits Rahmen und durch das Sujet werden weitere Bedeutungsschichten geschaffen. Damit trägt die denotative (abbildende Modell-)Ebene des Bildes eigene Konnotationen, die von den Konnotationen der Bilddarstellung, auf die das Sujet zurückgreift, zu unterscheiden sind. In Verbindung mit den in der Filmsemiotik bestehenden Zeichenebenen des Bildes wurden Gegenstand, Darstellung und Genre als drei Ebenen unterschieden, auf denen bedeutungskonstituierende Momente bestehen und in deren Zusammenspiel Rahmen als sinnkonstituierende Ordnungseinheiten sichtbar werden.

Der Gegenstand umfasst alle visuell erkennbaren Gegenstände, Handlungen und Ereignisse, und ist selbst bereits gerahmt, weil die Gegenstände, Handlungen und Ereignisse ihrerseits Bestandteil soziokultureller Bedeutungseinheiten sind. Die Bestimmung einer authentischen Ereigniswiedergabe trägt dem Umstand Rechnung, dass Kamerabilder authentische Dokumente von Ereignissen sein können. Mit Gumbrechts Begriff der Präsenz wurde die Bildfunktion bei der authentischen Referenz näher gefasst: Das Bild tritt in den Hintergrund, indem es das Ereignis präsent macht. Bei der Illustration dagegen tritt das Sujet in den Vordergrund, jene Aussage, die der Bildproduzent über das Ereignis treffen will. Eine Sonderform ist die Simulation, die etwas zur Sichtbarkeit bringt, also eine reine Bedeutungsfunktion besitzt. Die Ereigniswiedergabe bestimmt die Relation des Bildes zum dargestellten Ereignis, und sagt etwas darüber aus, welchen Inszenierungsgrad das Bild dem dargestellten Ereignis überstülpt. Damit organisiert die Wiedergabe des Ereignisses zugleich Erfahrungsformen piktoraler Wirklichkeit. Allerdings stellt sie keinen Hinweis darauf dar, ob das Ereignis real oder fiktional ist.

Hinweise auf Rahmen als Sinn konstituierende Kontexte werden durch die Darstellungsmittel gegeben, deren Analyse Gegenstand der Filmsemiotik ist. Darstellungsmittel sind medientechnologisch vorgegebene Mittel der Herstellung von Bedeutung über die im sichtbaren Gegenstand enthaltende Bedeutung hinaus. Erst mit ihrer Hilfe wird ein visuell vermittelter Inhalt in eine bildspezifische Sprache gebracht, deren Verstehen unabdingbar ist für das Verstehen von Bildern. Sie sind Vehikel jenes Sachverhaltes, den Medienkommunikation selbst darstellt, als eine aus dem Rahmen situativer Verstehensanweisungen entnommene Kommunikation, die nun ihrerseits durch metakommunikative Verstehensanweisungen rekontextualisiert werden muss, damit der Rezipient eine sinnhafte Interpretation vornehmen kann.

Darstellungsmittel stellen zwar eine konnotative Verstehensebene dar, aber ohne den Kontext der Bildverwendung bleiben Aussagen kohärenzlos. Insofern sind Genres als Rahmen zu verstehen, die metakommunikative Hinweise auf typisierte Sinnzusammenhänge enthalten. Sie werden als Typen kommunikativer Akte manifest und stellen eine konventionalisierte Ordnungsform für die inhaltliche und darstellerische Bedeutungsebene des Bildes dar. Durch die im Genre typisierte Bildverwendung werden Bilder als Bezugnahmen auf Realität und Fiktion verortbar.

6. Empirische Untersuchung der Bildrezeption: Methode und Ergebnisse

Die Unterscheidung von realitäts- und fiktionsbezogener Rezeption aufgrund der im Bild transportierten Informationsgehalte wurde als leitende Fragestellung benannt. Bildrezeption soll direkt auf die im Bild transportierten Informationen bezogen werden, um die Rolle der bildlichen Darstellungsweise beim Rezeptionsprozess zu analysieren. Damit ging es bei der empirischen Erhebung vor allem darum, die Interpretationen der Rezipienten in direkten Zusammenhang mit dem Bild, also dem, was interpretiert wird, zu stellen. Die dafür generierte Untersuchungsmethode, mit Hilfe derer Rahmungssituationen provoziert wurden, und die Darstellung dieses Wissens als Rahmungsprofile sind Gegenstand des folgenden Kapitels.

6.1 Forschungsansatz

Ausgangspunkt war das Verständnis der Bildrezeption als Interpretation im Bild transportierter Deutungshinweise, wobei die von Rezipienten vorgenommenen Interpretationen als Rahmungsleistungen verstanden wurden. Bildrezeption heißt danach die Einordnung von Bildaussagen in gerahmte Sinnbezüge zwischen Realität und Fiktion. Die Unterscheidung von Realität und Fiktion wurde als ein (inter)subjektiv vollzogener Bewusstseinsakt definiert. Er stützt sich auf Kommunikation ermöglichende, sozial vorfindbare Rahmen, welche einen Kanon darstellen, der Interpretationsgrenzen als Rahmungsgrenzen festlegt. Ziel der Erhebung war es, das bei der Rahmung herangezogene Wissen aufzudecken. Es galt also, die innerlich vollzogenen Rezeptionsakte zu objektivieren, um sie auf diese Weise der Interpretation zugänglich zu machen. Dies sollte als Versprachlichung durch die Rezipienten erfolgen, auf deren Vorlage als Text dann die „ex-post Annäherung rational" vollziehbar war (Schröer 1994, S. 16). Im Normalfall geht das im Rezeptionsprozess herangezogene Wissen in der alltäglichen Routine des Medienkonsums unter, ist aber vorhanden, sonst wäre eine Zuordnung von Medieninhalten in Rahmen als Muster sozialer Erfahrungsdifferenzierung nicht möglich. Weil es nicht von Interesse war, *ob* im Bild vorhandene Deutungskontexte erkannt werden, sondern *welche* und *wie* sie von den Rezipienten zur Deutung herangezogen werden, schied eine Erhebung mit geschlossenen Fragen aus, da solche in ihren Antwortvorgaben bereits Interpretationen vorgeben müssten. Um demgegenüber das von den Rezipienten selbst herangezogene Deutungswissen zu erheben, wurde als Befragungsmethode das offene Interview gewählt. Dieses Vorgehen ist dem Ansatz der kulturwissenschaftlichen Rezeptionsforschung vergleichbar, bei der durch die Rezipienten vorgenommene Deutungen als empirischer Aufweis der Lesarten von Texten verstanden werden (Fiske 1987; Hepp 1998). Einen detaillierten Überblick über diese Ansätze zu geben ist an dieser Stelle nicht möglich (z. B. Turner 1996; Hepp 1999), zusammenfassend kann jedoch gesagt werden, dass es sich um einen qualitativen Ansatz handelt, bei dem vor allem der ethnomethodologische Zugang gesucht wird, da der soziokulturelle Rezeptionskontext („Interpretationsgemeinschaft") als bedeutsam für vorgenommene Lesarten erkannt wurde (vgl. Hepp 1999, S. 204ff.). Die Interpretationen der Rezipienten stehen bei diesem Ansatz im Zentrum des Untersuchungsinteresses. Sie sind dabei nicht als individuelle bedeutsam, sondern in Bezug auf eine bestehende kommunikative Praxis. Im Unterschied dazu interessiert im Vorliegenden jedoch nicht eine kultursoziologische Interpretation der Lesarten (z. B. die Opposition gegen das häusliche Umfeld), sondern eine medienpädagogische, nämlich die Differenzierung zwischen Wirklichkeitsebenen als Grundvoraussetzung für einen kompetenten Umgang mit Medien und damit für eine orientierte Teilhabe an sozialer Realität. Die in den subjektiven Interpretationen vorliegende Typik sollte als Rahmen aufweisbar gemacht werden. Mit Schröer geht es damit „um die Rekonstruktion des Typischen, das ja nur im Besonderen zum Ausdruck kommt und sich nur im Einzelfall zeigt" (1994, S. 17). Die vorgenommene qualitative Vorgehensweise kann als eine „rekonstruktive" näher differenziert werden (Lüders 1994, S. 107), weil der Rahmungsvorgang aus den Interpretationen der Rezipienten rekonstruiert wurde.

Für ihre Deutungen sollte den Probanden ausreichend Raum gelassen werden, da zu vermuten war, dass eine Deutung prozessual entwickelt und nicht gezielt vorgenommen werden würde. Einmal sagt ein Bild „mehr als tausend Worte", muss sozusagen wieder in tausend Worte zurückgeführt werden (vgl. Doelker 1997a, S. 52ff.), zum anderen weisen gerade Bewegtbilder aufgrund ihrer Flüchtigkeit und Bildvielfalt eine informative Dichte auf, die nur bei ausreichender Zeitdauer von den Untersuchungspartnern bewältigt werden kann. Qualitative Untersuchungen im Bereich der Fernsehrezeption gehen meist 1) ethnomethodologisch von den während der Rezeptionsphase vorgenommenen Interpretationen resp. Gesprächen aus (z. B. Hepp 1998), bei der die Gespräche aber nicht auf das Untersuchungsinteresse hin gesteuert werden können, oder 2) von den Gedächtnisleistungen der Probanden in Form von nachherigen Befragungen und Gesprächen (z. B. Grimm 1999). Demgegenüber wurde hier als dritte Möglichkeit eine Verbindung von kommunikativer und postkommunikativer Rezeptionsphase vorgenommen.

Die Einschränkung auf die auf Bildebene transportierten Deutungshinweise hatte zur Konsequenz, dass nur mit präpariertem Material gearbeitet werden konnte, das auf die Untersuchungsfrage hin ausgewählt war und eine auf diese ausgerichtete Eingrenzung erlaubte. Ziel war es, bei identischem Bildmaterial eine breite Datenbasis zu erhalten, um daraus Vorlagen für Interpretationstypen abzuleiten. Es wurde, wie im Weiteren näher dargestellt, bezüglich der Bildauswahl und deren Betrachtung mit den Interviewpartnern eine standardisierte Untersuchungssituation hergestellt, die Interviewführung ist offen, ähnlich gehen z. B. Aufenanger 1996a und Theunert/Schorb 1995 vor.

6.1.1 Methodisches Vorgehen: Die Provokation von Rahmenzuordnungen

Thema der Rahmen-Analyse ist das soziale Subjekt, das eine Deutung von Interaktionen vornehmen muss, um an der sozialen Wirklichkeit im gemeinsamen Sinnverständnis mit anderen partizipieren zu können. Eine Rahmungsleistung heißt nach Goffman die Frage zu stellen „What is really going on?":

„Ich gehe davon aus, daß Menschen, die sich gerade in einer Situation befinden, vor der Frage stehen: Was geht hier eigentlich vor? Ob sie nun ausdrücklich gestellt wird, wenn Verwirrung und Zweifel herrschen, oder stillschweigend, wenn normale Gewißheit besteht – die Frage wird gestellt, und die Antwort ergibt sich daraus, wie die Menschen weiter in der Sache vorgehen." (Goffman 1993, S. 16)

Die Frage, was vor sich gehe, entsteht nicht nur aus Ungewissheit, sondern sie wird prinzipiell gestellt: „Kurz, die Beobachter tragen ihre Bezugssysteme aktiv in ihre unmittelbare Umwelt hinein, und das verkennt man nur, weil die Ereignisse gewöhnlich diese Bezugssysteme bestätigen, so daß die Hypothesen im glatten Handlungsablauf untergehen." (Goffman 1993, S. 50) Das Rahmungswissen dient als Verstehensanweisung für die bestehende Situation, die nicht nach ihren Einzelheiten befragt wird, „sondern die möglichst rasche Identifizierung des Arrangements" vermittelt die notwendige Orientierung (Soeffner 1989, S. 153). Dieser glatte Ablauf wird unterbrochen, wenn durch das Aufkommen von Täuschungen, von Rahmenmissverständnissen und Fehlrahmungen eine negative Erfahrung erzeugt wird, „dann erfährt man jedenfalls potentiell den Boden, auf dem man steht oder fällt" (Willems 1997, S. 48). In solchen Situationen wird der Rahmungsprozess diskursiv auffällig (vgl. Giddens 1997, S. 141). Goffman nützt solche Ereignisse der Überprüfung und Sicherstellung dessen, was nun eigentlich richtig und gültig sei, als Datenquelle, um zu untersuchen, wie sich Rahmen organisieren. Für die Rahmen-Analyse zieht er Geschehnisse heran, bei denen der normale Ablauf behindert und damit fragwürdig wird. In seinem bereits genannten Aufsatz „Forms of

Talk" untersucht er Situationen, in denen die Sprecher vom normalen Ablauf abweichen, beabsichtigt oder unbeabsichtigt, als Quelle des Verständnisses für den *normalen* Ablauf im Gespräch. Weitere Beiträge, in denen er von dem ausgeht, was als nicht normal definiert wird, sind in „Stigma" (1998) zu finden. Da die „‚Organisationseigenschaften'" (Goffman 1977, S. 31) im Allgemeinen nicht bewusst sind und die Rahmen aufgrund ihrer im Normalfall vorhandenen Passung auch nicht bewusst werden, ist dieser methodische Zugang eine, und vielleicht die einzige Möglichkeit, das fraglos Selbstverständliche in Frage zu stellen (Willems 1997, S. 342). Nach Hettlage ist es „der Sinn der Rahmenanalyse, auch das Verfahren anzugeben, mit dem die reflexiven Wirklichkeitsebenen und auch die subtilsten Bewußtseinsakte auf ihre materiellen und sozialen Grundlagen bezogen werden können" (1991, S. 153).

Die Begriffe Rahmen (frame) und Rahmung (framing) drücken jeweils unterschiedliche Perspektiven auf die Akteure der sozialen Ordnung aus. Sie stehen „für Goffmans Annahme und Verständnis der Differenz von sozialem Sinn und sinnaktualisierender Praxis" (Willems 1997, S. 46). Rahmen also tragen die Organisationsform sozialer Praxis in sich, während Rahmungen oder Rahmungsleistungen Aktivitäten sind, in denen dieser Praxis Sinn zugewiesen wird. Die Mehrdeutigkeit der in Interaktion und Kommunikation ausgetauschten Zeichen macht Sinnzuweisung zu einem anfälligen Geschehen, da Eindeutigkeit immer wieder neu herzustellen ist, Kontingenzen ausgeschaltet und Irreführungen aufgedeckt werden müssen. Wird eine Rahmung sichtbar, so wird Zuweisung von Sinn in Bezug auf bestimmte Ereignisse transparent. Ein Zugang zur Beschreibung von Rahmungsvorgängen ist das *Auffinden* unklar gerahmter Ereignisse als ein nicht-experimenteller Zugang zu Rahmungsvorgängen. Eine andere Möglichkeit, die hier gewählt wurde, ist die *Erzeugung* solcher Ereignisse, um Rahmungsvorgänge künstlich sichtbar zu machen. Auf diese Weise kann das unbewusste Rahmungswissen evoziert werden, weil unklare Situationen den Beteiligten zu ihrer Deutung zwingen. Er macht in ihnen eine „‚negative Erfahrung'", die „sich dadurch bestimmt, was sie nicht ist; und dies ist sie nicht: eine organisierte und organisatorisch bestätigte Reaktion" (S. 410). Die Ereignisse sind nicht in den vermeintlichen oder erwartbaren Rahmen einzuordnen, was Unsicherheit bewirkt und die Notwendigkeit, sich genauer mit den Dingen zu beschäftigen:

„Wenn jemand, aus welchem Grunde auch immer, aus dem Rahmen ausbricht und dessen gewahr wird, dann verändert sich plötzlich die Art seines Vertieftseins und seines Glaubens. Soweit er eine Distanz gegenüber den Dingen hatte, wird sie plötzlich durchbrochen, und mindestens für kurze Zeit dürfte er sich stark mit seiner Situation beschäftigen; er beschäftigt sich intensiv mit seiner Abweichung von angemessenem Verhalten wie auch mit der Ursache dafür. Er verliert jedenfalls zeitweilig jegliche Distanz und Reserve gegenüber den vorhergehenden Ereignissen, die er gehabt haben mag, ebenso einen Teil der bewußten Kontrolle über die Vorgänge, sofern eine solche vorhanden war. Er ist ohne die üblichen Abwehrmöglichkeiten unmittelbar mit seiner prekären Situation konfrontiert. Hatte er einen Platz in einem wohlgerahmten Reich einzunehmen erwartet, so steht ihm jetzt kein bestimmter Rahmen unmittelbar zur Verfügung, oder der Rahmen, den er für anwendbar gehalten hatte, scheint es nicht mehr zu sein, oder er kann in dem Rahmen, der zu gelten scheint, selber nicht Fuß fassen." (Goffman 1993, S. 409)

In einer solchen Situation macht der Betroffene eine Erfahrung, die sozusagen keine ist, weil er keine Form findet, die seine Erfahrung annehmen könnte. Der Rahmenbruch verändert bei der negativen Erfahrung das Engagement der in diesen Rahmen involvierten Person, sie wird sich intensiv mit der Situation befassen und zu verstehen suchen, wie es dazu kommen konnte.

„The immediate consequence of bewilderment about what is going on – when our experience, as Goffman puts it, seems to have been ‚negated' – is an abrupt increase in involvement; the need to know what is really going on becomes acute." (Burns 1992, S. 270)

Als ein dramaturgisches Mittel wird die Erzeugung negativer Erfahrungen bei Aufführungen eingesetzt, die Inkonsistenz vermeintlicher Deutungskontexte soll die Teilhabe des Publikums erhöhen. Insofern sind aus Perspektive der Rahmen-Analyse Aufführungen ein idealer Gegenstand zur Untersuchung negativer Erfahrung (ebd. S. 284).

Auf die verschiedenen dramaturgischen Mittel, die Goffman systematisch anhand von Beispielen aus dem Bereich von Fernsehen, Show und Theater vorführt, soll hier nicht eingegangen werden, da es im Vorliegenden nicht um die Untersuchung von Rahmenbrüchen bei der Bildgestaltung, sondern um die Erzeugung von Rahmenbrüchen in der Rezeptionssituation geht. Die Perspektive der negativen Erfahrung richtet sich nicht auf die Gefährdetheit jeder gerahmten Erfahrung „aus den Angeln gehoben zu werden", sondern auf die Vorstellung der Betroffenen über das Geschehen – also nicht auf den Rahmen, sondern auf die Rahmung (s. o.), und zwar nicht jener der Akteure des Rahmens (im Bild), sondern jener der Zuschauer (Goffman 1993, S. 471).

Die Gefährdung der Erfahrung verweist auf die Abhängigkeit der Bedeutung vom jeweiligen Kontext. Fehldeutungen von Rahmen sind beispielsweise bei primären Rahmen der Glauben, dass zum Stolpern ein Gehfehler führte und nicht ein Teppich, auf Ebene der Modulationen der Glauben, dass es sich um einen tatsächlichen Überfall und nicht nur um Spaß handelt, und auf Ebene der Täuschung, der Glauben hereingelegt worden zu sein, obwohl das nicht so ist (S. 340ff.). Gewöhnlich schließt der Kontext falsche Deutungen aus und bringt die richtige zur Geltung: „Man könnte den Kontext geradezu definieren als unmittelbar vorhandene Ereignisse, die mit einer Rahmenauffassung verträglich sind und mit anderen unverträglich." (S. 473) Er bestimmt, welche Deutungsmöglichkeit von Verhaltensweisen oder auch Zeichen ausgeschlossen werden, und welche zugleich zur Geltung gebracht wird: „The frame provides a sort of natural boundary for the field of meaning and helps individuals to code the sense data presented." (Burns 1992, S. 243) Sollte diesbezüglich keine Eindeutigkeit bestehen, „so bemühen sich die Beteiligten, die notwendigen Daten zu beschaffen, hier gewissermaßen der Natur zu sich selbst zu verhelfen" (Goffman 1993, S. 473). Ja, es besteht nach Goffman sogar die verdeckte Auffassung, dass wenn solche Mehrdeutigkeiten nicht behoben werden können, das Finden der richtigen Kontextualisierung zeigen könnte, was eigentlich vor sich ging. Es werden „Stützungskonstruktionen" (Goffman) vorgenommen, die den Zweifel ausräumen und Begründungen für ein richtiges Verstehen der Situation herstellen sollen. Hat man einmal ein rahmenstimmiges System geschaffen, fällt es sehr schwer, solche Stützungskonstruktionen wieder aufzugeben.

Aus einer anthropologischen Perspektive ist der Mensch bei Goffman damit zwar einerseits in Ordnungen eingebunden, die für die Handlungsorganisation entlastend wirken und die Ausbildung von Routinen ermöglichen, andererseits aber „erkennt er sie als stabilisiert lediglich qua Zustimmung und Einverständnis und damit als ‚verfügbar', in dem Maße aber werden sie ihm eben auch problematisch, zweifelhaft, fragwürdig" (Hitzler 1992, S. 454). Doch erscheint die Fragwürdigkeit der Ordnungen nicht demjenigen Interaktionsteilnehmer, der mit den Sinnvorgaben von Rahmen zurechtkommt, sondern vielmehr jenem, „der sich über sie Gedanken macht, der daran interessiert ist, sie zu *definieren*" (S. 457).

Einen solchen Moment des Reflexiv-Werdens fragloser Ordnungen anzustoßen, um so einen Zugang zum Rahmungswissen der Rezipienten zu erhalten, war Ziel der hier konzipierten Erhebungsmethode. Die Untersuchungssituation sollte also so konzipiert sein, dass sie eine negative Erfahrung erzeugte, was wiederum die Interviewpartner motivieren sollte, Deutungsversuche zu unternehmen. Ihre Deutungsversuche wurden als Manifestation ihrer Kenntnisse darüber angesehen, wie eine Bildvorlage zu rahmen sei. „Rahmungswissen'" ist nach Soeffner

„das Verfügungswissen über Interpretationsanweisungen zu denjenigen Anzeigehandlungen oder Zeichen, mit deren Hilfe andere Zeichen zu einer in sich stimmigen Deutungseinheit zusammengebunden werden sollen. Vor allem aber ist es ein Wissen darum, dass ohne die Beigabe von Deutungshinweisen oder -vorschriften, konkrete, situativ für alle Beteiligten gültige Bedeutungszuschreibungen zu Handlungen oder Äußerungen nicht möglich sind." (1986, S. 76)

Rahmungshinweise finden sich als Zeichentypen in Ritualisierungen, Settings (Theaterstück und Wettkampf) und Stilen (z. B. der persönliche Ausdrucksstil) (Willems 1997, S. 68f.). Als „Deutungs- und Regieanweisungen" (Soeffner 1989) bündeln und kontextualisieren sie Handlungssinn, so dass Kontingenz reduziert wird. Rahmen werden also durch bestimmte Strukturen erkennbar, nach denen Rahmentypen klassifiziert werden können, bezüglich der Medien also Genre-Rahmen. Den Akteuren ist das jedoch weniger transparent, wenngleich sie wissen, wenn etwas nicht im Sinne der gewohnten Ordnung vonstatten geht:

„Die Regelstrukturen der Interaktion und die Komplexität der Wirklichkeit sind also – um die beiden nützlichen Begriffe von Anthony Giddens (...) zu verwenden – zum geringeren Teil Bestandteil unseres diskursiven Bewußtsein [sic], im wesentlichen sind sie im ‚praktischen Bewußtsein' enthalten." (Lenz 1991, S. 49)

Ist das Rahmungswissen nicht instrumentell vorhanden, so ergibt sich doch aufgrund der prinzipiell gegebenen Auslegungsbedürftigkeit sozialer Realität, die erzwingt, Rahmen kontinuierlich zu erkunden und immer wieder neu zu begründen, „eine gewisse reflexive Distanz zur eigenen Lebenspraxis sowie eine Art parasoziologisches Wissen", das dann auffällig und soziologisch interpretierbar wird, wenn sich Interakteure zu Rahmungsleistungen veranlasst sehen (Willems 1997, S. 48).

Ein Rahmungsvorgang spiegelt nicht nur das Wissen über Interpretationsanweisungen, sondern er basiert auf der grundsätzlichen Annahme, dass solche Interpretationsanweisungen vermittelt werden, mit anderen Worten, dass Medientexte Interpretationsanweisungen enthalten, mit Hilfe derer sie verständlich werden. Das „Framing" wird anhand der vorgegebenen „Deutungs- und Regieanweisungen" vorgenommen, übertragen auf die Bildrezeption also auf die Deutungsanweisungen im Bild. Damit konnten die in der Untersuchung gewonnenen Rahmungsversuche als ein Wissen angesehen werden, das die Kenntnisse der Interviewpartner über Deutungsanweisungen enthält und dabei eine Interpretation der im Bild mitgelieferten Deutungsanweisungen darstellt.

Auch wenn das Rahmungswissen als Interpretationswissen zur Verfügung steht, so kann es doch nie vollständig sein. Rahmen sind nicht als starre Formen zu verstehen, die jeweils aufgefüllt werden „mit fixierten Typen", sondern sie werden in konkreten Interaktionen immer wieder neu hergestellt und angepasst (vgl. Soeffner 1986, S. 81f.). Von den Interaktionspartnern ist nach Soeffner damit verlangt, die jeweilige Rahmung ernst zu nehmen, die Relativität des mit ihr verliehenen Wirklichkeitsakzentes zu akzeptieren und diese als Bestandteil der in der sozialen Wirklichkeit konstituierten Wirklichkeitsbereiche mit ihrer eigenen Dynamik von Gültigkeit und Neu-Definition zu verstehen:

„Die jeweilige Inszenierung muß dabei 1) in ihren materialen und formalen Handlungselementen ernstgenommen werden, d. h. sowohl in ihrem materialen Gehalt als auch in ihren Handlungs- und Auslegungsvorschriften und dem darin akzeptierten Wirklichkeitsausschnitt. Sie muß trotz dieses Ernstnehmens 2) implizit in ihrer pragmatisch begrenzten Gültigkeit, ihrer quasi ‚fiktionalen' Qualität, und damit Relativität, akzeptiert werden, die sie als konkrete Inszenierung im Wissen aller Beteiligten von anderen Inszenierungen, anderen Handlungs- und Auslegungsvorschriften, anderen Wirklichkeitsakzenten unterscheidet. Und sie muß 3) als Element der aktiven gesellschaftlichen Reproduktion und Konstruktion jenes Kosmos von ‚multiple realities' und ‚mannigfaltigen Wirklichkeiten' begriffen und dargestellt werden können, deren widersprüchliche Struktur aus Tendenz zur Sinneinheit und Geschlossenheit einerseits und Brüchigkeit und Über-sich-selbst-Hinausweisen andererseits sie bereits im Kern (…) enthält." (S. 83)

Das Verständnis der sozialen Wirklichkeit als einer prinzipiell auszulegenden hat zur Konsequenz, dass auch das Deutungsoffene und -widerständige gerahmt wird. Wo der Deutungshorizont unklar ist, werden, wie Soeffner formuliert, die zugehörigen Kontexte „imaginiert oder notfalls ‚frei' erfunden – ohne daß dies den Deutenden klar zum Bewußtsein kommen muß" (ebd. S. 84). Gerade in dieser Vagheit machen Rahmungsleistungen sichtbar, was bezüglich bestimmter – in diesem Fall vermuteter Kontexte – als typisch angesehen wird. Für die Untersuchung war das eine günstige Voraussetzung, konnte doch davon ausgegangen werden, dass die Interviewpartner eine Deutung vornehmen würden.

Als Konsequenz der „Präreflexivität" der sozialen Ordnung lehnt Goffman sozialwissenschaftliche Methoden wie Interview und Experiment ab. Er wählt nicht die Perspektive, die von der Gesellschaft auf das Individuum ausgeht, also jene des Interviewers, sondern geht umgekehrt vor und fragt nach der Sicht des Individuums auf die Gesellschaft. In der Rahmen-Analyse bestehen seine Quellen zumeist in Fundstücken aus der Presse und Literatur, anhand derer er Situationen zeigt, in denen Rahmen auffällig werden, also sprachlich gefasste Situationen, die er als Ereigniseinheiten gerahmter Realität aus Perspektive der Beteiligten interpretiert (vgl. Manning/Cullum-Swan 1992, S. 244). In der vorliegenden Untersuchung geht es ebenfalls um das Verstehen sozialer, hier medienvermittelter Wirklichkeit durch ihre Akteure. Die Interviews stellen durch die Anordnung der Untersuchungssituation (sprachliche Begründungen von) Rahmungsleistungen dar. Als vom Forscher zu interpretierende Interpretationen stehen die zur Analyse vorliegenden Interviews auf eben der Rahmungsstufe, auf der sich Goffman mit seiner Typisierung bewegt.

Wichtig für die Konzeption der Untersuchungsmethode und die Absicherung des gewählten Vorgehens waren neben dieser theoretischen Einordnung die Erfahrungen aus einem Seminar zum Thema Bildpädagogik im WS 98/99 (ca. 40 Teilnehmer) an der Universität München. Hier hatten die Studierenden die Aufgabe erhalten, Bildsequenzen aus verschiedenen Genres (Nachrichten, Reportage, Film, Werbung) aufzunehmen und zusammenzufügen. Das so zusammengestellte Videoband führten sie ihren Kommilitonen vor, ohne die ursprüngliche Bildquelle anzugeben. Die Betrachter sollten diese anhand der Darstellungsform herausfinden. Ziel war es, den Zusammenhang zwischen der Machart von Bewegtbildern und dem Wissen darüber als eine Form von Medienkompetenz zu veranschaulichen. Diese im Vorstadium der Untersuchung vorgenommenen Gespräche im Seminar, die als Gruppendiskussionen verstanden werden können (vgl. Mayring 1996, S. 58f.), zeigten, dass die analytisch vollziehbare Trennung von Bildgestaltung und Bildinhalt auf Interpretationsebene nicht durchhaltbar ist. Die Studierenden bezogen ihre Argumente auf den Bildgegenstand *und* die Darstellung und sie erwiesen sich darüber hinaus als kompetent, detaillierte Genreangaben und mit diesen Einordnungen als real oder fiktional vorzunehmen. Diese Aspekte, insbesondere der Einbezug des Inhalts in die Zuweisung zur Bildquelle, wurden bei der Untersuchung erweiternd aufgenommen, indem die anfängliche Konzentration auf die technischen Darstellungsmittel fallengelassen wurde. Ansatzweise handelt es sich an dieser Stelle der Untersuchung damit um eine Vorgehensweise empirisch fundierter Theoriebildung (vgl. Kelle 1997, S. 285ff.), indem die Empirie zum Entdecken neuer theoretischer Zusammenhänge herangezogen wurde. Allerdings nicht so, dass die Empirie die Theoriebildung veranlasste, sondern so dass sie eine erweiterte und integrierende Perspektive beim Heranziehen vorliegender Ansätze der Filmsemiotik erlaubte.

6.1.2 Untersuchungsanlage

6.1.2.1 Materialauswahl

Da eine möglichst geringe Abweichung der Bilder von der natürlichen Kommunikationssituation angestrebt wurde, war eine Manipulation des Bildmaterials so weit wie möglich zu vermeiden und zugleich eine uneindeutig zu rahmende Bildvorlage zu bieten. Hilfreich dazu erwies sich wie gesagt die Vorgabe, dass sich die Aussagen nur auf Bilder, nicht auf Text(Sprach)-Bild-Zusammenhänge beziehen sollten, was der natürlichen Kommunikationssituation nicht entspricht, da Bewegtbilder fast immer in einem sprachlichen Kontext stehen. Allerdings kann man auch nicht den Ton ausschalten und dann eine ganze Sendung so laufen lassen. Das wäre nicht nur eine unzumutbare Situation für die Interviewpartner, sondern würde auch nicht zu den gewünschten Daten führen. Denn ein solches Bildangebot fordert nicht heraus, sich die Frage zu stellen, was vor sich geht, da der Rezipient lediglich veranlasst ist, so lang aufzupassen, bis er erkannt hat, woher die Bilder stammen könnten. Und auch dann wäre es noch problematisch, weil er soviel gesehen hätte, dass er sich an Einzelheiten, die ihn zu Rahmungsvermutungen veranlassten, nur noch schwer erinnern könnte. Insofern fiel die Entscheidung auf die Präsentation kurzer Sequenzen ohne Ton, die vollständigen Programmeinheiten entnommen wurden. Um die Rahmungsfrage anzuregen, sollten die Bilder ohne Angabe des Kontextes präsentiert werden. So war eine unklare Situation geschaffen, die Herkunft der Bilder musste allein aufgrund dessen, was die Bilder an Informationen transportierten, gerahmt werden.

Wie gesagt erscheinen Bewegtbilder fast ausschließlich in sprachlichen Kontexten. Innerhalb von solchen Einheiten aber ist der Stellenwert des Bildes unterschiedlich. Das Bild kann im Vordergrund stehen und die Hauptinformation transportieren, zumeist mit Geräuschuntermalung, aber es kann auch im Hintergrund stehen und den sprachlich gefassten, dominanten Informationskanal lediglich ausschmückend begleiten. Goodman (1981; s. a. 1974) spricht von einem exemplifizierenden und einem denotierenden referenziellen Bezug. Bei der Denotation verweist eine Bezeichnung auf ein Objekt, bei der Exemplifizierung verweist in umgekehrter Richtung ein Gegenstand auf die Bezeichnung, z. B. ein Stoffmuster auf eine Stoffart. Eine Exemplifizierung liegt aber nur dann vor, wenn das Beispiel auf diese Eigenschaft referiert und sie nicht bloß besitzt. Letztendlich ist dies aber eine Sache des Kontextes und damit von der jeweils intendierten Aussage abhängig. Die Exemplifizierung ist also „charakterisiert durch Referenz vom Denotat auf das Denotierende" (1981, S. 14). Eine Exemplifizierung liegt bei Standardbildern (vgl. Brosius/Birk 1994) im Fernsehen vor. Die Nachricht über die Ankunft eines Staatsbesuchs wird z. B. mit Bildern begleitet, die das Ausrollen eines roten Teppichs als Vorbereitung auf die Ankunft des erwarteten Gastes zeigen. Diese Aufnahmen referieren auf den Staatsbesuch, der das denotierende Ereignis in der Nachricht ist. Für den Fernsehzuschauer wird die Exemplifikation durch die standardisierten Bildmotive erkenntlich, sowie durch den Inhalt der Botschaft. Bei Staatsbesuchen, die selbst ein Ritual darstellen, werden bestimmte Handlungen immer wieder ausgeführt, die Typizität ist Bestandteil der Bildinformation, während z. B. Bilder von einem Autounfall vielleicht vom Motiv her standardisiert wirken mögen, sie aber dennoch singulär (zu verstehen) sind, da die Nachricht den konkreten Einzelfall heraushebt. Anders ist dies, wenn ein Bild als Illustration über den Rückgang der Zahl von Verkehrstoten eingesetzt würde, dann liegt eine umgekehrte Relation vor, das Bild bezeichnet nicht diesen Unfall, sondern die Nachricht Verkehrstote. Illustrierende Bilder, also solche, die nicht im Mittelpunkt des von der Medienberichterstattung fokussierten Inhaltes liegen, sind also durch den Kontext der Gesamtnachricht als solche erkennbar.

Diese Differenzierung ist insofern wichtig, als davon ausgegangen werden kann, dass der Zuschauer bestimmte typische Einstellungen kennt (ebd.) und auch den Verwendungszusammenhang dieser Einstellungen, er also aus der Gesamtnachricht schließen kann, ob ein Bild auf ein singuläres Ereignis referiert oder das Ereignis im Bild auf einen größeren Zusammenhang verweist. Die sprachlichen Informationen spielen hier eine maßgebliche Rolle. Doelker fasst den Wort-Bild-Zusammenhang mit dem „Mäander-Modell", das er dem Modell der Wort-Bild-Schere entgegensetzt. Fordert die Auffassung einer Schere zwischen Wort und Bild deren inhaltliche Deckungsgleichheit, was im Übrigen bei ihrer konsequenten Verwirklichung nicht nur Langweiligkeit, sondern auch eine eingeschränkte Informationsmöglichkeit zur Folge hätte, versteht das Mäander-Modell Bild und Ton als sich ergänzende Informationskanäle, die wechselweise im Vordergrund der Ereignisdarstellung stehen (1979, S. 56f.). Steht das Bild im Vordergrund, so handelt es sich – sofern ein Tonkanal vorhanden ist – um „monogene" oder „einsträngige" Texte (Doelker 1989, S. 165), bei denen Bild und Ton einheitlichen Quellen entstammen: „Kennzeichen für einen einsträngigen oder monogenen Text ist, daß die Wahrnehmungssituation für einen angenommenen Teilnehmer am abgebildeten Ereignis und für den Rezipienten der audiovisuellen Darbietung die gleiche ist." (ebd.) Ist das abgebildete Ereignis eines, in dem nicht oder nur sehr wenig gesprochen wird bzw. der Ton gemäß dem Mäander-Modell im Hintergrund steht, dann ist das Bild die dominante Informationsquelle und zeichnet sich durch eine weitgehende Verständlichkeit durch sich selbst aus, es ist nicht auf weitere Informationsquellen angewiesen, um auf seiner gegenständlichen Ebene verstehbar zu sein (was nicht heißt, dass die dann übermittelte Information dem intendierten, dem Gesamtzusammenhang der Sendung entsprechenden Inhalt kongruent ist). Bezüglich der angestrebten Untersuchungssituation liegt der Vorteil einsträngiger Texte also darin, dass sie ohne zusätzliche Informationen aus sich heraus sinnvoll sind. Eine weitere Besonderheit des Bewegtbildes ist seine Einbettung in das „Bilderfließ" (Prase 1997), zur Bedeutungskonstitution tragen sowohl die vorhergehenden wie die nachfolgenden Bilder mit bei. Insofern war neben der Einsträngigkeit oder Dominanz im Ton-Bild-Zusammenhang ein weiteres Kriterium für die Bildauswahl die Abgeschlossenheit der vorgeführten Sequenz, wobei Abgeschlossenheit sich nicht auf den ursprünglichen Text bezieht, sondern auf den inneren Zusammenhang der ausgewählten Bilder.

Die genannten Punkte sollten ebenfalls die Verständlichkeit und damit auch Behaltensleistung der Rezipienten bezüglich der ausgesuchten Bilder ermöglichen. Weiterhin wurde so erreicht, die Natürlichkeit des Untersuchungsmaterials, trotz seiner Herausnahme aus dem Gesamtzusammenhang und der Ausblendung des Tonkanals weitgehend zu erhalten, was noch dadurch verstärkt wurde, dass Sequenzen ausgewählt wurden, in denen der Ton nur hintergründig ist (z. B. als Musik) oder mehr oder weniger überhaupt nicht gesprochen wird bzw. ein eventueller Kommentar ausgeblendet werden kann. In allen Fällen wurden solche Sequenzen ausgewählt, in denen der Sinn der Handlungen aus sich heraus erkennbar ist.

Es wurden insgesamt acht Sequenzen aus acht verschiedenen Quellen entnommen, wobei je vier Sequenzen realitäts- und je vier fiktionsbezogen sind und darüber hinaus unterschiedliche Formen der Ereigniswiedergabe besitzen (siehe Auflistung). Sie alle wurden auf einem Band zusammengefügt, so dass das Material ohne Kassettenwechsel vorgeführt werden konnte. Die Reihenfolge der Sequenzen war zufällig. Beim zweiten Ansehen der einzelnen Sequenzen wurde das Band zurückgespult. Die Ausschnitte hatten eine Länge von 32 bis 100 Sekunden. Die oben erwähnten Gruppendiskussionen im Seminar hatten gezeigt, dass bei längeren Sequenzen die Informationsdichte zu hoch wird, um detailliert erinnert zu werden.

Quelle der Beispiele und Reihenfolge des Untersuchungsmaterials im Interview:

- Sequenz 1 *Cubus*: „Cubus" von Juri Köster, 1998; Hochschule für Fernsehen und Film München (illustrierend-fiktionale Ereigniswiedergabe)

- Sequenz 2 *Hochzeit*: „Hochzeit auf Schloss Windsor", ZDF am 19.6.99 (authentische Ereigniswiedergabe)
- Sequenz 3 *Roboter*: „It's all around you"; Musikvideo der Sängerin Björk; MTV (illustrierend-fiktionale Ereigniswiedergabe)
- Sequenz 4: Küstenwache: „Küstenwache"; ZDF am 7.7.99 (dokumentarisch-fiktionale Ereigniswiedergabe)
- Sequenz 5 *Venedig*: „Die letzten Venezianer" von Sorin Dragoi und Alina Teodorescu, 1998; Hochschule für Fernsehen und Film München (illustrierend-reale Ereigniswiedergabe)
- Sequenz 6 *Kinderfrau*: Private Videoaufzeichung eines amerikanischen Ehepaares aus „RTL Explosiv"; RTL am 13.7.99 (authentische Ereigniswiedergabe)
- Sequenz 7 *Gefechtssimulation*: Gefechtssimulation aus „Force XXI"; ARTE am 9.5.96 (simuliert-reale Ereigniswiedergabe)
- Sequenz 8 *Kalligraphie*: „Die Bettlektüre" von Peter Greenaway; 1996 (illustrierend-fiktionale Ereigniswiedergabe).

(Eine Sequenzanalyse zum Nachvollzug des vorgeführten Materials findet sich im Anhang.)

6.1.2.2 Die Untersuchungsgruppe

Die Untersuchung wurde in den Räumen des Instituts für Pädagogik, Lehrstuhl für Allgemeine Pädagogik und Bildungsforschung im Sommersemester 1999 durchgeführt. Die Interviews dauerten zwischen 60 und 80 Minuten. Die Interviewpartner waren zum Teil durch einen Hinweis im Seminar, zum Teil durch einen entsprechenden Anschlag am Lehrstuhl ausgewählt worden. Sie erhielten in der Ankündigung folgende Informationen: einen namentlichen Hinweis auf das laufende Projekt „Bildrezeption", die geschätzte Interviewdauer (ca. 75 Minuten) und die Vergütung des Interviews mit 20,– DM. Alle in die Auswertung aufgenommenen 14 Interviews hatten mit deutschsprachigen und in Deutschland aufgewachsenen Personen stattgefunden[3], waren im Alter zwischen 22 und 28 Jahre (5 Männer, 9 Frauen) und Studierende der Allgemeinen Pädagogik auf Magister im Haupt- und Nebenfach sowie Lehramt. Die Wahl der Untersuchungsgruppe war auf Studierende gefallen, da erwartet werden konnte, dass sie über die notwendige sprachliche Kompetenz verfügen, ihre Seheindrücke in Worte zu fassen – eine nicht selbstverständlich zu erwartende Reflexionsleistung. Nähere Kenntnisse über das Forschungsprojekt bestanden bei den Interviewpartnern nicht. Einige waren Teilnehmer

---

3   Es wurden insgesamt 15 Interviews durchgeführt, wobei mit Rücksicht auf die Homogenität der Untersuchungsgruppe nur 14 ausgewertet wurden, da sich im Laufe des Interviews 10 herausstellte, dass die Studentin als Deutsche in Brasilien aufgewachsen war und somit nicht über eine in Deutschland stattgehabte Mediensozialisation verfügte.

eines zur gleichen Zeit stattfindenden Seminars, das in keinem inhaltlichen Zusammenhang mit dem Forschungsprojekt stand.

Ursprünglich war es geplant gewesen, eine quantitative Erhebung in die Untersuchung miteinzubeziehen, bei der mit Hilfe eines semantischen Differenzials der realistische oder wenig realistische Eindruck von Bildern erhoben werden sollte. Aufgrund der fortschreitenden Spezifizierung der Fragestellung im Projektverlauf und des damit verbundenen methodischen Ansatzes wurde dieses Vorhaben nicht weitergeführt, nachdem bereits eine entsprechende Fragebogenuntersuchung durchgeführt worden war. Dazu waren im genannten Seminar vier kurze Sequenzen ohne Ton und Quellenangabe vorgespielt worden, neben anderen auch ein Ausschnitt aus dem Beitrag „Force XXI", etwas kürzer als der später gewählte Ausschnitt *Gefechtssimulation*. Nach der Untersuchung war kurz angegeben worden, woher die Sequenzen stammten. Aus diesem Grund kannten jene Interviewpartner, die das Seminar besucht hatten, die Sequenz. Da eine Kenntnis der Bilder generell nicht auszuschließen gewesen war und auch nicht Intention der Untersuchungsanlage, wurde dies bei der Auswahl der Interviewpartner resp. des Materials nicht weiter berücksichtigt. Im Nachhinein erwies sich dieser Punkt im Interviewmaterial als aufschlussreich, was unten noch näher ausgeführt wird. In der Auswertung wurde keine Differenzierung zwischen weiblichen und männlichen Probanden vorgenommen. Hinsichtlich der Fragestellung schien dieser Unterschied irrelevant, in den Interviews fiel er in der Sequenz *Kalligraphie* auf und wird hier entsprechend berücksichtigt. Mit Ausnahme dieser Sequenz ist von „der Interviewpartner" etc. die Rede, was sich nicht auf das Geschlecht, sondern die Rolle in der Untersuchungssituation bezieht.

6.1.2.3 Durchführung der Interviews

Das gewählte Untersuchungsdesign stellte die Erzeugung einer negativen Erfahrung in dem Sinne dar, dass die Probanden aufgefordert wurden, das Bruchstück eines „natürlichen" Bildangebots zu rahmen, Negativität ergab sich also aus der Notwendigkeit der Orientierung hinsichtlich der Rahmungsfrage „Was geht hier eigentlich vor?" (Goffman 1993, S. 16). Die Interviews sollten die innere und mehr oder weniger reflektierte Beantwortung dieser Frage als gesprochenen Text interpretierbar machen. Die in der Erhebung gewonnenen Daten sind im Sinne Grimms anzusehen als „das Resultat eines *inneren Dialogs*, der sich bei der Rezeption zwischen der Filmvorlage und dem Vorwissen des Rezipienten entspinnt" (1999, S. 610). Sie machen die Aktivitäten des Rezipienten transparent und zwar in ihrem engen Bezug auf die vorgelegte Bildsequenz hin (Müller/Wulff 1997, S. 172).

Alle Interviews wurden vom Untersuchungsleiter selbst durchgeführt, womit die Interviewsituation durch das Rollenverhältnis Student-Dozent mitbestimmt wurde. Dieses Verhältnis war hinsichtlich der Gesamtuntersuchungsanlage ein Vorteil, weil das notwendige Involvement der Interviewten nicht allein durch das angebotene Bildmaterial gewährleistet werden konnte. Aufgrund des Rollenverhältnisses war zusätzlich zur Motivation durch die Interviewsituation selbst zu erwarten, dass die Studierenden den Wunsch besaßen, sich möglichst gut darzustellen, was sich auch darin niederschlagen würde, dass sie differenzierte Begründungen für ihre Interpretationen vornehmen würden.

Die einzelnen Sequenzen wurden zweimal hintereinander vorgeführt, einmal ohne Angabe des ursprünglichen Verwendungskontextes, und das zweite Mal mit dieser Angabe. Von dieser Regel weicht lediglich das Interview 01 ab, hier wurden erst alle Sequenzen mit und dann nochmals ohne Angabe vorgeführt, was sich als ungünstig erwies, weil die Diskussion jeder einzelnen Sequenz nicht sofort abgeschlossen werden konnte. Das zweite Ansehen mit Quellenangabe wurde primär zur Auflösung der Spannung der Interviewsituation durchgeführt.

Der Interviewte ist durch das Material verunsichert, er möchte gern das Richtige sagen, bekommt aber zunächst keine Unterstützung durch den Interviewer. Wie der Interviewte unter Einbezug verschiedener Begründungen „hin und her" überlegt, was das für eine Aufnahme sein könnte, soll an folgender Interviewpassage aus der Sequenz *Hochzeit* veranschaulicht werden:

„Ja, was Feierliches. Ich hab gleich irgendwie ein bisschen an Lady Di gedacht, aber ich weiß nicht, ob die das wirklich ist. Oder ob das (Pause) ja, der berühmte Schlafzimmerblick ... oder ist das die andere, die jetzt geheiratet hat, die sehen sich ja so ähnlich, ich hab das leider nicht gesehen, das kann auch die andere sein, das weiß ich nicht so genau. Weil ... erst hab ich gedacht, das ist so ein Rückblick von Lady Di, weil sie ja eben noch nicht so lange tot ist, aber dann müsste es jetzt schneller weitergehen. Und dadurch, dass das jetzt detailliert gezeigt wird, sieht es wie eine Live-Aufnahme aus" (06).

Die zweite Vorführung sollte dem Probanden die Möglichkeit geben, sein Rahmungsvorgehen zu erklären und zu begründen, es gab auch dem Interviewer die Gelegenheit, die Leistung der Interviewten, die ja nicht nach richtig oder falsch bemessen wurde, zu würdigen. Dieses zweite Ansehen bestand also in einer Art Diskussion der Bilder auf einem gleichberechtigten Niveau zwischen Interviewpartner und Untersuchungsleiter. Ich möchte, da die Transkriptionen dieses zweiten Durchlaufs in der Auswertung nicht dargestellt werden, an einem Beispiel nochmals aus Interview 6 zeigen, wie der Interviewpartner sein Rahmungsvorgehen und seine Verunsicherung erklärt. Das innere Bild der Prinzessin Diana *„überlappe"* sich aufgrund der Ähnlichkeit der beiden Frauen mit dem vorliegenden Bild von Sophie Rhyce-Jones. Letzteres wurde danach nicht genau wahrgenommen, weil das Bild der berühmten Prinzessin dominierte. Mit einem Verweis auf die eigene Expertise, in Referaten nicht standardisierte Bilder einzusetzen, um solche Effekte zu umgehen, wird die beim ersten Ansehen vorgenommene Argumentation bekräftigt:

„Sie [die Bilder; M. P.] überlappen sich irgendwo, sie passen aber irgendwo doch nicht zusammen, und darauf konzentriert man sich jetzt nicht so sehr, jetzt wo ich es weiß,

kommt natürlich, kann ich mich jetzt auch darauf konzentrieren, aha, da sind jetzt welche, die den Schleier tragen ... und darauf achtet man mehr und vorher ging das schlecht, als man dieses andere, also, als ich dieses andere Bild noch hatte. ... Also, wie schwierig das doch ist, also ich kenne das auch noch in anderen Bereichen, wenn man einmal so feste Bilder drin hat und dann kommt so ein Neues, also das ist genauso schwierig wie alte Wissensstrukturen aufzubrechen und die dann zu erneuern, und das ist bei Bildern noch extremer ... in Referaten wird immer mehr, werden immer mehr so Computerbilder verwendet, die jeder in diesem Power Point hat. ... Das wird in so vielen Vorlesungen verwendet, oder hab ich jetzt schon soviel erlebt, dass es mir Schwierigkeiten bereitet, das dann auseinander zu halten, und dass ich selber jetzt, als ich ein Referat gehalten hab, bewusst nur mit der Hand gemalte Bilder verwendet habe, um das zu vermeiden" (06).

Nach einer Erklärung des technischen Vorgangs (zweimaliges Vorspielen der Sequenzen, Aufzeichnung des Interviews) wurde der Interviewpartner aufgefordert, das laut auszusprechen, was ihm zu den gesehenen Bildern einfiele, also sich gemäß der Methode des „Lauten Denkens" (Huber/Mandl 1994; Weidle/Wagner 1994) sofort frei zu den gesehenen Inhalten zu äußern oder lediglich die gesehenen Gegenstände zu beschreiben. Auf diese zweite Möglichkeit griffen insbesondere jene zurück, die unsicher waren, woher die Sequenz entstammen könnte. So gewöhnte sich der Interviewte an die Situation und erfuhr, dass das, was er sagte, wichtig war und positiv aufgenommen wurde. Die Frage, woher die Sequenz stammen könnte, wurde zu diesem Zeitpunkt nicht gestellt, sofern die Interviewten nicht selbst darauf zu sprechen kamen, wurde sie später gestellt. Das Interview verlief ohne Leitfaden, im Gesprächsverlauf wurde versucht, Begründungen der Interviewten für ihre Aussagen und Eindrücke zu erhalten, die gestellten Fragen waren also jeweils abhängig vom Gesprächsverlauf. Das Interview war geleitet durch folgenden Interessenshorizont:

- Erkennt der Interviewte, ob es sich um Realität oder Fiktion handelt?
- Warum ordnet er eine Sequenz so und nicht anders ein?
- Welche Bedeutung hat für ihn der gesehene Inhalt?
- Fallen ihm besondere Darstellungsformen auf?

Die gewählte Interviewmethode ist also zugleich als offen und problemzentriert einzustufen. Sie ist problemzentriert, weil die Forschung an „konkreten gesellschaftlichen Problemen an[setzt], deren objektive Seite vorher analysiert wird" (Mayring 1996, S. 51). Weiterhin ist sie gegenstandsorientiert, d. h. sie wurde speziell für die Untersuchung konzipiert und nicht bereits als vorgefertigte Methode übernommen (vgl. S. 50). Im Gegensatz zum problemzentrierten Interview bestand kein Interviewleitfaden, der in den Interviews „abgearbeitet" wurde, sondern der Fragehintergrund ergab sich aus der angewandten Methodik der Rahmung mit den oben genannten Teilaspekten. Im Interview 01 hatte ein Leitfaden zu den beschriebenen Punkten vorgelegen, der dann aber nur eingeschränkt zum Einsatz kam und in allen weiteren Interviews nicht mehr verwendet wurde, da er den Erzählfluss hemmte, nicht differenziert genug war für den Interviewverlauf und eine Art Prüfungssituation erzeugte.

Ähnlich wie im narrativen Interview war es Ziel, die Interviewpartner „zum Erzählen zu animieren" (S. 54), und zwar hinsichtlich des zu rahmenden Ereignisses. Auch hier entstand eine narrative Struktur: Die Interviewpartner versuchten, das Gesehene hinsichtlich der ihnen auffälligsten Merkmale der Bilder zu rahmen, wobei sich ein Hauptargument herauskristallisierte, das sie als zentral für ihre Rahmung „verteidigten" und immer wieder aufnahmen. Auch beim zweiten Ansehen setzten sie hier wieder an. Diese Struktur wurde allerdings erst bei der Auswertung auffällig, im Interviewverlauf selbst wurde die individuelle Rahmung des Interviewpartners zum Ansatzpunkt für eventuelle Fragen des Interviewers genommen, wobei es Ziel war, möglichst wenig zu fragen und wenig Hinweise zu geben, um die Rahmung nicht zu beeinflussen. Ein starrer Leitfaden hätte es verboten, differenziert auf die jeweilige Situation zu reagieren. Die Interviewten argumentierten nicht Punkt für Punkt, sondern nannten immer mehrere Gründe gleichzeitig für ihre Argumentation, wiederholten diese Gründe und variierten sie auch. Die Aufgabe des Interviewers lag also darin, im Moment des Interviewverlaufs diese Argumentation zu erkennen und auf das Untersuchungsinteresse zu beziehen, und zwar so, dass der Interviewte möglichst nicht verunsichert wurde und frustriert abbrach, sondern zu weiteren Begründungen und Deutungen angeregt wurde. Ein Interviewabschnitt wurde beendet, d. h. die Bildquelle mitgeteilt, wenn der Proband nicht mehr zu weiteren Aussagen animiert werden konnte, wenn sich seine Argumentation wiederholte oder nicht zuletzt, wenn er selbst diese Sequenz als erschöpfend abgehandelt ansah. Ein Hauptanliegen des Interviewers war es dabei, trotz oder aufgrund der dem angelegten Untersuchungsdesign innewohnenden Rahmenfragwürdigkeit eine bestätigende und vertrauensvolle Atmosphäre zu schaffen (Mayring 1996, S. 51), den Interviewten darauf hinzuweisen, dass es keine richtigen oder falschen Deutungen gäbe, dass sozusagen das Bild resp. der Produzent „Schuld" seien an den vorgenommenen Deutungen.

6.2 Auswertung

Die Interviews wurden vollständig transkribiert und nach Sequenzen geordnet ausgewertet, also alle 14 Interviews jeweils abschnittsweise nach den acht Sequenzen zusammengefasst. Mit Hilfe des Programms „winMAX" zur computergestützten Analyse qualitativer Daten wurden sie codiert. Das Programm ermöglicht die Verwaltung großer Datenmengen, wie sie hier mit 14 Interviews bei einer Länge von ca. 75 Minuten gegeben war. So ist es nicht notwendig,

Textstellen zu paraphrasieren oder bedeutungsgleiche Textstellen zu streichen, um den Überblick über die erhobenen Daten zu bewahren (vgl. Mayring 1997, S. 59ff.), sondern mit diesem Programm zur qualitativen Datenverwaltung ist es möglich, jederzeit mit dem Ursprungstext zu arbeiten. Da sich die Argumente der Interviewpartner häufig hinsichtlich der Bedeutungsebenen des Bildes und hinsichtlich der Rahmung auf mehreren Ebenen bewegen, die manchmal innerhalb von Satzteilen gewechselt werden, ist zumeist nur der ganze Satz in seinem Kontext interpretierbar. Aus diesem Grund sind die Textstellen schwer zu verdichten. Dies hängt mit dem Rahmungsprozess selbst zusammen, der nicht in einer Richtung erfolgt, sondern auf verschiedene Ebenen gleichzeitig gerichtet ist.

Die Codierung stellte einen Organisationsschritt zur inhaltlichen Strukturierung des Datenmaterials dar (Mayring 1997), die Codes wurden als „Wegweiser" eingesetzt: „Ähnlich wie Verkehrsschilder an der Landstraße gelten die Codes nur als Hinweis darauf, dass man an einer bestimmten Stelle etwas so Benanntes findet." (Kuckartz 1999, S. 94) Die Codierung stellt also nicht bereits ein Ergebnis dar, sondern dient lediglich dem Auffinden von Textstellen. Anschließend wurden diese im Sinne des „einfachen Text-Retrievals" zu den einzelnen Codewörtern zusammengestellt (ebd. S. 102ff.). Eine eindeutige Zuordnung der Rahmungsargumente war insofern schwer vorzunehmen, als sie meist mehrere Rahmungshinweise zugleich aufnahmen. Aufgrund der beschriebenen Vorteile des Programms ließen sich diese Schwierigkeiten in der Ergebnisauswertung wieder beseitigen, weil alle Interviews vollständig codiert wurden und dann beim Text-Retrieval nicht verlorengingen. Vorgabe war es, alle Argumente zu codieren, und nötigenfalls die Codeworte weit auszulegen. So konnten auch Fehlcodierungen auffallen und diese Argumente in der Auswertung berücksichtigt werden, gingen also nicht verloren. Die anfängliche Codierung mit der Bestimmung der Codeworte wurde durch den Untersuchungsleiter und später durch zwei studentische Mitarbeiterinnen vorgenommen.

Die Codeworte wurden gemäß der im vierten Kapitel definierten Bedeutungsschichten des Bildes unter die drei Oberkategorien *Gegenstand*, *Darstellung* und *Genre* eingeteilt. Letztendlich stellten alle Argumente einen Hinweis auf das Genre dar, deswegen wurde hier differenziert nach Aussagen, in denen das vermutete Genre den Kontext für das Rahmungsargument liefert und solchen, die der Kategorie Darstellung und Gegenstand angehören und bei denen die Argumente Begründungen für ein vermutetes Genre liefern. In die Kategorie Genre fallen auch jene Argumente, die eine Abgrenzung zu anderen möglichen Genres liefern, wobei hier meist auf Darstellungsformen Bezug genommen wurde, diese Argumente also mehrfach codiert wurden. Entsprechend dem nicht-hierarchischen Verständnis der Bedeutungsschichten des Bildes, wonach Verbindungen zwischen allen Rahmenschichten in einem Verweisungszusammenhang der Rahmenebenen untereinander erzeugt werden, wurden alle Codeworte gleichrangig behandelt. Die Oberkategorien Genre, Darstellung und Gegenstand sind lediglich analytische Strukturierungshilfen für die Auswertung, sie stellen keine Gewichtung der einzelnen Argumente dar.

Die Codes Darstellung und Gegenstand erhielten jeweils Unterkategorien, sobald sich dies gemäß der Codierung als sinnvoll erwies. In der Kategorie Darstellung enthalten sie die filmsemiotischen Codes. Gemäß der hier eingenommenen rezipientenorientierten Perspektive wurden ausschließlich jene Darstellungsmittel codiert, die den Interviewpartnern selbst auffielen, das sind *Kameraperspektive, Schnitt* resp. *Einstellungslänge, Farbgebung* und *Bildoberfläche*. In der Kategorie Gegenstand wurden Argumente gefasst, die sich auf die sichtbaren Gegenstände und Aktionen beziehen, i. e. die erkennbaren *Objekte*, ob die Handlungen und Ereignisse *real* oder *fiktional* sind und deren *Bedeutung*. Diese Kategorien spiegeln die Gegenstandsebene des Bildes wieder, die im dargestellten Ereignis eine eigene Rahmung als real oder fiktional enthält und bezüglich der Ereigniswiedergabe als illustrierend (evtl. simuliert) oder authentisch auf den Inszenierungsgrad der Bilder bezüglich des hinter dem Bild liegenden Ereignisses verweist.

Kommentare in Form von *Assoziationen, Bewertungen* und dem Einbezug vorhandener *Wissensquellen* ergaben sich als Codierungen, die gemäß Glaser im Verfahren der datenbezogenen offenen Codierung entstanden (vgl. Kelle 1997, S. 315ff.). Diese Codes weisen auf Wissensbestände und Erfahrungen hin, die von den Rezipienten individuell eingebracht werden und nicht im Bild selbst enthalten sind. Weitere Codierungen als Unterkategorien von Darstellung und Gegenstand waren Argumente, die inhaltliche oder auf Darstellungsmittel bezogene Aussagen als Begründung für das Genre heranzogen, in Differenzierung zu jenen Argumenten, die das Genre direkt benannten. Auch diese Codierung ergab sich aus der offenen Codierungsarbeit und dokumentiert, dass bei der Rahmung mehrere Ebenen zugleich berücksichtigt werden, aber jeweils von unterschiedlichen Akzentsetzungen ausgehend.

Die Wahl der Codes ist damit einerseits der theoretischen Grundlegung der Filmsemiotik und der hier bestimmten Bedeutungsebenen des Bildes gefolgt, wodurch eine Bezugsetzung zwischen Bildzeichen und Interpretation gewährleistet wurde, andererseits ist sie unter Leitung des theoretischen Vorverständnisses empirisch erfolgt und spiegelt die Struktur des Rahmungsprozesses, bleibt dabei aber auf das Bild und seine Bedeutungsschichten beziehbar.

Die in den als so bezeichneten „Rahmungsprofilen" erzeugte Textstruktur erschien am geeignetsten, einen inhaltlich strukturierenden Einblick in das Material zu vermitteln. Gemäß Mayring soll eine inhaltliche Strukturierung „Material zu bestimmten Themen, zu bestimmten Inhaltsbereichen extrahieren und zusammenfassen" (1985, S. 198). Die leitende Frage bei der

Codierung war, aufgrund welcher bildlichen Hinweise die Rahmung in den einzelnen Sequenzen vollzogen wird. In der Auswertung wurde das Material so geordnet und zusammengestellt, dass die Argumente der Probanden in ihrem Bezug auf die Bedeutungsebenen des Bildes und in ihrer Struktur als Rahmung sichtbar werden. Sie wurden dazu nach ihrem Inhalt geordnet und auf die prägnantesten Aussagen reduziert. Die Originalsprache bleibt weitgehend erhalten und wird, wo dies die inhaltliche Aussage nicht verändert, leicht in Schriftsprache transformiert, um die Lesbarkeit zu erleichtern. Dieser Schritt stellt neben der Materialordnung und Präsentation zugleich eine Vorinterpretation insofern dar, als bereits theoretische Vorgaben miteingehen, nämlich das Verständnis der Rezeption als Interpretation bildlicher Hinweise auf (vermutete) Rahmen hin.

Es ist ein grundsätzliches Problem bei der Darstellung von Forschungsergebnissen, dass der Sozialforscher „bei der Präsentation und Plausibilisierung seiner Forschungsergebnisse um Verkürzungen und um eine Literarisierung nicht umhin[kommt]" (Schröer 1994, S. 21). Zum einen ist der Prozess der „Lesartenbildung" weder bewusst erlebbar noch planbar, was die Konsequenz hat, dass er nur begrenzt darstellbar ist, und zweitens sind die „nachzeichen-, aufzeichen- und erinnerbaren Forschungsanstrengungen (...) einfach zu verschlungen und komplex, als dass sie auch nur annähernd in Gänze dokumentierbar wären" (ebd.). Durch die Erstellung von „Rahmungsprofilen", die alle Argumente aller Interviews zu einer Sequenz gleichwertig inhaltlich zusammenfassen, ist eine „Literarisierung" der Ergebnisdarstellung gegeben. Ein Vorteil liegt jedoch darin, so das umfangreiche Material nicht nur für den Forscher handhabbar, sondern auch dem Leser zugänglich zu machen; zugleich spiegeln die Rahmungsprofile alle Argumente der Interviews (eine vergleichbare Vorgehensweise wählt Buckingham 1996).

Ein Rahmungsprofil repräsentiert nicht einen Einzelfall, sondern alle Argumente zu einer Sequenz und lässt darin die aufgrund der bildlichen Hinweise beanspruchten Rahmen sichtbar werden. Da es nicht um die Individualität des Einzelinterviews, sondern die bezüglich der bildlichen Hinweise bestehende Argumentationsbreite, die aus allen Interviews ersichtlich wird, geht, sind einmal gefallene Argumente genauso gewichtig wie häufig gefallene zu bewerten. In der Darstellung wird die gesamte Argumentationsbreite aufgeführt, also sowohl einfach wie mehrfach genannte Argumente. Um Redundanz zu vermeiden, werden bei inhaltlich entsprechenden Begründungen nur die prägnantesten Beispiele aufgeführt und alle weiteren zusätzlich in die Kategorie fallenden Argumente mit einem Quellenhinweis genannt; auf diese Weise wird auch die im Rahmen dieser Arbeit liegende Möglichkeit der Angabe von Tendenzen nach Häufigkeit ausgeschöpft. Die beim zweiten Ansehen der Sequenzen erhobenen Daten werden, wie gesagt, nicht in die Rahmungsprofile aufgenommen, sie dienen lediglich an einzelnen Stellen als zusätzliche Verstehensquelle.

Die Auswertung wurde vom vermuteten Genre, also dem äußersten Rahmen her und dann nach Argumenten, die ausgehend von Gegenstand und Darstellung einen direkten Bezug auf das Genre nehmen und andere mögliche Genres in Betracht ziehen bzw. verwerfen, vorgenommen. Anschließend erfolgte eine Auswertung der einzelnen Argumente in ihrem Bezug auf die Darstellung und ihre Unterkategorien sowie den Gegenstand und seine Unterkategorien. Dieses einheitliche Vorgehen in der Auswertung ist an den Rahmungsprofilen nicht erkennbar, hier wurde das Gewicht auf die Herstellung inhaltlicher Zusammenhänge gelegt. In einer Zusammenfassung wird am Ende jeder Sequenz nochmals verdeutlicht, welche Rahmungsargumente angeführt wurden.

Die inhaltliche Strukturierung soll aufzeigen, aufgrund welcher Hinweise die Interviewpartner das Problem: Was geht hier eigentlich vor? lösten. Ausgangspunkt ist, dass die in den Interviews aufgefundenen Argumente Interpretationen von Bildzeichen darstellen, sie spiegeln wieder, welche Hinweise Rezipienten dem Bild entnehmen. Da den Interviewpartnern ein Großteil der Informationen fehlte, mussten sie, der im 3. Kapitel ausgeführten Auffassungsweise der Rezeption als Rahmungsleistung gemäß, das jeweils Typische auffinden. Das Typische stellt eine Form von Makrostruktur dar, die eine Ausweitung der Bilder über den gesehenen Inhalt hinaus erlaubt. Umgekehrt sind die als untypisch und verunsichernd wahrgenommenen Inhalte und Darstellungsweisen aus der Negation resultierende Hinweise für den grundsätzlich vermuteten bzw. möglichen Rahmen. Von Interesse sind also nicht nur jene Argumente, bei denen sich die Interviewpartner sicher sind, sondern auch jene, die ihre Unsicherheit anzeigen und Abwägungen darstellen, warum etwas so oder eventuell auch anders sein könnte. Sie geben einen Hinweis auf die Unterscheidungsformen von verschiedenen Bildverwendungen. Die Interpretationen der Rezipienten stellen als Rahmungsversuche eine Auslegung auf den vermuteten Rahmen hin dar, sie weisen diese in den Rahmungsprofilen horizontartig auf. *Im Horizont der Auslegung wird damit der als typisch vermutete Rahmen erkennbar.* Der folgende Auswertungsschritt wird also als deskriptive Auswertung der Ergebnisse gemäß einer Strukturierung nach dem in den Codierungen bestehenden, theoretischen Vorverständnis vorgenommen.

6.3 Darstellung der Ergebnisse

6.3.1 Rahmungsprofil der Sequenz „Cubus"

Bei *Cubus* handelt es sich um den Kurzfilm eines Studenten der Hochschule für Fernsehen und Film in München. In der ausgewählten Sequenz geht es um einen Mann, der in einem unförmigen Entenkostüm für eine vorbeikommende Familie Späße macht. Die Eltern sehen mit ihrer kleinen Tochter der bunten Ente, die durch das Fenster in eine Souterrain-Wohnung beobachtbar ist, kurz zu und gehen. Die Ente winkt ihnen fröhlich auf Wiedersehen und stellt sich dann gutgelaunt vor den Spiegel. Stand sie hier zunächst ganz erwartungsfroh, so ändert sich die Haltung plötzlich, der Vogel dreht und betrachtet sich mit seinem nur noch traurig wippenden Federschwanz, dann nimmt er seine Kopfbedeckung ab und der darunter zum Vorschein kommende Mann sieht sich prüfend in die gelb geschminkten Augen. Das Kostüm der großen gelben Ente mit dem bunt gestreiften Schnabel, rotem Schwanz und Kamm lässt die meisten Interviewpartner sofort an eine Kinder- (03/04/07/11/12) oder Werbesendung (04/05/06/07) denken: „*Ente, Spaßvogel, Kindersendung*" (11). Der bunte Vogel spricht aber auch dafür, für Werbezwecke eingesetzt zu werden:

„Ist wahrscheinlich vielleicht eine Werbung für, ah nee doch nicht, vielleicht für irgendwelche Lebensmittel mit Milchprodukten" (13).

„Ein Gockel! Mit einem bunten Schnabel, eine Familie winkt rein, der Gockel tanzt, das ist eine Werbung. Bestimmt" (14).

Für einen Werbespot spricht nicht nur die Ente, sondern auch, „*weil es so helle Farben sind*" (05) und es „*es irgendwie so bunt aufgemacht war*" (07). Die weitere Entwicklung der Sequenz zerstört jedoch den Eindruck der Werbung. Insbesondere die lange Einstellung vor dem Spiegel, in der der Mann den Entenkopf abgesetzt hat und sich nachdenklich betrachtet, wird als Hinweis auf einen Spielfilm gedeutet (auch 04/05/07). „*Also im ersten Moment dachte ich, das wäre ein Werbespot, aber dann denk ich das nicht mehr, weil es jetzt einfach zu lange ist und jetzt die Personen, also diese hier [die Ente], zu sehr im Vordergrund steht*" (06). Gegen Werbung spricht auch, dass „*der Schluss einfach kein positives Gefühl für irgendwas vermitteln könnte*" (04). Und gegen eine Werbung spricht, dass kein Produkt gezeigt wird, das beworben werden könnte: „*Ja, ich hab' immer gewartet, jetzt muss irgendwie dann mal ein Produkt oder die bestimmte Richtung in den Vordergrund treten und das kam ja nicht. Erst habe ich gedacht, vielleicht auf dem Tisch, dass da jetzt gleich eine Frühstücks-Rama auftaucht*" (13). Ein Hinweis auf einen Film ist auch die Perspektive des Zuschauers auf das Geschehen, der in die Handlungen wie ein teilnehmender Beobachter hineingezogen wird und aus

Perspektive der Ente, aus dem Zimmer heraus von unten, die Familie sieht. *"Als man die gesehen hat, die da reingeschaut haben, daher dachte ich, dass es ein Film ist"* (09). Die Spezifizierung Kinderfilm wird insbesondere durch die Protagonisten Ente *"rein von der Verkleidung ... ein Kinderfilm"* (05) und durch die Familie gestärkt, weil hier *"auf die anderen drei Personen übergeschwenkt wurde, stand das Kind im Mittelpunkt und in diesen Kinderfilmen ist typisch halt auch immer irgend so eine witzige Figur und dann halt auch immer mit dem Kind"* (06).

Worin vom ersten Moment in keinem Interview ein Zweifel besteht, ist die Fiktionalität des Ereignisses. Es wird sofort als inszeniert erkannt, was für Werbung ebenso wie für einen Film gilt. Der Vorschlag des Interviewers, es könnte sich ja vielleicht auch um eine Reportage handeln, wird abgelehnt, Inhalt (*"also, ich weiß nicht worüber eine Reportage"*/05) und Darstellungsform scheinen dafür zu ungewöhnlich. Insbesondere die Kameraperspektive, die den Mann in den Vordergrund stellt und zum Hauptprotagonisten macht, irritiert. So würden bei einer Reportage *"zwar schon meinetwegen jetzt ein hungerndes Kind oder so gezeigt, von Dichtem, dann wird [das] aber gleich wieder von Weitem auch gezeigt, also da wird irgendwie nicht so was Emotionales oft nicht so gezeigt"* sondern es fände ein stärkerer Wechsel der Perspektiven zwischen Nähe und Distanz statt (06).

Auch das Vorhandensein einer Handlung wird als Argument gegen den vom Interviewer vorgebrachten Vorschlag einer Dokumentation herangezogen. Das etwas unklar formulierte Argument, *"als Dokumentation wäre es anders geschnitten"* (15) bezieht sich auf den durch die Montage hergestellten Bezug zwischen dem Hauptdarsteller und der Familie vor dem Fenster, der eine Handlung andeutet, die sich zwischen der Familie draußen und der Ente drinnen entspinnt. Eine solche Montageart wird als untypisch für eine Dokumentation angesehen, weil es hier keine Handlung wie in einem Film gibt. Auch die Assoziationen, die die Probanden spontan äußern, beziehen sich nicht auf reale Ereignisse, sondern auf andere (fiktionale) Filme, wobei Kindersendungen: *"Also da gab es mal so eine Schulfunksendung, mit der Rübe"* (03; auch 08) eine Rolle spielen, aber auch Filme für Erwachsene. So wird zweimal der Schauspieler *"Robin Williams"* (09 und 11) genannt, nachdem sich die Ente den Kopf abgenommen hatte, einem fällt *"Woody Allen"* ein (15). Diese Assoziationen spielen bei der Einschätzung, ob es sich um einen Film für Erwachsene oder für Kinder handelt, im Interviewverlauf insofern eine Rolle, als sie die Vermutung des fiktionsbezogenen Genres Film oder Film für Kinder stärken.

Nachdem die Genres Werbung und auch Dokumentation verworfen bzw. abgelehnt wurden, besteht nur bezüglich des Filmcharakters Unsicherheit. Dass es ein Film ist, ist zwar für alle Interviewten eindeutig, aber nicht, für wen er gedacht sein könnte. Zwei von ihnen erkennen, dass es sich nicht um eine Kindersendung handelt, wofür einmal herangezogen wird, dass der Ausschnitt beklemmend sei und an „*Henkersmahlzeit*" erinnere (08), ein anderes Mal die Darstellungsform (12; s. u.). Im Interview 12 besteht Unsicherheit, um was für eine Art Film es sich handelt, der künstlerische Anspruch wird offensichtlich erkannt in Abgrenzung zum Spielfilm. Die Bewertung, dass das zu real sei, etwas gefehlt habe im Vergleich zum Spielfilm, wird als Möglichkeit eingestuft, einen realistischen Eindruck über einen Zirkus in einem Spielfilm erwecken zu wollen: „*Wenn es ein Spielfilm wäre, ja dann wäre der Aufbau, denk ich anders, dann wäre das vielleicht wirklich ein Zirkus*" (12)

Die inhaltlichen Elemente, Verkleidung und Abnehmen der Maske, der lange Blick in den Spiegel, vermutlich auch der Wechsel von der fröhlichen Anmutung zu Beginn mit dem sich verstärkenden Eindruck von Bedrückung, animieren dazu, den Bildern Bedeutung zu verleihen, eine reine Beschreibung von Gegenständen findet nicht statt. Die Erwachsenen seien Eltern und sagten zu dem Kind „*Guck mal, das ist jetzt eine Ente*" (11). Die erst fröhliche Ente und dann der Mann vor dem Spiegel werden als „*Zwiespalt zwischen immer fröhlich sein und die anderen fröhlich machen und lustig sein und in Wirklichkeit selber irgendwie traurig zu sein*" (01) gedeutet oder als Auseinandersetzung mit der eigenen Identität:

„*Dass er irgendwie so diese Maske abzieht und eigentlich wer ganz anderes ist oder ein Mister Niemand*" (03).

„*Wer ist man wirklich? Was ist unter dem Kostüm? Aha, Selbsterkennung*" (07).

Spiegel und Maske besitzen in unserer Kultur eine starke Symbolik, die mit Identitätsfindung verbunden wird. Der traurige Clown (01) steht damit in Zusammenhang und ebenfalls die Assoziation mit einem Zirkus (12). Auch 12 sieht hier die Frage nach der eigenen Rolle ausgedrückt, geweckt durch die zuschauende Familie:

„*Vielleicht, dass man sich was vormachen kann, dass man in irgendeine Rolle schlüpft, und dann plötzlich merkt, dass, wenn man dann nicht mehr durch äußere Einflüsse oder durch das Betrachten der Kinder, jetzt von da draußen, und mit den Eltern beschäftigt ist und dann merkt man, dass das nicht die eigene Rolle [ist]*".

Gemäß Goffman finden solche Überlegungen auf Ebene des Rahmeninneren statt, welches das Ereignis darstellt. Doch die Probanden verlieren sich hier nicht, sondern argumentieren ausgehend von einer illustrierend-fiktionalen Referenz. Besonders deutlich wird das im folgenden Interview, wo zunächst eine starke Hinwendung zum Handlungsrahmen stattfindet, aus dem sich der Interviewpartner dann förmlich selbst herausreißt, indem er seinen „Rollenwechsel" des teilnehmenden Ich zum zuschauenden Ich mit einem „*zurück in die Realität*" (08) sozusagen sich selbst befiehlt:

„*Hm [Pause], vielleicht bin ich doch nicht so (zögernd) hübsch, wie ich gedacht hab. Irgendwie bin ich ein bisschen allein in dem großen Raum, sieht aus wie ein Gefängnis, vielleicht Henkersmahlzeit? (Pause) Zurück in die Realität. (lachen) ... also erst fand ich es total irgendwie witzig und danach hat es was wahnsinniges Beklemmendes gehabt"* (08).

Mit dem „*Hm*" und der anschließenden Pause wird das Folgende „eingeklammert", der Interviewpartner wechselt die Ebene und schlüpft in die Rolle der Ente. „*Henkersmahlzeit*" stellt die Steigerung der Szene da, wird durch das „*vielleicht*" zwar abgeschwächt, aber die Perspektive wird gewechselt, es findet ein Ausstieg aus diesem Rahmen statt und ein Wechsel zu einer äußeren Rahmenebene des Kommentierens. Die Möglichkeit eines Kinderfilms wird auch hier gänzlich abgelehnt, vermutlich, weil die Thematik als für Kinder ungeeignet angesehen wird.

Eine andere Form des Kommentierens stellen Bewertungen dar, auch hier findet Distanz von der Teilnahme statt und es wird das Wie der Darstellung hervorgehoben:

„Die Szene vor dem Spiegel, die war sehr gut, fand ich. Die war ohne groß, ohne viel Bewegung. Ist eigentlich nicht viel passiert, aber es war dieses Bild, das war ganz klar, also fand ich für mich ... Also, dass er jetzt aufhört so herum zu hampeln und da einfach nur vor diesem Spiegel steht und sich eigentlich so von oben nach unten anschaut, sich dann auch irgendwo seiner Lächerlichkeit dann bewusst wird" (09).

Vermutlich werden Inhalte deswegen als positiv bewertet, weil sie es dem Zuschauer ermöglichen, leichter auf die Ebene der Teilhabe zu wechseln und sich gefangen nehmen zu lassen, was im vorliegenden Beispiel durch die empfundene Eindeutigkeit der Bildsymbolik möglich wird.

Zusammenfassung

Der fiktionale Bezug der Sequenz *Cubus* wird anhand der tragenden Figur, des Menschen in der Kleidung eines Entenkükens, sofort hergestellt. Unsicherheit besteht zunächst bezüglich der Einordnung in ein spezifisches Genre, das aufgrund des Kükens und der fröhlichen Farben zu Beginn auf einen Werbe- oder Kinderfilm schließen lässt. Der Eindruck der Werbung verflüchtigt sich jedoch schnell, die Länge der Einstellungen und die Kameraperspektive werden als Grund genannt, und weiterhin fehle ein Produkt oder eine erkennbare positive Aussage. Der Handlungscharakter, der sich aufgrund der Montage zwischen dem Küken und der zum Fenster hereinschauenden Familie zu entwickeln scheint, spielt eine wichtige Rolle als Argument gegen realitätsbezogene Formen wie Dokumentationen. Die längere Einstellung des sich vor dem Spiegel betrachtenden Mannes wird als deutlichster Hinweis gegen Werbung und für einen Film angeführt, aufgrund ihrer Länge wird ihr eine spezifische Aussagefunktion zugeordnet. Diese Einstellung dient auch als Argument gegen einen Spielfilm oder eine Kindersendung und für etwas Anspruchsvolleres wie einen Kunstfilm. Insbesondere die mit dieser Szene verknüpfte symbolische Bedeutung wird als zu bedrückendes Thema für Kinder angesehen. Die Inhaltsebene nimmt die Interviewpartner gefangen, sie erleben sie als bedeutungsoffen und sind spontan motiviert, sie auf ihren Bedeutungsgehalt hin auszulegen. Die Elemente Maske und Spiegel zeigen einen stark symbolischen Charakter, der in Verbindung mit Clown auf eine Identitätsproblematik hinweist. Beim Anblick des Gesichts des Mannes werden Assoziationen zu bekannten Schauspielern aus Spielfilmen hergestellt. Die starke Symbolik der Szene nimmt auf der Handlungsebene resp. der inneren Rahmenschicht die Interviewpartner gefangen, zugleich hält sie die Suche nach der Intentionalität der gesehenen Ereignisse auf der Ebene der fiktionsbezogenen Aufführung fest. Hier spielen die eingesetzten Darstellungsmittel wie die lange Einstellung vor dem Spiegel, die Farbgebung, der sparsame Einsatz von Effekten und die Protagonisten (Ente, Kind, Erwachsene) eine Rolle bei der Einstufung in das vermutete Genre Film (Spiel-, Kunst- oder Kinderfilm).

6.3.2 Rahmungsprofil der Sequenz „Hochzeit"

Dieser kurze Ausschnitt der Live-Aufzeichnung einer Hochzeit im englischen Königshaus zwischen Sophie Rhyce-Jones und Prinz Edward im Juni 1999 zeigt die Ankunft der Braut an der Kirche kurz vor der Trauung. Die Braut steigt aus einem Rolls Royce, was mit dem langen Kleid umständlich ist, anschließend sieht man sie mit einigen Begleitern, ihrem Vater, den Brautjungfern und einem Bischof vor der Kirche stehen. Das Wetter ist grau, es bläst ein merklicher Wind und die Gruppe ist damit beschäftigt, den überlangen Schleier der Braut zu arrangieren.

Dass es sich bei den gezeigten Bildern um die Aufzeichnung eines realen Ereignisses handelt, ist allen Interviewpartnern sofort ersichtlich, teilweise wird gleich auf das Genre verwiesen, teilweise verlegen sich die Interviewten auf das Beschreiben der gesehenen Gegenstände. Die Rahmung erfolgt in letzterem Fall über das Ereignis Hochzeit: *„Also ich sehe eine Kirche, ein Wagen davor, das ist eine Hochzeit, weil da ist auch das Hochzeitspaar"* (02; auch 14).

Folgende vor allem auf den Inhalt bezogene Interviewpassage gibt die Interpretation der gesehenen Gegenstände wieder, wobei durch die Wortwahl deren offensichtliche Bedeutung als offizieller Anlass hervorgehoben wird:

„Sehr viele Zuschauer anwesend, die schon gespannt darauf warten, dass das Brautpaar aussteigt. Das ganze auch sehr würdevoll, auch von den Farben her, die Braut in reinem Weiß mit Schleier. Es scheint eine sehr edle Hochzeit zu sein. Also, eher ein höherer Stand, den ganzen Umständen entsprechend, die da zu sehen sind. Es ist sehr formal auch ... eine wunderschöne lange Schleppe an dem Kleid. (unverst.) Und so wie es aussieht, scheint es eine königliche Hochzeit zu sein" (09).

Der Bildinhalt wird sofort in einen realen Bezug gestellt, die Hochzeit von prominenten Personen, was dem gehobenen Setting entnommen wird. In einigen Interviews (04/05/09/14/15) wird wie gesagt das vermutete Genre, Reportage oder Nachrichten, und zwar als Live-Aufnahmen, sofort genannt: *„Es scheint eine Feierlichkeit zu sein. Ja, eine Hochzeit. Es ist also eine Reportage, ein Bericht"* (09). Aussagen wie *„dumme Prinzenhochzeit"* (05) oder *„Ist das Diana, vielleicht?"* (15) drücken ebenfalls die Verortung des Ereignisses in der Realität aus und zeigen, dass die realitätsbezogene Verortung aufgrund bestehender Kenntnisse über das englische Königshaus vollzogen wird. Der Hochzeit als einem herausragenden Ereignis beizuwohnen wird durch die Live-Aufzeichnung ermöglicht: *„Staatsempfang, Hochzeit, irgendwie etwas ganz Offizielles (betont), Hochzeit, genau. So reportagemäßig, jetzt berichtet irgend jemand etwas ganz Wichtiges und andere Leute wollen da wieder dran teilhaben"* (11).

Die Zuordnungen schwanken zwischen Nachrichten und Reportage, was der bekannten Verwendungsweise solcher Bilder entspricht. Zugleich wird der Hauptinhalt des gezeigten Ausschnittes, in dem der Brautschleier gerichtet wird, als zu lang für eine Nachrichtensendung eingestuft: *„Das ist eine ganz normale Aufzeichnung von der ganzen Hochzeit, wahrscheinlich, für Nachrichten wäre es zu lang, also zu detailhaft"* (12), währenddessen die Länge für eine Live-Reportage spricht:

„Also, da das so lang ist, ist das sicherlich nicht nur ein kurzer Reportagebericht, der jetzt in den Nachrichten kommt, was heute passiert ist, sondern eher so ein (verstellte Stimme) ‚Erleben sie live mit' – und dann so ein Mitschnitt über zwei Stunden oder so was, wo man das dann in jedem Wohnzimmer mit verfolgen kann" (11).

Die Länge der Einstellung spricht nicht nur gegen die Verwendung der Bilder in einer Dokumentation: *„Erst hab ich gedacht, das ist so ein Rückblick von Lady Di ... Und dadurch, dass das jetzt detailliert gezeigt wird, sieht es wie eine Live-Aufnahme aus"* (06). Auch ihre durch die Länge fehlende Prägnanz spricht gegen eine Verwendung in den Nachrichten: *„Dass er dann nur, also wenn, wenn es jetzt eine kurz gefasste nachträgliche Reportage gewesen wäre, wäre wahrscheinlich sowieso nur das Ja-Wort drauf ... also, eben nur die prägnanten Sachen"* (05). Die ungeschnittene Wiedergabe einer Szene, in der lange nichts passiert, ist ein Hinweis dafür, dass ein unmittelbarer Zeitbezug besteht, was gegen die Verwendung der Bilder in einem fiktionalen Rahmen spricht: *„In einem Film denke ich, wäre das gestraffter und würde nicht so lange mit dem Schleier rumgetan werden, bis sie den aus dem Auto auch rausbekommen hat"* (08).

Die Besonderheit des Ausschnittes liegt in seinem authentischen Bezug zur Realität, der Bildinhalt steht nicht in einer symbolischen Funktion, sondern die Präsenz des durch das Bild vermittelten Ereignisses verleiht dem Bild seine Aussage. Es ist eine Live-Aufzeichnung, weil *„es passiert ja eigentlich gar nicht viel"* (05), während in einem Film *„da würden dann nur bedeutungstragende Teile kommen, wobei hier wirklich die volle Länge einfach dargestellt wird"* (04).

Indem bekannte Schemata fiktionaler Film-Hochzeiten mit dieser Sequenz verglichen werden, wird das reale Ereignis gegen ein fiktionales abgegrenzt. In 02 wird die fehlende Eignung dieser Sequenz für einen symbolischen Handlungsablauf festgestellt, dem langwierigen Ordnen des Schleiers ist kein Bedeutungsgehalt wie z. B. einem inszenierten Chaos vor einer Hochzeit in einem Kinofilm zuzumessen. Insofern spricht der fehlende symbolische Bedeutungsgehalt der Bilder ebenfalls für eine Live-Aufnahme: *„ob da jetzt ein Schleier durch die Luft weht ungeordnet oder nicht, das macht ja für einen Film eigentlich nichts Spannendes, oder nichts Wesentliches aus, zumindest fällt mir jetzt da nichts dazu ein"* (02).

Argumente für die Darstellungsweise als Hinweis auf eine Live-Reportage beziehen sich vor allem auf die Kameraperspektive, welche Ansichten des Ereignisses vermittelt, die dem Zuschauer einen Überblick geben (*„als die Karosse vorfuhr, man hatte so einen Überblick von oben"*/09; auch 08) und zugleich wirkt es *„nicht gestellt, die Kamera, die Kamera hat auch nicht immer die absolut gute Position und filmt gerade das Richtige"* (04), sondern es werden Bilder gezeigt, wie sie im Moment zu bekommen waren:

„Die Kameraeinstellung war nicht so perfekt. Also jetzt mal ganz extrem, wenn man Werbespots sieht, das sind ja perfekte Fotos im Grunde genommen und die nacheinander gezeigt werden und hier war halt mal ihr Kopf, sag ich mal jetzt vom Bild her ein bisschen unten, ein bisschen in der Mitte, also nicht so, wie man es sonst gewohnt ist und dadurch erkennt man dann eher, dass es eine Live-Aufnahme ist" (06).

Die dem Zuschauer vermittelte Perspektive ist nicht so deutlich, wie man es von Werbespots gewohnt ist, hier wird exakt ausgefeilt, was wann gezeigt wird, eine Bearbeitungsmöglichkeit, die bei einer Live-Aufnahme nicht möglich ist. Auch die Schnittfrequenz wird als untypisch angesehen (06). Wie in der Sequenz *Cubus* werden die fehlenden Schnitte als Rahmenhinweis aufgenommen (*„langsam"*/06), wenn auch in der fehlenden Bearbeitung und im Eindruck einer nicht vorhandenen Perfektion hier der Code der Live-Berichterstattung erkannt wird (auch 01/02/06). Dies hier sei

„also einfach eine natürliche Hochzeit ... Und wenn man das jetzt so noch mal aufgezeichnet sieht, dann fällt einem das halt vielmehr auf, dass da irgendwas nicht stimmt, oder dass das nicht passt, eben weil man sonst immer nur so perfekte Hochzeiten sieht" (02).

Dass *„halt alles schon aufs Detail geplant"* (01) war, ist nicht als Widerspruch zu werten. Selbstverständlich musste die Übertragung bis ins kleinste Detail geplant werden, um den Zuschauern einen möglichst guten Einblick in das Geschehen zu übermitteln. Insofern ist dieser Bericht auch von anderen Live-Aufnahmen abzugrenzen: *„also jetzt kein so Live-Bericht, wie man sich normal vorstellt, wenn jetzt da irgendwie was passiert und dann einer mit der Kamera draufhält, oder so, halt wirklich schon alles bis ins kleinste Detail geplant"* (01). In einem Fall werden auch die Farben als Hinweis für die

Live-Aufzeichnung gesehen, sie erscheinen als nicht bearbeitet: *"könnten Nachrichten sein. Liegt daran, meines Erachtens, weil die Farben ganz anders sind, sie sind irgendwie weniger geschönt"* (07).

Die Authentizität des Ereignisses wird im realen Handlungsablauf gesehen, bei dem auch etwas Unvorhergesehenes passieren kann, während bei gestellten Ereignissen gerade das verhindert wird: *"es schaut nicht mehr nach einem ästhetischen Film aus, sondern einfach nach, so wie es gerade im Moment läuft, egal, was jetzt kommen würde, es könnte auch was ganz Unvorhergesehenes dazwischenkommen"* (04). Etwas Unvorhergesehenes, so ließe sich anfügen, was ebenfalls von der Kamera eingefangen und den direkten Bezug auf das Ereignis wiedergeben würde.

Die Genre-Zuordnung wurde von den Probanden offensichtlich über den Bildinhalt vorgenommen, das imposante Gebäude, der Rolls Royce, die Menschenmenge deuten auf ein offizielles oder gesellschaftlich bedeutsames Ereignis hin, das in den Nachrichten gesendet wird:

"Großes Haus, vielleicht reiche Leute, Menschenmenge, könnten Nachrichten sein" (07).

"Das sieht aus, als wie wenn irgend a prominente Frau heiratet. So Prinzessin Diana oder so. Das kommt dann in den Nachrichten" (12; auch 05).

Im Interview 13 fallen vor allem die Hüte der Frauen als Anzeichen einer königlichen Hochzeit auf (*"dass die Frauen auch alle Hüte aufhatten. Also was sehr Förmliches"*/13), womöglich erinnern die Hüte aufgrund des bekannten Pferderennens an England und dort befindet sich auch das bekannte Königshaus.

Die vorgenommenen Deutungen beziehen sich nicht, anders als in der Sequenz 1, auf vermutete Bildaussagen, sondern auf das *hinter* den Bildern stehende Ereignis. Die Äußerung *"Und der Wind geht, wie immer in England"* (13) verortet es als reales Geschehen an einem natürlichen Ort. Der Rückgang auf das Ereignis wird an den Kommentaren über die Braut deutlich. Überdeckt von ihrem äußeren Verhalten wird eine andere Gefühlslage (*"nicht komplett real"*/07) vermutet. Eine solche Überlegung wäre bei einem Schauspieler unangebracht, seine tatsächliche Gefühlslage ist für seinen Ausdruck nebensächlich. Auch *"Probleme der Schönheit, von wegen Kleid"* (07) sind Probleme, die in der Realität eine Rolle spielen, im Film werden sie umgangen, sofern sie nicht selbst als bedeutungsvolle inszeniert wurden. Besonders deutlich wird die realitätsbezogene Verortung des Ereignisses an der Einschätzung des Schmucks, den die Braut trägt. Sein tatsächlicher Wert spielt in einem Film keine Rolle, dort soll er wertvoll aussehen, der Schmuck von Sophie Rhyce-Jones *ist* dagegen wertvoll: *"Die Braut in Nahaufnahme, spricht, teurer Schmuck"* (14).

So, wie nicht eine durch die Bilder vermittelte Aussage, sondern das durch das Bild vermittelte Ereignis gedeutet wird, so beziehen sich auch die Bewertungen auf das Ereignis der königlichen Hochzeit und die mit ihm verbundene öffentliche Aufmerksamkeit. Kann Interviewpartner 07 *"auch nicht verstehen, warum sie jetzt so einen großen Boom hat, diese ganze Königsfamilie da"* (auch 05), so wird in 13 hervorgehoben, dass die Braut die mit der breiten Medienöffentlichkeit verbundene Aufmerksamkeit gut meistere: *„Sie läuft jetzt gleich über sämtliche Bildschirme in ganz Europa, dass sie da noch so natürlich lächeln kann, also wirkt jetzt irgendwie nicht aufgesetzt"* (13). Auch das Befremden über den Ablauf des Hochzeitsrituals zeigt deutlich, dass auf das hinter den Bildern stehende Ereignis zurückgegangen wird. Wieder kommt nicht die Frage auf, was gezeigt werden soll, wie bei *Cubus*, sondern der Ereignisablauf selbst wird kommentiert.

Die in der Medienberichterstattung immer wieder hervorgehobene Ähnlichkeit von Sophie Rhyce-Jones mit Lady Diana verwirrt auch die Interviewpartner. Einige (03/04/08) sind sich zunächst nicht sicher, ob es sich wirklich um die Prinzessin handelt, ein Eindruck, der natürlich durch den Kontext Hochzeit verstärkt wird:

Interviewer: „Sie haben vermutet, das sei Diana? ..." Interviewpartner: „Einerseits wegen diesem rotem Teppich, der da so runter geht und auch dieses prachtvolle Gewand von diesem ... Priester" (03).

Dianas Hochzeit stellte, wie aus einigen Interviews ersichtlich ist, ein bekanntes Ereignis dar, an dem man über den Bildschirm teilhaben konnte. Es ist zu vermuten, dass die Assoziation Diana nicht gekommen wäre, wäre den Interviewten die Sequenz nicht als die Aufzeichnung eines realen Ereignisses erschienen. Der Eindruck der Person Dianas ist damit aus dem realen Leben genommen und wird wiederum auf dieses bezogen, wobei der durch ihr Gesicht vertraute Kontext wesentlich für die Rahmung der Sequenz als reale, königliche Hochzeit ist: Die Hochzeitsfeier hatte wenige Wochen vor der Durchführung der Interviews stattgefunden, so dass damit zu rechnen war, dass die Interviewten die Sequenz bereits kannten bzw. wussten, dass dieses Ereignis gerade stattgefunden hatte. Wenn die Braut zunächst als Diana erscheint, ist zu vermuten, dass die Sequenz nicht bekannt ist, bei anderen Interviews besteht dagegen der Eindruck, ihre Unbekanntheit sei vorgegeben, um sich nicht vor dem Interviewer als jemand zu entlarven, der über solche Dinge Bescheid weiß. An der ersten Gruppe lässt sich zeigen, wie die Interviewten andere Wissensquellen heranziehen, um das Ereignis zu rahmen. Eine große Rolle spielt wie gesagt die Ähnlichkeit der Braut mit Prinzessin Diana, andere wurden bereits genannt wie einzelne Attribute (z. B. *„roter Tepppich"*/03) und das Ritual der königlichen Hochzeit. Die Erinnerung an Prinzessin Diana ist die Erinnerung an eine reale Person, die in einem Umfeld, ähnlich dem gezeigten, lebte. Dass es sich um die Prinzessin handelt, ist damit nicht nur aufgrund der wahrgenommenen Ähnlichkeit der beiden Frauen denkbar, sondern – sofern man sich im Kontext Berichterstattung eines realen Ereignisses bewegt – auch aufgrund der Ähnlichkeit dieser Hochzeit mit der Hochzeit von Diana, also zwei realen Ereignissen.

„Ah ja, ich weiß jetzt nicht, wie sie heißt, aber die letzte Hochzeit im englischen Königshaus, genau ... eben diese Heirat ist von Princess Diana und Charles, obwohl, das ist ja schon Jahre her, ich weiß gar nicht mehr, wann das war, irgendwie 15 Jahre, deswegen kann es nicht [sein], weil die Bilder sind halt neuer von der Qualität und dann kam das halt in meinen Kopf, dass neulich wieder irgendjemand geheiratet hat, ich weiß nicht, wie die heißen" (15).

Zusammenfassung

Die Zuordnung zu einem authentischen Hintergrund der Bilder, ihre als Aufzeichnung eines Ereignisses während seines Stattfindens vermutete Entstehung, wird sowohl aufgrund des Inhaltes, wie auch der Darstellungsweise vollzogen. Die Objekte wie großes Auto, imposantes Gebäude, roter Teppich, Menschenmenge, die ganze Inszenierung – der Braut wird aus dem Wagen geholfen, der Bischof vor der Kathedrale –, wird von den Interviewten als Hinweis auf eine gesellschaftlich bedeutsame Hochzeit interpretiert. Als solche wird sie kommentiert und kritisch bewertet, die Betrachtung der Hochzeit und des Verhaltens der Personen ist auf den Ablauf des aktuellen Ereignisses in Vergleich zu anderen Hochzeiten gerichtet. Die Darstellungsform wird zwischen Nachricht und Reportage eingereiht, wobei die Rahmung Nachrichten aufgrund der Länge der Sequenz verworfen wird. Insbesondere die Länge der Einstellung mit dem Brautschleier ist ein wichtiger Hinweis für die Verwendungsform, ihr Inhalt wird als für konnotative Zwecke ungeeignet angesehen. Die Bedeutung dieser Einstellung wird dem Stattfinden des Geschehens als solchem zugeschrieben, was sich in der Zuordnung der Live-Berichterstattung spiegelt. Weitere Argumente für diese Bildverwendungsform sind die Kameraperspektive und die natürlich wirkenden Farben, beides wird als Hinweis darauf gesehen, dass hier keine ästhetische Inszenierung jenseits der Inszenierung des Ereignisses selbst vorliegt. Die Argumente der Probanden zeigen, dass sie hinter die Bilder auf das Ereignis zurückgehen und es so einordnen und bewerten, wie ein in der Alltagswelt stattfindendes Ereignis. Nicht eine durch die Bilder vermittelte Bedeutung wird hier gesehen, sondern das durch das Bild vermittelte Ereignis selbst. Dieses wird kritisch kommentiert, interessiert beobachtet, sein Ablauf und seine Personen so behandelt, wie man mit realen Menschen umgeht und über sie spricht.

6.3.3 Rahmungsprofil der Sequenz „Roboter"

Die folgende Sequenz, ein Ausschnitt aus einem Musikvideo der isländischen Popsängerin Björk, war für die Probanden schwer einzuordnen. Sie zeigt technische Wesen, deren Körper von Robotern sind, deren Gesichter aber an menschliche Gesichter erinnern. Zu Beginn sieht man nur einen dieser Roboter, Maschinenarme sind dabei, ihn zusammenzusetzen, Schrauben anzuziehen. Von diesen schmerzvoll anrührenden Operationen spiegelt sich nichts im Ausdruck des ebenmäßigen, weißen Gesichts, in dem nur die Augen menschlich wirken, es sind Lippenbewegungen wie beim Sprechen zu sehen. Ein Tropfen fällt langsam in eine Lache Flüssigkeit. Es kommt ein zweiter Roboter ins Bild, beide besitzen einen weiblichen Torso, sie berühren sich in einer nur angedeuteten, zärtlichen Umarmung, während die Maschinenarme noch immer damit beschäftigt sind, an ihren „Körpern" zu bauen. Diese ungewöhnlichen Bilder in den Farben Weiß, Schwarz, Blau, ihre ungewöhnlichen Protagonisten erschweren eine inhaltliche Zuordnung, wenngleich ihre Fiktionsbezug daran sofort deutlich wird.

Das Logo des Musiksenders MTV stellt einen wichtigen Rahmungshinweis dar, sofern es bemerkt wird. Zunächst verwirren die Bilder:

„Ach du meine Güte, also es könnte, ja gut, man sieht MTV, es ist ein Musikvideo" (04).

„Mhm, irgendwas Futuristisches. Ja, eine Fabrik, oder ein Musikvideo, wohl eher Musikvideo, weil Augen sind in der Puppe ... da oben steht es auch, MTV (lachen)" (15; auch 05/06/07).

Weil der Bildinhalt ungewöhnlich und auch fesselnd ist, kann es passieren, dass das Logo nicht auffällt. Insofern gehen viele Interviewpartner, wie bei *Cubus*, zunächst auf die Rahmungsebene des Gegenstandes und versuchen, die dargestellten Inhalte als sinnvolle Objekte einzuordnen:

„Ist erst mal schwierig, sich zurechtzufinden mit der Kameraperspektive, aber jetzt sehe ich irgendwie Maschinen und anscheinend, also ist auch eine menschliche Figur, und es schaut aber eher so aus wie Roboter, als ob da jetzt gerade ein Roboter zusammengeschweißt wird, oder das repariert wird, weil also das Gesicht ist sehr menschlich, ihre Augen, aber der ganze restliche Körper ist eigentlich Technik, von einem Roboter, aber die Augen sind sehr menschlich und der Mund auch" (02; auch 03/12/13).

Wird am Logo des Senders MTV zwar sofort erkannt, dass es sich um ein Musikvideo handelt, so fällt die nachfolgende Begründung *für* ein Musikvideo – es könnte sich in MTV auch um eine Werbesendung oder einen Filmausschnitt handeln – um so schwerer. So sucht der Interviewte 04 Hinweise in der Darstellungsform, die seine, aufgrund des Logos erfolgte Rahmung, weiter absichern könnten. Einerseits erkennt er häufige Schnittwechsel als typisch für Musikvideos, jedoch erscheint ihm das langsame Abdunkeln am Schluss wie das Ende einer fiktionalen Geschichte, also untypisch für ein Musikvideo: *„mit relativ vielen Schnitten und (kleine Pause) wobei sich der Schluss jetzt dann doch wieder versucht mehr an traditionellen Techniken festzu..., also dieses langsame Abdunkeln von erotischen Szenen, ist ja ganz typisch"* (04). Könnte das Abdunkeln an das Ende eines Films erinnern, erscheinen in Interview 14 dagegen die Mundbewegungen als Anzeichen für ein Musikvideo im Technostil. Dass es sich um ein Lied handelt, wird an den Mundbewegungen erkannt, zu diesem Zeitpunkt der Sequenz ist noch nicht der zweite Roboter als möglicher Gesprächspartner aufgetreten.

Das Logo von MTV rahmt das Gesehene als Musikvideo, es übernimmt die Rolle des Rahmenrandes und damit den Haupthinweis für die Verortung des gesamten Ereignisses. Die erklärt auch, warum in 15 der Vorschlag des Interviewers, es könnte sich ja auch um Werbung handeln, abgelehnt wird mit dem eigenartigen Argument, *„weil man halt die Augen sieht hinter diesen Puppen"*, was zum Schluss nochmals bekräftigend wiederholt wird. Möglicherweise erkennt der Interviewpartner die Sängerin und deren auffallende mandelförmige Augen im Robotergesicht.

Die Rahmung Musikvideo wird trotz der verunsichernden Fragen des Interviewers aufrechterhalten, währenddessen sie im Interview 05 aufgegeben wird, und nicht, wie bei 14 und 15, das Logo als Grund für die Genrezuordnung herangezogen wird. Vermutlich ist das auch auf die Interviewsituation, und nicht allein auf das Gesehene zurückzuführen. Ist im Interview 15 der Proband selbstbewusst genug, sich gegen den Interviewer zu behaupten, scheint dies bei 05 weniger der Fall zu sein, hier genügt schon das unbestimmte *„Hm"* des Interviewers, um die eigene Rahmung zu verunsichern und auf Deutungshinweise des Gegenstandes und seiner Darstellung zurückzugehen. Wie Goffman beschreibt, wird bei Verunsicherung durch Rückgang auf primäre Rahmen die zu Grunde liegende Bedeutung gesucht. Der Proband stellt sich die Frage, was das Gesehene zu bedeuten haben könnte, die „Roboteratmosphäre" und die Farbgebung werden als auf eine bestimmte Weise bedeutungsvoll eingestuft. Im Gegensatz zu natürlichen Farben und natürlicher Atmosphäre werde durch die Farbgebung und das *„Zukunftsmäßige"* die *„Roboteratmosphäre"* erzeugt. Weiterhin wird ein Wechsel der Rahmenebenen bei der Beschreibung der hinweisenden sowie der wirkenden Funktion der Farbgebung auffällig. Mit der Farbe solle keine *„positive Stimmung"* geschaffen werden. Indem der Interviewte selbst die Wirkung der Farben als *„steril, unheimlich"* erlebt, schwenkt er zum Rahmeninneren und von der Deutung zur erlebten Teilhabe:

„Ich weiß jetzt gar nicht, wie ich das genau einordnen soll ... diese Roboteratmosphäre soll da geschaffen, also es sind halt diese Roboter und irgendwie so ein bisschen zukunftsmäßig oder ich weiß nicht ... eben durch dieses Weiß wird es auch ein bisschen, find ich jetzt, so steril, unheimlich und jetzt dieses Schwarz" (05).

Die Farbgebung spielte bei der Rahmung dieser Sequenz insgesamt eine wichtige Rolle. Sie wird als Hinweis dafür genommen, dass eine bestimmte, nicht *„so positive"* Atmosphäre erzeugt werden soll, weil es *„sehr weiß und steril und grau war, also nicht so lebendig"* (03), was in Verbindung mit Sciencefictionfilmen (03) oder Techno-Musik (14) gebracht wird. Aber nicht nur die Farbgebung, der gesamte Inhalt wird als *„beängstigend"* bezeichnet, weil man *„gar keine Gesichtszüge oder so sieht"* (05), und als *„unheimlich"* (02; auch 13) beschrieben, wobei die Verbindung von Technik und Menschlichkeit dieses Gefühl hervorruft.

Die empfundene Beklemmung drückt sich in den Assoziationen „*Krankenhaus*" (05) aus oder auch „*Zahnarzt*" („*man könnte auch denken, man ist beim Zahnarzt, ein bisschen fies irgendwie*"/08), Situationen, die kalt sind und in denen man sich leicht ausgeliefert fühlt. Auch der etwas unscharf gewählte Begriff „*spannend*" drückt diese Widersprüchlichkeit aus: „*So dieses Spiel Technik und Gefühlswelt irgendwie, eigentlich die Technik ja total ohne Gefühle, (unverst.) so spannend dargestellt*" (01).

Die Bewertungen der Interviewpartner beziehen sich einerseits auf die Gefühlsebene, wie in den obigen Beispielen (auch 06), aber auch direkt auf den Inhalt des Videos, der hier wieder auf den erlebten Gegensatz zwischen Technik und Liebe bezogen wird. Maschinen, die sich liebevoll berühren, werden als „*ziemlich absurd, technische Wesen, die irgendwelche Zärtlichkeiten austauschen*" (08) aufgefasst, es sehe „*irgendwie lächerlich aus, wenn zwei Roboter sich berühren und streicheln*" (08), es sei eine

„*komische Kombination aus Mensch und Computer ... weil die, also die Augen und der Mund und diese Gesichtszüge sehr menschlich sind, auch von der Bewegung her, aber trotzdem klar geworden ist, das kann kein Mensch sein, weil man gleichzeitig gesehen hat, dass der Kopf aufgeschraubt ist*" (02).

Die empfundene Befremdlichkeit des Videos entspricht auf dem Rahmenrand der vermuteten Bedeutung, die aufgrund seiner Widersprüchlichkeit schwer zu finden ist:

„*Was ich jetzt nicht ganz einordnen kann ... ist diese Kuss-Szene zwischen diesen beiden Robotern. Also, die kann ich nicht ganz einordnen, eigentlich. Weiß jetzt echt nicht, wie ich die einordnen soll ... das wird dunkel da auch, oder war da, haben Sie einfach da (unverst.), oder wird das in dem Bild dunkel?*" (05).

Die Schwierigkeit, die intendierte Bedeutung herauszufinden, wird im vorangehenden Argument mit Bezug auf die Darstellungsebene, die Verdunkelung am Ende der Sequenz, zu lösen gesucht. Wäre es tatsächlich ein Musikvideo, würde die Manipulation des Materials die Rahmung als Musikvideo stärken, weil hier das Abdunkeln von Szenen als Abschluss untypisch ist.

Auch in den folgenden Argumenten verwirrt der Gegensatz zwischen Technik und Gefühl und erschwert die Deutung. Das Angebot des Interviewers, dass es sich um Werbung handeln könnte, wird in 05 kurz erwogen, die Roboter könnten mit einem technischen Produkt in Verbindung stehen. Der Proband nimmt dann aber doch seine Rahmung als Musikvideo wieder auf und fragt sich, was für eine Musikgruppe das sein könnte, die „*düstere Texte*" verwendet, obwohl in der Zärtlichkeit zwischen den beiden Roboterandroiden auch was „*Positives*" entdeckt wird („*diesen Kuss zwischen diesen beiden Robotern, bewerte ich dann doch noch mal als positive Regung ... Idylle*"/05). Auch im Interview 07 wird vom Menschen und nicht vom Roboter ausgegangen, also nicht das sichtbar Technische, sondern das fast unsichtbar Menschliche hervorgehoben – sichtbar ist der Roboter, seine Menschlichkeit scheint nur undeutlich im Robotergesicht hervor: *„Ich muss sagen, das Gesicht gefällt mir in der Hinsicht relativ gut, scheint schön gemacht zu sein. Scheint mir wie eine Parabel, von wegen Maschine im Menschen, trotz alledem Gefühle"* (07).

Eine weitere Einordnungsmöglichkeit des Genres wird im filmischen Bereich gesucht, insbesondere dem Sciencefictionfilm (03/08/12/14), wobei hier die Gegenstandsebene zur Begründung dient, weil *„das ja jetzt in der Welt nicht realistisch ist"* (03), *„auf einem anderen Planeten"* spielen könnte (13) oder *„entweder aus einem Sciencefictionfilm oder eben aus einem Film [ist], der auch in der jetzigen Zeit spielt, wo aber die Leute im Labor irgendwelche Untersuchungen machen, sie könnten ja Roboter entwickeln, die möglichst menschlich sich bewegen und menschlich ausschauen"* (02).

Wie schon bei *Cubus* zeigt sich auch bei dieser Sequenz, dass das Fehlen einer erkennbaren Handlung darauf hindeutet, dass es kein Film ist, wenngleich ein Sciencefictionfilm aufgrund der Roboter plausibel scheint. Kurz wird in 08 die Möglichkeit eines Realitätsbezugs, wie in einer Reportage, reflektiert und wieder verworfen, weil die Zärtlichkeit der Roboter gegen einen sachlichen Bericht spricht, *„dann hätte man nicht so lange zeigen müssen, wie die sich tätscheln"* (08). Die Frage des Interviewers nach der Vermutung, wie die Bilder entstanden sein könnten, zielt auf die mit diesem Wissen verbundene Einordnung des Gegenstandes. Hier besteht im Interview 01 die Möglichkeit, über den Bildinhalt hinausgehende Erfahrungsquellen heranzuziehen: *„Die Computerarme, also das schaut dann doch eher nach animiert aus ... ich komm aus dieser Arbeitswelt bisschen, daher weiß ich, dass es so ziemliche Probleme gibt, die wirklich so kontinuierlich und ruhig laufen zu lassen"* (01). Der Interviewpartner 02 setzt das im Bild gesehene in Relation zu primären Rahmen – Maschinen mit menschlichen Augen gibt es nicht: *„Also reell gibt es keine Maschine, die menschliche Augen hat und bewegen kann"* (02).

Zusammenfassung

Das Logo des Musiksenders MTV war in dieser Sequenz ein deutlicher Hinweis für die Einordnung des Genres. Dass Bilder manipuliert werden können, ist die implizite Voraussetzung für das größere Vertrauen auf die Bildquelle als auf das Bild. Nicht dem Bild, sondern jenem, der das Bild verwendet, ist der Hinweis auf seine Aussage und seine Entstehung zu entnehmen. Verunsicherungen durch den Untersuchungsleiter werden so erklärbar. Die Interviewpartner stellen sein aus der Kenntnis der Bildquelle bezogenes Wissen über ihre eigene Anschauung des Bildes. Wird der mit dem Sender-Logo gegebene Rahmungshinweis, der schwer manipulierbar ist, der Bildquelle wahrgenommen, so kann auch alles weitere in diesem Kontext gedeutet werden, z. B. der vermutete Inhalt des Liedes und der Stil der Band. Wird das Sender-Logo nicht als Rahmungshinweis genutzt, so wird die Rahmung vom Inneren, also von den Bildgegenständen her, vorgenommen. Die zärtlichen Roboter werden dann als inhaltlicher Hinweis auf einen Film und zwar vor allem im Bereich der Sciencefiction, gedeutet. Das Sujet wird als widersprüchlich erlebt, was zur Folge hat, dass eine mögliche Aussage der Bilder schwer auffindbar scheint. Seine Ungewöhnlichkeit involviert so, dass weniger die Darstellung, als der Gegenstand zur Rahmung herangezogen wird. Bezüglich der Darstellungsmittel fällt vor allem die Farbgebung auf. Sie wird als steril erlebt, und zugleich in dieser Intentionalität, als Mittel um einen Gefühlseindruck zu erzeugen, wahrgenommen. An der auf die Farbe bezogenen Argumentation lassen sich damit Wechsel zwischen Rahmeninnerem und Deutung der Rahmungshinweise feststellen. Der Farbeindruck wird erlebt und zugleich besteht ein Wissen darüber, dass diese Farbgebung ein Code für das erlebte Empfinden ist. Der fiktionale Bezug dieser Sequenz steht außer Frage, was auch eine Erklärung dafür liefert, dass die Interviewpartner sofort die Möglichkeit aufnehmen, sich nach der Bedeutung dieser Bilder zu fragen, währenddessen sie in der Sequenz Hochzeit nicht die Bedeutung der Bilder, sondern die Bedeutung des Ereignisses diskutieren.

6.3.4 Rahmungsprofil der Sequenz „Küstenwache"

Dieser der ZDF-Vorabendserie „Küstenwache" entnommene Ausschnitt beginnt schon in der ersten Einstellung mit einer Gewalthandlung. Die Szene spielt an einem Hafen, was jedoch, da nächtliche Dunkelheit herrscht, schwer zu erkennen ist. Es sind zwei junge Männer zu sehen, die in kurzem Abstand hintereinander gehen, der eine, Schauspieler Hardy Krüger jr., greift plötzlich zu einer Eisenstange und schlägt den anderen nieder, schleift ihn unter einen Bootsrumpf und beginnt, das Boot herabzulassen. Kurz bevor ihn das Boot zu erdrücken droht, taucht ein Mann mittleren Alters auf, zieht den Niedergestreckten unter dem Bootsrumpf hervor, die beiden umarmen sich erleichtert. Der Misshandelte trägt langes, blondes Haar und ein Kopftuch, was ihn auf den ersten Blick als eine junge Frau erscheinen lassen kann. Auch hier wird von allen Interviewten der fiktionale Bezug sofort gesehen und bezüglich des Genres als Kriminalfilm eingestuft.

Von einigen Interviewten wird der gewalthaltige Inhalt selbst als Rahmungsargument genommen. Die Handlung wird als gestellt, der Inhalt Gewalt als typisch für fiktionale Genres eingeordnet:

„*Da hätte ich als erstes auf einen Krimi getippt. Ja, zumindest eine Darstellung von einem Gewaltverbrechen. (kleine Pause) Also und ganz sicher aus einem fiktiven Gewaltverbrechen*" (04; auch 02/09/12/13).

Wichtig für die Einordnung in das Genre Film resp. Krimi ist auch, dass die Gewalt als gestellt erkannt wird:

„*Da ist mir jetzt sofort, ein Spielfilm abends, irgend eine Gang ... und aha, das war alles nur gestellt, der ist aber schnell wieder wach, es ist halt irgendwie so ein Krimi*" (11).

"O.k. Man sieht Leute gehen. So eine Schlägerei, oder so was. Es schaut aber ziemlich gestellt aus" (03; auch 11).

Mit Zuweisung einer Spielfilmrolle, hier des Bösewichts, und der distanziert-lässigen Beschreibung des Gewaltaktes wird von Anfang an die fiktionsbezogene Bedeutungsgenerierung übernommen:

"O.k., die sind ziemlich cool und ziemlich brutal, der eine ist eindeutig überlegen, er wirkt auch von Anfang an noch ein bisschen cooler, der andere ist wahrscheinlich (kleine Pause) eigentlich brutaler und so eher (kleine Pause) der Böse ... Also ich denk, das war jetzt ein Spielfilm" (08).

Bei Bekanntheit des Schauspielers Hardy Krüger jr., der bereits in der ersten Einstellung zu sehen ist, fällt die nähere Einordnung in das Genre deutsche Fernsehproduktion und Serie leicht: *"deutscher Film und auch eher eine Serie würde ich sagen, eine Fernsehproduktion, kein Kinofilm"* (15). Dass der Schauspieler bekannt ist, wird teilweise erst im Interviewverlauf geäußert (03/05/15), teilweise wird die Verbindung H. Krüger und deutsche Serie explizit hergestellt: *"Den Schauspieler, den kenne ich ... da denk ich, dass es eine Serie ist"* (06; auch 01/03/05/07/14/15).

Wie in der Sequenz *Roboter* hilft manchen der Interviewten, sofern sie es bemerken (oder angeben, dass sie es bemerken), das Logo des ZDF. In ihm sind weitere Rahmungshinweise enthalten, die auch ein gewisses Maß an Programmkenntnis voraussetzen, z. B. dass hier abends häufiger Krimis gesendet werden:

"ZDF habe ich oben gesehen, sicherlich so ein typischer zwanzig-Uhr-fünfzehn-Krimi" (11).

"Unterhaltung, irgendwie so ein ZDF-Fernsehfilm am Abend halt oder irgendeine Serie" (05).

Wie bereits erwähnt, wird die genaue Kenntnis des Fernsehprogramms vor dem Interviewer manchmal verschleiert. Die folgende Argumentation zeigt die Programmkenntnis, was zwar ein wenig heruntergespielt wird, aber die Rahmung über die Verbindung ZDF-Bundesgrenzschutz ermöglicht, so dass auch der Titel der Serie – ein wenig verschämt – offenbart wird:

"Jetzt steht da oben ZDF, dann sieht man noch irgendwie, was steht da: Bundesgrenzschutz, oder so was, ich weiß nicht. Ich glaub irgend so eine (unverst.) Küstenwache oder so was, das hab ich mal kurz beim Zappen im ZDF gesehen" (12).

Im folgenden Beispiel wird die Sequenz als Teil eines Action-Films aufgefasst und als typisch für amerikanische Filme, wobei der Inszenierungscharakter mit seinen Effekten zu dieser Bewertung führt:

"Mit eigentlich ständig irgendwelchen Effekten und Schockeffekten ... die Presse [Boot, das heruntergelassen wird], die dann im letzten Augenblick natürlich stehen bleibt erst, und dann wird sie [das Opfer] noch gerettet ... das war wahrscheinlich irgend so ein Cop, irgend so ein amerikanischer, von der Kleidung her ... Kino-Actionfilm" (13).

Weil es das oft gibt „*in Filmen, dass so Situationen dargestellt werden, dass irgend jemand den anderen relativ gefühllos umbringt oder versucht ihn umzubringen*" (02) kann Gewalt als ein inhaltlicher Hinweis auf Film, insbesondere Actionfilm verstanden werden (auch 08). Häufiger aber als einen Actionfilm erkennen die Interviewten die Szene als typisch für Serien an, was auf eine gewisse Genrekenntnis schließen lässt, erkennbar wird das an konkreten Angaben zu dem serienspezifischen Code. So muss die Handlung dicht und abgeschlossen sein („*da muss man auch in kurzer Zeit irgendwas reinpacken und das muss ja dann doch auch irgendwie so ein bisschen abgeschlossen sein*"/01) und ein typischer Handlungsablauf bestehen, an dem man erkennt, wie der Film ausgeht („*wo man dann anschaltet und man weiß genau, wie es ausgehen soll*"/05).

Die Einschätzungen schwanken zwischen Serie und Film, wobei neben der Bekanntheit des Schauspielers insbesondere die Schnelligkeit des dramatischen Handlungsablaufs als serientypisch hervorgehoben wird:

„*In einem Kinofilm, oder so, hätte man das vielleicht so ein bisschen ausgebaut*" (01).

„*Weil es so schnell ist und soviel passiert, deswegen glaube ich, ist es eine Soap*" (03).

„*Weil das war ja dann ziemlich schnell. So zack, zuerst auf ihn, dann wieder auf den, der da drunter liegt, dann sieht man auf einmal den anderen da kommen ...*" (05).

„*Also das ist ein seltsame Szene gewesen, viel zu kurz für einen Spielfilm*" (12).

Die Typizität wird auch in der Gewaltinszenierungsform erkannt:

„*Also wenn er ihn umbringen will, kann er ja gleich am Anfang, kann er mit einem Metallstab zweimal auf den Kopf draufallen, aber um ein bisschen die Spannung aufzubauen, zieht er ihn noch quer rum*" (05).

Und typisch ist auch, dass der Retter in letzter Minute erscheint: „*Das war dann wirklich so typisch, dass man im letzten Moment ... kam dann der Retter und hat dann den Bösewicht niedergeschlagen*" (12; auch 04/11). Solche genauen Kenntnisse führen zu einer gewissen Überlegenheit des Zuschauers, da er alles sofort durchschaut:

„*Also das war grad wohl eine Superactionszene und (lacht) war wahrscheinlich super spannend*" (15).

„*Und man kommt irgendwie immer noch mit, weil es ist eigentlich immer irgendwie ein gleiches Konzept [ist] und man weiß ja auch im Vorfeld, wie es ausgeht*" (06).

Ein weiterer Grund der Abgrenzung vom Film, also Kino- oder Actionfilm, wird darin gesehen, dass die Darstellungsweise den Zuschauer nicht im Zuge eines Erlebnisaufbaus in das Geschehen involviert:

„*Und beim Film da, also guter Film jedenfalls, da ist man halt gefesselt und man weiß nicht, wie es ausgeht. Es ist einfach die Spannung stärker*" (06).

Eine eher negativ-distanzierte Bewertung der Sequenz zeigt, dass sich die Interviewpartner nicht in das Geschehen hineinziehen lassen. Im Interview

09 wird die mangelnde Professionalität der Schauspieler als Grund genannt, dann weiter differenziert auf solche Darstellungsformen hin, bei denen fehlende Professionalität mit bestimmten darstellerischen Mitteln, z. B. *„Riesentyp mit Glatze"*, ausgeglichen würde. Solche Mittel zur Steigerung der Zuschauerteilhabe werden auch in 03 vermisst, die Darstellung wird bewertet als *„lieblos gemacht ... bei einer Soap gibt man sich nicht soviel Mühe"*. Teilhabe auf Ereignisebene im Rahmeninneren ist damit erschwert: *„Hier war nicht so richtig ... dass man da so hineinschlüpfen konnte ... so Serien haben immer so eine gewisse Distanz"* (06).

Die fehlende Möglichkeit, sich als Zuschauer so in das Geschehen hineinziehen zu lassen, dass die fiktionale Welt als stimmig erlebt wird und man sich ihr hingeben kann, verleitet zu negativen Qualitätsurteilen, wie es umgekehrt in der Sequenz *Cubus* zu positiven Bewertungen führte. Interviewpartner 03 befindet die Sendung als schlecht, *„weil soviel passiert ist in der kurzen Zeit"* und er den Ablauf auch als *„ein bisschen sehr unlogisch"* empfindet.

Neben der Regie spielen auch die technischen Darstellungsmittel eine Rolle bei der Einstufung der Sequenz als fiktional. So ermöglicht die Kameraperspektive einen deutlichen Einblick in das Geschehen (*„man hat jetzt eigentlich auch nie jemanden von rückwärts oder so gesehen. Also, man hat alles gesehen, den Schlag und wie er ihn abschleppt"*/03), und sie gibt auch die Perspektive des teilnehmenden Beobachters aus der Sicht des Opfers: *„aus der Sicht des Halbtoten hat man da den Bösewicht gesehen"* (12). Auch die Beleuchtung wird als Hinweis auf einen Film gedeutet, die Gesichter sind hell, während es sonst dunkel ist (*„die Gesichter waren immer angestrahlt, obwohl es ja dunkel war"*/03; *„so eine zwielichtige Einstellung"*/14).

Nehmen die Interviewten durch Wertungen und Deutungen eine kommentierende Haltung zum Geschehen ein (*„sehr interessante Einstellung"* /09; *„komische Aufnahme"*/12), so zeigen ihre Ausrufe (*„Oh", „Uäh", „Huch"*), wie sie von der Ebene des Kommentierens wieder auf die Handlungsebene des Rahmeninneren zurückgeraten:

„Das ist eine sehr interessante Einstellung, wie die Kamera da jetzt wegfährt und den Schauspieler zeigt, also es ist mehr so ein, ja, richtig kaltblütiger Mord ... Oh, jetzt kommt gerade noch der Retter und hat den noch herausgezogen" (09).

„Das ist auch eine komische Aufnahme, so von unten, so von der Sicht des Toten. (Pause) Uäh. Jetzt schaut das so aus, als wie wenn er das Gerät auf den, ja jetzt möchte er den zerquetschen" (12).

„Da ist mir jetzt sofort ein Spielfilm abends, irgendeine Gang, genau sowas. Huch, das ging aber schnell (Pause) (verstellte Stimme) in letzter Minute" (11).

Mit der verstellten Stimme im letzten Beispiel wird von der Ebene der Teilnahme wieder auf jene der Kommentierung gewechselt: *„in letzter Minute"* erfolge die Rettung.

Werden zunächst die Bilder in ihrem Ablauf beschrieben, so werden sie später zu ganzen Geschichten zusammengesetzt. Den Personen werden Rollen zugeordnet, ihre Tätigkeiten zu Handlungen verknüpft und diese Bruchstücke werden als Versöhnung zwischen Vater und Sohn gedeutet:

„*Typische Vater-Sohn-Story, wo sie sich zuerst gestritten haben, dann kommt der Sohn in den falschen Freundeskreis ... wird dann niedergeschlagen und der Vater rettet ihn in letzter Sekunde und am Schluss verstehen sie sich wieder und alles ist in Ordnung*" (05; auch 09).

Ein als dominant aufgefasstes Deutungsschema leitet die weiteren Interpretationen und ermöglicht die Ausschmückung der Handlung. Einmal wird im jungen Mann eine Frau gesehen, was dann dazu passt, dass sie als Frau von dem Mann heldenhaft gerettet wird: „*Ach, das ist ja eine Frau, ach so, das ist eine Frau. Hat sich nur totgestellt, und wurde natürlich heldenhaft gerettet, in der letzten Sekunde*" (13). Die wenigen Bilder sind ausreichend, um eine Hintergrundgeschichte zu entwerfen: „*Es geht wahrscheinlich um Geld oder Drogen oder irgendwas, vielleicht auch, weil es waren zwei Männer, so ein Streit um ein Mädchen*" (11). Die von 11 geäußerte Vermutung, dass es sich um eine Jugendgang handle, wird auch in 02 angestellt, hier wird die Szenerie aufgrund des Settings und der Jugendgang in ein amerikanisches „*Großstadtviertel*" verlegt und eine ganze Geschichte entworfen:

„*Ich würde sagen, das ist Amerika, das ist irgendwie, das hat mich an zumindest ein Großstadtviertel erinnert, an irgendwelche jugendlichen Gangs, wo es halt irgendwelche Probleme gibt ... sie sind ja miteinander gegangen und plötzlich hat der eine sich da umgedreht, das kann nicht sein, dass sie schon im Vorfeld miteinander total verfeindet sind, irgendwie müssen sie sich auf eine gewisse Art und Weise bekannt oder vertraut gewesen sein*" (02).

Die gegebenen Bruchstücke werden für sich genommen, so als wären sie Anfang und Ende einer kompletten Handlung. Sie stellen ein symbolisches Angebot dar, das der Zuschauer zu einer sinnvollen Geschichte ergänzt. Rezeptionsästhetisch werden hier durch die Imaginationskraft Leerstellen im Textangebot (Mikos 2000) gefüllt, rahmentheoretisch können die erdichteten Geschichten als Teilhabe auf der inneren Rahmenebene verstanden werden, wobei im Bewusstsein der fiktionalen Bedeutungshaltigkeit des Geschehens der Rahmenrand fiktionaler Film aufrechterhalten wird.

Zusammenfassung

Ausgehend von der als gestellt erkannten Gewalthandlung wird diese Sequenz sofort in einem fiktionalen Bezug stehend verankert. Insbesondere wenn der Schauspieler Hardy Krüger jr. bekannt ist oder das Logo ZDF auffällt, wird ihre Rahmung als Vorabendserie erleichtert. Der Handlungsablauf fällt als schematisiert und inszeniert auf, seine als typisch klassifizierten Effekte werden ironisch kommentiert, was das aus Überlegenheit resultierende Vergnügen der Zuschauer, das Geschehen zu durchschauen, entlarvt. Eine Abgrenzung dieses Genres vom Kinofilm wird mit Argumenten begründet, die auf die fehlende Möglichkeit, sich vom Geschehen gefangen nehmen zu lassen, hinzielen – die Typizität der Darstellung und die schnelle Ereignisfolge verhindern das teilnehmende Hineingehen in das Geschehen. Dass es sich um gestellte Gewalt handelt, wird am Handlungsablauf erkannt, der deutlich gestellt wirkte. Die Argumente hinsichtlich der Darstellungsform fallen eher spärlich aus, Kamera und Beleuchtung werden genannt als Hinweise für die Fiktionalität des Geschehens. Die Sequenz wird als unprofessionell und undetailliert in der Ausführung bewertet. Möglicherweise deutet sich hier auch der Wunsch an, sich vor dem Interviewer als jemand zu zeigen, der Qualitätsunterschiede erkennt. Dennoch lassen sich manche Interviewpartner beim Ansehen im Rahmeninneren verwickeln, die Ereignisse werden mit einer gewissen Spannung verfolgt, wobei emotionale Ausrufe den Wechsel von einer kommentierenden Metaebene in das Innere des Rahmens kenntlich machen. Wie schon bei *Cubus* wird auch hier deutlich, dass die Interviewten das symbolische Angebot annehmen und sich überlegen, welche Geschichte hinter dem Gesehenen steckt, wobei ihre Deutungsversuche zeigen, dass sie über eine Anzahl von inhaltlichen Mustern verfügen, mit Hilfe derer sie die Handlungsbruchstücke zu kompletten Geschichten ergänzen.

6.3.5 Rahmungsprofil der Sequenz „Venedig"

Die Szenerie eines Marktplatzes in Venedig bei Tagesanbruch zeigt Anwohner bei diversen Verrichtungen, ein Wassereimer wird gefüllt, eine Frau putzt Fenster, in ein Gespräch vertieft schlendern Männer über den Platz, andere beobachten das still oder genießen einen Schluck Wein in einer Bar. Diese etwas melancholische Dokumentation über eine Stadt, deren junge Leute wegziehen, ist wiederum die Arbeit einer Schülerin der Filmhochschule München und zeichnet sich durch eine anspruchsvolle Machart aus.

Es gelingt den Interviewten rasch, die Bilder als realitätsbezogen zu rahmen, wobei teilweise eine Abgrenzung zum Film erfolgt, was ich unten noch näher ausführe. Der erste Eindruck lässt an eine *„Reportage über irgendeine Stadt"* (05) denken (auch 01/05) oder an einen Reisebericht (12). Die Szene wird als wenig bearbeitet empfunden, *„so richtig filmmäßig sieht es nicht aus"* (07), was durch die Einordnung als *„Mitschnitt ... von so einer Videokamera"* (09), und den *„dokumentarischen Charakter"* (15), *„so ganz beiläufig aufgenommen"* (12) ausgedrückt werde, aber auch dadurch, dass *„es einfach so ein Zusammenschnitt"* (07) von Leuten in einer Kleinstadt sein könne (07).

Wie schon in den anderen Sequenzen zeigt sich an dieser, dass nicht nur die Bildquelle, sondern auch der Bildgegenstand ein Indikator für das vermutete Genre ist. Es scheint so zu sein, dass die Darstellungsweise als Rahmung bereits unausgesprochen mitschwebt und die realen Bildgegenstände innerhalb des realitätsbezogenen Rahmens Reisebericht aufgefasst werden, wie sich an der Bewertung „*schön*", als kämen hier eigene Erinnerungen hoch, oder auch an der Feststellung „*Es ist kalt*" zeigt: „*Italien, Frankreich, Piazza, schön. (lachen) Es ist kalt, die Leute haben eine lange Jacke an. Das könnte so eine Reportage sein, so ein Reisebericht*" (11).

Die Wahl des Genre-Rahmens Reisebericht und die damit verbundenen Vorstellungen über den typischen Code werden auch daran kenntlich, dass eine passende Vertonung gesucht wird: „*Irgendwie so eine Stimme im Hintergrund, dass man da vielleicht gar keinen Ton eingeblendet hat, sondern nur so eine beschreibende Stimme*" (13). Im folgenden Beispiel wird die geeignete Vertonung durch fingierte Rollenübernahme eines Sprechers simuliert: „*Irgendwie dachte ich an Italien. Und mehr so der Alltag wird auch gezeigt, genau ... Jetzt könnte der Sprecher sagen ...: Hier ist die Welt noch in Ordnung, morgens um sieben*" (06). Bildqualität, Inhalt und Art der Montage werden in folgender Passage als Hinweis auf eine private Aufzeichnung gedeutet, und auch hier wird die Möglichkeit erwogen, dass – mit einer Stimme aus dem Off versehen – diese Sequenz eine Reportage sein könnte:

„*Wenn man sich vorstellt, noch ein Kommentar dazu, dann könnte es auch bisschen so was Reportagemäßiges sein ... Vielleicht mit so einem Text ...: Ja, in Antico, da hat man noch Zeit, da laufen die Menschen noch und das Wasser, und wenn das Wasser über den Eimer läuft, dann ist es auch nicht schlimm.*" (09)

Dass es sehr aufwändig sei, eine solche Kulisse nachzustellen, wird als Argument für die Authentizität der Sequenz angeführt („*das ist jetzt nichts, wo man lang danach suchen müsste, oder vom Aufwand her einfach unwahrscheinlich, dass es irgendwie extra hergestellt ist*"/04). Auch im Interview 13 wird eine private Aufzeichnung vermutet, weil

„*da hat man das Gefühl, die Kamera, die fängt das ein, was sie gerade erwischt und nicht irgendwie gestellte Szenen ... Das hätte auch ein Hobbyfilmer jetzt aufnehmen können, der vielleicht mit seiner Videokamera da durchgeht und genau das aufnimmt, was ihm jetzt gerade ins Auge fällt*" (13).

Der Inhalt wirkt nicht geschönt, sondern die Gegenstände werden so aufgenommen, wie sie wirklich sind.

Eines der wenigen Argumente, das in der Darstellungsform einen Hinweis auf den Realitätsbezug findet, bezieht sich auf die Farbgebung, „*ganz normales Licht irgendwie, als wenn die Sonne halt einfach auf den Platz scheint*" (12/ auch 14), die Farben wirkten authentisch, nicht künstlich erzeugt: „*Und dadurch waren dann auch die Farben blasser*" (12). Auch die Bewertung der Qualität als „*schlecht*" wird als Beleg für eine Dokumentation genommen, i. S. v. ohne großen Aufwand, nicht geschönt (15).

In der zweiten Einstellung wird ein Wassereimer gezeigt, den ein Mann an einen Brunnen hängt, und der im letzten Bild wieder zu sehen ist, als er überläuft. Vermutlich ist es der sich darin eröffnende Sinnzusammenhang, der in Interview 12 positiv auffällt: *„Das ist nett. Am Anfang hat der den Kübel an den, an den Brunnen gehängt, und jetzt hat er es zum Schluss wieder aufgegriffen, dass der Kübel überläuft."* Die Verbindung der beiden Einstellungen mit dem Eimer zu einer Einheit verleiht ihnen eine symbolische Deutungsoffenheit, wobei dies nicht als eindeutiges Indiz für die bedeutungshaltige Bildverknüpfung wie bei einer Filmhandlung gewertet wird, sondern das Leben, wie es ist, darstelle: *„Dass einer kommt und hängt den Kübel hin, und dann filmt er so die anderen Leute auf dem Platz, und dann sieht er den Kübel wieder, und dann filmt er halt den noch mal. Weil das halt so das Leben ist"* (12; auch 01).

Dass diese beiden Einstellungen dazu einladen, zu einer symbolischen Bedeutungseinheit verknüpft zu werden, wird auch als verwirrend erlebt, insbesondere, weil alle anderen Sequenzen unverbunden aneinandergereiht erscheinen, so dass der Eimer als möglicherweise bedeutungsvoll auffällt, alles andere aber für sich steht:

„Der Eimer ist übergelaufen. Komisch. Bisschen seltsam. Das fand ich jetzt so unverbunden. Also, keine Logik, sondern die Leute wurden so gezeigt, was die grade machen, aber jetzt, keiner hat auf den andern reagiert, nur zum Schluss, die beiden die sich unterhalten haben. Und dann noch mal der Wassereimer, der am Anfang schon war. Das find ich komisch, vor allem, was der Wassereimer soll" (03).

Der überlaufende Wassereimer erhält eine besondere Betonung dadurch, dass es sich um eine ausgeschnittene Sequenz handelt, die zwar in sich abgeschlossen ist, im Original aber in das umgebende Bilderfließ eingebettet. So verwirrt die mögliche Bedeutung dieser Bilder, weil sie trotz des vermuteten Realitätsbezugs einen fiktionalen Anstrich aufgrund des möglicherweise bestehenden Handlungszusammenhangs erhält, was aber nicht damit zusammenpasst, dass die Personen nicht aufeinander reagieren, wie Schauspieler in ihren Rollen dies täten.

Wenn dem Ausschnitt ein künstlerischer Anspruch zugewiesen wird, stellt dies noch keine Umdefinition der Bilder als fiktionsbezogen dar, sondern eine Bewertung der Qualität und damit eine Genrespezifizierung (*„dass es auch wieder so als Kunstform zu sehen ist"*/01). Auch folgendes Argument tendiert in diese Richtung: *„Vielleicht ein freischaffender Künstler, der irgendwas zusammengeschnitten hat"* (07). Der leicht experimentelle Charakter dieser Dokumentation fällt als anspruchsvoll auf und begründet die Einstufung.

Im Interview 07 wird in der Sequenz etwas Beruhigendes gesehen, dieser Eindruck wird auch in folgendem Beispiel betont. Es würden keine aufregenden Effekte angezielt, sondern man wolle *„das Hier und Jetzt einfach wirken lassen"* (11). Das Bild dient sozusagen als Fenster, die Gegenstände dürfen in ihrer Präsenz wirken:

"Nicht jetzt was Fiktives oder Träumerisches, oder total die Schnitte und Sprünge da drin, dass man Geschichten erzählen möchte oder verbinden möchte ... sondern eher so, das Hier und Jetzt einfach wirken [zu] lassen" (11).

Nicht nur die Dinge und Handlungen scheinen alltäglich, sondern auch die Menschen selbst sind so *"wie Menschen nun mal aussehen"* (07), die man auf der Straße treffen könnte, *"die waren jetzt nicht mit neuen Klamotten ausgestattet, die waren auch nicht geschminkt, die waren einfach alltäglich"* (09), was wiederum für eine authentische Szene spricht.

Der melancholische Eindruck einer verfallenden Stadt färbt die Dokumentation und ihre Bilder. Die Interviewten erwähnen diesen Eindruck des Verfalls, den sie im Realitätsbezug rahmen, z. B. als Berichterstattung über ein Kriegsgebiet. So vermutet 04 ein Dorf *"im Balkan"*, *"vielleicht soll es zeigen, dass das Leben irgendwie normal weitergeht"*. Im Interview 15, so wie im Übrigen auch in 01, wird von einem *"negativen Eindruck"* gesprochen, womit die melancholische Atmosphäre gemeint ist (*"es hat trotzdem irgendwie was Morbides, find ich, also es wirkt alles so ein bisschen ... trostlos und ein bisschen armselig"*/15) und die zur Rahmung als Auslandsbericht über die Missstände eines Landes dient. Auf andere wiederum wirkt das Dorf *"schon recht idyllisch da und macht so einen verschlafenen Eindruck"* (05), erscheint als Szenerie in einer *"netten italienischen Stadt, wo alles so seinen gemächlichen Gang geht"* (13). Diese Bewertungen sind von der vorgenommenen Rahmung gefärbt, der idyllische Eindruck bezieht sich auf die Vorstellung von Süden und Reisebericht, und nicht, wie oben, auf einen Kriegsbericht.

Ein wichtiger Hinweis auf den Realitätsbezug ist das Fehlen einer Handlung und agierender Schauspieler, ähnlich wie in der Sequenz *Hochzeit* und ganz anders als bei *Cubus* und *Küstenwache*, wo Handlungsstränge zwischen den Protagonisten gezogen wurden und eine Vorstellung über die Rahmenhandlung entworfen wurde:

"Keine Handlung ... sondern es sind einfach verschiedene Szenen, die aneinander gereiht sind und teilweise sogar nur Standbilder" (14).

"Es sind ganz verschiedene Leute, die gezeigt werden, in relativ kurzen Sequenzen und die auch nicht mehr weiter verfolgt werden ... wenn das jetzt relevant wird, für irgend eine ganz besondere Handlung, dann müssten die in Zusammenhang stehen miteinander" (02; auch 05/15).

Der Mann auf der Parkbank hätte ein Schauspieler sein können, wäre er im weiteren Verlauf in den Mittelpunkt gerückt worden: *"links war die Parkbank und da saß jemand drauf und beim Film ist es normalerweise so ... es wird schon das Umfeld gezeigt, aber dann geht es zu diesem Mann hin"* (06).

Reportageähnliche Codes können zwar auch in einem Film verwendet werden, aber dann sind sie gezielt eingesetzt, um den Anstrich einer illustrierend-realen Ereigniswiedergabe zu erzielen, obwohl sie tatsächlich fiktional ist. So ist vorstellbar, dass man zunächst eine Person sieht, „wie sie leibt und lebt" und sie dann in das Handlungsthema verwickelt. Der Film gibt dann vor, einen Ausschnitt aus dem Leben der Helden zu zeigen, deren Leben sozusagen vor und nach dem Filmereignis weitergeht. Dementsprechend könnte der Ausschnitt Venedig der Vorspann einer Serie sein, „*dass man so einen kurzen Überblick über das Dorf kriegt und vielleicht auch die Personen dann wiedererkennt*" (08). Ähnlich wird auch in 02 argumentiert, die Sequenz könnte „*als eine Einleitung oder als eine Bekanntmachung mit einem Platz oder mit einem Dorf*" dienen. Werden in diesen Beispielen mögliche Verwendungsformen der Sequenz in einem fiktionalen Kontext durchgespielt, so würde es sich doch um Verwendungsformen handeln, die eingesetzt werden, um eine authentisierende Färbung zu erreichen. Insofern ist diese angebotene Rahmung in einem engen Bezug zu einer Rahmung im Realitätsbezug zu sehen, sie stellt nicht den Inszenierungscharakter hervor, sondern betont im Gegenteil den authentischen Charakter der Sequenz. Bezüglich der Darstellungsform deutet das Verhalten, „*die Leute haben einen nie angeschaut*" (03) auf eine Reportage hin, während in einem Film die Handlungen der Zuschauer dem Publikum durch die auf die Gesichter gerichtete Kamera nahegebracht werden. Die Handlungen der Personen sind, wie folgendes Argument klar ausdrückt, nicht bedeutungsvoll für einen Zuschauer, sie sind keine Aufführung, sondern erfüllen ihren Zweck in sich selbst: „*Sie haben auch nicht für irgend jemanden was gemacht, sondern es war einfach so eine Aktion für sich selber*" (09). Charakteristisch für den Film ist, dass anders als im Theater, die Mimik der Protagonisten eine entscheidende Rolle spielt, sie ist bedeutungshaltiges Anzeichen für das Verständnis des Handlungsablaufs. Im Theater ist diese Perspektive aus dem Zuschauerraum nicht möglich, hier muss der Schauspieler auf die größeren Gesten Wert legen. Die folgenden Argumente drücken diese Bedeutung der Mimik und der schauspielerischen Geste aus, die man hier nicht nur nicht sieht, sondern die gänzlich fehlt, indem die Leute nicht etwas *für* die Kamera tun, ihren Gesten fehlt die Expressivität:

„*Also, man sieht die Leute immer nur so entfernt ... diese Aufnahmen könnte man auch machen, ohne dass die Leute das merken, dass man sie jetzt filmt*" (03).

„*Dieses Gehen von den zwei älteren Männern, das war ... wie wenn die echt gegangen wären und sich unterhalten hätten*" (07).

„*Es war irgendwie keine Theatralik ... nicht gekünstelt*" (12).

Die im Bild sichtbar werdende Authentizität des Ortes ermöglicht eine Zuschauerhaltung, die Bilder als Ersatz für das unmittelbare Erleben einsetzt, womit die Perspektive des Zuschauers als jene des erweiterten Auges durch die Kamera beschrieben werden kann. Es ist ein vermitteltes Erleben, aber was vermittelt wird, sind Dinge, die man sich ohne Kamera selbst anschauen könnte, weil es eine Realität hinter den Bildern gibt, einen Ort, den man selbst entdecken kann:

„Aber es ist so ein typisches Erleben aus zweiter Hand ..., wenn ich sowas jetzt sehe und das ist nicht ganz so auf die Details, die mich vielleicht interessieren, da wünsche ich mir immer, ah, ich will da jetzt links und rechts, wo die Kamera jetzt nicht hingeschwenkt hat ... ich will es in Wirklichkeit erleben" (11).

Nicht als Besuch des Ortes, sondern als soziale Erfahrung kontextualisiert, geht auch folgendes Argument auf das hinter den Bildern stehende reale Ereignis zurück. Der Interviewte fühlt sich ausgeschlossen, als Beobachter, er könnte sich nicht vorstellen, dort zu leben – eine Deutung, die ihren Sinn daraus bezieht, dass er den Ort und seine Bewohner als real versteht:

„Hatte gleich auch irgendwie so etwas Ausschließendes, so dass man sich nicht unbedingt vorstellen könnte, als junger Mensch dort zu leben oder dort hin, und dann ist man da und man gehört dazu, sondern eher so ein Beobachten" (11).

Zusammenfassung

Die Authentizität der gezeigten Bildinhalte wird sowohl mit dem Gegenstand wie mit der Darstellungsform begründet. Dass es sich hier um eine Reportage handelt, möglicherweise einen Reise- oder einen Auslandsbericht, dafür spricht die südeuropäisch oder insgesamt fremdländisch anmutende Szenerie, was eine Rahmung der Bildgegenstände als authentisch darstellt. Die Sequenz wird direkt mit eigenen Reiseerfahrungen in Verbindung gebracht und als Möglichkeit aufgenommen, durch die Bilder, wenn auch eingeschränkt, etwas zu erfahren, was man ebenfalls erfahren würde, befände man sich an diesem Ort. Man kann das Gesehene einfach auf sich wirken lassen, sozusagen als quasi-erlebtes Schauen realer Ereignisse. Die Kontextualisierung im Zusammenhang mit Kriegsberichterstattung hängt mit dem aktuellen Zeitgeschehen zusammen und zeigt wiederum die realitätsbezogene Verankerung der Bilder. In Abgrenzung zu einem Spielfilm werden die Menschen als authentisch eingestuft, sowohl was ihre Aufmachung, als auch was die Handlung der Personen und die Art ihrer Ausführung anbelangt. Die Tätigkeiten werden für sich und nicht für ein Publikum durchgeführt und damit als nicht bedeutungshaltig für den Zuschauer eingestuft, mit Ausnahme des gefüllten Wassereimers. Seine Platzierung am Anfang und am Ende der Sequenz wird zu einem bedeutungshaltigen Ereignis verknüpft und so kommentiert, was widersprüchlich dazu ist, dass die Schauspieler fehlen und eine Verknüpfung ihrer Handlungen zu einer Geschichte, was die mögliche Symbolik dieser Anfangs- und Schlusseinstellung auf eine verwirrende Weise verschließt und der naheliegenden realitätsbezogenen Rahmung widerspricht.

6.3.6 Rahmungsprofil der Sequenz „Gefechtssimulation"

Dieser Ausschnitt aus einer Reportage über das amerikanische Militär zeigt die computersimulierte Nachstellung eines Gefechts zwischen den USA und dem Irak während des Golfkrieges. Stark schematisierte Panzer zielen aufeinander, Stichflammen schießen aus dem Boden und Gebäude geraten in Brand. Die Bilder sind detailarm, der Hintergrund simuliert eine öde Wüstenlandschaft.

Die pixelartige, unscharfe Bildoberfläche ist das augenfälligste Merkmal dieser Sequenz. Aus diesem Grund will ich mit direkten Aussagen zur Bildqualität beginnen, bevor die zwei vorgenommenen Rahmungsweisen als Spiel und Dokumentation näher ausgeführt werden.

„*Dass das nicht realistisch ist*" (03), wird den Aufnahmen sofort angesehen, wenngleich eine begriffliche Einordnung der Bildherstellungstechnik schwer fällt:

„*Ich weiß nicht, wie man das sagt, diese Ecken von dem, wie heißt denn das*" (03).

„*Die Umrisse der Objekte sind halt, weiß nicht, sind halt verzerrt und es ist halt total künstlich*" (15).

Der auf die Bildherstellung hinweisende Code computergenerierter Bilder wird als unrealistisch eingeordnet, währenddessen die direkte Kameraabbildung wie bei *Venedig* als realitätsnaher Code empfunden wird. Die Gegenstände sind nicht aufgenommen, befinden sich sozusagen nicht hinter dem Bild: „*Alleine von den Bildern, also von (Pause) das konnte man sehen, dass das nicht aufgenommen war, sondern dass das ein Computerbild war*" (09).

Anders als bei den vorangegangenen Sequenzen ist die Rahmung als real oder fiktional in dieser Sequenz nicht eindeutig. Für die einen handelt es sich um ein Computerspiel, für die anderen um eine Computersimulation mit dokumentarisch-realer Referenz. Dabei ist zu bemerken, dass manche der Interviewten die Sequenz bereits im Seminar gesehen hatten. Diese Kenntnis war nicht beabsichtigt, allerdings war generell nicht auszuschließen, dass die Rezipienten Bildausschnitte bereits kannten aufgrund ihres eigenen Film- und Fernsehkonsums. Das beinhaltet auch, dass selbst bei Unkenntnis der Bilder ihre starke Typizität, wie bei *Küstenwache* oder *Hochzeit* zu einer Art Quasi-Bekanntheit führt, die von der tatsächlichen Bekanntheit der Bilder insofern nicht zu unterscheiden ist, als sie die unüberprüfte Einordnung in das zugehörige Genre nach sich ziehen kann, z. B. durch Einordnung der Bilder als Lady Dianas Hochzeit. Gemäß des Untersuchungsdesigns ist eine solche Vorkenntnis auch insofern vernachlässigbar, als die angegebenen Rahmungsgründe interessieren, d. h. selbst wenn die Interviewpartner die ursprüngliche Bildverwendung richtig einordnen aufgrund von Bekanntheit, bleibt dennoch bestehen, dass sie nun ihre Einordnung begründen müssen. Bezüglich der Sequenz *Gefechtssimulation* fällt auf, dass einige der Interviewten bereits wieder vergessen hatten, woher die Sequenz stammte und sie gemäß ihres ursprünglichen Eindrucks wiederum einem Computerspiel zuordneten:

„*Das hab ich, glaube ich schon mal gesehen. Das ist so ein Computerspiel. Mit lauter so Bomben, die man legen kann und Panzern und so. Sie haben sie jetzt schon mal gezeigt*" (03).

Die Einordnung als Computerspiel war einigen Probanden, die auch Seminarteilnehmer waren, so gewiss, dass sogar bei vorhandener Kenntnis von Computerspielen, wie es im Folgenden der Fall ist, die vermeintliche Kenntnis des Genres über den aktuellen Seheindruck gestellt wurde, und das zum zweiten Mal!: „*Das finde ich jetzt auch wieder seltsam, wie damals, dass man zum Schluss dann auch sieht, was kaputt gegangen ist*" (12). Und in 09 wird den Bildern die Perspektive des teilhabenden Akteurs nachträglich hinzugedichtet, was als Rahmungsargument für ein Spiel herangezogen wird:

„*Und auch, dass man selber irgendwie anscheinend in so einem Panzer drin sitzt, der sich dann immer so bewegt und mitfährt ... so mit einem Joystick wahrscheinlich lenken kann*" (09).

Die Beschäftigung mit der vermeintlichen Bildquelle lenkt folgenden Interviewpartner so stark ab, dass er sich nicht auf den Inhalt konzentriert und aufgrund der Bildoberfläche sich zwei Optionen offen hält. Er vermutet einerseits eine „*Kriegssimulation von der NATO*", aufgrund der Sorge, sich zu täuschen („*ich möchte nicht wieder in dieselbe Falle tappen*"/04) ist er jedoch nicht bereit, sich definitiv gegen ein Computerspiel auszusprechen, kann sich also nicht für den Realitäts- oder Fiktionsbezug der Bilder entscheiden, die auf Computergenerierung hinweisende Bildoberfläche dient ihm als Option für beide Möglichkeiten. Auch bei folgenden Beispielen ist die Pixelstruktur der entscheidende Grund für die nachfolgende Rahmung, und auch hier schwankt die Einordnung zwischen Computerspiel und -simulation, wobei Simulation in Abgrenzung zum Spiel in einen Realitätsbezug gestellt wird. Wiederum werden also realitäts- und fiktionsbezogene Genre-Rahmen zugleich erwogen:

„*Also das haben wir schon ... ein Computerspiel oder eine Computeranimation*" (01).

„*Ja, das ist jetzt irgendwas Computeranimiertes oder so. Da soll irgendwas nachgestellt werden. Irgendein Krieg wird da per Computer nachgestellt, denk ich mal ... Kann auch ein Videospiel sein, muss ich sagen*" (05).

„*Simulation, Computer, Computerspiel vielleicht ... Schlecht gemacht. Also, auf jeden Fall kein neueres Spiel, vielleicht sogar versuchsweise Darstellung von Realität*" (07).

„*Aha, das schaut jetzt auch aus, wie eine Computeranimation. Panzer, Krieg. Ganz viele Minen, die da hochgehen ... Hat jetzt fast ausgeschaut wie, ja wie so ein Computerspiel*" (13).

Zeigt sich an den vorangegangenen Beispielen das Schwanken in der Einordnung der möglichen Verwendungsweise solcher Bilder – Computerspiel und

Computersimulation werden gleichberechtigt nebeneinander genannt, was die unscharfe Trennung als real oder fiktional bei dieser Art der Bildherstellung aufscheinen lässt – so rahmen in den folgenden Beispielen die Interviewten das Gesehene ausgehend von der Verwendung Computerspiel. Das führt dazu, dass der vermeintliche Code Computerspiel so dominant wird, dass vorhandene Deutungshinweise der Sequenz nicht mehr auffallen, sondern der vorschnellen Einordnung als Computerspiel zu Opfer fallen. Typisch für Computerspiele, insbesondere für die als „Ballerspiele" bezeichneten Geschicklichkeitsspiele mit gewalttätigem Inhalt, sind die zerstörenden Aktionen in der Sequenz *Gefechtssimulation*, was trotz der schematisierten Darstellung zur Wertung *„ein ganz grausames"* Computerspiel im Interview 13 führt (auch wenn diese Bewertung sozial erwünscht sein sollte, so wird sie trotz der stark schematisierten Gewalthandlungen als passend angesehen). Dabei wird im Interview 09 ein der Realität entnommener Plot unterstellt, indem eine Wüste und Ölfelder in den Bildern gesehen werden, es wird also der richtige inhaltliche Kontext in einen Plot für ein Spiel umgewandelt, was die Bekanntheit der Bilder vermuten lässt. Dass die Rahmung dennoch über das Spiel erfolgt, zeigt, wie nah die Darstellungsform dem Spiel eingestuft wird:

„Man kann selber einiges in die Luft schießen, wahrscheinlich. Irgendwo in der Wüste, vielleicht Irak werden die Ölfelder in Brand geschossen und die Munitionslager. Und im Vergleich zu einem echten Krieg sieht man auch keine Opfer" (09).

Auch der Eindruck *„Es scheint nur ums Schießen zu gehen, weil so diese Feuerwolken zu sehen sind"* (15) zeigt die Rahmung als ein Computerspiel mit gewalthaltigem Inhalt, man kann *„wie so bei einem Computerspiel Feuer abfeuern"* (14). Der Inhalt Gewalt, und zwar das wiederholte „Abknallen" wirkt in Verbindung mit der Darstellungsform so stark, dass der Hinweis auf das Genre Computerspiel eindeutig erscheint, weil *„außer dem sich Beschießen passiert da eigentlich nichts"* (15).

Die fehlende Handlung, der eintönige Ablauf der Geschehnisse sind Argumente für ein *„ziemlich rabiates Computerspiel"*. Als solches hat es nicht mehr zu bieten als reduzierte Aktionen und ein detailarmes Setting, in dem *„gar keine Menschen"* vorkommen, aber *„ziemlich viel zerstört wurde"* (03).

Dass keine andere Handlung ersichtlich ist, als *„sich gegenseitig in Schutt und Asche"* zu schießen (03), ist eine weitere Begründung für ein Computerspiel, wobei sowohl in 03 als auch in 11 diese Rahmung in Abgrenzung zur simuliert-realen Referenz vorgenommen wird. Für ein Lernprogramm sei der Inhalt nicht geeignet (03) und im Vergleich zu einer Simulation für Trainingseffekte die Bilder zu wenig ausgearbeitet, *„dafür wirkt es mir jetzt wieder nicht echt genug"* (11).

Neben dem Inhalt spielt wie gesagt die Gestaltung der Bildoberfläche die entscheidende Rolle für die Einordnung als Computerspiel, hier wird also diese Technik der Bildherstellung eindeutig mit der simuliert-fiktionalen, nicht mit der ebenfalls möglichen simuliert-realen Ereigniswiedergabe in Verbindung gebracht, wobei wiederum der gewalttätige Inhalt für die Einordnung als fiktional ausschlaggebend ist. Die Eindrücke „*dieses bisschen Verschwommene da*" oder „*Aufrasterung*" sind, wie eingangs ausgeführt, durch die fehlende Ausdrucksmöglichkeit für die neue Technik bedingt:

Interviewer: „Ja, und woran erkennen Sie, dass es ein Computerspiel ist?" – Interviewpartner: „Mhm, an diesem Pixel (lachen) ... ja, das ist eigentlich das Wichtigste" (03).

„Auch dieses Nebelhafte, dieses bisschen Verschwommene da ... Also für mich wäre das eindeutig ein Computerspiel" (13).

Interviewer: „Was erinnert Sie an ein Computerspiel?" – Interviewpartner: „So die Aufrasterung vor allem" (14).

Die Bewertung der Bilder wird gemäß der jeweils vorgenommenen inhaltlichen Kontextualisierung geleistet, ist es beim Computerspiel die Zerstörung, die sich in den oben schon verwendeten Interviewausschnitten mit Aussagen wie „*Abknallen*" (11), „*es scheint nur ums Schießen zu gehen*" (13) ausdrückt, oder wie im obigen Beispiel 09 darin, dass die Gewalt „*klinisch*" abgehe, weil man keine Opfer sieht, ist das folgende Argument genau umgekehrt. Hier wird der Kontext reale Gewalt vermutet und aus diesem Grund werden die Bilder als „*scheußlich*" (08) bewertet, so dass man am liebsten weiterschalten würde im Programm, wenn solche Bilder kämen. Geht also die Rahmung über das Spiel, wird das Spiel als grausam eingestuft, und geht bei denselben Bildern die Rahmung über ein reales Ereignis, so will der Interviewpartner an einem solchen Voyeurismus nicht teilhaben und deswegen würde er im Programm weiterschalten (08). Je nach Einschätzung, ob es sich um ein Computerspiel handelt oder nicht, fallen also die Begründungen für die Ablehnung der gewalthaltigen Bilder aus. Damit sind die Aussagen bezogen auf die Sequenz widersprüchlich, passen aber auf das jeweils vermeinte Genre: „*Das ist irgend so eine Kriegssimulation, die haben wir schon einmal angeschaut ... ich finde es ziemlich scheußlich, ich würde jetzt sofort weiterzappen*" (08).

Von denjenigen, die in dem Ausschnitt kein Computerspiel erkennen, werden gegen ein Computerspiel Gründe angeführt, die ebenfalls in den Bereich der Darstellung gehen. Dazu gehören zum einen fehlende Elemente wie Steuerungsinstrumente, „*man muss ja irgendwas steuern können*" (06; auch 05). Weiterhin unterscheidet sich die Perspektive des Zuschauers von jener des Computerspielers deutlich. Im Computerspiel partizipiert der Spieler am Geschehen aus einer teilnehmenden Perspektive, d. h. er würde im vorgegebenen Beispiel aus einem Panzer heraus an dem Kampf mitwirken und ihn nicht, wie der Fernsehzuschauer, von außen beobachten. Dichtete 09 diese Perspektive nachträglich hinzu, um die Rahmung als Spiel zu bekräftigen, wird die tatsächlich fehlende Teilnehmerperspektive in den folgenden Argumenten als ein auf die Darstellung zielender Grund gegen ein Computerspiel angeführt:

„*Gegen des Videospiel spricht auch diese Gesamtperspektive*" (05).

„*Und das ist ja irgendwie nicht eine Sicht, wo man so drin ist, sondern es ist irgendwie so eine halbe Draufsicht*" (06; auch 01/05/12).

Auch die Darstellung der Gewaltfolgen gibt Hinweise darauf, ob es sich um ein Spiel handelt. Der Interviewte 12 kennt Computerspiele offensichtlich gut genug, um einen Unterschied zu den vertrauten Codes zu sehen. Die Art der Darstellung erscheint ihm als realistischer im Vergleich zu Computerspielen, bei denen die Zerstörungen nur angedeutet werden (*„man sieht auch nicht, wie das also, durch was das kaputt geht"*). In der vorliegenden Gefechtssimulation werden die Folgen der Zerstörung gezeigt, *„und zum Schluss sieht man eben, was das Realistische macht ... was alles kaputt gegangen ist. Normalerweise interessiert das gar nicht, was kaputt gegangen ist, sondern man geht einfach zum nächsten weiter"* (12), während die Bilder eines Computerspiels über die Zerstörung hinwegflüchten würden.

Auch die Bewertung der Qualität spielt eine wichtige Rolle, Computerspiele haben sich diesbezüglich in den letzten Jahren stark verbessert, was die Altersgruppe der Befragten direkt miterleben konnte und für manche der Interviewten gegen ein Computerspiel herangeführt wird: *„Computerspiele ... also das hat sich schon ganz schön verbessert gegenüber früher und dazu wirkt es einfach nicht perfekt genug"* (06; auch 07). Hier zeigt sich also, dass die Genrekenntnis ein genaueres Hinsehen ermöglicht und die korrekte Rahmung als simuliert-reale Referenz erleichtert.

Wird die Rahmung dagegen nicht über das Computerspiel und nicht über die Abgrenzung zum Computerspiel, sondern über die dokumentarische Verwendung der Bilder genommen, z. B. als Veranschaulichung eines Militäreinsatzes, dann findet eine inhaltliche Verknüpfung der Bildgegenstände derart statt, dass das Geschehen nicht mehr als „Balleraktion" angesehen wird, sondern ihm eine klare Referenz auf ein reales Geschehen zugeordnet wird. So erkennt 05 den inhaltlichen Kontext in der Nachstellung eines Bodeneinsatzes im Golfkrieg, *„weil ja Leute da gestanden [sind] mit Kanonen, Panzern, das kommt ja nur bei Bodeneinsatz"* (05).

Eine andere Verwendungsmöglichkeit ist jene der simulierten Veranschaulichung, also nicht der Dokumentation eines realen Ereignisses, sondern des Entwurfs eines potenziellen Ereignisses – in allen diesen Beispielen zeigt sich, dass das Vorhandensein von Wissen die inhaltliche Kontextualisierung der Bilder erleichtert:

„*Ja, ich denk, das soll zeigen, wie ihre Waffen funktionieren ... das soll einfach, nachdem es ja keine Bilder von dort, vom Kriegsgeschehen direkt gibt sozusagen, zeigen, wie sich die NATO, ich sag jetzt einfach die NATO vorstellt, das Kriegsgeschehen abzulaufen hätte*" (04; auch 01).

Auch in den folgenden Argumenten wird offensichtlich bestehendes Wissen aus der politischen Berichterstattung über bekannte Ereignisse, in diesem Fall der Golfkrieg, herangezogen, um die Bilder zu rahmen. Der ockerfarbene Bildhintergrund wird dann als „*Wüste oder Sand*" (08) erkannt, und die schlechte Bildqualität im Vergleich zu den heutigen Möglichkeiten als Hinweis darauf herangezogen, dass das Ereignis schon länger zurückliegt (05), wie dies beim Golfkrieg der Fall ist, und die Flammen werden als brennende Ölfelder (09) gedeutet: „*und weil das am Anfang so aussah, als wenn da so Ölfelder brennen ... sah so aus wie Irak*" (09). Wenn auch einzuräumen ist, dass bei all diesen Beispielen die Kenntnis der Bilder nicht ganz auszuschließen ist, so zeigen sie doch, wie das Vorhandensein von Wissen die schematisierte Darstellung anreichert und erst dadurch die korrekte Einordnung der Bilder ermöglicht wird.

Hervorhebenswert ist weiterhin, dass diese Art der Bilddarstellung als abstrakt und referenzlos erlebt wird. Ob in den Bildern nun ein Spiel gesehen wird oder Realität, die Bilder scheinen für sich zu stehen und ihre Referenz wird nicht im konkreten Bildinhalt gesehen, sondern resultiert aus dem ihnen zugewiesenen inhaltlichen Kontext. So rahmt das vermutete Genre zwar alle weiteren Argumente, doch zugleich ist es nicht allein ausschlaggebend für die Möglichkeit der inneren Teilhabe. In einigen Argumenten wird auffällig, dass trotz Vermutung eines Realitätsbezugs diese Referenz auf ein reales Geschehen im Erleben schwer nachvollziehbar ist: In 06 wird die schematische Darstellung hervorgehoben, die den Bildern sozusagen den realen Gehalt nimmt („*so richtig Gewalt ist es ja eigentlich nicht, es ist ja eher nur so ja technisierte und auch alles nur so schematisch, also es ist ja keine richtige Welt, sondern es ist ja schon alles irgendwie fiktiv*"/06). In 09 geht die Argumentation in eine ähnliche Richtung, auch wenn man jemanden abschieße, „*man empfindet es nicht als echt ... So wie halt auf dem Rummelplatz, wenn man irgend was abschießt, da passiert ja auch nichts*" (09).

Zusammenfassung

Von den gezeigten Bildausschnitten führt diese computersimulierte Nachstellung eines realen Gefechtes bezüglich seiner Einordnung als real oder fiktional zu den widersprüchlichsten Interpretationen. Die deutlich sichtbare Herstellungsweise der Computeranimation und weiterhin der gewalttätige Inhalt der Bilder sind die wichtigsten Hinweise für die Rahmung. Das Aussehen der computergenerierten Bildoberfläche wird dabei als das auffälligste Anzeichen genommen, von ihr ausgehend wird die Rahmung als Simulation vorgenommen, die entweder als real oder als fiktional eingestuft wird. Die Haupteinordnung liegt in den Bereichen Dokumentation und Spiel. Bei Kenntnis der Darstellungsform von Computerspielen oder bei Wissen über den Golfkrieg wird die sicherste Rahmung vollzogen, während bei Unkenntnis oder oberflächlicher Betrachtung die zwei Aspekte Bildoberfläche und Gewalt die Rahmung (als Computerspiel) begründen. Interessant ist dabei, dass jene, die glauben, genau zu wissen, was sie sehen, weil sie die Sequenz vermeintlicherweise kennen bzw. aus fehlender Kenntnis von Computerspielen diese Einordnung vornehmen, in den Bildern nur die typischen Merkmale von Computerspielen sehen: nämlich Gewalt und „Herumgeballere". Die Rahmung über das reale Ereignis lässt dagegen in den Bildgegenständen Symbole wie Wüste, Ölfelder etc. erkennen. Die Detailarmut der Bilder hat zur Folge, dass die bestehende simuliert-reale Ereigniswiedergabe nicht als Gewalt erlebt wird, wenngleich auch reale Gewalt dargestellt wird. Ihre veranschaulichende Kraft ist nicht ausreichend, sondern sie werden zu Abstrakta, die mit einer inneren Teilhabe zu füllen, den Interviewten schwer fällt.

6.3.7 Rahmungsprofil der Sequenz „Kinderfrau"

Die private Videoaufzeichnung der groben Behandlung eines Kleinkindes durch sein Kindermädchen wurde einer Sendung des Nachrichtenmagazins RTL Explosiv entnommen. Der Zuschauer sieht aus einer Perspektive schräg von oben eine Frau und ein Kind. Das Kind steht in seinem Bettchen und hält sich an dessen Gitter fest. Die Frau geht immer wieder nah an das Kind heran, drückt es wechselnd wie liebevoll an sich, klopft plötzlich seinen Kopf mit schnellen Handbewegungen und schlägt dann das Kind, so dass es fällt. Die Mimik von Frau und Kind sind kaum zu erkennen. Die Sequenz wurde mit einer fest installierten Videokamera aufgezeichnet und besitzt eine grießartig erscheinende Bildoberfläche, Schwarzweißtechnik. Das Handlungsgeschehen ist aufgrund der schlechten Bildqualität sowie seiner Ambivalenz – die Handlungen der Frau sind nicht klar als Misshandlungen zu deuten – schwer zu erkennen. Insofern ist diese Sequenz aus filmtechnischen Gründen, wie auch die *Gefechtssimulation*, auffällig unterschieden von der gewohnten Oberfläche des bewegten Kamerabildes. Die schlechte Qualität der Aufzeichnung bedingt zusätzlich zu dem schwer deutbaren Handlungsgeschehen eine starke Konzentration der Interviewten auf das Bild, was man insbesondere daran bemerkt, dass sie sich vorbeugen, um das Geschehen besser zu sehen. Die in der Bildoberfläche sichtbar werdende Art und Weise der Bildherstellung ist ein wichtiger Ausgangspunkt für die Rahmung. Zur Aufnahme mit einer Privat- oder Überwachungskamera, also einem Realitätsbezug, passt die Rahmung Reportage (09), so wie auch die schlechte Bildqualität in Schwarzweiß *„eher auf so eine Amateuraufnahme schließen lässt oder auf irgendeine Aufnahme, die irgendwo rausgeschmuggelt worden ist"* (04).

Fragwürdigkeit bestand, wie der Interviewverlauf zeigt, stärker wegen des Inhalts als aufgrund der klar erkennbaren Bildherstellung, die auf eine authentische Ereigniswiedergabe schließen lässt. Das hatte zur Konsequenz, dass die dem Interviewer vermittelte Rahmung meist nicht über die Bildherstellung vermittelt wurde, wie bei den vorangegangenen Argumenten, sondern über den Inhalt. Nach einer Beschreibung der Bildinhalte und auf die Frage des Interviewers hin, woher die Sequenz entnommen sein könnte, fielen die Begriffe „*Privataufnahmen*" (13), „*Amateurvideo*" (14), „*Homevideo*" (01), „*Amateurfilm*" (07).

Obwohl es sich um Privataufnahmen zu handeln scheint, werden Möglichkeiten genannt, wo und wie eine solche Sequenz im Fernsehen verwendet werden könnte, in Sendungen, wo Zuschauer ihre eigenen Videos einschicken, wie „*Versteckte Kamera*" (04), oder als „*Dokumentation über eine Kindesmisshandlung*" (14). Diese unterschiedlichen Einschätzungen hängen mit der Schwierigkeit zusammen, die aufgezeichneten Handlungen der Frau zu verstehen. Der Realitätsbezug ist bei beiden Einschätzungen gegeben, die differierenden Genreeinordnungen sind damit zu erklären, dass die Handlungen schlecht erkennbar sind. In eine ähnliche Richtung zielt auch das folgende Argument, es handle sich hier um einen Bericht in welchem als Dokumentareinschub „*eine zwischenmenschliche Szene*" veranschaulicht werden soll (15). In einem Fall (05) wird sofort die vermutete, richtige, Quelle genannt, allerdings scheinen diese Aufnahmen bzw. ähnliche bereits bekannt zu sein; wie der Interviewpartner selbst angibt, weiß er um die Existenz solcher Aufnahmen. In einem weiteren Argument wird eine Reportage vermutet, weil „*bei so Aktenzeichen XY, da kommt ja dann auch ein Ausschnitt aus dem Videoband der Bank, die jetzt da überfallen worden ist*" (09).

Die unterschiedlichen Verwendungsformen dieser Sequenz, als Dokumentation, als Veranschaulichung (von einem Fernsehteam zu Hause gefilmt; 08), als heimliche Aufzeichnung, die verbotenerweise gemacht wurde, wie in 04 vermutet, bis zu „*Aktenzeichen XY*" (09) zeigen die Kenntnis über die Verwendungsmöglichkeit und Einsatzweise von authentischen Aufnahmen. Die authentisch-reale Referenz der Bilder wird damit nicht in Frage gestellt, sondern sie ist bei allen Verwendungsformen Voraussetzung. Als Hauptargument für die Herkunft der Bilder wird dabei die an ihrer Machart erkennbare Herstellungsweise genannt, die als amateurhaft eingestuft wird, wobei Homevideo und versteckte Kamera gleicherweise genannt werden, bei beiden Aufzeichnungsformen stehen die Bilder in authentischer Referenz zum Ereignis. Im Wesentlichen sind es drei Hinweise, die als typisch für die Art und Weise der Bildherstellung angeführt werden: Schwarzweißfilm, schlechte Bildqualität, Kameraposition. Ähnlich wie in der Gefechtssimulation sind diese Darstellungsformen nicht Hinweise auf Stilkonventionen der Bildgestaltung, sondern der Bild*herstellung*. Farbe, Qualität und Kameraführung weisen darauf hin, dass es sich um eine (fest installierte) Videokamera handelt und dass die Bilder weder nachträglich montiert wurden, noch der Bildgegenstand manipuliert wurde (z. B. durch Schauspieler oder nachträgliche Bearbeitung).

Am häufigsten fällt die feste Position der Kamera auf. Dass es sich um eine versteckte Kamera handelt, wird daran kenntlich,

„*dass die Einstellung immer gleich bleibt, kein Zoom, kein Perspektivenwandel*" (02),

„*es wird nicht näher rangezoomt, sondern es bleibt immer bei demselben Ausschnitt*" (03),

„*es wurden keine Nahaufnahmen gezeigt und es war kein Wechsel [der Perspektive]*" (14; auch 01/08/09/12).

Dass die Kamera „*schief*" (04) hing oder „*schräg*" gehalten (07) wird, ist ebenfalls ein Argument für die vermutete Bildherstellung. Weiterhin gelten fehlende Schnitte als Hinweis dafür, dass es sich um die Aufzeichnung von einer Überwachungskamera handelt: „*Die [Kamera] ist auch da immer fest installiert, es gab auch keinen Schnitt, oder so. Es war immer das gleiche Bild*" (09).

Wird in den oberen Aussagen erkannt, dass die Kamera fest installiert ist, fällt dies in folgendem Beispiel nicht auf, sondern lediglich, dass sie immer in derselben Position steht, was so gedeutet wird, dass es sich hier um jemanden handelt, der als Laie mit der Kamera umgeht: „*Die Position auch des Filmenden verändert sich überhaupt nicht und das könnte sehr gut sein, dass das halt jemand ist, der halt so Finger drauf und das Objekt filmt*" (15). Fällt dagegen (wie oben) auf, dass die Kamera nicht nur immer dieselbe, sondern auch eine Perspektive weit von oben besitzt, ist diese Möglichkeit ausgeschlossen.

Im folgenden Argument aber scheint die Einschätzung, dass es sich um eine Amateuraufnahme handelt, die Erinnerung an das Gesehene zu überlagern. In Amateuraufnahmen wird an der Kameraführung („*so ein bisschen wackelig und Kamera mal näher dran, mal weiter weg*"/13) die Ungeübtheit des Filmenden erkennbar und in diesem Argument im Nachhinein auf die Sequenz, die als Amateuraufnahme gerahmt wurde, übertragen. Bekannt ist dieser Code z. B. aus dem Genre Reality TV, wo eine solche Aufnahmeform auf Authentizität und Live-Charakter deuten (soll). Ein weiterer wichtiger Hinweis auf die Bildherstellung ist die Farbgebung, die deutlich darauf hinweist, dass es sich um Amateuraufnahmen (02/03/09) oder Anschauungsmaterial handelt: „*Durch dieses Schwarzweiß hat es vielleicht auch mehr so einen Dokumentationscharakter, so quasi von so einer versteckten Kamera*" (11).

Ein Hinweis auf die Herstellung der Bilder liegt neben der Kameraperspektive und Farbgebung in der schlechten Bildqualität (auch 01). Sie lässt „*auf irgendeine Aufnahme, die irgendwo rausgeschmuggelt worden ist*" (04) schließen oder auf eine „*Kamera, die man im Zimmer aufhängt*" (03). Der vorgeführte Ausschnitt ist verwackelt, unscharf, was als weiteres Indiz für die Herkunft der Bilder als authentische Aufzeichnung, als „*real*" (15) gewertet wird.

Die Darstellungsform wird als Hinweis für die Authentizität der Fotos genommen, wobei die Interviewpartner zugleich wissen, dass eine solche Darstellungsform manipuliert werden kann, und sie dann nur noch für Authentizität steht, nicht aber als authentisch-real, sondern als illustrierend-real, das Ereignis also nachgestellt ist: Dann wird die Bildherstellungsweise als Code fingiert und dazu eingesetzt

„dass man halt denkt, das ist jetzt richtig aus dem Leben gegriffen" (01),

„man kann ja auch eine Szene stellen und dann sie so schwarzweiß und so zerrüttet darstellen, als wenn sie dann heimlich live gefilmt worden wäre" (06).

Da nicht eindeutig zu erkennen ist, was die Frau mit dem Kind tut, ist es für die Interviewten schwer einzuordnen, in welchem Zusammenhang solche Bilder gezeigt werden könnten. Es wird an dieser Stelle offensichtlich, dass nicht nur die Darstellungsform, sondern auch der Inhalt daran beteiligt ist, wo Bilder Verwendung finden können: *„wenn das wirklich jetzt keine Liebkosung war, sondern wenn das jetzt wirklich ein härterer Klaps war ... dass das als Dokumentation, Beispiel für Kindsmisshandlungen"* (13) gezeigt werden könnte.

Ob es sich tatsächlich um Gewalt handelt oder nicht, weist auf ihren möglichen Verwendungszusammenhang hin. Eine tatsächliche Gewaltausübung spricht für eine Verwendung in einer Dokumentation. Für eine Gewaltausübung wiederum spricht das Alter des Kindes, das noch nicht schauspielen kann, und dessen Weinen und Hinfallen also authentisch sein müssen, d. h. es kann sich nicht um eine gestellte Szene handeln, *„weil halt das Kind auch mitagieren muss ... so was Nachzustellen, das stelle ich mir eher schwierig vor"* (02). Die Szene ist nicht konnotativ zu verstehen, sondern steht für sich und könnte somit ein psychologisches, also wissenschaftliches Interesse an dem *„Spiel zwischen Erwachsenen und Kindern"* (15) dokumentieren. Dass die Gewalt ungehindert vollzogen wird, *„normalerweise müsste man ja eingreifen"* (12), erscheint als seltsam, für 13 spricht dies dafür, dass es sich nicht um Gewalt handeln kann, der vermutete Genre-Rahmen ist eine Privataufnahme im Familienkreis:

„Das kam mir vor wie eine Privataufnahme, wie wenn der Vater mit der Videokamera dasteht und vielleicht seine Frau oder seine Mutter mit seinem Sohn oder Mädchen filmt und andererseits hätte er das sicher nicht gefilmt, wenn sie ihn geschlagen hätte, also war das vielleicht doch ein bisschen liebevoller Klaps" (13).

Umgekehrt spricht die ungehinderte Ausübung der Handlung dafür, dass die Frau sich unbeobachtet fühlt und das Kind tatsächlich misshandelt. Die Frau ahne gar nicht *„dass ihr Tun beobachtet wird, sondern dass sie sich eben ganz allein fühlt und denkt, mit dem Kind, dass sie machen kann, was sie will"* (11).

Die Bewegungen der Frau sind ein ungewohnter Anblick, sie sind, sofern man solche Bilder nicht kennt, kaum einzuordnen, schnell, unkoordiniert, die von Bewegtbildern vertraute Deutlichkeit, die durch die Herstellungsweise und Nachbearbeitung erzielte Eindeutigkeit fehlen. In einem Interview fällt die Assoziation „*Dick und Doof*", wo ebenfalls solche schnellen Bewegungen zu sehen seien. Diese Assoziation jedoch wird nicht als Beleg für eine nicht vorhandene Authentizität genommen, im Gegenteil, die Frau sei keine Schauspielerin, was wiederum für einen Amateurfilm spricht: „*So nach dem Motto, ja das ist die Oma mit dem Kind und die war sich jetzt nicht ganz sicher, wie sie das jetzt am besten darstellen soll*" (07).

Insgesamt zeigt sich, dass die Unsicherheit der Interviewten weniger bezüglich der Entstehung der Bilder besteht, als bezüglich ihres Inhalts. Die Interviewten gehen mit den Bildern so um, als wohnten sie einer realen Handlungssituation bei, die sie zu verstehen versuchen. Ihr Rahmungsvorgehen ist also nicht „Was sagen diese Bilder?", sondern „Was geht in der von ihnen gezeigten Szene vor sich?" Das zeigt sich auch am Befremden der Interviewten, die mit Ausrufen und Kommentaren ihre Bewertung des Gesehenen und ihre Distanz dazu zum Ausdruck bringen. Äußerungen, die durch Ausrufe eingeleitet werden wie

„*Oh, eine Mutter schlägt ihr Kind mit der Faust auf den Kopf*" (01),

„*Oh Gott, also sie hat wohl irgendwie ihr Kind geschlagen*" (06),

„*Oh là là (lachen) Mutter, die ihr Kind haut*" (15)

zeigen die Überraschung der Probanden über das, was sie da sehen, nämlich über ein hinter den Bildern liegendes reales Geschehen. Damit geht die Bildhaftigkeit des Gesehenen bei dem Versuch, das Verhalten der Frau zu interpretieren, verloren. Wie in der Sequenz *Hochzeit* spielt die Präsenz der Aktionen für sich eine Rolle, die Frage, was die Frau da tue, zielt auf das im Bild sichtbare reale Ereignis:

„*Ui, was macht eine Mutter mit dem Kind? Hat sie es auf den Kopf gehauen? Oder waren das etwas herbere Liebkosungen? Nee, das ist wohl doch, also im ersten Augenblick hab ich gedacht, sie hat das Kind geschlagen, auf den Kopf. Sie geht schon relativ ... Was ich jetzt nicht gesehen hab, ist das Kind, es hat den Mund ganz weit offen, aber ob das geschrieen hat oder ob das eher Lachen war, da war jetzt irgendwie das Gesicht, wahrscheinlich nicht nahe genug dran. Weil im ersten Moment hab ich gedacht, oh Gott, die schlägt dem auf den Kopf und dann ist sie aber wieder so hingegangen ... man hätte es vielleicht auch als, ja als streicheln, naja im weitesten Sinn, auffassen können. Das war jetzt unklar*" (13; auch 11/14).

Die Sequenz steht mit ihrer Darstellungsweise als Hinweis für Authentizität, d. h. die Bilder werden nicht einem bestimmten Fernseh-Genre zugeordnet, sondern es sind Bilder, die aufgrund ihrer Authentizität in verschiedene Kontexte eingeordnet werden können. Sind die anderen Sequenzen, mit Ausnahme der *Gefechtssimulation*, Hinweise für typische Sendungsformen, so ist die Darstellungsform der Sequenz *Kinderfrau* Hinweis für ihre Authentizität. Insofern verlegten sich die Interviewten stark auf die Frage, was der Bildinhalt aussagen könnte, da seine vermutete Aussage ein Hinweis darauf ist, welche kommunikative Intention diese Bilder verfolgen. Der Rückgang auf die primäre Rahmenebene, nämlich wie das Ereignis selbst zu rahmen ist, wird als Hilfe zum Verstehen genommen. Allerdings ist die gesehene Handlung, wie das vorangehende Beispiel zeigt, aufgrund ihrer Ambivalenz zwischen Zärtlichkeit und Misshandlung schwer zu deuten. Im folgenden Beispiel wird erst auf die direkte Nachfrage des Interviewers hin eine Aussage darüber angestellt, was auf den Bildern zu sehen sei. Vermutlich ist der Interviewte gehemmt, über das Gesehene zu reden, es ist missverständlich, befremdlich – wie er selbst sagt, *„keine Ahnung, es ist, ich weiß nicht, es ist einfach was, was völlig ohne Bedeutung ist, wenn man es so sieht"* (04). Er kann nicht sagen, was die Bilder ausdrücken sollen, denn eine Handlung trägt ihre Intention und damit ihre Bedeutung in sich, welche im Bild zur Bedeutung gebracht wird.

Dass diese Frau in irgendeiner Weise behindert sei, wird als Hinweis auf ihr befremdliches Verhalten geäußert. Auch hier wird die Bedeutung im Ereignis selbst gesehen und nicht in etwas, das zur Bedeutung gebracht werden soll, was der authentischen Ereigniswiedergabe entspricht, denn was hier zur Bedeutung gebracht werden soll, ist das Ereignis selbst. Insofern zielen die Bewertungen der Kinderfrau und ihres Verhaltens (*„mongoloid"*/12; *„geisteskrank"*/13; *„feinmotorische Störungen"*/08) direkt auf sie, nicht auf etwas, was mit den Bildern veranschaulicht werden sollte, zugleich drücken sie in ihrer Ungeschminktheit (*„Psychopathenmutter"*/14) eine sofortige Distanzierung zum Gesehenen aus, die im Lauf der Argumentation dann wieder zurückgenommen und sachlicher kommentiert wird:

„(ausstoßend) Eh, Psychopatenmutter. Also schwarzweiß, als wenn die so, also mir kam die sehr aggressiv vor. Und ich konnte nicht genau erkennen, aber ich glaub, dass das Baby geweint hat. Und sie hat irgendwie, wie wenn sie so verzweifelt wäre und jetzt grade nicht weiß, was sie macht, oder wenn sie so einen Aussetzer hat, dass sie es bald küsst und dann auf den Kopf einhaut und es dann so zurückstößt und dann wieder so hinstellt, also es war auf keinen Fall eine sehr liebevolle Mutter" (14; auch 13).

Eine weitere Bewertungsrichtung bezieht sich nicht auf den Inhalt, sondern darauf, solche Bilder überhaupt zu zeigen. Diese Bewertung wird nur dann vorgenommen, wenn die Herkunft der Bilder bekannt ist, wie im Interview 05, *„das böse Kindermädchen schlägt die Kinder, wunderbar, die Leute sind zu Hause entsetzt. Das ist, ja das genau, das war das Thema"*. Im Interview 07 wird die Gewalthandlung als solche sofort erkannt und aufgrund der Bildgestaltung (schwarzweiß) auf eine authentische Szene gedeutet. Ein solches Ereignis im Fernsehen zu zeigen wird als Voyeurismus bewertet.

Außerhalb der im Bild gegebenen Informationen werden anhand eigener Erfahrungen und Wissen über vergleichbare Fälle Deutungsansätze gesucht. In Interview 05 und auch in 11 bestehen aus den Medien bezogene Kenntnisse über den Fall einer Kindesmisshandlung ein Jahr vorher:

„Was mir jetzt spontan einfällt, sind da diese Verhandlungen, die da geführt wurden, wegen, was war das denn, diese Au-pair-Mädchen, die angeblich die Kinder zu Tode sogar geschüttelt haben sollen oder eben misshandelt haben sollen" (11).

Die Interviewpartnerin 02 dagegen nimmt Bezug auf eigene Erfahrungen als Au-pair-Mädchen. Sie dienen dazu, die Normalität des gesehenen Verhaltens, das mit *„geisteskrank"* in Verbindung gebracht wird, am Maßstab der eigenen Erfahrung zu überprüfen. In ihrer Erinnerung war die Interviewpartnerin selbst einmal so gereizt, dass sie das Kind auf den Arm schlug, dies aber sofort bereute. Die Frau im Bild dagegen scheint nicht entsetzt über das eigene Verhalten zu sein, ihre Handlungen entstehen offensichtlich nicht aus dem Affekt, was die Rolle der Kinderfrau fragwürdig macht:

„Ich weiß selber, dass ich als Au-pair mal einen Wutausbruch gekriegt hab, weil mich ein Kind total genervt hat und ich hab es geschlagen, auf den Arm geschlagen und das hat mich so erschüttert, selber, dass ich im nächsten Moment auch das Kind auf den Arm genommen hab, aber danach nicht wieder ruppig mit dem Kind war, sondern das hat mir sehr leid getan und ich hab versucht das Kind zu trösten und mich zu entschuldigen" (02).

Auch im folgenden Fall wird ein Wissen herangezogen, das nicht den Bildern entnehmbar ist, in diesem Fall aus dem Studium über eine Therapieform für autistische Kinder, womit die bei dieser Sequenz zur Deutung herangezogenen Erfahrungs- und Wissensquellen ebenfalls einen im Realitätsbezug stehen:

„Das erinnert mich ein bisschen ... an so eine Therapieform, wie sie es in der Geistigbehindertenpädagogik gibt. Kann das sein? ... autistische Kinder werden da so behandelt, glaub ich ... Dass man sie erst mal an sich hinpresst und festhält auch unter Schmerzen, und dass sie dadurch diesen eigenen inneren Widerstand überbrücken können" (09).

Zusammenfassung

Der Bezug der Bilder wird einerseits aufgrund der Darstellungsform (schwarz-weiß, schlechte Bildqualität, feste Kameraposition) sofort als authentische Ereigniswiedergabe eingeordnet, andererseits aufgrund des Inhalts. Dessen Authentizität wird bei der Angabe der möglichen Verwendungsform als Veranschaulichung für wissenschaftliche Zwecke, dokumentarischen Beleg oder Verwendung in einer themenbezogenen Reportage nicht in Frage gestellt. Zwar wird angeführt, dass eine solche Form der Bildgestaltung auch als Authentizität manipulierend eingesetzt werden kann, jedoch spricht dagegen, dass das Kind noch nicht fähig ist, sein Verhalten gezielt ausdrucksvoll einzusetzen. Auch das Verhalten der Frau erscheint den Interviewpartnern als derart befremdlich, dass sie seine Authentizität nicht in Frage stellen, vielmehr die geistigen Kapazitäten der Frau abwerten, so dass auch ihr Verhalten als nicht steuerbar aufgefasst werden kann. In Konsequenz kann die gesehene Handlung nicht gespielt sein. In dieser Sequenz wird weniger die Darstellungskonvention als Hinweis für die Rahmung genommen, so wie dies bei *Küstenwache* das Hauptargument für die Inszeniertheit der Handlung war, sondern die aufgrund der Bildqualität vermutete Herstellung der Bilder. Die auf eine direkte Aufzeichnung hindeutende Videoqualität sowohl der Bildoberfläche, als auch der Kameraperspektive, wird wiederum als Beleg für einen direkten Bezug auf Realität dokumentiert. Die Bilder werden als Zeugnis für ein Ereignis aufgefasst und weisen in dieser Funktion auf die Authentizität des Ereignisses selbst hin. Insofern ist auch diese Sequenz, wie bereits *Hochzeit*, ein Beispiel dafür, dass Bilder als Vermittler eines realen Geschehens so aufgenommen werden, dass sie in ihrer Präsenz wirksam sind und nicht in einer symbolisch-zeichenhaften Funktion. Hervorzuheben ist dabei, dass es sich nicht um detailreiche, klar erkennbare Bilder handelt, die gemeinhin als Modus für Realistischkeit (Doelker 1997a; Kress/van Leeuwen 1998) gelten, sondern dass die Kenntnis über die Entstehung der Bilder sowie der Realitätsbezug des Ereignisses selbst die fehlende Realistischkeit der Darstellung offensichtlich ersetzen können. Die aus den eigenen Kenntnissen vorgenommenen Vergleiche und Bewertungen stellen die gesehene Handlung in einen Realitätsbezug. Sie wird als authentisch aufgefasst und dementsprechend gedeutet. Die Deutungen beziehen sich nicht auf etwas, das ausgesagt wird, sondern auf das, was zu sehen ist und die Bilder in einem direkten Bezug zur Realität darstellen. Auch die Überlegung, ob solche Dinge überhaupt aufgenommen werden dürfen und wenn dies der Fall ist, dann sei zu vermuten, dass es sich nicht um eine gestellte Szene handelt, zeigt an, dass das Gesehene als authentisch eingestuft wird und das Bild in eine authentisch-reale Referenz zum Ereignis gestellt.

6.3.8 Rahmungsprofil der Sequenz „Kalligraphie"

Peter Greenaways Spielfilm „Bettlektüre" wurde ausgewählt, da der Film nicht nur bezüglich des Inhalts, sondern auch bezüglich der bildlichen Darstellung ungewöhnlich ist und einen hohen künstlerischen Anspruch besitzt. Im ersten Teil des Films, dem die Sequenz entnommen wurde, sucht eine junge Chinesin nach dem idealen Liebhaber, dem es gelingt, die Liebe und das Wort in der kalligraphischen Beschriftung des nackten Körpers zu verschmelzen. In der betreffenden Szene sieht man die Frau nachdenklich in einer Badewanne sitzen, sie zeichnet Schriftzeichen auf einen feuchten Spiegel und später auf ihren eigenen Körper; in der letzten Szene fließt schwarze Tinte, wie sie zuvor zum Schreiben benützt wurde, im Wasserablauf der Badewanne fort. Bis auf ein Interview (02) war der fiktionale Bezug allen Probanden deutlich, in drei Fällen war die Existenz dieses Filmes, der in Filmvorschauen und -besprechungen viel Aufmerksamkeit gefunden hatte, bekannt, wenn auch nicht der Film selbst: *„Es könnte sogar ein Ausschnitt sein, ich bin aber nicht sicher, von einem Kinofilm, der geht über Kalligraphie, genau und die bemalt Menschen"* (11; auch 08/13). Auch in den anderen Interviews stand der fiktionale Bezug außer Frage, die Rahmung wurde wie in den vorangehenden Sequenzen über das Genre oder über den Inhalt vorgenommen. Es soll wiederum mit der Rahmung über das erkannte Genre Film (03/04/07/ 12/15) begonnen werden, wobei hier bereits die ästhetische Inszenierung (*„schöner Effekt mit Wasser. Wahrscheinlich ein Film"*/07), die Fiktionalität (*„künstlich"*/15; *„keine reale Szene ... Spielfilm"*/12) auffallen. In zwei Interviews (06/09) wird auch die anfängliche, dann aber verworfene Rahmung als Musikvideo geäußert: *„Es sah zuerst aus wie ein Musikvideo, aber jetzt denke ich eher, dass es ein Film ist. Auch durch die Streifen erst mal oben und unten, scheint ein Spielfilm zu sein"* (09). Ist das Breitbandformat, das Peter Greenaway im Film als darstellerisches Mittel wechselnd einsetzt, in Interview 09 der Hinweis auf einen älteren Spielfilm, fällt dies in 06 überhaupt nicht auf. Der Eindruck des Musikvideos wird begründet mit der Ausstattung des Badezimmers, das nur aus einer Wanne und einem Spiegel besteht. In Spielfilmen würden dagegen im Allgemeinen realitätsähnliche oder reale Gesamtausstattungen von Zimmern als Hintergrund gezeigt. Ein weiterer Hinweis wird in der Bildmontage gesehen, die wie in einem Video nicht einem erkennbaren Handlungsstrang folgt – bei einem Musikvideo werden häufig Bildinhalte so verknüpft, dass sie Assoziationen anregen, aber nicht Handlungsstränge verbinden. Am Zeichenpinsel, mit dem die junge Frau Schriftzeichen auf ihre Beine malt, stehen einige Borsten widerspenstig ab, dieser als effektvoll erlebte Eindruck *„zu einem Haar hoch stülpt sich das"*, fällt dabei nur in dem genannten Interview 06 auf und hängt vermutlich mit der Rahmung Musikvideo zusammen, wo solche visuellen Effekte erwartbar sind. Beim zweiten gemeinsamen Ansehen wird dieser Eindruck, der für den Interviewten ein starkes Indiz für Musikvideo war, nochmals erwähnt, es hätte so ausgesehen, *„als würde jetzt der, das was sie gepinselt hat, selber zu Pinseln, ja zu Pinseln werden"*, was *„so typisch Musikvideo ist, dass die Bilder sich ständig wandeln, also es ist immer nie das, was man zuerst glaubt"* (06).

Eingangs erwähnte ich, dass in einem Fall (02) der fiktionale Bezug des Gesehenen nicht als solcher eingestuft wurde, sondern die Möglichkeit erwogen, dass es sich um eine Künstlerin handle, deren Arbeit gezeigt wird. Ich will diese Rahmung näher darstellen, bevor ich mich dann jenen Fällen zuwende, in denen ausgehend vom gesehenen Bildinhalt argumentiert wird. Wie in den folgenden Beispielen auch wird zunächst der Bildinhalt beschrieben:

„Also ich sehe eine Frau in einer Badewanne, die Lichtreflexe im Gesicht. Ah, jetzt schaut sie sich im Spiegel an und der Spiegel ist anscheinend ein bisschen feucht, weil sie was reinschreibt, in den Spiegel. Jetzt sieht man ihr Gesicht, wie sich da drauf konzentriert, auf den Spiegel was zu schreiben. Kann ich nicht erkennen, was sie da drauf schreibt, ach doch jetzt, malt sie auch mit einer Kreide japanische oder chinesische Schriftzeichen auf den Spiegel drauf, sie schreibt das hin und betrachtet sich jetzt die Schrift. Da ist irgendwie ein Schnitt drin, weil das eine Person ist, die ein Gewand anhat, auch mit Tusche auf die Beine schreibt, das ist anscheinend dieselbe Person, die sich jetzt

mit Tusche bemalt, die aber nicht mehr in der Badewanne sitzt. Auch wieder mit chinesischen, oder japanischen Schriftzeichen, sich die auch auf den Bauch aufträgt, also quasi beschriftet. Das ist sie, an den Armen und Beinen, am Körper mit Schriftzeichen bemalt (unverst.). Und jetzt läuft die Tinte in ein Abflussrohr, anscheinend hat sie sich wieder die Tinte abgewaschen" (02).

Der Ausruf „*Ah, jetzt schaut sie sich im Spiegel an*" kündet ein aufkommendes Involvement an, das offensichtlich darauf zurückzuführen ist, dass ein Bezug zu eigenen Erfahrungen als Kind und auch Erwachsener hergestellt wird:

„Dieses In-der-Badewanne-sitzen, Im-Spiegel-betrachten und dann in den Spiegel was reinzeichnen, das kommt mir sehr bekannt vor, also wenn ich im Bad bin, dann ist der Spiegel auch immer beschlagen und als Kind benutzt man das oft, um etwas Lustiges reinzuzeichnen und jetzt auch ... Und dass man sich was auf den Körper schreibt, das find ich auch nachvollziehbar, weil als Kind hab ich auch oft mir was auf den Körper draufgemalt, gezeichnet, die Hände nach der Schule waren immer ganz verschmiert, oder also beim Bodypainting ist ja jetzt auch, also wird immer mehr gemacht, dass man sich seinen Körper anmalt und dass man sich es dann auch wieder abduscht" (02).

Die bereits am Beginn der Bilder entstehende Erinnerung an eigene Erfahrungen, die von zwei Interviewpartnerinnen (02/14) geäußert werden, könnte dafür verantwortlich sein, dass im weiteren keine Festlegung erfolgt, ob sie realitäts- oder fiktionsbezogen sind, ja vielmehr auf die Frage des Interviewers, ob diese Szene real oder gestellt sei, beide Möglichkeiten als vorstellbar angenommen werden:

„Ich kann mir das vorstellen ... dass ich das selber auch machen könnte, wenn ich Zeit hab und Ruhe und Besinnung hab ... Ich kann mir aber genauso vorstellen, dass es eben eine, eine Installation, in Anführungsstrichen, ist, also irgend etwas, ein Kunstprodukt, dass es explizit so gefilmt wird, um für andere auch was auszudrücken" (02).

Der mögliche Realitätsbezug wird durch die Ich-Perspektive, *„dass ich das auch selber machen könnte"* verstärkt und auf die Nachfrage des Interviewers, ob es sich hier um eine Schauspielerin handle, so aufrechterhalten, dass die Entscheidung auf *„Künstlerin"* fällt. Damit zieht sich die Probandin aus der Affäre, eine Künstlerin ist eine reale Person und eine Darstellerin zugleich. Der Vorschlag des Interviewers, es handle sich also womöglich um reale Kunst, die aufgezeichnet wurde, wird dementsprechend angenommen: *„Eine reale Kunst, die aber dann nochmal wiederholt wurde, um sie aufzuzeichnen, vielleicht so"* (02). Wie sich in den beiden Rahmungsmöglichkeiten Musikvideo und Aufzeichnung eines künstlerischen Ereignisses bereits anzeigt, verunsichert der Inhalt der Sequenz ihre Einordnung in ein bestimmtes Genre. Wird auch, abgesehen von 02, eine Einstufung als fiktional vorgenommen, so verwirrt doch die Einordnung dieser Sequenz bezüglich ihrer möglichen Verwendung:

„Und, ich weiß nicht, wie sie dann so dasteht, die Arme ausgebreitet ... Also es spricht dann nicht mehr dafür, dass das jetzt so ein so ein künstlerisch, erotischer Film ist, oder

so, find ich, also zumindest das war mir irgendwie dann, das war mir dann zu banal, also das würde eigentlich eher dafür sprechen, dass es vielleicht sogar eine Szene ist, aus irgendeinem Film" (01).

Aus „*irgendeinem Film"* deutet für den Interviewpartner 01 an, dass hier eine Handlung vorliegt, auch weil er zu sehen glaubt, wie „*da ein Typ reinkommt"* in das Zimmer und die Szene im Badezimmer einen erotischen Effekt herstellen solle. Der Interviewte empfindet einen starken stilistischen Bruch *(„das war mir dann zu banal")* zwischen dem Ausbreiten der Arme – die Frau sieht sich in diesen Aufnahmen selbst an und ist mit dem Ergebnis unbefriedigt – und ihrem Hintasten zu einer gelungenen Form der Bemalung, wie sie mit der ersten Einstellung in der Badewanne angedeutet wurde, und distanziert sich von seiner anfänglichen Vermutung eines Films mit ästhetischem Anspruch. Die Rahmungsunsicherheit bezieht sich auf die Frage Spielfilm oder erotischer Kunstfilm, wobei der eine eine sichtbare Handlung hätte, und der andere ein Spiel mit Impressionen darstellen könnte. Wie bereits gesagt, bezieht sich die Unsicherheit der Interviewten auf die durch den Ausschnitt vermittelte Abgeschlossenheit der Sequenz, was insbesondere durch die Schlussszene mit der in den Abfluss laufenden Tinte verursacht wird. Würde der Film an dieser Stelle abbrechen, spräche das, dass „*man so versucht hat auch, mehrere Techniken einzusetzen und zu zeigen"*, für eine „*Abschlussarbeit"* (09). Auch in 04 wäre das Genre künstlerischer Kurzfilm naheliegend, wäre der Film an dieser Stelle beendet: „*Also gerade dieser Schluss hat auch wieder eher so als Kurzfilm ausgeschaut, weil das hat abgeschlossen gewirkt, ich mein, das kann natürlich weitergehen"* (04).

Wird die Rahmung Spielfilm gewählt, so sei es auf jeden Fall nicht ein gewöhnlicher Film, sondern einer, der weniger „*durch Handlung besticht"* als durch „*allgemeine Stimmung"* (05), der „*nicht recht viel von sich aus selber sagt, sondern der durch Bilder was vermitteln will"* (12), der „*ungewöhnlich"* und „*rätselhaft"* (14), „*symbolhaft"* sei, „*wo es halt ganz stark auf das, was man sieht, ankommt"* (15).

Bezüglich der Darstellungsmittel werden die schwarzen Balken des Breitbandkinos als deutlichster Hinweis auf das Genre gesehen, ein Hinweis der auf die Bildherstellung zielt: „*diese Streifen eben auch am Anfang"* (09; auch 15). Sie werden von Greenaway mal gleichzeitig, mal nur unten oder oben eingesetzt. Möglicherweise fallen sie vielen der Interviewten nicht auf, mir selbst waren sie beim Aussuchen der Sequenzen zunächst nicht aufgefallen, sie sind aber für die Rahmung als Film insofern bedeutsam, da sie als unmanipulierbares Zeichen gelten könnten. Mit ihrem Wechsel setzte Greenaway sie als ein stilistisches, bedeutungsvolles Mittel ein und damit widerspricht der Regisseur dem mit ihnen vermeintlich gegebenen Hinweis auf die Bildherstellung:

„*Das Komische war, dass am Anfang dieser schwarze Balken war, der jetzt weg ist, weil schwarzer Balken ist ja eigentlich für ältere Filme, die nicht in das Format passen. Aber es ist kein alter, älterer Film"* (06).

Farbe, Kameraperspektive, Beleuchtung (*"Auch da wird ja auch ganz geschickt mit diesen Lichteffekten gearbeitet, um irgendwie eine gewisse Stimmung zu vermitteln"*/05) und Montage sind neben den „schwarzen Balken" die wichtigsten Hinweise dafür, dass es sich um einen Film handelt und dass seine Darstellungsweise eine ganz bestimmte Stimmung vermitteln solle (05). So wird der Blick des Zuschauers auf das Spiegelbild der Frau, der sie im Spiegel von vorn sieht, als Hinweis auf einen Spielfilm gesehen (12/13/14), und die langen Einstellungen und die Nahaufnahmen werden näher spezifiziert als Hinweis auf einen Liebesfilm. Auch die Bildgestaltung und -montage werden als Anzeichen für einen Spielfilm und dessen hohe Qualität gewertet: *"Die Ausschnitte sind super. Also, man sieht recht viel und auch die Schnitte also, sind jetzt nicht so abrupt"* (03).

Anders als z. B. bei *Kinderfrau* bewegen sich die Rahmungsversuche der Interviewten nicht von der Gegenstandsebene ausgehend – abgesehen vom eingangs diskutierten Beispiel 02, in dem eine reale Aufzeichnung erwogen und die Erinnerung an die eigene Kindheit wach wird. Für die anderen Probanden ist der Fiktionsbezug fraglos gegeben. Der Unterschied zu einem realen Ereignis wird vor allem darin gesehen, dass dieses hier deutlich „*dargestellt"* ist, *"dass da natürlich genau da ein Spiegel steht, auf dem Dampf ist, auf dem man schreiben kann, das ist natürlich auch schon gestellt"* (01). Es sei eine *"unnatürliche Situation ... und man hat auch den Eindruck, dass es mehr sagen soll"* (04), also die Bilder eine ästhetische Funktion besitzen und nicht das Ereignis für sich steht wie bei der authentischen Ereigniswiedergabe. Für einen Film spricht auch, dass es „*künstlich"* (12) wirkt und z. B. dass das Badezimmer eines darstellen soll, *"aber man sofort sieht, dass es das nicht ist"* (06).

In den folgenden Abschnitten wird die Rahmung über den Bildinhalt vorgenommen. Ähnlich wie in der Sequenz *Kinderfrau* wird auf der Ebene des Rahmeninneren der Bildinhalt aufgenommen, und die Interviewten versuchen zu deuten, was geschieht. Allerdings werden gleichzeitig Argumente geäußert, die auf eine angenommene ästhetische Funktion der Bilder schließen lassen, es dampft, *damit* die Frau etwas in den Spiegel schreiben kann: *"eine schöne Frau in der Badewanne. (Pause) Schaut sich im Spiegel an. Es dampft anscheinend, so dass sie was hinschreiben kann"*/03). Auch legen sich jene Interviewpartner, die von der Beschreibung der Gegenstände ausgehen, bei ihrer Rahmung auf einen Spielfilm fest (03/13/14).

Die folgenden Argumente beziehen sich auf die symbolhafte Bedeutung der gesamten Sequenz bzw. auf ihre konkrete Aussage. Die vom Regisseur angebotenen Bilder werden als symbolhaft aufgefasst, das Schreiben auf den Körper, die Schriftzeichen selbst, die Situation in der Badewanne und dann das Wegfließen der Tinte regen zur intensiven Auseinandersetzung mit der möglichen Bedeutung des Gesehenen an, z. B. *"und die Schriftzeichen haben natürlich irgendwie eine Bedeutung gehabt, vielleicht soll mit denen auch ir-*

gendwie die Bedeutung wegkommen", wobei explizit eine Abgrenzung zu den Beispielen mit den Panzern und dem Dorfplatz vorgenommen wird, wo die Gegenstände nicht eine fiktionale Bedeutung besitzen. Insbesondere die Schriftzeichen werden als Deutungshinweis aufgenommen: So vermutet 03 einen Zusammenhang mit dem Thema Identität *„ich glaub, dass das sehr stark was mit ihrer Identität zu tun hat, was sie jetzt draufgeschrieben hat und zum Schluss hat sie es ja auch wieder abgewaschen"* (03), in 04 wird die Gefühlslage angesprochen und in 14 wird ein Abschiedsbrief in den unbekannten Zeichen erwogen. Für alle gilt auf jeden Fall, dass es *„ganz stark auf das, was man sieht ankommt"* (15), d. h. dass man aus dem Bildinhalt herauslesen muss, was gemeint ist, anders als bei der authentischen Referenz, wo die Präsenz der Ereignisse dieses für sich sprechen lässt. Die Sequenz wird als stimmungsgeladen empfunden, neben ihrem erotischen Beiklang (z. B. 01/08/09) wird ihr eine eher *„melancholische"* (05), *„mystische"* (09; auch 01), depressive Stimmung (*„Selbstmord"*/06; auch 09) zugeschrieben. Die Schlussszene mit der im Abfluss verschwindenden Farbe regt in den folgenden beiden Fällen die Interviewten zu unterschiedlichen Deutungen an, was wiederum die Symbolkraft dieser Szene ausdrückt,

„das wird dann wieder weggewaschen und das ist dann wieder weg" (11),

„irgendein Ereignis aus ihrem Leben oder so, oder was sie grad fühlt, auf ihren Körper geschrieben und das, des, das spült sie jetzt, also das wäscht sie wieder ab" (12).

Ein weiterer Hinweis auf die Bildaussage wird in der Farbgebung vermutet, die in den Tönen Blau und Schwarz gehalten ist, und die als kalt (07), passend zur melancholischen Thematik (12) beschrieben wird.

Auch die ausgebreiteten Arme, eine Haltung, in der die Schauspielerin sich enttäuscht ihr Werk betrachtet, werden als symbolisch aufgenommen, werden sie im Interview 01 wie gesagt als unästhetisch empfunden, wird in 07 eine Assoziation zu Jesus Christus hergestellt (*„Sah jetzt grade so aus wie so ein klassisches Leiden Christi. So ein Kreuz"*/07). Die Bewertung der Darstellungsmittel zeigt, wie bereits in der ersten Sequenz *Cubus*, dass die ästhetischen Urteile eine Bewertung der Machart ausdrücken. Während bei *Kinderfrau* nicht die Machart der Bilder, sondern die Handlungsweise der Frau kommentiert wurde, wird in dieser Sequenz das durch die Bilder bewirkte ästhetische Empfinden geäußert:

„Das ist natürlich abgefahren gemacht, dieses eine Haar da, das so hoch ist" (06).

„Schöner Effekt mit Wasser" (07).

„Das ist irgendwie, es ist sehr ästhetisch (Pause), sehr sinnlich" (08).

„Oh, das ist schön, es hat was unglaublich Sinnliches, also auch mit so einer sinnlichen Schrift oder so einer ästhetischen Schrift zu verbinden" (11).

Zusammenfassung

Der fiktionale Bezug wird in dieser Sequenz (mit einer Ausnahme) sofort erkannt. Die Außergewöhnlichkeit sowohl der Darstellungsweise als des Inhalts ermöglicht die Einordnung in einen Spielfilm, wobei die Genreeinschätzung zwischen Spielfilm und Kunstfilm schwankt. Ein gewichtiger Hinweis auf einen Spielfilm liegt im Breitbandformat – sofern es ausdrücklich bemerkt wird – was vergleichbar ist mit der vorangehenden Sequenz, bei der ebenfalls der Eindruck der nicht-professionellen Aufzeichnung, also die Technik der Bildherstellung, Hauptargument für die Einstufung als real oder fiktional darstellt. In beiden Fällen bedingen diese Hinweise die Rahmung mit. Das Schwanken zwischen Spielfilm und Kunstfilm lässt sich mit dem Ende des Ausschnitts begründen, der wegfließenden Tinte, was der Sequenz Geschlossenheit verleiht. Den fiktionalen Bezug aufnehmend, sind die Interviewpartner intensiv mit der Deutung der vermuteten Bildaussage beschäftigt, sie dient auch als Begründung für die Frage, um welche Art von Film es sich handeln könnte. Wie in der Sequenz *Cubus*, aber auch bei *Roboter* und *Küstenwache* nehmen sie die Bilder als bedeutungsvoll auf und interpretieren sie auf eine ihnen möglicherweise zu Grunde liegende Aussage hin. Nicht das hinter dem Bild stehende Ereignis, sondern das, was mit dem Bild in einem fiktionalen Handlungszusammenhang ausgedrückt werden soll, ist der Ansatzpunkt. Die vermutete Aussage wird als Hinweis auf das Genre selbst bzw. seine Spezifizierung bezüglich der Filmaussage resp. -thematik aufgenommen. Die Darstellungsform spielt auch hier eine wesentliche Rolle bei der Einschätzung der Inszeniertheit des Ereignisses, dazu gehört vor allem der Inhalt mit seinen Symbolen, aber auch die Farbgebung und die bereits erwähnten „schwarzen Balken". Außerbildliche Bezüge werden mit dem Beschreiben des feuchten Spiegels assoziiert, der an eigene Erfahrungen erinnert. In einem dieser Fälle ist diese Assoziation an persönliche Erfahrungen offensichtlich für die realitätsbezogene Rahmung als Film über eine Künstlerin verantwortlich.

7. Die Unterscheidung von Wirklichkeiten im Bild

In den Rahmungsprofilen wurden alle Einzelargumente der Probanden je Bildsequenz zusammengefasst. Ziel war es, den auf die Rahmung der Bilder bezogenen inhaltlichen Gehalt in seiner Argumentationsbreite darzustellen. Insofern handelt es sich um eine „horizontale" Darstellung der Probandenaussagen, im Folgenden sollen sie gemäß der theoretischen Vorgaben „vertikal" dargestellt werden, d. h. alle Argumente werden zusammenfassend hinsichtlich der leitenden Fragestellung betrachtet. Zur Verdeutlichung werden wiederum einzelne Beispiele, ausgewählt nach den jeweils formulierten Kriterien, herangezogen. Es handelt sich damit um eine „typisierende Strukturierung" des Materials, bei der „besonders markante Bedeutungsgegenstände" herausgezogen und näher beschrieben werden (Mayring 1997, S. 90). Ging es oben stärker um den Inhalt, der mit dem Rahmungsprofil strukturiert wurde, ist jetzt die Art der Argumentation, also deren Struktur hinsichtlich der rezeptionstheoretischen Grundlagen wichtiger.

7.1 Rahmungswissen

Ähnlich wie die Interaktionsmustern zugrunde liegenden Rahmen, die auf den im Handeln intendierten Sinn hin strukturiert sind, sind die Rahmen der Medieninhalte strukturierende Ordnungsmuster. D. h. der Bildbetrachter muss jeweils die Interaktionsebene, auf der das im Bild dargestellte Ereignis stattfindet, von der mit dem Bild intendierten Aussage unterscheiden. Die Aussage wird mit den spezifischen Formen der Bildverwendung resp. dem Genre gegeben – sie ergibt sich noch nicht aus der Bildhaftigkeit selbst, sondern diese ist Grundlage für die Verwendung einer bestimmten Form von Zeichen. Wenn jemand ein Bild betrachtet, so weiß er zwar, dass dies ein Bild ist, aber die Bildaussage ist erst bei Kenntnis seiner kommunikativen Verwendung verstehbar. Nach Diktion der Rahmen-Analyse ist die Bildverwendung als Rahmenrand und der Bildgegenstand als Rahmeninneres zu verstehen.

Der Bildgegenstand enthält einen eigenen Rahmen, z. B. einen primären Rahmen oder ein Modul. Der Kommunikator muss entsprechende Rahmenhinweise geben, um zu veranschaulichen, in welchem Rahmen sich die vermittelten Ereignisse zu jenem Zeitpunkt befanden, welcher für die Aussagen des Bildes mitbestimmend ist. Andernfalls ist es dem Rezipienten nicht möglich, Handlungsalternativen, die ebenfalls im Horizont der betrachteten Handlung liegen, auszuschließen. Seine Aufgabe ist es, die im Bild vermittelten Interpretationsweisungen aufzunehmen, was seine „Rahmungsleistung" darstellt: „The exercise of routinely gathering, assessing, and interpolating facts is a kind of framing operation, a creative process." (Manning/Cullum-Swan 1992, S. 242f.). Sein dabei herangezogenes Rahmungswissen ist das „Verfügungswissen über Interpretationsanweisungen" (Soeffner 1986, siehe 3.1.2), die im Bild transportiert werden. In der vorliegenden Untersuchung interessierte aufgrund der leitenden Fragestellung jenes Wissen, das es ermöglicht, Bilder auf ihre realitäts- resp. fiktionsbezogene Bildverwendung hin zu interpretieren.

7.1.1 Realität und Fiktion auf Ebene des Gegenstands

Wenn eine Handlung nicht das bezeichnet, was sie bezeichnen würde, handelte es sich um Realität und nicht um Spiel (vgl. Bateson 1972, S. 182), dann liegt nach Goffman eine modulierte Handlung vor. Während modulierte Handlungen in einem Realitätsbezug, wie das Einüben, oder einem Fiktionsbezug stehen können, wie das Schauspiel, sind unmodulierte, primäre Handlungen prinzipiell realitätsbezogen. Die hier bestehenden Rahmenhinweise werden auch im Bild transportiert bzw. mediengerecht aufbereitet, so dass die bestehenden Rahmen erkennbar werden. Insofern liefert bereits die Gegenstandsebene Hinweise auf die in Bildern zur Darstellung gebrachten Wirklichkeiten, Hinweise, die auch durch den Rahmenrand nicht mehr widerlegt werden können. Da nur auf dieser Ebene ein Rückbezug auf primäre Rahmen zur Vergewisserung dessen, wie etwas gemeint ist, erfolgen kann, ist sie äußerst wichtig für die Einordnung von Realität und Fiktion.

Modulationshinweise liefert das Schauspiel, das Handlungen nicht als Selbstzweck, sondern als Veranschaulichung für etwas oder als Hinweis auf etwas durchführt, Hinweise, welche die Interviewpartner als Anzeichen für einen realen oder fiktionalen Bezug der Bilder heranzogen. Die Erkennbarkeit einer Handlung als einer Aufführung für andere ist ein eindeutiges Indiz für einen Film, mit ihren Elementen Interaktion zwischen verschiedenen Personen, Herausstellung bedeutender Protagonisten, Ausführung bedeutsamer Handlungen. Schauspielerische Handlungen erlauben die Zuweisung konnotativer Bedeutungen, anders als solche, die in einem primären Rahmen stehen. So wurde z. B. beim Richten des Brautschleiers in *Hochzeit* („*Das dauert so lange, in einem Film denke ich, wäre das gestraffter und würde nicht so lange mit dem Schleier rumgetan werden ... bis sie [den] dann aus dem Auto auch rausbekommen hat"*/08) oder bei der Marktplatz-Szene in *Venedig* eine Zuweisung von Konnotationen als nicht möglich angesehen bzw. unterlassen. In der Venedig-Sequenz erschienen die Handlungen als Alltagsverrichtungen, die keine andere Bedeutung besitzen, als ihre Durchführung selbst (*„Es war irgendwie keine Theatralik ... es ist total locker irgendwie, sind die Leute rumgelaufen, also nicht gekünstelt, sag ich jetzt mal"*/12). Dagegen wurde die fiktionale Handlung in *Küstenwache* als eindeutig gestellt eingestuft, was vor allem auf ihren dramatisierten Ablauf zurückgeführt wurde – Niederschlagen mit einer Eisenstange, Versuch den Niedergeschlagenen unter einem heruntergelassenen Boot zu töten, in letzter Sekunde die Rettung (*„Das spricht vielleicht auch für so eine Serie, weil da muss man auch in kurzer Zeit irgendwas reinpacken und das muss ja dann doch auch irgendwie so ein bisschen abgeschlossen sein"*/01). Bei der Sequenz *Kinderfrau* wiederum waren das ungewöhnliche Verhalten – im Vergleich zu einer gespielten Handlung, die eine bestimmte Bedeutung transportieren soll und auch eingeübt wird – sowie die Reaktion des Kindes Hinweise auf Authentizität (*„weil das wirklich eine sehr komische Situation ist und weil halt das Kind auch mitagieren muss, oder weil ... auch eindeutig ist, dass das Schmerzen sind und dass das [Kind] schreit. Sowas nachzustellen, das stell ich mir eher schwierig vor"*/02). Ein so kleines Kind kann noch nicht schauspielen – ein gewichtiger Hinweis für die Unmanipulierbarkeit und Authentizität des Geschehens.

Auf Ebene des Gegenstandes werden darüber hinaus Inhalte transportiert, die ebenfalls Hinweise auf das Genre und damit Realitäts- oder Fiktionsbezug eines Bildes vermitteln. So wurde am Auftritt des Schauspielers Hardy Krüger jr. schnell deutlich, dass es sich um eine Vorabendserie handelte (*„Den Schauspieler, den kenne ich ... da denke ich, dass es eine Serie ist"*/06), wobei hier ein weiterer inhaltlicher Aspekt hinzutrat, nämlich die schematisierte Gewalthandlung, welche die Fiktionalität des Geschehens erkennen ließ (*„die Presse [Boot, das heruntergelassen wird], die dann im letzten Augenblick natürlich stehenbleibt"*/13). Auch bei der *Gefechtssimulation* war der Inhalt ein wichtiger Hinweis auf das vermeintliche Genre. Wurde die Sequenz als Spiel gedeutet, so war die Handlung Hinweis für ihren Fiktionsbezug, wurde sie als Nachstellung gedeutet, so mit einer Einstufung der Bildinhalte als Wüste und Ölfelder.

Bei der Auswertung der Interviews fielen dabei zwei grundsätzliche Vorgehensweisen auf: Die Rahmung des Ereignisses unter einem vermuteten Genre oder die Rahmung ausgehend vom Rahmeninneren auf ein Genre hin, also nicht, wie die hierarchischen Bedeutungsebenen der Filmsemiotik implizieren, eine Rahmungsrichtung von unten nach oben (siehe 5.3). Zu Beginn der Interviews zeigte sich diese Unterscheidung deutlich, manche beschrieben zunächst den Inhalt und bestimmten dann den Rahmen, andere nannten das

Genre sofort und beschrieben bzw. kommentierten dann das Geschehen. Der enge Zusammenhang zwischen Inhalt und Genre wird auch daran erkenntlich, dass die mit der Rahmung gewählte Einstufung als real oder fiktional sowohl hinsichtlich des Genres wie des Gegenstandes beibehalten wird.

Im folgenden Beispiel wird vom ersten Eindruck her die Genrezuordnung Reportage getroffen, davon ausgehend der Bildinhalt beschrieben und auf einen realen Ort im Balkangebiet bezogen, der dann in der achten Einstellung (siehe Filmsequenzanalyse im Anhang), als der Namen des Restaurants auftaucht, als Ort in Italien erkennbar wird:

„Also das ist irgendwie ganz schwer einzuordnen, das könnte eine Reportage sein, mit viel Hintergrundtext, die einfach irgendeine Situation in diesem Dorf, das da gezeigt wird, beschreibt, also es ist wohl ein kleineres Dorf, würde ich vermuten, vielleicht irgendwo im Balkangebiet im Moment, wenn es was Aktuelleres wäre. Naja, Pizzeria (lachend), könnte schon eher auf den südeuropäischen Raum schließen lassen, also Mittelmeer" (04; Venedig).

Eine umgekehrte Richtung der Rahmung liegt vor, wenn der Bildinhalt der Ausgangspunkt ist, der Interviewte beschreibt das Gesehene und ordnet dieses dann einem Genre zu. Die Formulierungen *„schön"* und *„Es ist kalt"* (11) deuten darauf hin, dass eine realitätsbezogene Rahmung vorgenommen wird, was mit Tourismuswerbung (*„Reiseimpressionen"*/13; *„Werbung"*/11 u. 13) dann nicht nur auf ein bestimmtes Genre, sondern mit diesem auf tatsächlich existierende Ortschaften in Italien bezogen wird:

„Italien, Frankreich, Piazza, schön. (lachen) Es ist kalt, die Leute haben eine lange Jacke an. Das könnte so eine Reportage sein, so ein Reisebericht, oder so. Mehr so Eindrücke von einem fremden Land, das jemand beobachtet. So Kleinigkeiten, die einem wohl nur auffallen, wenn man als Tourist da ist. (Pause) Marktplatz, das ist sehr früh am Morgen vielleicht, wo das alles aufgebaut wird, (Pause), ja, so Reiseimpressionen, eine Werbung für ein Land, um das zu besuchen" (11; Venedig).

Der Zusammenhang bestimmter Themenbereiche mit bestimmten Genres stellt damit einen Baustein der Genrekenntnis dar, ein Zusammenhang, der im Bereich der Mediensozialisation gewonnen werden kann, weil er auf dem (wiederholten) Konsum ganz bestimmter Inhalte beruht. Rahmungswissen ist damit auch als Ergebnis der Mediensozialisation zu sehen.

In der empirischen Untersuchung wurden unkomplizierte Rahmenverhältnisse gewählt: die Ereignisse waren ein- und nicht mehrfach gerahmt, indem eine geschlossene Sequenz ausgewählt worden war, die keinen Wechsel der Rahmenebenen beinhaltete. Gewöhnlich sind in Medien jedoch mehrfach geschichtete Rahmen häufig anzutreffen. Solche Verschachtelungen sind auf sprachliche Hinweise angewiesen, sie können nicht auf Bildebene transportiert werden. Das Bild selbst steht prinzipiell in einem einfachen Bezug zu seinem Gegenstand, durch seine Verwendung aber kann dieser Bezug zusätzlich gerahmt werden. Ein Beispiel dafür ist das mit einer versteckten Kamera aufgenommene Video der Kindesmisshandlung. Es wurde in der ursprünglichen Berichterstattung in einem mehrfach geschichteten Bezug gebraucht, nämlich als Dokumentation für einen weiteren Rahmen: dem Bericht über das Verhalten der Kinderfrau. Solche komplizierten Rahmenverhältnisse wurden von den Interviewten als potenzielle Bildverwendungen angeführt, was ihre Kenntnis über die Abhängigkeit der Aussage von der Bildverwendung dokumentierte. So hätte die Sequenz *Hochzeit* für Nachrichten und für Reportagen verwendet werden können, was ungeachtet der Länge hinsichtlich ihres Realitätsbezugs treffend ist.

Eine mehrfach gerahmte Bildverwendung wird durch die verwendeten Codes erkennbar, die sich innerhalb der einzelnen Rahmenschichten unterscheiden. Der Vorschlag, die Sequenz *Venedig* als Vorspann eines Films zu verwenden, in dem die einzelnen Protagonisten vorgestellt werden („*dass man so einen kurzen Überblick über das Dorf kriegt und vielleicht auch die Personen dann wiedererkennt*"/08), würde z. B. den Rückgriff auf einen Code darstellen, der Lebensnähe vermitteln soll. Mit der Vorstellung der Protagonisten als Menschen aus dem Alltag wird erreicht, sie wie aus dem Leben gerissen als reale Personen zu betrachten.

Insofern war es den Interviewpartnern durchaus bewusst, dass Codes sowohl ein Hinweis auf die Machart sein können, also den indexikalischen Objektbezug des Bildes angeben, aber auch, dass eine Machart durch künstliche Erzeugung des ihr entsprechenden Codes vorgetäuscht werden kann. Möglich ist die Unterscheidung echter oder lediglich codifizierter Referenz nur bei Kenntnis des Rahmenrandes. Allerdings wurden in den Interviews auch Hinweise des Rahmeninneren herangezogen, um zu klären, ob der Code die tatsächliche Referenz angab oder sie lediglich künstlich herstellte. Insofern ist die Bedeutung des Rahmeninneren für die Einordnung in ein Genre nicht zu unterschätzen, z. B. war die Deutung des Verhaltens des Kindes in der Sequenz *Kinderfrau* als nicht gestellt ein eindeutiger Hinweis darauf, dass kein mehrfach geschichteter Rahmen im Fiktionsbezug vorlag: ein tatsächlich weinendes Kind wäre hier aus ethischen Gründen nicht zu erwarten, d. h. weil das Kind tatsächlich weinte, war die Möglichkeit gegeben, das Bildmaterial in einem mehrfach geschichteten Realitätsbezug wie einer Nachrichtensendung oder Dokumentation einzusetzen. Ist das Ereignis real oder gestellt? – ist eine Frage, die nicht nur in Bezug auf den Rahmenrand, sondern auch auf das Rahmeninnere als Rückgang auf primäre Rahmenebenen beantwortet wurde. Zugleich zeigte sich, dass der Rückgang auf die primäre Rahmenebene als Interpretation von Gegenständen unter Einbezug des vermuteten Rahmenrandes vorgenommen wurde.

7.1.2 Hinweise der Darstellungsmittel auf Realität und Fiktion

Entsprechende Hinweise, die die Darstellungsmittel betreffen, wurden in Montage, Kameraperspektive, Farbgebung, Bildoberfläche und Einstellungslänge gesehen. Die genannten Darstellungsmittel repräsentieren damit zugleich die Kenntnisse der Interviewpartner über Medien und ihre technischen Möglichkeiten.

Mit Hilfe der Bildmontage werden Sequenzen miteinander verknüpft, was der Rezipient als eine mit der Verknüpfung ausgedrückten Bedeutung verbindet. Insofern kann im Bereich der Fiktion die Montage als Hinweis für die Entwicklung eines Handlungsgeschehens stehen, so besteht in der Sequenz *Cubus* zwischen der Familie vor dem Fenster und der Ente drinnen eine Beziehung. In Kontrast dazu ist allerdings die Montage beim Realitätsbezug nicht bedeutungsvermittelnd, sondern eindrucksvermittelnd. Dies wurde besonders deutlich in der Sequenz *Venedig*, die zu Beginn einen Wassereimer zeigte, der an einen Brunnen gehängt wurde, und am Ende lief der Eimer über. Für einige der Probanden war diese Bildmontage verwirrend, verleitete sie doch zu dem Schluss, dass eine modulierte Handlung stattfände, was aber ungewöhnlich wäre für eine Reportage, da hier Handlungen nicht Bedeutung für den Zuschauer, sondern für sich besitzen (*„Ja, das einzige ... wo Sinn dahinter war, das war eben das mit dem Kübel, aber das könnte ... halt dem, wie er das gefilmt hat, aufgefallen sein"*/12). Ein ähnlicher Effekt war in der Sequenz *Kalligraphie* zu beobachten, die Verknüpfung des Schreibens mit dem Wegfließen der Tinte wurde zu einem bedeutungsvollen Geschehen über das Gesehene hinaus verbunden:

„Jetzt läuft, als würde sie sich abduschen, jetzt läuft das ganz theatralisch in den Badewannenausguss, hinein die Schrift. Vielleicht hat sie da ... irgendein Ereignis aus ihrem Leben oder so, oder was sie gerade fühlt, auf ihren Körper geschrieben und das spült sie jetzt, also das wäscht sie wieder ab. Und dann geht ihre ganze, nicht Erinnerung, aber ihr ganzes, eben diese Ereignisse, die fließen jetzt weg" (12).

Die Kameraposition war für die Interviewten ein deutlicher Hinweis für die vom Zuschauer einzunehmende Perspektive, sie teilt ihm sozusagen mit, ob er ein teilnehmender Beobachter ist oder nur ein Zaungast. Ein teilnehmender Beobachter hat an dem Geschehen teil, er wird durch die Kameraperspektive hineingezogen, ein zuschauender Beobachter bleibt draußen. Besonders auffällig wurde die Kenntnis über die Vermittlung von Teilhabe bei Computerspielen, bei denen eine unmittelbare Teilhabe suggeriert wird durch eine subjektive Perspektive,

„Also da muss man ja steuern können, und dann ist es ja aus irgendeiner Perspektive, und wenn es jetzt aus der Perspektive des Panzers ist, dann muss man auch wenigstens sehen, dass man im Panzer sitzt oder irgendwas muss ja sein. Und das ist ja irgendwie nicht eine Sicht, wo man so drin ist, sondern es ist irgendwie so eine halbe Draufsicht" (06).

währenddessen die *Gefechtssimulation* dem Zuschauer nur von draußen zuzusehen erlaubt (*„gegen des Videospiel spricht auch diese Gesamtperspektive"*/05). Besonders deutliche Anzeichen für eine Live-Aufnahme stellte die Kameraperspektive bei den Sequenzen *Hochzeit* und *Kinderfrau* dar. Sie vermittelt kein deutliches Bild des Geschehens, insbesondere nicht die fest installierte Kamera. Schafft die Kamera Verdeutlichung in der Fiktion (*„Man hat jetzt eigentlich auch nie jemanden von rückwärts oder so gesehen. Also, man hat alles gesehen, den Schlag und wie er ihn abschleppt"*/03; Küstenwache), so vermittelt sie ein weniger inszeniertes Bild vom Geschehen im Realitätsbezug (*„Weil es einfach authentisch wirkt. Es wirkt nicht gestellt, die Kamera, die Kamera hat auch nicht immer die absolut gute Position und filmt gerade das Richtige"*/04; Hochzeit).

Der Inszenierungscharakter des Fiktionalen wurde auch an der Farbgebung abgelesen. Die Farben wurden nicht nur als Gefühlseindrücke erlebt, sondern auch als intentionale Vermittlung dieser Eindrücke. Im Gegensatz dazu schien die Realität „weniger geschönt", (*„Könnten Nachrichten sein. Liegt daran, meines Erachtens, weil die Farben ganz anders sind, sie sind irgendwie weniger geschönt"*/07; Hochzeit), während die Schwarzweiß-Aufnahmen bei *Kinderfrau* ein Hinweis auf den authentischen Charakter der Bilder waren: „Durch dieses Schwarzweiß hat es vielleicht auch mehr so einen Dokumentationscharakter, so quasi von so einer versteckten Kamera" (11).

Darstellungsmittel treten in Bündeln typischerweise zum Einsatz kommender Techniken auf und werden darin aussagekräftig. So war in der Sequenz *Kinderfrau* die schlechte Bildqualität in Zusammenhang mit der Kameraposition und der Farbgebung ein Hinweis auf die realitätsbezogene Entstehung und Verwendung des Bildes. Zugleich ist es möglich, dass dasselbe Darstellungsmittel in unterschiedlichen Kontexten Unterschiedliches bedeutet, z. B. die Einstellungslänge. Diese wurde wie erwähnt bei *Hochzeit* als Hinweis darauf gewertet, dass es sich um eine Live-Aufzeichnung handelt, und bei *Cubus* wurde an ihr erkannt, dass es ein Film und nicht Werbung ist, wie zunächst aufgrund des Kükenkostüms oft vermutet wurde. Die Einstellungslänge ist nur in Verbindung mit dem Inhalt aussagekräftig, so dass sie im einen Fall als konnotatives Mittel aufgefasst wurde, im anderen als bedeutungslos. Bei Hochzeit steht der primäre Rahmen des Brautschleier-Richtens im Vordergrund, der die Einstellungslänge vorgibt. Erst die Verbindung verschiedener Elemente schafft den Hinweis auf den Wirklichkeitsbezug resp. das Genre. Die isolierte Analyse von Darstellungsmitteln als Hinweis auf spezifische Medienwirkungen zeigt sich an dieser Stelle wieder in ihrer begrenzten Aussagefähigkeit (siehe 2.1). Von den Rezipienten werden, wie die vorliegenden Ergebnisse belegen, Darstellungsstile als Bündel genretypischer Darstellungsmittel erkannt und in ihrer Kombination als Hinweis für bestimmte Konnotationen des Bildinhalts gedeutet.

Einen wichtigen Hinweis auf Realitäts- oder Fiktionsbezug liefert, wie oben bereits erwähnt, die Bildoberfläche, an der die Herstellung und Herkunft von Bildern und damit ihr Bezug zum Ereignis ablesbar ist, was als authentische und illustrative Ereigniswiedergabe bezeichnet wurde (siehe 5.3.2). Bei *Kinderfrau* waren Kameraperspektive und beobachtbare Aktion ein Hinweis auf die authentische Wiedergabe eines realitätsbezogenen Ereignisses. In diesem Video wurden klare Hinweise auf Authentizität entdeckt, worauf ich unten noch zu sprechen komme. Verwirrend dagegen schien die Computersimulation. Die mögliche Verwendungsart dieser Bilder zwischen Dokumentation und Spiel ist bei Unkenntnis typischer Darstellungsmittel ein unsicheres Indiz für die Einordnung als real oder fiktional und entsprechend ungenau und oberflächlich waren die Rahmungen bei jenen, die Computerspiele nicht kannten, aber ein solches vermuteten. Die Rahmung erfolgte hier über den Inhalt und die Bildoberfläche, dass typische Momente des Computerspiels fehlten wie Steuerungsmöglichkeiten und Teilnehmerperspektive, konnte nicht auffallen. Bei Kenntnis von Computerspielen dagegen war es möglich, darüber eine Abgrenzung zum Spiel zu erreichen.

Konnten die Interviewten manchmal auch sprachlich nicht genau benennen, um welches Darstellungsmittel es sich handelte, wie ein Bild technisch hergestellt war, so sind ihre Aussagen dennoch als Hinweis darauf zu interpretieren, wie wichtig das Vorhandensein solchen Wissens für das korrekte Bildverstehen ist. Die Vermittlung von Wissen über Medien, also die Medienkunde als ein Aufgabenfeld der Medienerziehung, zeigt sich an dieser Stelle in ihrer Bedeutung für kompetente Mediennutzung. Erst das Verfügenkönnen über ein Wissen, das genretypische Aspekte und damit auch Weisen der Bildherstellung einbezieht, wobei letztere wiederum eine wichtige Information für die Unterscheidung von Realität und Fiktion darstellt, ermöglicht es dem Nutzer, Bilder korrekt zu interpretieren. Insofern ist medienkundliches Wissen als Kenntnis darüber, wie Bilder entstehen, welche Darstellungsmittel dem Produzenten zur Verfügung stehen und wie diese zu benennen sind, als eine unerlässliche Aufgabe der Medienerziehung hervorzuheben – m. a. W. ist das Wissen über Darstellungsmittel Bestandteil des Rahmungswissens der Rezipienten.

7.1.3 Teilhabe am Rahmeninneren und Einordnung des Rahmenrandes

Der Untersuchungsaufbau verlangte von den Interviewpartnern auf das Genre zu schließen, so dass dieses nicht explizit gegeben wurde, sondern nur implizit durch die Hinweise im Bild erschlossen werden konnte. Dies stellte für die Interviewten insofern eine Herausforderung dar, als nach Goffman der Rahmenrand, in diesem Fall also die ursprüngliche Quelle, der das Bild entnommen wurde, entscheidend für die Interpretation der Bildaussage ist. Eine Ausnahme stellten jene Sequenzen dar, in denen das Senderlogo zu sehen war. Bestand hier zwar ein eindeutiger Hinweis auf die Bildquelle, so mussten die Interviewten ihre Genreeinordnung noch immer begründen. Wie wichtig hier neben dem Programmhinweis das oben erwähnte Zusammenspiel zwischen Gegenstand und Darstellung ist, zeigen jene Argumente, die sich vor allem auf das Logo bezogen. Hier wurden, um zu einer stimmigen Begründung zu gelangen, Interpretationshinweise konstruiert, so dass die Rahmung gemäß Programmplatz gestützt werden konnte.

Das Logo des jeweiligen Senders stellt insofern einen Hinweis auf das Genre dar, als sich Sender durch ein spezifisches Programmprofil auszeichnen. Bei den Sequenzen *Roboter* und *Küstenwache* wurde das Logo von MTV und ZDF als Hinweis auf das vermutete Genre einbezogen. Handelt es sich bei MTV um einen Spartenkanal, der vor allem Musikvideos zeigt, so sicherte das Logo von ZDF die Einordnung Vorabendprogramm oder Fernsehkrimi ab und erleichterte damit die Einordnung als typisierte Gewalthandlung. Der Programmhinweis diente als Absicherung für das Gesehene, das nun den Erwartungen gemäß eingeordnet werden konnte. Entsprechendes wurde bei *Gefechtssimulation* auffällig, hier glaubten sich manche der Interviewpartner daran zu erinnern, dass die Sequenz ein Ausschnitt aus einem Spiel sei, obwohl ihre Anschauung dem widersprach bzw. sie schauten aufgrund ihrer Sicherheit gar nicht mehr genau auf die Bilder. Das Wissen und die Beurteilung der mit dem Genre Computerspiel verbundenen Machart wird über die tatsächlich vorhandenen Bildinhalte gestellt. Die vorschnelle Einordnung in ein als bekannt erscheinendes Genre zieht nach sich, dass die Bilder weniger in ihrer Besonderheit als in ihrer (vermeintlichen) Typizität auffallen, z. B. wurde in der *Gefechtssimulation* ein Computerspiel gesehen, das die Perspektive des subjektiven Beobachters vermitteln würde („*Und auch, dass man selber irgendwie anscheinend in so einem Panzer drin sitzt, der sich dann immer so bewegt und mitfährt"*/09). Der vermutete Genre-Rahmen gewalthaltiges Computerspiel zeigte sich als dominierender Deutungshinweis für die gesehenen Bildinhalte, was auch den Befunden von Grimm (1993b) und Früh/Kuhlmann/Wirth (1996; siehe 2.2.3) entspricht, wo die Angabe, ob das Untersuchungsmaterial ein reales oder fiktionales Ereignis darstellte, die Bewertung des Gesehenen maßgeblich bestimmte. Allerdings ist hier gemäß der Ausführungen im Abschnitt über die Bedeutung des Gegenstandes einzuschränken, dass der Genre-Rahmen mit dem Gegenstand und seiner Darstellungsweise stimmig sein muss. Vermutlich wäre ein deutlicher Bruch zwischen dem Rahmenrand und der inneren Schicht nur dann aufrechtzuerhalten, wenn offensichtlich ein verschachteltes Rahmenverhältnis vorliegt, z. B. dass etwas so aussehen soll, als sei es authentisch, obwohl die Aufnahme tatsächlich für eine dokumentarische Einlage in einem Krimi gestellt wurde.

Zwar ist die starke Orientierung am Rahmenrand insofern korrekt, als er den Status des Geschehens vorgibt sowie den mit ihm gegebenen Erkenntnisstil. Das auf den Rand gerichtete Interesse kommt damit einerseits der Verstehensökonomie zugute, aber andererseits kann es verhindern, dass das Bild selbst genau angesehen wird und der vermeinten Rahmentypizität untergeordnet bzw. Widersprüchliches nicht auffällig wird. Medienpädagogisch gesehen ist dies hervorhebenswert, weil hier Genrewissen, als ein Bestandteil von Medienkompetenz (vgl. Mikos 1996, S. 73f.), in eine oberflächliche Wahrnehmung umschlägt. Dies ist insofern problematisch, als nur die innere Schicht den Rückgang auf den primären Rahmen ermöglicht und damit für die Erlangung von Rahmengewissheit unerlässlich ist. So hätten die Zuschauer in der Untersuchung von Buckingham (1996; siehe 2.2.2.1) bei der fingierten Geisterjagd statt einer Vergewisserung am fiktionalen Rahmenrand auch auf Ebene des Gegenstandes Hinweise für die korrekte, fiktionsbezogene Rahmung finden können – zumindest sofern sie nicht zu jenen Personen gehörten, die an Geister glauben!

Die Argumente der Interviewpartner beziehen sich, wie in der vorangegangenen Auswertung gezeigt wurde, direkt auf die Bilder und die ihnen durch die Interviewten zugewiesenen Bedeutungsgehalte, wobei diese selbst Interpretationen möglicher, durch die Bildinhalte begrenzte Bedeutungszuweisungen darstellen. D. h. die Interpretationen werden nicht ganz frei vorgenommen, sondern sie finden als Aktualisierung der im Text enthaltenen möglichen Bedeutungskontexte statt (vgl. Müller/Wulff 1997, S. 172). Dies zeigt sich u. a. daran, dass die Rahmungsargumente in Abgrenzung zu anderen möglichen Gestaltungsformen begründet werden:

Interviewer: „Also, erzählen Sie einfach mal. Sie haben gesagt, es ist ein Kinderfilm".
Interviewpartner: „Ja, also, zuerst, wie gesagt, so der erste Eindruck war erst mal Werbung ... und da anscheinend doch eine Handlung da war, weil ja auch ein bisschen, also von der Mundbewegung her, wurde auch ein bisschen geredet, denke ich jetzt doch mal eher, dass das ein Film war" (05; Cubus).

Hier werden zwei Genres als verschiedene Rahmungsmöglichkeiten gegeneinander abgegrenzt, Werbung vom Film, wobei das Sprechen als Hinweis auf eine Handlung verstanden und (bezogen auf den vorliegenden Gesamtkontext) als negatives Anzeichen für Werbung gewertet wird. Dabei werden nicht nur, wie in obigem Beispiel, formale Anhaltspunkte herangezogen, sondern auch inhaltliche. Die einem Sendungsabschnitt zugrunde gelegte Gesamtaussage wird dann als Hinweis auf das Genre genommen. Genres selbst enthalten ja typisierte Formen von inhaltlichen Aussagen zu einem Themenbereich, woraus umgekehrt folgt, dass die Aussage einer Sequenz auf ihre ursprüngliche Quelle hindeuten kann. Ich möchte dies an einem weiteren Beispiel der Sequenz *Roboter* belegen:

„Wenn es Werbung war, dann war es irgendwas Technisches, denk ich mal. Aber, wie Musikvideo, keine Ahnung, war irgendeine Band mit düsterem Sound, die dann irgendwie,

die irgendwie dadurch vielleicht doch ein bisschen beängstigender, die haben wahrscheinlich noch ziemlich düstere Texte dabei" (05; Roboter).

Werbung und Musikvideo werden aufgrund ihres Inhalts als Rahmungsmöglichkeiten bewertet. Eine Werbung mit Robotern könnte für ein technisches Produkt stehen, ein Musikvideo einen düsteren Song begleiten, da die Farbgebung, der Inhalt als düster und beängstigend empfunden werden.

Die Frage, was vor sich geht, wird in Kontrastierung zu verschiedenen möglichen Rahmentypen überprüft und auf diese Weise die typische Struktur der zu rahmenden Bilder herausgearbeitet. Dabei versuchen die Probanden, eine Stimmigkeit zu erzielen, die sich auf die vermutete Aussage und ihre Darstellungsform bezieht. Die Artikulation der Abgrenzung ist damit gemäß Goffman ein Hinweis auf das, was als Norm für eine bestimmte Rahmenform angesehen wird. Was als typisch oder untypisch gilt, ist aus der vorangehenden Auswertung ablesbar und soll hier nicht nochmals zusammengefasst werden. Wichtiger ist an dieser Stelle, dass die Probanden auf Rahmenwissen zurückgreifen und dieses auf die ungerahmte Situation beziehen, bis es ihnen gelingt, Stimmigkeit zu erzielen. Wiederum werden, wie bereits bezüglich des Senderlogos auffiel, unstimmige Aspekte angepasst. Es soll dies an einem weiteren Beispiel der Sequenz *Küstenwache* verdeutlicht werden, das zeigt, wie eine Deutungsmöglichkeit immer stärker verfestigt wird, bis sie bruchlos und stimmig zu sein scheint. Die Widersprüchlichkeit von Technik und Maschine wird in der Sequenz *Roboter* in den möglichen Kontext eines Films über Wesen von einem anderen Planeten eingeordnet, wobei diese Wesen als menschenähnlich eingestuft werden und im nachhinein eine Homogenität dadurch erreicht wird, dass in dem zweiten Roboter, der eine Frau darstellt, ein Mann gesehen wird, wobei die Formulierung *„das andere, ich hab jetzt gar nicht gesehen, dass das zwei waren, das war ein Mann"* bereits anzeigt, dass eine Konstruktion vorgenommen wird. Die Bemerkung *„Das war es eigentlich schon"* (02) schließt weitere Deutungen aus, so dass keine widersprechenden Einwände mehr aufgenommen werden müssen:

„Das ist irgendwie sehr seltsam, das ist in sich nicht stimmig, weil diese Emotionsszene, die da gespielt wird, und auf der anderen Seite aber diese Maschinen, die ja gar keine Emotionen haben ... Das könnte ich jetzt auch gar nicht einordnen, was für eine Art von Film das ist. Irgendeine Zukunftsvision ... ja vielleicht auf einem anderen Planeten, irgendwelche Gestalten, die irgendwie doch menschlichen Gestalten einigermaßen ähnlich schauen. Also man hat erkannt, das eine war die Frau, so ein bisschen von den Konturen, von der Silhouette, das andere, ich hab jetzt gar nicht gesehen, dass das zwei waren, das war ein Mann. Aber ganz seltsam ... Also ich könnte mir vorstellen, wenn das ein Ausschnitt aus einem Film ist, dann vielleicht, dass man irgendwie gesagt hat, das sind Wesen von einem anderen Planeten. Aber umgekehrt, diese ganzen Maschinen, da noch um sich herum, so als hätten sie sie erst noch fertig zusammenbauen müssen ... Ja. Das war es eigentlich schon" (02; Roboter).

Wie in der Welt des alltäglichen Handelns ist die stete Vergewisserung darüber, was vor sich geht, Voraussetzung für Orientierung in und Verstehen von

Medien, wobei nur die Stimmigkeit der verschiedenen Rahmenelemente die vorgenommene Rahmenzuordnung absichern kann. Insofern birgt eine starke Orientierung am Rahmenrand die Gefahr, die gezeigten Ereignisse nicht mehr genau wahrzunehmen. Wahrnehmungskompetenz sollte also auch die genaue Beobachtung des Rahmeninneren beinhalten, da hier Widersprüchlichkeiten und Bruchstellen mit dem Rahmenrand auffällig werden können, die Hinweise für Nachfragen der Mediennutzer an die Qualität und Glaubwürdigkeit der Berichterstattung, z. B. hinsichtlich der Authentizität von Bildern, geben.

7.1.4 Einbezug außerbildlicher Wissensbestände

Beziehen sich die vorangehenden Rahmungsargumente auf die im Bild transportierten Bedeutungsgehalte, geht es im folgenden um den Einbezug von Wissensbeständen der Rezipienten, die sie in Relation zu den gesehenen Inhalten setzen. Es handelt sich um die Bezugsetzung mit bekannten Inhalten anderer Medienangebote, also die Herstellung intertextueller Zusammenhänge, aber auch um eigene Erfahrungen der Interviewpartner selbst. Der Einbezug außerbildlicher Wissensbestände wurde im Vorgehen der offenen Codierung auffällig und nicht gemäß der Codierung nach Bedeutungsebenen.

„Horizontale Intertextualität" (Fiske 1987; Hepp 1998, S. 124) besteht zwischen Medientexten, z. B. wenn ein Schauspieler in einem Film den Bösen mimt, kann der Produzent hierauf eine Anspielung vornehmen und denselben Schauspieler eine ähnliche Rolle übernehmen lassen. Solche Bezugnahmen wurden in den Interviews als Rahmungshilfe verwendet. So wurde die Ente als ein Zeichen für Werbung oder Kinderfilme eingeordnet („*Ente, Spaßvogel, Kindersendung*"; 11/Cubus), der Schauspieler Hardy Krüger jr. galt als Hinweis auf eine Serie oder einen deutschen Fernsehfilm („*Der [Typ] spielt in irgendeiner Serie mit ... Ich schätze jetzt mal, dass es eine Soap ist*"; 07/Küstenwache), der Rolls Royce und die Westminster-Kathedrale als Hinweis auf eine königliche Hochzeit („*Das sieht aus, wie wenn irgendeine prominente Frau heiratet. So Prinzessin Diana oder so*"; 12/Hochzeit). Die aus anderen Sendungen bereits bekannten Inhalte wurden als Hinweis auf vergleichbare Sendungen gedeutet.

Solche auffälligen Inhalte stellen „Rahmenbruchstücke" dar, die auf bekannte Zusammenhänge verweisen. Sie schaffen Grenzen für die Deutungsfreiheit der Bildinhalte, da sie Genrespezifizierungen beinhalten: *Cubus* kann trotz der Ente kein Kinderfilm sein aufgrund des bedrückenden Inhalts, *Venedig* ist eine Reisereportage oder ein Auslandsbericht aufgrund der südländisch anmutenden Stadt.

Assoziationen im Bereich der horizontalen Intertextualität weisen auf mögliche Lesarten von Texten hin: Diese Lesarten trennen zwischen Realitäts- und Fiktionsbezug, z. B. waren „*Robin Williams*" (09; 11) oder „*Woody*

Allen" (15) Assoziationen zu bekannten Schauspielern bei der Rahmung der fiktionalen Sequenz *Cubus*. In diese Richtung geht auch die anfängliche Rahmung als Werbung, die Ente und die hellen Farben waren aus der Werbung bekannt und wurden als Anker für die weitere Rahmung als Werbung eingesetzt. Nicht nur im Bereich der Fiktionalität, sondern auch der Realität wurden solche intertextuellen Verknüpfungen hergestellt, z. B. die Hochzeit von Lady Di mit der von Sophie Rhyce-Jones. Allerdings ist nicht ganz eindeutig festzustellen, ob in diesem Fall, wie eben auch bei *Kalligraphie* bereits Bilder bekannt waren, oder ob Wissensbestände im Sinne eines Transfers eingesetzt wurden, der dann die Rahmung erlaubte. Entscheidend bezüglich der leitenden Fragestellung erscheint mir, dass in den vorliegenden Ergebnissen intertextuelle Bezüge innerhalb von Realität oder Fiktion hergestellt werden. Dies entspricht im übrigen den Befunden Winterhoff-Spurks (1989), wonach eine Trennung in einen medial-realen und einen medial-fiktionalen Wissensspeicher existiert.

Bei den vorliegenden Ergebnissen decken sich die realitätsbezogenen Rahmungen weiterhin mit der Erinnerung an eigene (realitätsbezogene) Erfahrungen. Dem widerspricht auf den ersten Blick der Bezug zu persönlichen Erfahrungen, wie er in der fiktionalen Sequenz *Kalligraphie* vorgenommen wurde (*„Dieses In-der-Badewanne-sitzen, Im-Spiegel-betrachten und dann in den Spiegel was reinzeichnen, das kommt mir sehr bekannt vor"*/02), wobei zu berücksichtigen ist, dass er im entsprechenden Interview nicht als fiktional verstanden wurde, sondern als Film über eine Künstlerin, die etwas vorführt, so dass sich der Rückgriff auf eigene Erfahrungen mit dieser realitätsbezogenen Rahmung deckte. Erinnerung an eigene Erfahrungen weckte auch die Sequenz *Venedig*. Manche der Probanden dachten offensichtlich an vergangene Reisen, was teilweise ganz direkt geäußert wurde, teilweise auch an den positiven Bewertungen deutlich wird (*„Italien, Frankreich, Piazza, schön"*; 11), auch hier entsprach die realitätsbezogene Rahmung als Reportage der Erinnerung an eigene Reiseerfahrungen.

Es soll damit nicht gesagt sein, dass es nicht möglich wäre, oder gar eine inkompetente Mediennutzung implizierte, wenn man im fiktionalen Bezug an eigene Erfahrungen erinnert wird, im Gegenteil – der Bezug auf eigene (mögliche) Erfahrungen bedingt die durch ästhetische Erfahrungen ermöglichte Erfahrungserweiterung. Umgekehrt mag es etwas problematischer sein, weil dann der Zuschauer Gefahr liefe, Realität durch einen verzerrendes Fenster der Fiktion zu betrachten. Vielmehr ist zu vermuten, dass die Untersuchungssituation selbst es provozierte, dass außerbildliche Relationen realitäts- oder fiktionsbezogen waren, je nach vermuteter Genreeinordnung, weil indirekt ein Aushandeln der gewählten Lesart mit dem Interviewer stattfand. Der Rückgriff auf der vermuteten Genre-Rahmung widersprechende Erfahrungen und Wissensbestände hätte eventuell missverständlich sein können. Es deuten sich hier zugleich Rahmengrenzen für das Reden über Realität und Fiktionalität an.

7.2 Empathie und Distanz bei der Bildrezeption

Rahmen stellen eine Bezugsetzung des von ihnen umschlossenen Inneren und des Außen ihres äußeren Rahmenrandes dar. Sie sind nicht gegeben, sondern sie müssen aufgenommen und aufrechterhalten werden, Goffmans Beispiele von Rahmenbrüchen veranschaulichen ex negativo, dass stets Maßnahmen erforderlich sind, um einen Rahmen zu halten bzw. wiederherzustellen. Die vorliegenden Untersuchungsergebnisse zeigen Bildrezeption als ein doppeltes Rahmungsgeschehen, das auf einer inneren und äußeren Ebene vollzogen wird, nach dem Ansatz Goffmans als gleichzeitiges Engagement im Rahmeninneren und Beachtung des Rahmenrands aufgrund der Rahmenhinweise (1993, S. 264). Das Engagement im Rahmeninneren beschreibt den direkten Bezug auf das Gesehene, sei es das Mitgehen mit der Handlung im fiktionalen Bereich oder die Verortung des hinter den Bildern stehenden Ereignisses in der Realität, in beiden Fällen kann der Zuschauer auf eine teilhabende Weise involviert sein. Auf der äußeren Rahmenebene bezieht sich der Zuschauer auf das Bild als ein Stück kommunizierter Realität mit einer bestimmten Aussagefunktion, die durch die Bildebene formuliert wird. Die Gestaltungsform des Bildes ist ein Hinweis auf die durch den Rezipienten zu vollziehende Rahmung. Sie verschafft eine Metaperspektive zum Gesehenen, was mit dem Rahmenrand in Zusammenhang steht, da die Machart Hinweise auf den Rahmenrand enthält, mit ihm aber nicht gleichzusetzen ist – es könnte ein mehrfach geschichteter Rahmen vorliegen. Wie der Rezipient Inneres und Rand gleichzeitig einbezieht, veranschaulichen die Rahmungsprofile. Dokumentierte einer der Interviewpartner sein Mitgefühl mit der Ente aus Ich-Perspektive in der Sequenz *Cubus*: *„Hm (Pause), vielleicht bin ich doch nicht so (zögernd) hübsch, wie ich gedacht habe"*, so deutete die lachend geäußerte Selbstaufforderung *„Zurück in die Realität"* (08) den Vollzug der zwei Rahmenebenen an und dokumentiert den wechselnden Aufenthalt auf der Ebene des Rahmeninneren und der Beobachtung vom Rahmenrand aus.

Die Hingabe an den inneren Rahmen von Medienereignissen setzt die Fähigkeit der Differenzierung von Realität und Fiktion voraus. Die vorliegende Ergebnisanalyse macht transparent, wie sich (Bild-)Rezeption als ein solch doppelter Rahmungsprozess vollzieht, was einerseits an den Rahmenwechseln in den Argumenten sichtbar wird, andererseits an der von einem inneren oder äußeren Rahmen gesteuerten Interpretation. Der Rahmen des Engagements ist jener des Handlungsgeschehens. Der Rezipient lässt sich von diesem gefangennehmen, verfolgt es und nimmt an dem durch die Bilder vermittelten Geschehen teil, er bewegt sich innerhalb des Rahmens. Bezieht er sich auf das Gesehene als ein Geschehen, das eine bestimmte Bedeutung transportieren *soll*, so befindet er sich auf der Ebene der Rahmung, d. h. er interpretiert das Gesehene aufgrund der ihm zur Verfügung stehenden resp.

von ihm als relevant erachteten Bedeutungshinweise. So kann der Rezipient wechseln vom Rahmenrand, was sich in einer kommentierenden Haltung über die Qualität des Schauspiels ausdrückt, zum Rahmeninneren als Teilhabe am dramatischen Geschehen. Im folgenden Beispiel ist dem Interviewten bewusst, dass eine „*Roboteratmosphäre*" geschaffen werden soll (Rahmenrand) und zugleich wird sie als „*steril, unheimlich*" (05) empfunden (Rahmeninneres):

„Ich weiß jetzt gar nicht, wie ich das genau einordnen soll. Ja, es ist halt irgendwie diese ... Roboteratmosphäre soll da geschaffen [werden], also es sind halt diese Roboter und irgendwie so ein bisschen zukunftsmäßig ... eben durch dieses Weiß wird [es] auch ein bisschen, find ich jetzt so steril, unheimlich, und jetzt dieses Schwarz"(05; Roboter).

Bewertungen des Gesehenen stellen die Einnahme einer äußeren Rahmenperspektive dar, aus der das Geschehen als von dritten vermitteltes Ereignis beurteilt wird, während Gefühlsausdrücke auf das Engagement im Rahmengeschehen hinweisen. Intentionalität der Machart, die Farben sollen einen bestimmten Gefühleindruck erzeugen, und Empfinden dieses Gefühleindrucks („*find ich jetzt so steril, unheimlich und jetzt dieses Schwarz*"/05) werden gleichzeitig wahrgenommen. Möchte man beide Rahmenebenen Rezeptionshaltungen zuordnen, so stellt die Einnahme einer kommentierenden und bewertenden Haltung eine Distanzierung dar, während die empathische Teilhabe eine des inneren Engagements ist.

Wird eine der beiden Rahmenebenen übergewichtig, so finden Fehlrahmungen in Form von Herauf- und Heruntermodulationen statt (siehe 3.2). So könnte ein vollständiges Aufgehen im Rahmeninneren nach sich ziehen, sich plötzlich in einem falschen Rahmen zu bewegen, z. B. wenn man in ein Theaterspiel involviert wäre wie ein Kind, das den Kasper vor dem von hinten anschleichenden Krokodil warnt (Heruntermodulation). Dem kundigen Theaterbesucher dagegen gelingt es, sich dem innersten Rahmen des Handlungsgeschehens hinzugeben und zugleich die Inszeniertheit der Darstellung nicht aus dem Auge zu verlieren, begibt er sich jedoch ganz in eine kritisch-kommentierende Haltung, so wird ihm die Teilhabe am Handlungsgeschehen verstellt (Heraufmodulation), was zum Kommunikationsabbruch führen könnte. Im umgekehrten Fall kann die Kenntnis der Machart auch eine Form von Vergnügen darstellen, weil es dem Rezipienten gelingt, sich nicht von der Handlungsebene resp. dem inneren Rahmen involvieren und überwältigen zu lassen, er behält das Geschehen in der Hand, wie bei jener Gruppe von Horrorfilmkonsumenten, die Winter (1995) als „Buffs" bezeichnet. Ihr Amüsement besteht darin, sich nur dann vom Gesehenen überwältigen zu lassen, wenn sie sich darauf einlassen wollen bzw. doch noch überrascht werden von der Ungewöhnlichkeit der Machart. Vergleichbares gilt auch für Computerspiele, die Fähigkeit, die Technik zu besiegen, schafft einen Bezug zum Spiel und seinen Inhalten, die diese funktionalisiert, sie werden nicht als solche beachtet (Fritz 1995, S. 38). Nach Goffman finden in diesen Beispielen tendenziell

Heraufmodulationen statt, mit denen eine Transformation auf eine weitere Modulationsstufe vollzogen wird. Dabei distanziert sich der Rezipient von der primären Rahmenebene im Bild, dem Schreck vor Horrorszenen oder dem Inhalt der Computerspiele. Allerdings sind Heraufmodulationen nicht unproblematisch, weil die hinter den Bildern liegende Wirklichkeit, sei es im Sinne einer grundsätzlichen Wahrheit als realer Möglichkeit im Bereich der Fiktion, als faktisches Ereignis im Realitätsbezug, in ihrer empathischen Zugriffsmöglichkeit verlorengeht. Die in der Bildpädagogik angezielte, kritisch distanzierte Haltung durch Vermittlung entsprechender Kompetenzen ist, so unverzichtbar sie ist, zugleich auch in dieser Problematik zu sehen. Nämlich dann, wenn kritische Distanzierungsfähigkeit den Zuschauer dazu verleitet, das Gesehene als typisch abzutun, die Bilder aufgrund ihrer vermeintlichen Aussage hin zu kontextualisieren, ohne sie zu *sehen*. In den Interviews wurde diese Haltung tendenziell z. B. dann erkennbar, als die Interviewpartner die Bildinhalte dem Senderlogo unterordneten, ohne sich auf das Gesehene einzulassen, wie es oben im Zusammenhang mit dem Genrewissen ausgeführt wurde.

Das genaue Sehen dagegen vermittelt den Zugang zum Rahmeninneren. Andererseits liegt bei dem im Rahmeninneren aufgehenden Engagement die Gefahr einer nicht vollzogenen Unterscheidung und Abgrenzung von Medienwirklichkeiten untereinander, was nach Goffman einer „Heruntermodulation" entspräche. Bei der Heruntermodulation wird die bestehende Modulation nicht als solche aufgenommen, sondern ein Rahmen einer niedrigeren Modulationsstufe zugeordnet, z. B. die Interpretation einer vorgegebenen Handlung als das, was sie lediglich vorgibt. Die gegebenen Modulationsstufen werden nicht erkannt, das Geschehen wird nicht als transformiertes wahrgenommen, sondern in grundlegendere, evtl. primäre Rahmen eingeordnet. Diese Möglichkeit ist dann gegeben, wenn nicht der entsprechende (Medien-)Sozialisationshintergrund besteht, der die Modulation von Sinn und damit gegebene Unterschiede von Wirklichkeiten erkennen lässt. In Konsequenz hieße dies, dass der Rezipient mediale Wirklichkeiten unterschiedslos konsumierte und alle Bilder als Dokument realer Ereignisse auffasste. Wird allerdings der äußerste Bildrahmen aufgrund entsprechender Kenntnisse aufrechterhalten, so eröffnet die Teilhabe im Rahmeninneren die Ebene der Konkretion vermittelter Erfahrung durch Bilder. Sie verweist auf eine ästhetische Komponente der Medienkompetenz (vgl. Baacke 1995; Böhm 2000), vielleicht als Wahrnehmungskompetenz, wie Baacke (1995) sie fordert, was aber noch anzupassen wäre für den Bereich realitätsbezogener Bilder. Denn es liegt gerade auch im Bezug auf reale Ereignisse die Möglichkeit, über das Bild zu einer inneren Teilhabe zu gelangen, auch wenn es „lediglich" in Medien (re)präsentierte Ereignisse sind. In einer Zeit, deren Kennzeichen vielfältigste Medienwirklichkeiten sind, ermöglicht erst deren feine Differenzierung sowohl im Erleben als auch in der Zuordnung zu unterschiedlichen Wirklichkeiten, die im Bild gegebenen Möglichkeiten von Teilhabe an sozialer Wirklichkeit durch Medien zu nutzen.

7.3 Der Zusammenhang zwischen Perspektivenübernahme und Darstellungsform

Wie anhand des Forschungsstandes und auch in dieser Untersuchung gezeigt werden konnte, spielen die Darstellungsformen eine wesentliche Rolle bei der Einordnung von Bildern als real oder fiktional. Die oben beschriebenen Weisen der Herunter- und Heraufmodulation sind in einem engen Zusammenhang mit den bildlichen Darstellungsformen zu interpretieren. Unter dieser Perspektive zeigt sich auch die Problematik von Programm-Mischformen, die mit dieser Differenzierung spielen. Wenn sie nicht zu einer Verwirrung von Realität und Fiktion beim Rezipienten führen, so laden sie doch zu Herauf- und Heruntermodulationen der im Bild dargestellten Ereignisse geradezu ein und damit zu Rezeptionsperspektiven, die nicht dem *hinter* dem Bild liegenden Ereignis gerecht werden. Nach dem Modell Doelkers drücken sich Herunter- und Heraufmodulationen in der jeweiligen Rezeptionsperspektive aus (1989, S. 131f.; siehe 1.3), in der die Relation zwischen Bild und Wirklichkeit vollzogen wird.

Der „mentale Rückgang" (Doelker) auf das hinter dem Bild liegende reale Ereignis als Perspektive P1 fiel besonders deutlich bei der Sequenz *Kinderfrau* auf. Obwohl die Bilder schlecht zu erkennen sind, waren das vermeintliche Geschehen und seine Authentizität für die Interviewpartner genug Grund, sich intensiv mit der Frage zu beschäftigen, was vor sich gehe. Gerahmt wurde nicht das Bild, sondern die hinter dem Bild stehende Handlung. Findet Gewalt statt oder nicht? Wie konnten solche Bilder entstehen, ohne dass jemand eingreift? Bild und Handlungsgeschehen bilden eine Einheit der Authentizität, die Entstehung der Bilder, das schwer verständliche Verhalten der Frau, bieten gemeinsam Antwort auf das, was vor sich gehen könnte. Es wurde also nicht etwas als für die Bilder inszeniert angesehen, sondern die Bilder als Dokument und Hinweis auf ein Geschehen. Zwar wurde die Möglichkeit erwogen, dass sie etwas veranschaulichen sollen, aber es wurde ein enger Realitätsbezug aufrechterhalten, heimliche Aufnahmen oder Aufnahmen, um ein Verhalten zu dokumentieren, bleiben abgebildete Zeugnisse von Realität. Das Bild wird so in seiner ihm zugeschriebenen Macht als eines ikonischen Abbilds aufgefasst. Es ist nicht lediglich Zeichen, sondern Referent für Realität und wirkt in seiner Präsenz, wobei gerade seine schlechte Qualität ein Hinweis für seine Authentizität ist (s. a. Fiske 1996). Wie Gumbrecht (1998) mit dem Begriff der Präsenz in Abgrenzung zur ästhetischen Bildfunktion beschreibt (siehe 5.4.1.1), wirkt das Bild hier nicht als Träger konnotativer Bedeutungen, sondern es präsentiert ein Ereignis. Zugleich wird die Bezugnahme auf die authentische Ereigniswiedergabe aufrechterhalten, sie ist nicht ein Hinderungsgrund für Präsenz, sondern konstitutiv an dieser beteiligt. In einer vergleichbaren Weise fand das auch bei *Hochzeit* statt, einer Sequenz mit ebenfalls authentisch-realer Ereigniswiedergabe. Nicht die Frage, worauf die Bilder hinweisen, stand hinter der Rahmung, sondern welchen Ausschnitt von Realität sie präsentieren (*„Also dass der Bischof schon vor der Kirche steht, das hab ich nicht gewusst, also das war irgendwie komisch"*/12). Auch in der Sequenz *Venedig* finden sich Beispiele für den mentalen Rückgang auf das hinter den Bildern liegende Objekt. Die Stadt wurde als eine wirkliche aufgefasst, die man besuchen könnte und deren Menschen und ihr Leben so gezeigt werden, wie es ist. Sich den Bildern hingeben, heißt, nicht interpretieren zu müssen, sondern nur schauen zu können, als säße man auf einer Bank und beobachtete selbst das Treiben (*„das Hier und Jetzt einfach wirken lassen"*/11).

Der Wechsel dieser Perspektive deutete sich an bei der Erwägung, Bilder wie in der Sequenz *Venedig* zu verwenden, um Protagonisten und den Handlungsort in einem Unterhaltungsfilm, der in einem solchen Ort spielt, vorzustellen. Dies entspricht der Perspektive P3, bei der das Bild als ein dyadisches Zeichen betrachtet wird, das in keinem anderen Bezug zur Wirklichkeit steht, als Bedeutungskontexte zu transportieren, die der Rezipient im Rahmen der durch den Text gegebenen Vorgaben füllen kann. Demgemäß nahmen die Interviewpartner im Fiktionsbezug das ästhetische Spiel mit möglichen Bedeutungszuweisungen unaufgefordert auf und boten fantasievolle Handlungskonstruktionen an, verließen aber nicht den fiktionalen Bezug. Im fiktionalen Bezug wurde das Zeichen in seiner Referenz auf Bedeutung der dargestellten Handlungen angesehen, wobei die Interviewpartner nicht durch das Bild und seine Anschauung, sondern des in ihm zur Bedeutung Gebrachten festgehalten wurden.

Bezüglich der Perspektive P2, die zwischen P1 und P3 wechselt, kann man zwei verschiedene Formen unterscheiden, den realen und den fiktionalen Bezug. Beide Möglichkeiten entsprechen in der Verwendung der hier so bezeichneten illustrativen Ereigniswiedergabe (siehe 5.3.2). Der Wechsel zur Perspektive P1 im fiktionalen Bezug bedeutet das Erkennen einer hinter dem Bild stehenden Realität, selbst wenn sein Gegenstand im fiktionalen Bezug verbleibt. Es ist jene Perspektive, die kritische Medienbeobachter einnehmen, wenn bestimmte Bildinhalte als zu realistisch für einen fiktionalen Bezug verstanden werden. Bilder z. B. die Gewalt- und Pornographie-Debatten auslösen – das Bild wird hier aufgrund seiner (konstruierten) Anschaulichkeit als Dokument von Authentizität betrachtet. Im Vorliegenden trat dieser Fall nur einmal auf in jenen Interviewabschnitten zur Sequenz *Kalligraphie*, wo das Beschriften des feuchten Spiegels an eigene Erfahrungen erinnerte. Die Perspektive P2 im fiktionalen Bezug deutete sich auch bei der *Gefechtssimulation* an, in einer im Vergleich zur Präsenz stehenden „Kappung" der hinter dem Bild stehenden Realität. Diese Sequenz stellt einen einsträngigen Text dar, ihr Gegenstand steht, auch wenn er als Nachstellung simuliert ist, in keinem direkten Bezug zur Realität. Insofern wäre ein Rückgang auf das hinter dem Bild liegende Ereignis möglich im Verständnis einer illustrativ-realen Ereigniswiedergabe. In den folgenden Beispielen wurde dementsprechend die Sequenz als Nachstellung gerahmt, ein Bezug auf das Ereignis als singuläres aber nicht vollzogen.

„Also, ich find computertechnisch umgesetzt, ist das jetzt nicht so der Hit. Aber ich denk mal, dass es irgendwie, irgendwas nachstellen sollte. Dass man praktisch nachträglich simuliert hat, wie so der Krieg, keine Ahnung, wie es direkt, vielleicht Golfkrieg oder so sein könnte" (05).

„Das könnte vielleicht sogar noch in irgendwelchen, diese RTL oder SAT 1 oder PRO7 Nachrichten, irgendeine Kriegsdarstellung gewesen sein, und das könnte da jetzt ein Panzer gewesen sein ... Also sah nicht toll aus, sah jetzt für mich auch nicht besonders aussagekräftig aus und computermäßig schlecht gemacht" (07).

Die Bilder wurden als Zeugnisse für ein Kriegsgeschehen eingestuft, aber nicht als singuläre Zeugnisse, sondern als Bilder, die etwas veranschaulichen sollen und in keinem direkten Bezug zu einem Ereignis stehen. Der Hinweis auf die schlechte Ausführung (*„computertechnisch umgesetzt, ist das jetzt nicht so der Hit"*/05; *„nicht besonders aussagekräftig"*/07) in beiden Interviews, die als Bewertung eine kommentierende Rahmungsposition darstellt, zeigt ein fehlendes Engagement im Rahmeninneren.

Insofern kann an diesem Beispiel gezeigt werden, dass die simulierte Ereigniswiedergabe im Gegensatz zur authentischen bei *Kinderfrau* distanziert aufgenommen wird und eine eher kommentierend-bewertende Haltung vom Rahmenrand eingenommen wird, während bei *Kinderfrau* die Teilhabe am Rahmeninneren stärker ist. Beide Bilder sind detailarm, der Unterschied liegt vor allem in der mit ihrer Machart gegebenen authentischen oder simulierten Ereigniswiedergabe. Damit unterscheiden die Zuschauer nicht nur zwischen Realität und Fiktion, sondern auch die jeweilige Ereigniswiedergabe, was die beim bewegten Kamerabild bestehende authentische Ereigniswiedergabe in ihrer Zeugniskraft für ein hinter dem Bild liegendes Geschehen dokumentiert. Im fiktionalen Bereich wurde nichts Vergleichbares gefunden, was vermutlich auf die Auswahl des Bildmaterials zurückzuführen ist. So könnte eine live stattfindende Spielshow ein ähnliches Engagement bewirken wie die authentisch-realen Sequenzen *Kinderfrau* und *Hochzeit*.

Gemäß der hier aufgeworfenen Fragestellung, der Bedeutung der Darstellungsformen für die Unterscheidung von Realität und Fiktion im Bild, war zu untersuchen, inwiefern die Darstellungsform mit der Einnahme einer bestimmten Rezeptionsperspektive verbunden ist. Aus Goffmans Täuschungen ist bereits abzuleiten, dass dies so ist, da es möglich ist, etwas als etwas aussehen zu lassen und die innere Rahmenschicht als Rahmenrand vorzugeben. Wird der Täuschungsvorgang aufgedeckt, so zeigt sich, dass das Rahmeninnere nur „gut gemacht" war, wobei sich der vermeintlich gültige Rahmenrand und innere Schicht als miteinander verschränkte Einheiten erweisen. Dass ein weiterer Rahmenrand existiert, von dem der Getäuschte nichts weiß, stärkt nur diese Einheit von Rand und Innerem, denn gerade weil das Innere einen bestimmten Erkenntnisstil vorgibt, kann ein Rahmenrand vorgetäuscht bzw., wenn es sich um keine Täuschung handelt, angezeigt werden. Hier gilt, was Soeffner als ein Merkmal für Inszenierungen von Interaktionen angibt, die jeweils einen spezifischen „‚Erkenntnis'- und Deutungsstil" (1986, S. 86) mit sich tragen, nämlich

„die Koordination unterschiedlicher, gleichzeitig stattfindender Wahrnehmungen und Aktivitäten unter einem einheitlichen, ‚in sich stimmigen' Relevanzschema, das eine spezifische Einstellung sowie die Betonung eines spezifischen Wirklichkeitsakzentes repräsentiert und einen jeweils spezifischen Erkenntnis-, Deutungs- und Handlungsstil zum Einsatz bringt." (S. 86)

Darstellungskonventionen spielen demnach bereits im Rahmeninneren eine Rolle und weisen auf einen Rahmenrand hin, wobei dieser nicht, wie bei den Täuschungen, der äußerste Rahmenrand sein muss.

Die Interpretationsanweisungen liegen im Rahmeninneren im kommunizierten Ereignis selbst, sie beziehen sich also auf den Gegenstand des Bildes, Handlungen sind mit metakommunikativen Deutungshinweisen versehen, die im Bild ihrerseits zum Tragen kommen. So ist es z. B. ein Unterschied, ob sich zwei Menschen auf einer Party zwanglos unterhalten oder ein öffentliches Interview stattfindet, neben Gesprächsform spielen im Allgemeinen Kleidung, Räumlichkeit, weitere anwesende Personen eine Rolle. Werden solche kontextbezogenen Aspekte im Bild erkennbar, so wird der ursprüngliche Rahmen des Ereignisses mittransportiert und der Zuschauer kann das Gesehene einordnen. Das Bild trägt dann die Metaanweisungen der Ausgangshandlungen mit sich, die vom Bildproduzenten noch entsprechend verstärkt werden können bzw. durch andere ersetzt, um die durch die Vermittlung verlorengegangene kontextuelle Eindeutigkeit wiederherzustellen.

Gerade auf dieser Ebene zeigt sich also, wie wichtig die eindeutige Markierung von Bezugnahmen auf Wirklichkeit ist. Verlieren Bilder diese Möglichkeit der Bezugnahme, wie es bezüglich des Einsatzes von simulierten Bildern immer einfacher möglich sein wird, so dass der Rezipient zunehmend lernte, „seinen Augen nicht zu trauen", so könnte dies zur Konsequenz haben, dass der Rezipient, wie am Beispiel der *Gefechtssimulation* dargestellt, die noch immer hinter den Bildern liegende Realität nicht als solche einordnet. Dies ist zwar ein „kompetenter" Gebrauch hinsichtlich einer nur veranschaulichenden und nicht direkt vermittelnden Bildverwendung, aber das Beispiel zeigt zugleich, dass sich hier ein Abgleiten in die Perspektive P4 als Auffassung des Bildes als eines reinen Signifikats ankündigt. Mit dieser Perspektive auf Bilder aber geht das verloren, was aufgrund ihrer besonderen Erfahrungsnähe ermöglicht werden kann. Das Bild stellt, wie die Ergebnisse im Bereich der authentischen Ereigniswiedergabe (Sequenz *Hochzeit, Kinderfrau, Venedig*) zeigen, eine Zugangsmöglichkeit zur Realität dann dar, wenn dieser direkte Bezug ersichtlich und nachvollziehbar wird. Bei simulierten Bildern, bei nicht vertrauenswürdigen Bildern, aber auch bei jenen, die keine klare Zuordnung bezüglich der mit ihnen geschaffenen Wirklichkeit erlauben, also bei Programm-Mischformen, wird das Potenzial, das in der Erfahrungsnähe von Bildern liegt, aufs Spiel gesetzt. Die im ersten Abschnitt dieser Arbeit ausgeführte Diskussion über die Realitätsnähe von Bildern ist damit neu zu formulieren. Der befürchtete Realitätsverlust ist dann nicht eine Konsequenz der Bilderflut, *sondern der Ununterscheidbarkeit von Bildern hinsichtlich ihrer Referenz*. Also nicht (nur) Manipulation aufgrund von Inszenierung und Betrug, sondern Manipulation als Verhinderung eines differenzierenden Umgangs mit den in Bildern dargestellten Ereignissen. Durch eine Manipulation der Ereigniswiedergabe über den Code der Bildherstellung, z. B. die Simulation von Live-Aufzeichnungen, werden Bilder ihrer Erfahrungsmöglichkeit beraubt, was in einer Gesellschaft, die in einem wachsenden Maß auf mediale Kommunikation angewiesen ist, eine Verflachung der Erfahrung von sozialer Wirklichkeit bedeutet. Und zwar nicht aufgrund der Medialität an sich, sondern aufgrund der Sozialisation zu einer Zuschauerhaltung, die prinzipiell ihren Augen nicht zu trauen sich angewöhnt hat. Dann erst würden Bilder nur zu Bildern, weil ihnen durch die Gleichgültigkeit des Zuschauers ihre unterschiedliche Referenzialität genommen wäre. Die durch Medien ermöglichte Erfahrungserweiterung könnte sich also selbst dieser Möglichkeit der vermittelten Teilhabe an Realität berauben. Die Vermittlung von Wissen über Darstellungseffekte und eine damit verbundene Kritikfähigkeit (vgl. Baacke 1996) als Ziel der Medienerziehung ist unabdingar, zugleich aber ist sie abhängig davon, dass die im Bild gegebenen Interpretationshinweise zuverlässig sind. Insofern schlägt anhand der vorliegenden Ergebnisse die Frage einer Kompetenzförderung der Nutzer in eine der Ermöglichung kompetenter Nutzung durch die medialen Präsentationsweisen um.

Resümee

Mit der vorliegenden Untersuchung sollte Aufschluss darüber gewonnen werden, wie erstens im Bild transportierte Informationen als Hinweise auf eine realitäts- oder fiktionsbezogene Verwendung interpretiert werden und wie zweitens Wirklichkeiten im Bild bei seiner Rezeption unterschieden werden. Mit Hilfe des Rahmenansatzes konnte Vermittlung durch das Bild differenziert werden, verstanden als Rahmen werden bildliche Bezugnahmen auf Wirklichkeit zu Organisationsmustern von Erfahrung, die selbst auf gerahmte Realität bezogen sind und den hier im Prozess der Sozialisation erworbenen Rahmendifferenzierungen entsprechen. Die vorgenommene rahmentheoretisch-semiotische Basierung der Bildrezeption diente als heuristisches Modell, um die mit der Fragestellung erforderliche Datenerhebung vornehmen zu können. Unter dem Verständnis der Bildrezeption als Rahmung, was eine Differenzierung als realitäts- und fiktionsbezogener Bildrezeption erlaubt, wurden für die empirische Erhebung Rahmungssituationen provoziert. Ziel war es, Rahmungswissen als Verfügungswissen zur Interpretation von Bildern sichtbar werden zu lassen, um dieses Wissen in seinem Realitäts- bzw. Fiktionsbezug analysieren zu können. Durch die negative Erfahrung des Rahmenbruchs weisen die Rahmungsversuche der Interviewten das auf, was im Rezeptionsprozess gewöhnlich untergeht. Die im ersten Auswertungsschritt vorgenommenen Rahmungsprofile sind damit nichts anderes, als die im Horizont der „Normalität" vorgenommenen Einordnungen bildlicher Hinweise auf ein vermutetes Genre hin. Verstanden als Rahmungssituation zeigte sich, *dass in der Bildrezeption wie in der realen Interaktion eine Interpretation von Informationen auf ihren Rahmen hin stattfindet.*

Weil die Einordnungen auf momentan gültige Darstellungskonventionen bezogen sind, ist die weiterreichende Bedeutsamkeit der Ergebnisse nicht in ihrem auf gängige Codes beziehbaren Rahmungswissen zu sehen. Viel wichtiger ist, dass die Rahmungsprofile aufzeigen, wie feinste Unterschiede bezüglich der im Bild transportierten Ereignisse und deren möglicher Aussageintention vorgenommen werden, und damit Bilder ihren unterschiedlichen Genre-Rahmen gemäß auf unterschiedliche Weise interpretiert und bewertet werden. Die Aussagen der Interviewpartner zu den im Bild transportierten Hinweisen stellen Einordnungen bezüglich des Genres dar und begründen diese Einordnung differenziert. Die Bilder wurden *nicht* „wie unmittelbare Realitätswahrnehmung gelesen" (Meyer 1995, S. 56), sondern als sinnvolle Aussagen, die interpretierbar sind. Man kann auch nicht davon sprechen, dass detailgetreue, realistisch aussehende Bilder per se einen Bezug zur Realität nahe legten und weniger realistische dies erschwerten. Vielmehr wurden *die Bilder aufgrund ihrer in Darstellungsweise, Gegenstand und Genretypizität gegebenen Informationsdichte in Rahmen und den durch sie vorgenommenen Bezugnahmen auf Wirklichkeit eingeordnet.*

Genres wurden als Rahmen verstanden, die wie reale Interaktionen Erfahrung organisieren und unterschiedliche Medienwirklichkeiten konstituieren. Ihre Differenzierung durch die Nutzer wurde durch drei Aspekte nachgewiesen, dem Vorhandensein von Rahmungswissen, dem Einbezug von Rahmeninneren und -rand und der Perspektivenübernahme.

Das Vorhandensein von *Rahmungswissen* ermöglicht nicht nur die Interpretation von Wirklichkeiten im Bild anhand der gegebenen Rahmungshinweise, es bezieht sich auch auf Kenntnisse über den Gegenstand als das im Bild zur Darstellung gebrachte Ereignis und bezieht sich damit auf das im Prozess der Sozialisation erworbene (Rahmungs-)Wissen der Nutzer, denn bereits hier findet eine Einstufung als real oder fiktional statt. Hier zeigt sich auch die Bedeutung der Allgemeinbildung für eine kompetente Beurteilung von Medieninhalten. Weiterhin umfasst Rahmungswissen die Kenntnis von Darstellungsformen und verweist auf Wissen über die Medien, was die Bedeutung dieses Teilbereiches der Medienerziehung belegt. Ein weiterer Bestandteil des Rahmungswissens ist die Kenntnis von Genres. Ihre Aneignung sollte nicht allein dem Mediensozialisationsprozess überlassen werden, sondern ebenfalls ein Wissen über Medien und wie sie etwas inszenieren, umfassen, weil dadurch die Einordnung von Wirklichkeiten im Bild erleichtert wird.

Im Sinne der Rahmentheorie zeigte sich *Bildrezeption in einer doppelten Perspektive auf Rahmeninneres und Rahmenrand*, nämlich als innere Teilhabe am Geschehen sowie als Interpretation von Machart und Typizität dieses Geschehens für vergleichbare bildliche Aussagen. Stellen beide Ebenen hinsichtlich der Rezeption unterschiedliche Stufen der Teilhabe dar, so sind sie doch im Sinne der Rahmentheorie miteinander verklammert, da ein sozialer Rahmen sich nur im Prozess realisiert, er in diesem aber von den Interaktionspartnern ständig aktualisiert und damit aufrechterhalten werden muss, soll ein adäquater Sinnbezug von allen Interaktionspartnern hergestellt werden. Die Kompetenz der Rahmung von Ereignissen ist Bestandteil beider Ebenen. Ist sie in einem Aspekt ein reflektierbares Wissen, ist sie im anderen die Differenzierung von Wirklichkeiten. Die Vernachlässigung einer dieser beiden Perspektiven zöge theoretisch in beiden Fällen einen problematischen Umgang mit dem Bild nach sich: im Fall des Aufgehens im Rahmeninneren würden die Rahmen im Bild zu primären Rahmen und der Unterschied zwischen Wirklichkeiten im Bild ginge verloren, im andern Fall wäre der Rezipient ein unbeteiligter Beobachter und damit von der empathischen Teilhabe an der sozialen, hier bildlich kommunizierten Wirklichkeit ausgeschlossen. Ein im rahmentheoretischen Sinn kompetenter Umgang mit Bildern umfasst sowohl die kommunikative Teilhabe an der Gesellschaft als Orientierung an den Bild-Rahmen, sowie das innere Engagement an der im Bild vermittelten, gesellschaftlichen Realität.

Als dritter Aspekt wurde der *Zusammenhang zwischen Bilddarstellung und Perspektivenübernahme* aufgezeigt. Beim fiktionalen Bezug wurden die im Bild transportierten Hinweise auf ihre Symbolik hin interpretiert, eine Aussagefunktion der bildlichen Informationen wurde prinzipiell unterstellt und mit Möglichkeiten der Bedeutungszuweisung gespielt. Der hinter dem Bild liegende Gegenstand trat also in seiner Bedeutungsfunktion nicht als eine hinter dem Bild liegende Realität in Erscheinung – und dies trotz der mit dem Kamerabild gegebenen indexikalischen Ikonizität. Es ist jedoch denkbar, dass diese Rezeptionsperspektive dann aufgehoben wird, wenn der Gegenstand in seiner Fiktionalität von einem realen Ereignis ununterscheidbar wird, d. h. wenn der Eindruck des Gestellten verschwindet, weil keine über den Inhalt hinausgehenden Distanzierungsmomente den Inszenierungscharakter erkennbar machen. Entgegen der im ästhetischen Bezug aufscheinenden Zeichenhaftigkeit des hinter dem Bild liegenden Gegenstands wird dieser im Realitätsbezug von den Rezipienten hinsichtlich seiner Bedeutung in Bezug auf die Alltagswelt, und nicht in Bezug auf die fiktionale Welt gestellt. Damit kann von einer in die Zeichenhaftigkeit abgleitenden Funktion der Bilder nicht generell gesprochen werden. Die Ergebnisse zeigen vielmehr, dass die Interviewpartner dann auf die hinter dem Bild liegende Realität zurückgingen, wenn sie diese Referenz im Bild erkennen konnten, der Gegenstand wurde als authentisch im Bild präsent.

Als Voraussetzung für die Differenzierung von Wirklichkeiten im Bild zeigte sich eine entsprechende Genrekenntnis. Gerade bezüglich der Computersimulation fiel die Problematik noch wenig bekannter resp. uneindeutiger Codes auf. Gewalt und Simulation sind typisch für Computerspiele, wurden aber dementgegen bei der Simulation eines Gefechts im Golfkrieg im Realitätsbezug eingesetzt. Die Technik der Computersimulation als ein Mittel der Herstellung von Bildern verändert die in der direkten Aufnahme gegebene Präsenz des Gegenstandes zu einem präsentierten. Vom Zuschauer verlangt sie mehr, als direkt hinter das Bild zurückzugehen. Er muss es wie im fiktionalen Bezug in seiner Bedeutungsfunktion als Beispiel für Realität aufnehmen und selbst auf etwas Konkretes beziehen. Aufgrund dieser Anforderung könnte die Simulation das Bild in reine Signifikazität abgleiten lassen. Dies liefe der hier bestimmten Kompetenz der Differenzierung von Bildern und ihren vielfältigen Wirklichkeiten als Bezugsetzung zwischen bildlich vermittelter und sozialer Realität entgegen.

Die von Flusser (1995) befürchtete Haltung dem „komputierten Bild" gegenüber, mit dem er jedes technisch erzeugte, Punkt für Punkt zusammengesetzte Bild bezeichnet, wurde nicht als eine der „Programmierung" des Zuschauers aufgefunden. Befürchtet Flusser das Hervorrufen bestimmter Verhaltensweisen durch die Bilder, weil sie für „wahr" gehalten würden, so ist dies gemäß der vorliegenden Ergebnisse zu differenzieren. Nicht die unterschiedslose Haltung der Wahrheit gegenüber den Bildern war zu verzeichnen, sondern eine Differenzierung verschiedener Formen von Wahrheit als Bezugnahme auf Wirklichkeit.

Voraussetzung dafür ist die Vermittlung von Hinweisen, die die jeweils vorgenommene Bezugnahme auf soziale Wirklichkeit und ihre mediale Erzeugung anzeigen. Ihre Deutung spiegelte sich in den Rahmungsprofilen der Interviews und zeigt die Bedeutung von Rahmungshinweisen im Bild dadurch auf,

- dass die dargestellten Gegenstände etwas über die Wirklichkeit im Bild aussagen,
- dass Darstellungsmittel auf bestimmte Formen der Bildherstellung bezogen werden, die etwas über den Bezug zur Wirklichkeit aussagen,
- dass Genres als typisch erkennbare Formen der Verknüpfung von Gegenstand und Darstellung typische Aussageformen strukturieren
- und dadurch wiederum Bezugnahmen auf Wirklichkeit vorgenommen werden.

Damit kommt den Bedeutungshinweisen eine wesentliche Funktion für die Einordnung des Bildes in unterschiedliche Rahmen (als Wirklichkeiten im Bild) zu. Indem diese im Bild dokumentiert und transportiert werden, wird soziale Wirklichkeit im Bild zugänglich gemacht. Versteht man Bilder als gerahmte Bezugnahmen auf Wirklichkeit, dann wird Bildrezeption zu einer Einordnung von Bildern in Rahmen, die auf eine typisierte Weise Wirklichkeit konstituieren: Bilder rahmen Wirklichkeiten und der Betrachter rahmt Wirklichkeiten in Bildern.

Die Bestimmung von visueller Kompetenz als Bestandteil von Medienkompetenz muss vor diesem Hintergrund erfolgen. Sie beruht auf der anhand des Bildangebots ermöglichten Differenzierung von gerahmten Bezugnahmen auf Wirklichkeit. Diese Bezugnahmen in einer adäquaten Rezeptionsperspektive zu interpretieren und als Rahmen sozialer Erfahrungsorganisation zu verarbeiten, ist eine unerlässliche Voraussetzung für die Teilhabe an einer Gesellschaft, die ihre Wirklichkeit zunehmend mit Hilfe von Medien konstituiert. Für die Medienpädagogik verlangt dies nicht nur entsprechende Aufgabenfelder zu bestimmen, sondern auch die Grenzen der Nutzerkompetenz aufzuzeigen. Aussagen im Bild in durch das Bild kommunizierte Rahmen zu stellen, welche Realität und Fiktion auf jeweils bestimmte Weise zur Darstellung bringen, ist eine Anforderung, die nicht nur die Bildrezipienten, sondern auch die Bildproduzenten in Verantwortung nimmt.

Literatur

Albrecht, Gerd (1979). Wichtige Elemente der Filmsprache. In: Albrecht, Gerd/Alwardt, Ulrich/Uhlig, Peter/Weinreuter, Erich. Handbuch der Medienarbeit, Medienanalyse, Medienordnung, Medienwirkung. Opladen: Leske + Budrich.
Amey, L. J. (1976). Visual Literacy. Implications for the Production of Children's Television Programs. Halifaxy: Dailhousie University.
Arnheim, Rudolf (1974). Film als Kunst (erstm. 1932). München: Hanser.
Assman, Jan (1998). Schrift und Kult. In: Faßler, Manfred/Wulf, R. Halbach (Hrsg.). Geschichte der Medien. München: Fink, S. 55-82.
Aufenanger, Stefan (1996a). Lustige Gewalt? Zum Verwechslungsrisiko realer und inszenierter Fernsehgewalt bei Kindern durch humoreske Programmkontexte. München: Fischer.
Aufenanger, Stefan (1996b). „Also manchmal denk' ich, daß es gut wäre, wenn ich auch so kämpfen könnte" – wie Kinder und Jugendliche Wrestling-Sendungen rezipieren. In: Bachmair, Ben/Kress, Gunther (Hrsg.). Höllen-Inszenierung Wrestling. Beiträge zur pädagogischen Genreforschung. Opladen: Leske + Budrich, S. 87-99.
Baacke, Dieter (1995). Zum pädagogischen Widerwillen gegen den Seh-Sinn. In: Baacke, Dieter/Röll, Franz-Josef (Hrsg.). Weltbilder – Wahrnehmung – Wirklichkeit. Opladen: Leske + Budrich, S. 25-49.
Baacke, Dieter (1996). Medienkompetenz – Begrifflichkeit und sozialer Wandel. In: Rein, Antje von (Hrsg.). Medienkompetenz als Schlüsselbegriff. Bad Heilbrunn: Klinkhardt, S. 112-124.
Bachmair, Ben (1996). Höllen-Inszenierung in einer Massenkommunkation der Alltagsästhetik und Szenen. In: Bachmair, Ben/Kress, Gunther (Hrsg.). Höllen-Inszenierung Wrestling. Beiträge zur pädagogischen Genreforschung. Opladen: Leske + Budrich, S. 13-28.
Ballstaedt, Steffen-Peter (1977). Grenzen und Möglichkeiten des Filmjournalismus in der aktuellen Berichterstattung. Rundfunk und Fernsehen, 25. Jg., Heft 2/3, S. 213-229.
Barwise, Patrick/Ehrenberg, Andrew (1988). Television and its Audience. London: Sage.
Baudrillard, Jean (1978). Agonie des Realen. Berlin: Merve.
Baudrillard, Jean (1995). Illusion, Desillusion, Ästhetik. In: Iglhart, Stefan/Rötzer, Florian/Schweger, Elisabeth (Hrsg.). Illusion und Simulation. Begegnung mit der Realität. Ostfildern: Cantz.
Baumhauer, Otto (1986). Das Bild als politisches Zeichen. Publizistik, 31. Jg, Heft 1, S. 35-52.

Bateson, Gregory (1974). A Theory of Play and Fantasy. In: Steps to an Ecology of Mind. New York: Ballantine.
Bentele, Günter (1978). Aufgaben der Filmsemiotik. Publizistik, 23. Jg., Heft 4, S. 369-383.
Bentele, Günter (1980). Filmsemiotik in der Bundesrepublik Deutschland. Entwicklung und gegenwärtige Positionen. Zeitschrift für Semiotik, Bd. 2, S. 119-138.
Bentele, Günter (1992). Fernsehen und Realität. In: Hickethier, Knut/Schneider, Irmela (Hrsg.). Fernsehtheorien. Dokumentation der GFF-Tagung 1990. Berlin: Ed. Sigma, Bohn, S. 45-67.
Benz, Ute (1998). Warum sehen Kinder Gewaltfilme? München: Beck.
Berg, Klaus/Kiefer, Marie-Luise (1996). Massenkommunikation IV. Eine Langzeitstudie zur Medienbewertung 1964-1990. Baden-Baden: v. Hase & Koehler.
Berg-Walz, Benedikt (1995). Vom Dokumentarfilm zur Reportage. Berlin: VWF Verlag für Wissenschaft und Forschung.
Berthold, Gertrude (1998). Editorische Notizen. In: Hetzer, Theodor (Hrsg.). Zur Geschichte des Bildes von der Antike bis Cézanne. Stuttgart, Urachhaus, S. 7-24.
Boehm, Gottfried (1995). Die Wiederkehr der Bilder. In: ders. (Hrsg.). Was ist ein Bild? (2. Aufl.). München: Fink, S. 11-38.
Böhm, Maria (2000). Medienerziehung, Medienarbeit oder Bildung? Medien Praktisch, 24. Jg., Heft 2, S. 48-52.
Böhme-Dürr, Karin (1985). Verarbeitung von massenmedialen Informationen durch Kinder: „Wald" oder „Bäume"? In: Bentele, Günter/Hess-Lüttich, Ernest W. B. (Hrsg.). Zeichengebrauch in Massenmedien. Zum Verhältnis von sprachlicher und nichtsprachlicher Information in Hörfunk, Film und Fernsehen. Tübingen: Niemeyer, S. 195-228.
Böhme-Dürr, Karin (1987). Wie wirken medienspezifische Darstellungsformen auf Leser, Hörer und Zuschauer? Zeitschrift für Semiotik, Bd. 9, S. 363-395.
Born, Michael (1997). Wer einmal fälscht ... Die Geschichte eines Fernsehjournalisten. Köln: Kiepenheuer & Witsch.
Braun, Gerhard (1981). Präsentation versus Repräsentation. Zur Beziehung zwischen Zeichen und Objekt in der visuellen Kommunikation. Zeitschrift für Semiotik, Bd. 3, 143-170.
Brosius, Hans-Bernd (1997). Der gut informierte Bürger? Rezeption von Rundfunknachrichten in der Informationsgesellschaft. In: Charlton, Michael/Schneider, Silvia (Hrsg.). Rezeptionsforschung. Opladen: Westdeutscher Verlag, S. 92-104.
Brosius, Hans-Bernd (1998). Visualisierung von Fernsehnachrichten: Text-Bild-Beziehungen und ihre Bedeutung für die Informationsleistung. In: Kamps, Klaus/Meckel, Miriam (Hrsg). Fernsehnachrichten. Opladen: Westdeutscher Verlag, S. 185-202.
Brosius, Hans-Bernd/Birk, Monika (1994). Text-Bild-Korrespondenz und Informationsvermittlung durch Fernsehnachrichten. Rundfunk und Fernsehen, 42. Jg., Heft 2, S. 171-183.
Buckingham, David (1996). Moving images. Understanding children's emotional responses to television. Manchester: Manchester University Press.
Burns, Tom (1992). Erving Goffman. London: Routledge.
Charlton, Michael (1995). Rezeptionsforschung als Aufgabe einer interdisziplinären Medienwissenschaft. In: Charlton, Michael/Schneider, Silvia (Hrsg.). Rezeptionsforschung. Opladen: Westdeutscher Verlag, S. 16-39.

Corner, John (1991). Meaning, Genre and Context: The Problematics of „Public Knowledge" in the New Audience Studies. In: Curran, J./Gurevitch, M. (Hrsg.). Mass Media and Society. London, S. 267-284.

Corner, John (1996). The art of record. A critical introduction to documentary. Manchester: University Press.

Curtiss, Deborah (1994). The Rewards of Visual Literacy: An Artists Perspective. In: Metallinos, Nikos (Hrsg.). Verbo-visual literacy: understanding and applying new educational communication media-technologies. Quebec: Concordia University, S. 51-67.

Daschmann, Georg/Brosius, Hans-Bernd (1997). Ist das Stilmittel die Botschaft? Fallbeispiele in deutschen Fernsehmagazinen. Rundfunk und Fernsehen, 45. Jg, Heft 4, S. 486-504.

David, Prabu (1998). News-Concretenes and Visual-Verbal Association. Do News Pictures Narrow the Recall Gap Between Concrete and Abstract News? Journal of Communication Research, 25. Jg., S. 180-201.

Doelker, Christian (1979). „Wirklichkeit" in den Medien. Zug: Klett & Balmer.

Doelker, Christian (1989). Kulturtechnik Fernsehen. Analyse eines Mediums. Stuttgart: Klett-Cotta.

Doelker, Christian (1996). Getürkte Wirklichkeit – Vom Mißbrauch der Bilder. In: Wunden, Wolfgang (Hrsg.). Wahrheit als Medienqualität. Beiträge zur Medienethik, Bd. 3. Frankfurt: Gemeinschaftswerk der Evangelischen Publizistik, S. 29-35.

Doelker, Christian (1997a). Ein Bild ist mehr als ein Bild. Visuelle Kompetenz in der Multimedia-Gesellschaft. Stuttgart: Klett-Cotta.

Doelker, Christian (1997b). Vom semiotischen Dreieck zum Bermuda-Dreieck des Fernsehens. In: Sozialwissenschaftliche Informationen, 26. Jg., Heft 4, S. 255-259.

Durham, Frank D. (1998). News Frames as Social Narratives: TWA Flight 800. Journal of Communication, 48. Jg., Heft 4, S. 100-117.

Eco, Umberto (1991). Semiotik. Entwurf einer Theorie der Zeichen (erstm. 1976). München: Fink.

Eco, Umberto (1994). Einführung in die Semiotik (8. Aufl.). München: Fink.

Elling, Elmar (1984). Syntaktische Analyse eines Propagandafilms. Parallemontage in „Gestern und Heute". In: Oehler, Klaus (Hrsg.). Zeichen und Realität: Akten des 3. Semiotischen Kolloquiums der Deutschen Gesellschaft für Semiotik, Bd. I. Berlin: Stauffenberg, S. 819-832.

Entman, Robert (1991). Framing U.S. Coverage of International News: Contrasts in Narratives of the KAL and Iran Air Incidents. Journal of Communication, 41. Jg., Heft 4, S. 6-25.

Erjavec, Ales (1998). Das trifft das Auge. In: Vattimo, Gianni/Welsch, Wolfgang (Hrsg.). Medien – Welten – Wirklichkeiten. München: Fink, S. 39-58.

Espe, Hartmut (1984). Fotografie und Realität – Empirische Untersuchung über die Eindruckswirkung von schwarz-weißen und farbigen Fotografien. In: Oehler, Klaus (Hrsg.): Zeichen und Realität, Bd. 2: Akte des 3. Kolloquiums der Deutschen Gesellschaft für Semiotik. Berlin: Stauffenberg, S. 743-751.

Espe, Hartmut (1985). Konnotationen als Ergebnisse fotografischer Techniken. Zeitschrift für Semiotik, Bd. 7, S. 63-70.

Faulstich, Werner (1976). Einführung in die Filmanalyse. Tübingen: Narr.

Feuer, Jane (1992). Genre Study and Television. In: Allen, Robert C. (Hrsg.). Channels of Discourse, Reassembled: television and contemporary criticism (2. Aufl., erstm. 1987). Chapel Hill: University of North Carolina Press, S. 138-160.
Feusi, Josef (1971). Kleine Filmkunde. Zürich: Pro Juventute.
Fischer-Lichte, Erika (1984). Zum Problem der ästhetischen (Re-)Konstruktion von Wirklichkeit. In: Oehler, Klaus (Hrsg.). Zeichen und Realität: Akten des 3. Semiotischen Kolloquiums der Deutschen Gesellschaft für Semiotik, Bd. I. Tübingen: Stauffenberg, S. 153-162.
Fiske, John (1987). Television Culture. London: Methuen.
Fiske, John (1996). Media Matters. Race and Gender in U.S. Politics. Minneapolis: University of Minnesota.
Flusser, Vilém (1995). Lob der Oberflächlichkeit. Für eine Phänomenologie der Medien. Schriften, Bd. 1 (2. Aufl.). Bensheim: Bollmann.
Fritz, Jürgen (1995). Modelle und Hypothesen zur Faszinationskraft von Bildschirmspielen. In: ders. (Hrsg.). Warum Computerspiele faszinieren, Empirische Annäherungen an Nutzung und Wirkung von Computerspielen. Weinheim: Juventa, S. 11-38.
Früh, Werner (1994). Realitätsvermittlung durch Massenmedien. Opladen: Westdeutscher Verlag.
Früh, Werner/Kuhlmann, Christoph/Wirth, Werner (1996). Unterhaltsame Information oder informative Unterhaltung? Zur Rezeption von Reality-TV. Publizistik, 41. Jg.4, Heft, S. 428-451.
Gadamer, Hans Georg (1995). Bildkunst und Wortkunst. In: Boehm, Günther (Hrsg.). Was ist ein Bild? (2. Aufl.). München: Fink, S. 91-104.
Giddens, Anthony (1997). Die Konstitution der Gesellschaft (3. Aufl.). Frankfurt: Campus.
Gilbert, Kathy/Schleuder, Joan (1990). Effects of Colour and Complexity in Still Photographs on Mental Effort and Memory. Journalism Quarterly, 67. Jg., S. 749-756.
Göttlich, Udo/Nieland, Jörg-Uwe/Schatz, Heribert (1998a). In: dies. (Hrsg.). Kommunikation im Wandel. Zur Theatralität der Medien. Köln: Herbert von Halem, S. 7-19.
Göttlich, Udo/Nieland, Jörg-Uwe/Schatz, Heribert (Hrsg.) (1998b). Kommunikation im Wandel. Zur Theatralität der Medien. Köln: Herbert von Halem.
Göttlich, Udo (2000). Zur Reinszenierung des Privaten in Daily Soaps. Entwicklungsschritte auf dem Weg zum Real Life Drama. In: Paus-Haase, Ingrid/Schnatmeyer, Dorothee/Wegener, Claudia (Hrsg). Information, Emotion, Sensation. Wenn im Fernsehen die Grenzen zerfließen. Bielefeld: Gesellschaft für Medienpädagogik und Kommunikationskultur, S. 190-209.
Goffman, Erving (1981a). Forms of Talk. Philadelphia: University of Pennsylvania Press.
Goffman, Erving (1981b). Geschlecht und Werbung. Frankfurt: Suhrkamp.
Goffman, Erving (1993). Rahmen-Analyse. Ein Versuch über die Organisation von Alltagserfahrungen. Frankfurt: Suhrkamp.
Goffman, Erving (1998). Stigma. Über Techniken zur Bewältigung beschädigter Identität. Frankfurt: Suhrkamp.
Goodman, Nelson (1976). Languages of Art. Indianapolis: Hackett Publishing Company.

Goodman, Nelson (1981). Wege der Referenz. Zeitschrift für Semiotik, Bd. 3, S. 11-22.

Gombrich, Ernest H. (1984). Bild und Code. In: Bild und Auge Stuttgart: Klett-Cotta, S. 274-293.

Grimm, Jürgen (1993a). Der kultivierte Schrecken? Erlebnisweise von Horrorfilmen im Rahmen eines Zuschauerexperimentes. Publizistik 38. Jg., Heft 2, S. 207-217.

Grimm, Jürgen (1993b). Vom wahren Schrecken. Schockerlebnisse in der Mediengesellschaft. Medien praktisch, 17. Jg., Heft 1, S. 22-26.

Grimm, Jürgen (1994): Infotainment – Ausweg aus der Unterhaltungsgesellschaft? In: Heidelberger Klub für Wirtschaft und Kultur (Hrsg.). Herausforderungen der Informationsgesellschaft. Facetten einer Entwicklung. Hamburg: LIT, S. 147-161.

Grimm, Jürgen (1999). Fernsehgewalt. Zuwendungsattraktivität, Erregungsverläufe, sozialer Effekt. Opladen: Westdeutscher Verlag.

Groupe μ (1995). Iconism. In: Sebeok, Thomas A./Umiker-Sebeok, Jean (Hrsg.). Advances in Visual Semiotics. Berlin: Mouton de Gruyer, S. 21-46.

Gumbrecht, Hans Ulrich (1998). Die Schönheit des Mannschaftssports: American Football – im Stadion und im Fernsehen. In: Vattimo, Gianni/Welsch, Wolfgang (Hrsg.). Medien – Welten – Wirklichkeiten. München: Fink, S. 210-228.

Günther, Armin (1992). „... mit freundlichen Grüßen vom Planeten TMA 1". Eine rahmenanalytische Etüde. In: Hartmann, Hans A./Habul, Rolf (Hrsg.). Bilderflut und Sprachmagie. Opladen: Westdeutscher Verlag, S. 190-213.

Hepp, Andreas (1998). Fernsehaneignung und Alltagsgespräche. Fernsehnutzung aus der Perspektive der Cultural Studies. Opladen: Westdeutscher Verlag.

Hepp, Andreas (1999). Cultural Studies und Medienanalyse. Eine Einführung. Opladen: Westdeutscher Verlag.

Hettlage, Robert (1991). Rahmenanalyse – oder die innere Organisation unseres Wissens um die Ordnung der Wirklichkeit. In: Hettlage, Robert/Lenz, Karl (Hrsg.). Erving Goffman – ein soziologischer Klassiker der zweiten Generation. Bern, S. 95-156.

Hettlage, Robert/Lenz, Karl (Hrsg.) (1991). Erving Goffman – ein soziologischer Klassiker der zweiten Generation. Bern: Paul Haupt.

Hickethier, Knut (1997). Das Erzählen der Welt in den Fernsehnachrichten. Überlegungen zu einer Narrationstheorie der Nachricht. Rundfunk und Fernsehen, 45. Jg., Heft 1, S. 5-18.

Hitzler, Ronald (1992). Der Goffmensch. Überlegungen zu einer dramatologischen Anthropologie. In: Soziale Welt, 43. Jg., Heft 4, S. 448-461.

Hoffmann, Kay (1997). Digitalisierung und authentisches Bild. Dokumentarische Manipulationen im Spielfilm oder Zur Wahrheit von Bildern. In: Sozialwissenschaftliche Informationen, 26. Jg., Heft 3, S. 267-275.

Holub, Robert C. (1984). Reception Theory. A critical introduction. London: Methuen.

Hoyle, Susan M. (1993). Participation Frameworks in Sportscasting Play: Imaginary and Literal Footings. In: Tannen, Deborah (Hrsg.). Framing in Discourse. Oxford: University Press, S. 114-145.

Huber, Günter L./Mandl, Heinz (1994). Verbalisationsmethoden zur Erfassung von Kognitionen im Handlungszusammenhang. In: dies. (Hrsg.). Verbale Daten. Eine Einführung in die Grundlagen und Methoden der Erhebung und Auswertung (2. Aufl.). Weinheim: Beltz, S. 11-42.

Huth, Lutz/Jüngst, Wolfgang/Krzeminski, Michael/Salzmann, Reinhold (1977). Nachrichten sehen – Nachrichten verstehen – Nachrichten verwenden. Zu einem neueren Ansatz der Rezeptionsanalyse. Publizistik, 22. Jg., Heft 4, S. 403-418.

Kelle, Udo (1997). Empirisch begründete Theoriebildung. Zur Logik und Methodologie interpretativer Sozialforschung (2. Aufl.). Weinheim: Deutscher Studienverlag.

Keppler, Angela (1985). Präsentation und Information. Zur politischen Berichterstattung im Fernsehen (Dissertation). Universität Konstanz.

Kepplinger, Hans-Matthias (1987). Darstellungseffekte. Experimentelle Untersuchungen zur Wirkung von Pressefotos und Fernsehfilmen. Freiburg: Alber.

Kepplinger, Hans-Matthias (1992). Ereignismanagement. Wirklichkeit und Massenmedien. Zürich: Edition Interfrom.

Klaus, Georg (1974). Semiotik und Erkenntnistheorie (4. unveränd. Aufl.). München: Fink.

Krampen, Martin (1979). De Saussure und die Entwicklung der Semiologie. Zeitschrift für Semiotik, Bd. 1, S. 23-36.

Krämer, Sybille (1995). Vom Trugbild zum Topos. Über fiktive Realitäten. In: Iglhart, Stefan/Rötzer, Florian/Schweger, Elisabeth (Hrsg.). Illusion und Simulation. Begegnung mit der Realität. Ostfildern: Cantz, S. 130-137.

Krämer, Sybille (1998). Zentralperspektive, Kalkül, Virtuelle Realität. Sieben Thesen über die Weltbildimplikationen symbolischer Formen. In: Vattimo, Gianni/Welsch, Wolfgang (Hrsg.). Medien – Welten – Wirklichkeiten. München: Fink, S. 27-38.

Kress, Gunter/van Leeuwen, Theo (1998). Reading Images. The Grammar of Visual Design. London: Routledge.

Krotz, Friedrich (1995). Fernsehrezeption kultursoziologisch betrachtet. Der Beitrag der cultural studies zur Konzeption und Erforschung des Mediengebrauchs. Soziale Welt, 46. Jg., Heft 3, S. 245-265.

Krüger, Heinz-Hermann/Wesnierski, Hans-Jürgen von (1990). Wirklichkeit oder Simulation – Erziehungswissenschaft und Medienalltag. In: Krüger, Heinz-Hermann (Hrsg.). Abschied von der Aufklärung. Opladen: Leske + Budrich, S. 195-210.

Ksobiech, Kenneth/Tiedge, James/Bor, Aaron Mark (1980). Visualization mode, perceived immediacy and audience evaluation of TV news. Journalism Quarterly, 57. Jg., Heft 1-2, S. 55-60.

Kuchenbuch, Thomas (1978). Filmanalyse. Theorien, Modelle, Kritik. Köln: Prometh.

Larsen, Svend Erik (1998). Ferdinand de Saussure und seine Nachfolger. In: Posner, Roland/Robering, Klaus/Sebeok, Thomas A. (Hrsg.). Semiotik. Ein Handbuch zu den zeichentheoretischen Grundlagen von Natur und Kultur. Berlin: de Gruyter, S. 2030-2073.

Lehner, Christoph (1987). Einige zentrale Probleme der neueren Filmsemiotik. Bauer, Ludwig/Ledig, Elfriede/Schaudig, Michael (Hrsg.). Strategien der Filmanalyse, Bd. 1. München: Verlegergemeinschaft Schaudig/Bauer/Ledig, S. 59-71.

Lenz, Karl (1991). Erving Goffman – Werk und Rezeption. In: Hettlage, Robert/Lenz, Karl (Hrsg.). Erving Goffman – ein soziologischer Klassiker der zweiten Generation. Bern: Paul Haupt, S. 25-93.

Ludes, Peter (1991). Die Rolle der Fernsehens bei der revolutionären Wende in der DDR. Publizistik, 36. Jg., Heft 2, S. 201-216.

Ludes, Peter (1993). Von der Nachricht zur News Show: Fernsehnachrichten aus der Sicht der Macher. München: Fink.
Ludes, Peter (1994) (Hrsg.). Visualizing the Public Spheres. München: Fink.
Lüders, Peter (1994). Rahmenanalyse und der Umgang mit Wissen. Ein Versuch, das Konzept der Rahmenanalyse E. Goffmans für die sozialwissenschaftliche Textanalyse nutzbar zu machen. In: Schröer, Norbert (Hrsg.). Interpretative Sozialforschung. Auf dem Weg zu einer hermeneutischen Wissenssoziologie. Opladen: Westdeutscher Verlag, S. 107-127.
Manning, P. K., Cullum-Swan, Betsy (1992). Semiotics and Framing: Examples. Semiotica, 92. Jg., Heft 3/4, S. 239-257.
Mayring, Philipp (1985). Qualitative Inhaltsanalyse. In: Jüttemann, Gerd (Hrsg.). Qualitative Forschung in der Psychologie. Grundfragen, Verfahrensweisen, Anwendungsfelder. Weinheim: Beltz.
Mayring, Philipp (1996). Einführung in die qualitative Sozialforschung. Eine Anleitung zu qualitativem Denken (3. Aufl.). Weinheim: Beltz.
Mayring, Philipp (1997). Qualitative Inhaltsanalyse. Grundlagen und Techniken (6. Aufl.). Weinheim: Beltz.
Marchal, Peter (1996). Wege zur Wirklichkeit – Dokumentarfilm als Chance für das Fernsehen. In: Wunden, Wolfgang (Hrsg.). Wahrheit als Medienqualität. Beiträge zur Medienethik, Bd. 3. Frankfurt a. M.: Gemeinschaftswerk der Evangelischen Publizistik, S. 241-267.
Mattenklott, Axel/Donsbach, Wolfgang/Brosius, Hans-Bernd (1995). Die Realität des Fernsehzuschauers. Die Illusion des Augenzeugen. In: Franzmann, Bodo (Hrsg.). Auf den Schultern Gutenbergs: Medienökologische Perspektiven der Fernsehgesellschaft. Berlin, S. 252-263.
McLuhan, Marshall (1995). Die magischen Kanäle (erstm. 1964). Basel: Verlag der Kunst.
Meckel, Miriam (1999). Visualisierung im Wandel. Zum Umgang mit Bildern in den Medien. Medien + Erziehung, 43. Jg., Heft 6, S. 355-358.
Messaris, Paul (1997). Visual „Literacy" in Cross-Cultural Perspective. In: Kubey, Robert (Hrsg.). Media Literacy in the Information Age. New Brunswick: Transaction Publishers, S. 135-162.
Messaris, Paul (1998). Visual Aspects of Media Literacy. Journal of Communication, 48. Jg., Heft 1, S. 70-80.
Metz, Christian (1972). Das Kino: „Langue" oder „Language"? In: ders.: Semiologie des Films. München: Fink, S. 51-129.
Meyer, Thomas (1995). Herausforderungen und Perspektiven einer visuellen Kultur. In: Baacke, Dieter/Röll, Franz Josef (Hrsg.). Weltbilder, Wahrnehmung, Wirklichkeit. Der ästhetisch organisierte Lernprozeß. Opladen: Leske + Budrich, S. 50-70.
Meyer, Thomas (1998). Öffentlichkeit als Theater? In: Göttlich, Udo/Nieland, Jörg-Uwe/Schatz, Heribert (Hrsg.). Kommunikation im Wandel. Zur Theatralität der Medien. Köln: Herbert von Halem, S. 126-140.
Mikos, Lothar (1994). Fernsehen im Erleben der Zuschauer. Vom lustvollen Umgang mit einem populären Medium. München: Quintessenz.
Mikos, Lothar (1996). Film- und Fernsehkompetenz zwischen Anspruch und Realität. In: Rein, Antje von (Hrsg.). Medienkompetenz als Schlüsselbegriff. Bad Heilbrunn: Klinkhardt, S. 70-83.

Mikos, Lothar (2000). Edutainment und Infotainment. Die lebensweltliche Orientierung des Lernens. In: Paus-Haase, Ingrid/Schnatmeyer, Dorothee/Wegener, Claudia (Hrsg.). Information, Emotion, Sensation. Wenn im Fernsehen die Grenzen zerfließen. Bielefeld: Gesellschaft für Medienpädagogik und Kommunikationskultur, S. 30-43.

Mikos, Lothar (2001). Fern-Sehen. Bausteine zu einer Rezeptionsästhetik des Fernsehens. Berlin: Vistas.

Möller, Karl-Dietmar (1984). Syntax, Semantik und Realitätsbezug alternierter komparativer Sequenzen. Präliminarien zu einer Analyse von „Gestern und Heute". In: Oehler, Klaus (Hrsg.). Zeichen und Realität Band II. Akten des 3. Semiotischen Kolloquiums der Deutschen Gesellschaft für Semiotik. Berlin: Stauffenberg, S. 807-817.

Möller-Naß, Karl-Dietmar (1986). Filmsprache. Münster: MAKS Publikationen.

Monaco, James (1993). Film verstehen. Kunst, Technik, Sprache, Geschichte und Theorie des Films (2. Aufl.). Hamburg: Rowohlt.

Muckenhaupt, Manfred (1986). Text und Bild. Grundfragen der Beschreibung von Text-Bild-Kommunikationen aus sprachwissenschaftlicher Sicht. Tübingen: Narr.

Müller, Eggo/Wulff, Hans J. (1997). Aktiv ist gut: Anmerkungen zu einigen empiristischen Verkürzungen der British Cultural Studies. In: Hepp, Andreas/Winter, Rainer (Hrsg.). Kultur – Medien – Macht. Cultural Studies und Medienanalyse. Opladen: Westdeutscher Verlag, S. 171-176.

Müller-Doohm, Stefan (1997). Bildinterpretation als struktural-hermeneutische Symbolanalyse. In: Hitzler, Ronald/Hohner, Anne (Hrsg.). Sozialwissenschaftliche Hermeneutik. Opladen: Leske + Budrich, S. 81-108.

Müller-Funk, Wolfgang (1996). Spiegelung und Transparenz. Der Streit um die Bilder und deren Kritik. Medien + Erziehung, 40. Jg., Heft 1, S. 71-78.

Münker, Stefan (1997). Was heißt eigentlich „Virtuelle Realität?" In: Münker, Stefan/Roesler, Alexander (Hrsg.). Mythos Internet. Frankfurt: Suhrkamp, S. 108-127.

Mukarovsky, Jan (1970). Kapitel aus der Ästhetik. Frankfurt: Suhrkamp.

Neiva, Eduardo (1999). Redefining the Image: Mimesis, Convention and Semiotics. Journal of Communication, Bd. 49, Heft 9, S. 75-91.

Nöth, Winfried (1989). Handbuch der Semiotik. Stuttgart: Metzler.

Oehler, Klaus (1979). Idee und Grundriß der Peircschen Semiotik. Zeitschrift für Semiotik, Bd. 1, S. 9-22.

Oehler, Klaus (1995). Zeichen und Realität. Zur Philosophie des Pragmatismus. Frankfurt: Klostermann.

Ogden, C. K., Richards, I. A. (1994). The meaning of meaning: a study of the influence of language upon thought and of the science of symbolism. London: Routledge.

Opl, Eberhard (1990). Das filmische Zeichen als kommunikationswissenschaftliches Phänomen. München: Ölschläger.

Paus-Haase, Ingrid (2000). Stärken des Eigen-Sinns. Schlussfolgerungen für die medienpädagogische Theorie und Praxis. In: Paus-Haase, Ingrid/Schnatmeyer, Dorothee/Wegener, Claudia (Hrsg.). Information, Emotion, Sensation. Wenn im Fernsehen die Grenzen zerfließen. Bielefeld: Gesellschaft für Medienpädagogik und Kommunikationskultur, S. 236-253.

Paus-Haase, Ingrid/Schnatmeyer, Dorothee/Wegener, Claudia (Hrsg.) (2000). Information, Emotion, Sensation. Wenn im Fernsehen die Grenzen zerfließen. Bielefeld: Gesellschaft für Medienpädagogik und Kommunikationskultur.
Pietraß, Manuela (1997). Der Körper als Zeichen – Medien und die Ästhetisierung der Identität. In: Biewer, Gottfried/Reinhartz, Petra (Hrsg.). Pädagogik des Ästhetischen. Bad Heilbrunn: Klinkhardt, S. 240-254.
Pietraß, Manuela (2001). Distanz im Spiel – Die medienpädagogische Bedeutsamkeit der Präsentationsbedingungen von Computerspielen. In: Aufenanger, Stefan/Schulz-Zander, Renate/Spanhel, Dieter (Hrsg.). Jahrbuch Medienpädagogik 1. Opladen: Leske + Budrich, S. 385-403.
Pietraß, Manuela (2002a). Die Differenzierung medialer Wirklichkeiten bei der Bildrezeption. Grundlagen und Grenzen von Medienkompetenz. In: Baum, Achim/Schmidt, Siegfried (Hrsg.). Fakten und Fiktionen. Über den Umgang mit Medienwirklichkeiten. Schriftenreihe der Deutschen Gesellschaft für Publizistik und Kommunikationswissenschaft. Konstanz: UVK Verlagsgesellschaft, S. 367-378.
Pietraß, Manuela (2002b). Starkult. Mediale Leitbilder für Jugendliche? Reihe Sammelwerk Medienzeit. Herausgegeben vom Bayerischen Staatsministerium für Unterricht und Kultus. Amberg: Buch und Kunstverlag.
Pietraß, Manuela (2002c). Gestaltungsmittel als Interpretationshinweise. Eine rahmenanalytische Betrachtung des Infotainment nach E. Goffman. Medien & Kommunikationswissenschaft, 50. Jg., Heft 4, S. 498-509.
Plantinga, Carl R. (1997). Rhetoric and representation in nonfiction film. Cambridge: University Press.
Postman, Neil (1985). Wir amüsieren uns zu Tode. Frankfurt a. M.: Fischer.
Prase, Tilo (1997). Das gebrauchte Bild. Bausteine zu einer Semiotik des Fernsehbildes. Berlin: Vistas.
Reck, Hans Ulrich (1998). Bildende Künste. Eine Mediengeschichte. In: Faßler, Manfred/Wulf, R. Halbach (Hrsg.). Geschichte der Medien. München: Fink, S. 141-185.
Reckwitz, Andreas (1997). Kulturtheorie, Systemtheorie und das sozialtheoretische Muster der Innen-Außen-Differenz. Zeitschrift für Soziologie, 25. Jg., Heft 5, S. 317-336.
Rose, Brian G. (Hrsg.) (1985). TV Genre. A Handbook and Reference Guide. Westport: Grenwood Press.
Röll, Franz Josef (1998). Mythen und Symbole in populären Medien. Der wahrnehmungsorientierte Ansatz in der Medienpädagogik. Frankfurt: GEP.
Sauerbier, S. D. (1984). Über ästhetische und wissenschaftliche Interpretation: Probleme des Interpretanten. In: Oehler, Klaus (Hrsg.). Zeichen und Realität. Akten des 3. Semiotischen Kolloquiums der Deutschen Gesellschaft für Semiotik, Bd. II. Berlin: Stauffenberg, S. 647-659.
Scheufele, Dieter (1998). Framing as a Theory of Media Effects. Journal of Communication, Bd. 48, Heft 1, S. 103-122.
Schnake, Karin (2000). „Klinik unter Palmen" und „Tatort". Information als Affektträger von Unterhaltung. In: Paus-Haase, Ingrid/Schnatmeyer, Dorothee/Wegener, Claudia (Hrsg.). Information, Emotion, Sensation. Wenn im Fernsehen die Grenzen zerfließen. Bielefeld: Gesellschaft für Medienpädagogik und Kommunikationskultur, S. 210-233.
Scholz, Oliver (1991). Bild, Darstellung, Zeichen. Freiburg: Alber.

Schröer, Norbert (1994). Einleitung: Umriß einer hermeneutischen Wissenssoziologie. In: ders. (Hrsg.). Interpretative Sozialforschung. Auf dem Weg zu einer hermeneutischen Wissenssoziologie. Opladen: Westdeutscher Verlag, S. 9-25.

Schütz, Alfred/Luckmann, Thomas (1979). Strukturen der Lebenswelt, Bd. I. Frankfurt: Suhrkamp.

Soeffner, Hans-Georg (1986). Handlung – Szene – Inszenierung. Zur Problematik des „Rahmen"-Konzeptes bei der Analyse von Interaktionsprozessen. In: Kallmeyer, Werner (Hrsg.). Kommunikationstypologie: Handlungsmuster, Textsorten, Situationstypen. Düsseldorf: Schwann, S. 73-91.

Soeffner, Hans Georg (1989). Auslegung des Alltags – Der Alltag als Auslegung. Zur wissenssoziologischen Konzeption einer sozialwissenschaftlichen Hermeneutik. Frankfurt: Suhrkamp.

Sonesson, Göran (1993). Die Semiotik des Bildes. Zum Forschungsstand am Anfang der 90er Jahre. Zeitschrift für Semiotik, Bd. 15, S. 127-160.

Sonesson, Göran (1995). On Pictorality: the Impact of the Perceptual Model in the Development of Pictorial Semiotics. In: Sebeok, Thomas/Umiker-Sebeok, Jean (Hrsg.). Advances in Visual Semiotics. Berlin: de Gruyter, S. 67-105.

Sturm, Hertha (1991). Die Veränderung von Gedanken und Gefühlen. Ergebnisse und Folgerungen für eine rezipientenorientierte Mediendramaturgie. Gütersloh: Bertelsmann.

Theunert, Helga/Schorb Bernd (1995). „Mordsbilder": Kinder und Fernsehinformation. Berlin: Vistas.

Turner, Graeme (1996). British Cultural Studies. An Introduction (2. Aufl.). London: Routledge.

Vogelsang, Walter (1995): Jugendliches Medien-Fantum. In: Jurga, Martin (Hrsg.). Lindenstraße. Opladen: Westdeutscher Verlag, S. 175-192.

Waldenfels, Bernhard (1995). Ordnungen des Sichtbaren: In: Boehm, Gerhard (Hrsg.). Was ist ein Bild? München: Fink.

Wegener, Claudia (1994). Reality-TV. Fernsehen zwischen Emotion und Unterhaltung? Opladen: Leske + Budrich.

Wegener, Claudia (2000). Wenn die Information zur Unterhaltung wird oder die Annäherung des „factual television" an das „fictional Television". In: Paus-Haase, Ingrid/Schnatmeyer, Dorothee/Wegener, Claudia (Hrsg.). Information, Emotion, Sensation. Wenn im Fernsehen die Grenzen zerfließen. Bielefeld: Gesellschaft für Medienpädagogik und Kommunikationskultur, S. 46-61.

Weidenmann, Bernd (1988). Psychische Prozesse beim Verstehen von Bildern. Bern: Huber.

Welsch, Wolfgang (1991). Ästhetik und Anästhetik. In: Welsch, Wolfgang/Pries, Claus (Hrsg.). Ästhetik im Widerstreit. Interventionen zum Werk von Jean-François Lyotard. Weinheim: VCH Verlagsgesellschaft, S. 67-87.

Welsch, Wolfgang (1995). Künstliche Paradiese? Betrachtungen zur Welt der elektronischen Medien – und zu anderen Welten. In: Baacke, Dieter/Röll, Franz Josef (Hrsg.). Weltbilder, Wahrnehmung, Wirklichkeit. Bildung als ästhetischer Lernprozeß. Opladen: Leske + Budrich, S. 71-95.

Wiedemann, Dieter (1996). Schaulüste! Oder: Gehen die Bilder den Medien verloren? Medien + Erziehung, 40. Jg., Heft 1, S. 79-81.

Wiesing, Lambert (2000). Phänomene im Bild. München: Fink.

Williams, Raymond (1998). Drama in einer dramatisierten Gesellschaft. In: Göttlich, Udo/Nieland, Jörg-Uwe/Schatz, Heribert (1998). Kommunikation im Wandel. Zur Theatralität der Medien. Köln: Herbert von Halem, S. 169-191.

Willems, Herbert (1997). Rahmen und Habitus. Zum theoretischen und methodischen Ansatz Erving Goffmans. Frankfurt: Suhrkamp.

Willems, Herbert (1999). Werbung als Medieninszenierung: Genrespezifische Kontextbedingungen und dramaturgische Strategien. In: Soziale Welt, 50. Jg., Heft 2; S. 115-132.

Winter, Rainer (1995). Der produktive Zuschauer. Medienaneignung als kultureller und ästhetischer Prozeß. München: Quintessenz.

Winterhoff-Spurk, Peter (1989): Fernsehen und Weltwissen. Der Einfluß von Medien auf Zeit-, Raum- und Personenschemata. Opladen: Westdeutscher Verlag.

Winterhoff-Spurk, Peter/Heidinger, Veronika/Schwab, Frank (1994). Reality TV. Formate und Inhalte eines neuen Programmgenres. Saarbrücken: Logos-Verlag.

Wulff, Hans-Jürgen (1988). Auszüge aus einer textsemiotischen Analyse. In: Wege der Filmanalyse. Ingmar Bergmann: Das Schweigen. Marburger Hefte zur Medienwissenschaft, Nr. 6, S. 49-67.

Anhang: Filmsequenzanalyse
(Legrand, Patricia/Reim, Ursula)

Die in der Untersuchung eingesetzten Filmausschnitte wurden nach folgenden Kategorien analysiert (vgl. Albrecht 1979, Feusi 1971, Kuchenbuch 1978):

Einstellung:

„Eine auf die Leinwand kontinuierlich projizierte Aufnahme ist von ihrem Anfang bis zu ihrem Ende eine Einstellung" (Albrecht 1979, S. 191).

Dauer in sec:

Hiermit wird die Dauer der Einstellung in Sekunden angegeben.

Kamera

Perspektive:

- Normalsicht bedeutet „Etwa in Augenhöhe des Geschehens",
- Aufsicht bedeutet „mehr oder weniger von oben" und
- Untersicht bedeutet „mehr oder weniger von unten" gefilmt.

(Albrecht 1979, S. 191)

Einstellung:

- Detail bedeutet etwa Nase mit Auge,
- Groß bedeutet Kopf mit Hals und enger,
- Nah bedeutet Kopf mit Brust,
- Halbnah bedeutet Person/en vom Kopf bis zum Gürtel,
- Amerikanisch bedeutet Person von Kopf bis Oberschenkel,
- Halbtotale bedeutet die ganze Person mit sehr wenig Raum,
- Totale bedeutet die ganze Person mit viel Raum und
- Weit bedeutet extrem total, z. B. Landschaften.

(Kuchenbuch 1978)

Bewegung:

- Zoom: „‚Heranholen' [Zoom hin] oder ‚Abstand nehmen' [Zoom weg] bezüglich der Kameraobjekte mit Hilfe eines variierbaren Objektivs bei stehender Kamera." (Albrecht 1979, S. 192)
- Fahrt: Bewegung der Kamera in verschiedene Richtungen im Raum.
- Schwenk: Schwenk in verschiedene Richtungen, wobei die Kamera an ihrem Platz bleibt.

(Albrecht 1979)

Bildinhalt

Dekor:

„Mit Dekor [wird] die Landschaft und die Räume, in denen sich die Handlung abspielt [bezeichnet]. Aber auch die gesamte bewegte und unbewegte, tote und lebendige außermenschliche [und menschliche] Umwelt, in der sich das Geschehen vollzieht." (Feusi 1971, S. 45)

Die Elemente des Dekors sind immer in Vorderansicht beschrieben, wenn nichts anderes erwähnt ist.

Handlung:

Hier wird das wesentliche Geschehen beschrieben. Falls von Kamera die Rede ist, so ist nicht gemeint, dass die Kamera im Bild zu sehen ist, sondern sie dient zur örtlichen Vorstellung (z. B. „Frau mit Hund geht an Kamera vorbei").

Sequenz: 1   Film: „Cubus" von Juri Köster, 1998, produziert von der Hochschule für Fernsehen und Film München
Gesamtdauer: 90 sec   Bemerkungen: Fernsehkurzfilm; 4:3-Format; nur harte Schnitte

Einstel-lung	Dauer in sec	Kamera			Bildinhalt	
		Per-spektive	Einstel-lung	Bewe-gung	Dekor	Handlung
1	3	Leichte Aufsicht	Halb-totale	–	Wohnraum, rote Wände, grauer Boden, hinter Person eine Nische mit Tisch, Stuhl, Lampe und kleinen Postern an der Wand, rechts angeschnitten ein Gang nach hinten, Person als gelbes Küken verkleidet, rote Beine mit Entenflossen, rote Feder am Kopf, bunter Schnabel.	Kükenperson steht in der Mitte blickt links an Kamera vorbei leicht nach oben, geht einen Schritt seitlich nach rechts.
2	2	Normal-sicht	Groß	–	Kükenkopf: rot-grün-blau gestreifte Schnabelnase, gelb gepuderte Haut, nur Augen und Wangen der Person unter Ko-stümkopf sichtbar.	Kopf geht auf und ab, Augen erstaunt aufgerissen.
3	1	Normal-sicht	Groß	–	Füße: Entenflossen.	Füße gehen leicht hüpfend nach vorne und bleiben dann stehen.
4	2	Normal-sicht	Groß	–	Kopf wie Einstellung 2.	Kopf geht leicht nach rechts.
5	2	Leichte Unter-sicht	Halbnah	–	Strahlend weißes Tageslicht als Hinter-grund, geöffnete Jalousie, dahinter drei Personen von Kopf bis Brust gezeigt, links Frau in brauner Kleidung, rechts Mann in schwarzer Kleidung, vor den beiden in der Mitte Mädchen in heller Kleidung.	Alle drei lachen und winken.

Einstel-lung	Dauer in sec	Kamera			Bildinhalt	
		Per-spektive	Einstel-lung	Bewe-gung	Dekor	Handlung
6	2	Leichte Aufsicht	Halb-totale	–	Wie Einstellung 1.	Kükenperson hebt und senkt seine Flügelarme beide gleichzeitig, parallel dazu bewegen sich die Beine auf tänzerische Art.
7	1	Normal-sicht	Groß	–	Wie Einstellung 3.	Beinbewegung aus Einstellung 6.
8	2	Normal-sicht	Groß	–	Wie Einstellung 5, jedoch ist Mädchen nur zu sehen.	Mädchen lacht.
9	0,5	Normal-sicht	Groß	–	Wie Einstellung 2.	Kopf mit aufgerissenen Augen in Bewegung.
10	1	Leichte Aufsicht	Halb-totale	–	Wie Einstellung 1, jedoch in Seitenansicht.	Kükenperson „tanzt" weiter und hebt abwechselnd die Flügelarme, entgegengesetzt zu den Beinen.
11	1	Normal-sicht	Groß	–	Wie Einstellung 3, jedoch in Seitenansicht.	Beinbewegung aus Einstellung 10.
12	0,5	Leichte Aufsicht	Halbnah	–	Wohnraum von Einstellung 1, jetzt jedoch nur Regal und Tisch mit Geschirr, Kükenperson in Seitenansicht im Vordergrund.	Kükenperson beugt sich aus bisheriger Bewegung heraus leicht nach vorne.
13	1	Normal-sicht	Groß	–	Nur rote Schwanzfedern auf gelbem Kükengesäß.	Schwanzfedern wackeln, da sich Kükenperson mit Gesäß bewegt.
14	6	Leichte Aufsicht	Halb-totale	–	Ganze Kükenperson im Raum, wie Einstellung 1.	Kükenperson wackelt mit Gesäß (wie Einstellung 13), schaut sich um, dreht sich mit einem Sprung um 180 Grad.

Einstellung	Dauer in sec	Kamera			Bildinhalt	
		Perspektive	Einstellung	Bewegung	Dekor	Handlung
15	3	Leichte Aufsicht	Halbnah	Kamera fährt schräg nach oben	Wohnraum wie Einstellung 1, nur dass hier diverse Einrichtungsgegenstände genauer zu sehen sind, Kükenperson im Vordergrund.	Kükenperson blickt nach oben in Richtung geöffneter Jalousie. Kükenperson winkt mit linkem Flügelarm. Augen sind weit aufgerissen, Augenbrauen sind hochgezogen.
16	4	Normalsicht	Halbnah	–	Wie Einstellung 5.	Mädchen winkt zurück, Mann und Frau sind im Begriff zu gehen, Mädchen steht auf, wendet sich auch zum Gehen, behält aber Küken im Blick, Mann schiebt Mädchen sanft an Schulter weiter.
17	4	Leichte Untersicht	Halbtotale	Kamera fährt etwas nach oben	Wohnraum von Einstellung 1, an der linken Wand ist direkt unterhalb der Decke das Fenster mit der Jalousie zu sehen. Im Vordergrund rechts am unteren Bildrand ein helles Telefon, Kükenperson im Raum.	Kükenperson geht auf Telefon zu, beugt sich vor und drückt mit rechtem Flügelarm darauf.
18	17	Normalsicht	Nah	–	Kükenperson vor einem Spiegel, Kopf und Brust der Kükenperson im Spiegelbild zu sehen.	Kükenperson geht von links unten nach rechts oben hoch. Sieht sich im Spiegel und bewegt den Mund, bewegt Kopf dabei. Richtet Blick vom Spiegelbild weg nach links unten (wo Telefon zu vermuten ist), zieht Augenbrauen zusammen, blickt vor sich nach unten, feuchter Schimmer unter den Augen erkennbar (bei genauem Hinsehen).

Einstellung	Dauer in sec	Kamera			Bildinhalt	
		Perspektive	Einstellung	Bewegung	Dekor	Handlung
19	10	Leichte Untersicht	Amerikanisch	–	Wie Einstellung 18, jetzt jedoch weiter weg, großer Spiegel, darin Spiegelbild vom Küken erkennbar, Kükenperson rechts davor von Kopf bis Oberkörper in Rückenansicht. Links Telefon auf kleinem Tisch	Kükenperson schaut nach links unten.
20	30	Leichte Untersicht	Totale	–	Wie Einstellung 18, jetzt noch weiter weg, im Vordergrund ein Tisch mit Teller, Tasse, Messer und Buch darauf.	Kükenperson immer noch in gleicher Haltung. Nach 10 Sekunden nimmt er mit linkem Flügelarm langsam seine Kopfbedeckung ab, nimmt diese in rechte Flügelhand, fasst sich mit linker Flügelhand an den Kopf, senkt seinen linken Flügelarm nach unten, dreht seinen Oberkörper zur Seite mit Gesäß in Richtung Spiegel, dabei stupst er mit der Kopfbedeckung sein Gesäß an. Kopf ist die ganze Zeit nach unten gerichtet.
21	2	Normalsicht	Groß	–	Nur Spiegelbild des Kopfes und rechts angeschnitten Rückenansicht des Kopfes sichtbar, das Gesicht der Person, die in dem Kostüm steckte erkennbar: männlich, kurz geschorene Haare, dunkelbraune Augen, unrasiert.	Mann hebt Kopf und schaut sich mit ernster Mine an.

Sequenz: 2 Film: „Hochzeit auf Schloss Windsor", ZDF, 19.06.1999
Gesamtdauer: 90 sec Bemerkungen: Live-Aufzeichnung; ZDF–Emblem in linker oberer Ecke; 4:3-Format; weiche Schnitte

Einstellung	Dauer in sec	Kamera			Bildinhalt		
		Perspektive	Einstellung	Bewegung	Dekor	Handlung	
1	4	Aufsicht	Weit	–	Zentriert, den größten Raum einnehmend eine Kathedrale mit breiter Aufgangstreppe, davor steht eine schwarze Limousine mit Chauffeur, am unteren Bildrand eine Menschenmenge erkennbar.	Chauffeur steht neben Auto, schließt Fahrertür und öffnet hintere Autotür (Handlungsgeschehen sehr klein im Bild).	
2	20	Leichte Aufsicht	Zuerst nah, dann Totale	4 sec Standbild, dann 13 sec lang Zoom weg, dann 3 sec Schwenk nach links	Jetzt wird gegenüber liegende Seite des Autos gezeigt, Braut in weiß mit Schleier vor dem Gesicht ist im Auto erkennbar, außerhalb eine Frau in grünem Kleid und ein jüngerer Mann. Hinter der Limousine Menschenmenge. Nach Zoom kommt links ein Bischof (in rotem Gewand), von hinten zu sehen, ins Bild und rechts ein älterer Mann in Frack mit Brautstrauß.	Braut beugt sich vor zum Aussteigen. Frau in grünem Kleid beugt sich ins Auto und hilft der Braut mit Kleid und Schleier beim Aussteigen. Braut steigt aus, Wind weht, Kleid und Schleier bewegen sich im Wind. Jüngerer Mann schließt Autotür, Limousine ist im Begriff zu fahren, älterer Mann geht mit Brautstrauß auf die Braut zu.	
3	8	Leichte Aufsicht	Nah	–	Braut mit Perlencollier, an dem ein Kreuz hängt, vor Limousine, Gesicht der Braut jetzt hinter Schleier erkennbar, älterer Mann in Frack daneben.	Braut zupft an ihrem wehenden Schleier, älterer Mann hilft ihr beim Kleid richten, Braut lächelt, Auto fährt ganz weg.	

Einstel-lung	Dauer in sec	Kamera			Bildinhalt	
		Per-spektive	Ein-stellung	Bewe-gung	Dekor	Handlung
4	15	Leichte Aufsicht	Totale	Zuerst Stand-bild, dann lang-samer Schwenk nach links	Im Hintergrund Menschenmenge, um die Braut herum der Bischof, ältere Frau in hellgrünem Kleid, älterer Mann im Frack, Brautjungfern und -pagen in festlichem Schwarzweiß.	Kinder gehen auf Braut zu, nehmen Schleppe des Kleides auf. Ältere Herr-schaften sind dabei behilflich, Bischof schaut zu.
5	8	Leichte Aufsicht	Nah	–	Braut und rechts angeschnitten ein weite-rer Mann.	Braut redet mit Mann.
6	19	Aufsicht	Totale	–	Bischof nun von vorne, steht auf Treppe. Braut mit älterem Mann neben sich, Brautjungfern/-pagen halten Schleppe.	Bischof geht erst eine Stufe runter, kommt dann vor Braut zum Stehen, geht dann zur Seite.
7	8	Leichte Aufsicht	Nah	–	Bischof von hinten, Braut von vorne.	Braut dreht Kopf nach hinten.
8	8	Leichte Aufsicht	Groß	–	Gesicht der Braut vor Brust des Bischofs.	Braut spricht und lächelt (bezaubernd).

Sequenz: 3   Film: Musikvideo der Sängerin Björk, MTV
Gesamtdauer: 60 sec   Bemerkungen: Musikvideo; MTV–Emblem in rechter oberer Ecke; 16:9-Format; nur harte Schnitte

Einstel-lung	Dauer in sec	Kamera			Bildinhalt	
		Per-spektive	Ein-stellung	Bewe-gung	Dekor	Handlung
1	3	Normal-sicht	Halbnah	–	Futuristische Szene. Farben: schwarz, weiß, weiß mit bläulichem Schatten Maschinenelemente in den Ecken, in der Mitte zwei Fertigungsteile.	Maschinenelemente bearbeiten mit „Schraubenarmen" Fertigungsteile.
2	5	Aufsicht	Halbnah	–	Ein drittes Fertigungsteil, der Kopf, auf den beiden anderen Fertigungsteilen sichtbar, so dass erkennbar ist, dass es sich um einen weiblichen Roboter handelt. Roboter und Maschinenelemente sind weiß mit bläulichem Schatten, alle Gelenkteile sind schwarz. Hintergrund in strahlend weißem „Kachelboden".	Weiteres bearbeiten der Fertigungsteile, also des weiblichen Roboters. Dessen Mund bewegt sich.
3	5	Normal-sicht	Nah	–	Wie Einstellung 2, nur Roboter jetzt in Seitenansicht.	Maschinenelemente arbeiten weiter, zusätzlich wird am Hinterkopf geschweißt, Funken sprühen.
4	2	Leichte Aufsicht	Groß	–	Gesicht des Roboters nach links gewendet. Menschliche Gesichtsform allerdings ganz in „Roboterweiß", natürliche blaue Augen.	Gesenkte Augen des Roboters schauen auf, links an Kamera vorbei. Funken sprühen nach unten.
5	1	Leichte Aufsicht	Detail	–	Geöffneter Hinterkopf des Roboters an der Stelle, an der vorher geschweißt wurde. Eine Art Maschinenkabel führt hinein.	Leuchtender Qualm steigt aus dem Hinterkopf und verpufft. Funken sprühen.

Einstel-lung	Dauer in sec	Kamera			Bildinhalt		
		Per-spektive	Ein-stellung	Bewe-gung	Dekor	Handlung
6	3	Normal-sicht	Detail	–	Hellblauer Hintergrund, weiße Funken.	Funken fallen.
7	3	Normal-sicht	Detail	Kamera schwenkt nach oben	Maschinenelement im Hintergrund, schwarze Maschinenkabel unscharf im Vordergrund.	Maschinenelement bewegt sich.
8	3	Aufsicht	Halbnah	–	Wie Einstellung 2.	Wie Einstellung 2, jedoch dreht sich zusätzlich der Kopf nach links.
9	2	Normal-sicht	Nah	–	Rechts im Bild Bauch und Brust des Roboters, linker Arm in der Mitte, links Schraubenarme.	Ein Fertigungsteil wird an dem Unterarm angebracht.
10	1	Normal-sicht	Detail	–	Weiße geöffnete Klappe (wahrscheinlich am Hinterkopf). In der Öffnung befindet sich ein schwarzer Kasten mit kleiner rot leuchtender Lampe, daneben weißer Buchstabe A auf Kasten.	Rote Lampe beginnt zu leuchten.
11	3	Leichte Aufsicht	Groß	–	Wie Einstellung 4.	Augen schauen erst links an Kamera vorbei, senken sich, schauen rechts an Kamera vorbei.
12	1	Leichte Aufsicht	Groß	–	Milchige Flüssigkeit in Roboterfarbe.	In der Mitte der Flüssigkeit Rückwärtsaufnahme der Ringe von gefallenen Tropfen.
13	1	Leichte Aufsicht	Groß	–	Wie Einstellung 4.	Augen schließen sich.

Einstellung	Dauer in sec	Kamera			Bildinhalt		
		Perspektive	Einstellung	Bewegung	Dekor	Handlung
14	1	Leichte Aufsicht	Detail	–	Wie Einstellung 12, nur näher.	Rückwärtsaufnahme der gefallenen Tropfen.
15	1	Leichte Aufsicht	Detail	–	Gelenk am Roboterkörper.	Flüssigkeit fällt am Gelenk hoch. (Rückwärtsaufnahme)
16	3	Aufsicht	Halbnah	–	Wie Einstellung 2.	Kopf hebt sich, Augen blicken in die Kamera, Mund bewegt sich. Maschinenelemente beginnen sich zu entfernen.
17	2	Untersicht	Halbnah	–	Links im Bild ein zweiter ähnlicher Roboter, von Kopf bis Beinansatz von vorne zu sehen. Rechts Hinterkopf, vermutlich des ersten Roboters zu sehen.	Zweiter Roboter blickt auf ersten runter, senkt vor seinem Bauch seine Arme.
18	1	Aufsicht	Halbnah	–	Wie Einstellung 2.	Maschinen bewegen sich ganz weg. Erster Roboter schaut links an Kamera vorbei.
19	3	Normalsicht	Totale	–	Roboter und Maschinenelemente im Schatten vor strahlend weißem Hintergrund. In der Mitte knien sich Roboter gegenüber, linker Roboter (der zweite) größer als rechter (der erste), Maschinenelemente rechts und links parallel daneben.	Roboter küssen sich und halten sich gegenseitig an der Taille. Maschinenelemente bewegen sich auf Roboter zu.
20	17	Normalsicht	Amerikanisch	–	Wie Einstellung 19, nur näher.	Küssen sich immer noch. Erster Roboter streichelt zweitem langsam über das Gesäß. Maschinenelemente arbeiten weiter. Beleuchtung wird kurz hell, dann stufenweise dunkler.

Sequenz: 4 Film: Küstenwache, ZDF, 07.07.1999
Gesamtdauer: 63 sec Bemerkungen: Vorabendserie; ZDF–Emblem in linker oberer Ecke; 4:3-Format; nur harte Schnitte

Einstel-lung	Dauer in sec	Kamera			Bildinhalt		
		Per-spektive	Ein-stellung	Bewe-gung	Dekor		Handlung
1	6	Normal-sicht	Halbnah	Fahrt zu-rück, gleich-zeitig schwenkt Kamera von unten nach oben	Außenaufnahme bei Nacht: Fabrikartiges Gelände. Zwei junge Män-ner hintereinander. Der vordere hat län-geres dunkelblondes offenes Haar, er trägt eine dunkle Jacke und Jeans. Der hintere trägt ein Kopftuch, eine grüne Jacke und eine blauweiß karierte Hose. Er hält eine kurze Eisenstange in der Hand.		Die beiden Männer gehen hintereinander auf die Kamera zu. Der vordere spricht. Links kommt ein Boot (nur angeschnit-ten) ins Bild. Der ‚Dunkelblonde' dreht sich plötzlich um, beide bleiben stehen, der ‚Dunkelblonde, holt zum Schlag mit seiner Hand gegen den anderen aus.
2	0,5	Normal-sicht	Groß	–	Gesicht des ‚Kopftuchträgers'.		Unscharf und schnell: Schmerz verzerrtes Gesicht des ‚Kopftuchträgers'.
3	0,5	Normal-sicht	Groß	–	Füße auf Teerboden.		Eisenstange fällt vor Füße auf Teerboden.
4	< 0,5	Normal-sicht	Detail	–	Haarschopf des ‚Kopftuchträgers'.		Ähnlich wie Einstellung 2, nur noch schneller: Blonder Haarschopf des ‚Kopf-tuchträgers' huscht durchs Bild.
5	0,5	Normal-sicht	Halbnah	–	Beide Männer stehen noch immer neben dem Boot. ‚Dunkelblonder' steht mit Rücken zur Kamera gegenüber des ‚Kopftuchträgers'.		‚Dunkelblonder' zieht Kopf des ‚Kopf-tuchträgers' nach hinten und stößt diesen heftig gegen das Boot.

Einstel-lung	Dauer in sec	Kamera				Bildinhalt	
		Per-spektive	Ein-stellung	Bewe-gung	Dekor		Handlung
6	2	Normal-sicht	Groß	–	Wie Einstellung 3.		‚Kopftuchträger' fällt rückwärts zu Boden.
7	0,5	Normal-sicht	Groß	–	Seitenansicht des Hinterkopfes des ‚Dunkelblonden', nur die Haare sind zu sehen.		‚Dunkelblonder' beugt sich nach vorne.
8	6	Erst Unter-, dann Normal-sicht	Halbnah	Kamera fährt nach vorne und schwenkt dann nach unten	Zuerst ‚Dunkelblonder' von vorne zu sehen (Untersicht), dann ‚Kopftuchträger' am Boden.		‚Dunkelblonder' geht rückwärts und schleift ‚Kopftuchträger' an den Füßen über den Boden.
9	11	Unter-sicht	Nah	Kamera fährt nach vorne	Kopf des ‚Dunkelblonden', darüber Schiffsrumpf (schwer erkennbar).		‚Dunkelblonder' zieht ‚Kopftuchträger' unter ein Boot und schaut sich dabei immer wieder um.
10	2	Normal-sicht	Nah	–	‚Kopftuchträger' von der Seite zu sehen.		‚Kopftuchträger' liegt am Boden.
11	10	Leichte Aufsicht	Totale	Langsames ruckartiges hin-zoomen	‚Kopftuchträger' unter dem Boot. Boot am oberen Bildschirmrand erkennbar, ‚Dunkelblonder' rechts daneben.		‚Dunkelblonder' kommt unter dem Boot hervor, nimmt eine Fernbedienung, die am Boot liegt, in die Hand, betätigt diese und das Boot senkt sich in Richtung ‚Kopftuchträger', der am Boden liegt.

Einstel-lung	Dauer in sec	Kamera			Bildinhalt	
		Per-spektive	Ein-stellung	Bewe-gung	Dekor	Handlung
12	4	Normal-sicht	Nah	–	‚Dunkelblonder' von der Seite.	‚Dunkelblonder' schaut nach oben, wo Schiffskran zu vermuten ist, dann blickt er in Richtung ‚Kopftuchträger'.
13	2	Normal-sicht	Nah	–	Wie Einstellung 10.	‚Kopftuchträger' liegt am Boden, Boot kommt von oben ins Bild rein und bewegt sich weiter auf ‚Kopftuchträger' zu.
14	1	Normal-sicht	Nah	–	‚Dunkelblonder' rechts im Bild von vorne, älterer Mann von hinten links im Bild.	Älterer Mann schlägt ‚Dunkelblonden' mit Handkantenschlag auf dessen Hals.
15	1	Normal-sicht	Nah	–	Wie Einstellung 10.	Boot senkt sich weiter und kommt kurz vor Berührung des ‚Kopftuchträgers' zum Stehen.
16	1	Leichte Aufsicht	Halb-totale	–	‚Dunkelblonder'.	‚Dunkelblonder' fällt zu Boden.
17	15	Normal-sicht	Nah	Kamera schwenkt nach oben	Erst nur ‚Kopftuchträger', dann zusätzlich noch älterer Mann aus Einstellung 14 in Uniform der Küstenwache von vorne.	Älterer Mann hilft ‚Kopftuchträger' unter dem Boot heraus, nimmt ihn in die Arme, sie sprechen miteinander.

Sequenz: 5   Film: „Die letzten Venezianer" von Sorin Dragoi und Alina Teodorescu, 1998, Dieter Horres und Hochschule für Fernsehen und Film München

Gesamtdauer: 50 sec   Bemerkungen: Dokumentation; 16:9–Format; nur harte Schnitte

Einstel-lung	Dauer in sec	Kamera			Bildinhalt	
		Per-spektive	Ein-stellung	Bewe-gung	Dekor	Handlung
1	4	Normal-sicht	Weit	–	Marktplatz, im Hintergrund vierstöckige Häuserfront, milder Sonnenschein, Tauben, ein Brunnen, vereinzelt Bäume, eine Parkbank und diverse Passanten.	Tauben tummeln sich, Passanten überqueren den Platz.
2	8	Normal-sicht	Totale	–	Parkbank aus Einstellung 1, jetzt von entgegengesetzter Seite aus, diverse Passanten in herbstlicher Kleidung, öffentlicher Wasserhahn in Steinsockel, Hauswand in Hintergrund, Tauben.	Mann in Gummistiefeln und weißer Schürze über Anorak hängt türkisfarbenen Eimer an den Wasserhahn und geht weiter. Frau mit Hund geht an Kamera vorbei. Mann mit langem Bart und Zeitung in der Hand setzt sich auf die Bank und raucht eine Zigarette.
3	4	Normal-sicht	Totale	–	Ladenfront mit geöffneter Tür, Mann in weißem Kittel im Laden durch offene Tür erkennbar, übereinander gestellte Hocker vor dem Laden, rechts im Bild ein Mülleimer mit zwei Mülltüten davor, Tauben.	Mann im Laden trinkt im Stehen einen Kaffee.
4	4	Normal-sicht	Totale	–	Zwei Türen in einer Häuserfront, auf linker Tür steht „Hotel", rechte Tür ist offen, ein älterer Mann.	Älterer Mann steht im Türrahmen.
5	3	Normal-sicht	Halbnah	–	Ein älterer Mann, Fenster.	Älterer Mann steht am Fenster, liest etwas, was er in seinen Händen hält.

Einstel- lung	Dauer in sec	Kamera			Bildinhalt		
		Per- spektive	Ein- stellung	Bewe- gung	Dekor		Handlung
6	5	Leichte Unter- sicht	Totale	–	Zwei Fenster in Häuserfront, linkes Fen- ster ist offen, eine Frau, Fensterreiniger auf Fensterbrett, rechtes Fenster ist ge- schlossen.		Frau putzt stehend geöffnetes Fenster.
7	4	Normal- sicht	Totale	–	Häuserfront mit Türrahmen und zwei ge- schlossenen Fensterläden. Zwei Männer mittleren Alters, der eine in Jeans und Pullover, der andere in beiger Geschäfts- kleidung.		Mann im Pullover kehrt vor der Tür, Mann in Geschäftskleidung liest Zeitung.
8	4	Normal- sicht	Totale	–	Zwei Fenster mit grünen Fensterläden, im rechten geöffneten Fenster ein Mann mittleren Alters, unter Fenstern eine rote Markise mit weißer Aufschrift „Pizzeria Antico".		Mann schaut aus Fenster und kaut etwas.
9	6	Normal- sicht	Weit	–	Zwei halb aufgebaute Marktstände auf einem Marktplatz, rechts im Hintergrund zweistöckige Häuserfront, die in eine breite Gasse hineinführt.		Marktstände werden auf- oder abgebaut.
10	4	Normal- sicht	Halbnah	Zoom weg	Zwei ältere Männer in Anzug von hinten nebeneinander, der eine mit Hut, Baum- stamm und Häuserwand im Hintergrund.		Männer schlendern und unterhalten sich angeregt.
11	4	Normal- sicht	Nah	–	Eimer und Wasserhahn aus Einstellung 2.		Wassereimer läuft über.

Sequenz: 6 Film: Gefechtssimulation aus Force XXI, ARTE, 09.05.1996
Gesamtdauer: 42 sec Bemerkungen: Computeranimation; 4:3-Format; nur harte Schnitte

Einstel-	Dauer	Kamera			Bildinhalt	
lung	in sec	Per- spektive	Ein- stellung	Bewe- gung	Dekor	Handlung
1	2	Leichte Aufsicht	Weit	Kamera fährt nach vorne	Dunkelgelber Boden (Wüste), Horizont in der Mitte des Bildes, hellgelber Himmel, links im Vordergrund grauer Kasten (Panzer), hinten rechts im Hintergrund auf Horizontlinie kleiner schwarzer Kasten mit großer grauer Rauchwolke.	Panzer bewegt sich nach vorne und feuert in Richtung kleiner schwarzer Kasten.
2	1	Normal- sicht	Totale	Kamera fährt nach rechts	Gleiche Landschaft wie Einstellung 1, grauer Kasten, nun besser als Panzer erkennbar, in Seitenansicht.	Panzer fährt vorwärts, schießt, Feuerwolke entsteht.
3	5	Erst Aufsicht, dann Normal- sicht	Erst weit, dann Halb- totale	Fahrt nach unten und ran	Landschaft wie Einstellung 1, hellgrauer Kasten (Bunker) in der Mitte.	Aus getroffenem Bunker kommt Stichflamme.
4	2	Normal- sicht	Totale	Kamera fährt nach rechts hinten	Wie Einstellung 2, nur Panzer schräg nach vorne.	Panzer fährt vorwärts, schießt, Feuerwolke entsteht.

Einstel-lung	Dauer in sec	Kamera			Bildinhalt	
		Perspektive	Einstellung	Bewegung	Dekor	Handlung
5	3	Leichte Aufsicht	Weit	–	Landschaft wie Einstellung 1, schwarzer LKW weiter weg nach links versetzt. Mittig vorne schwarzer Panzer. Beide Fahrzeuge von hinten.	Kleine Stichflamme entsteht auf schwarzen Panzer, Panzerrohr schwenkt von rechter linker Seite. Große Feuerwolke kommt aus Panzer, Panzer zerfällt in zwei Teile.
6	6	Aufsicht	Totale	–	Landschaft wie Einstellung 1, links Bunker, rechts schwarze Flecken auf Boden.	Mehrere Einschläge rechts vom Bunker nacheinander, schließlich Einschlag im Bunker, dieser brennt dann.
7	1	Normalsicht	Totale	–	Grauer Himmel, graue Betonklötze (Häuser, erdgeschossig, ohne Dach), gelber Wüstenboden. Vor einem Betonklotz ein Mensch.	Mensch (Soldat) feuert.
8	4	Leichte Aufsicht	Totale	Kamera fährt nach rechts	Wie Einstellung 2.	Grauer Panzer fährt vorwärts, Panzer schießt, dabei entstehen mehrere kleine Feuerwolken.
9	4	Leichte Aufsicht	Weit	–	Viele graue Klötze siedlungsartig aneinander geordnet, grauer Himmel, gelber Wüstenboden.	Nacheinander zwei große Stichflammen aus Klötzen (vermutlich Einschläge).
10	2	Leichte Aufsicht	Totale	–	Wie Einstellung 7.	Stichflammen aus einem Haus.
11	<1	Normalsicht	Totale	–	Wie Einstellung 7.	Ein Haus brennt.
12	<1	Normalsicht	Totale	–	Wie Einstellung 7.	Ein Mann schießt.

Einstel- lung	Dauer in sec	Kamera			Bildinhalt	
		Per- spektive	Ein- stellung	Bewe- gung	Dekor	Handlung
13	<1	Normal- sicht	Totale	–	Grauer Himmel, gelber Wüstenboden, in der Mitte schwarzer Panzer von hinten.	Feuerwolke brennt vor dem Panzer.
14	5	Normal- sicht	Erst weit, dann Totale	Kamera fährt nach rechts	Wie Einstellung 9.	Siedlung brennt, große schwarze Rauch- wolken steigen auf.

Sequenz: 7 Film: Homevideo eines amerikanischen Ehepaars, RTL Explosiv, 13.07.1999
Gesamtdauer: 32 sec Bemerkungen: Aufzeichnung einer Überwachungskamera; RTL–Emblem in linker oberer Ecke; 4:3-Format; Schwarzweiß-Aufnahme; helles Aufleuchten zwischen den Einstellungen

Einstel-lung	Dauer in sec	Kamera			Bildinhalt	
		Per-spektive	Ein-stellung	Bewe-gung	Dekor	Handlung
1	16	Aufsicht	Halb-totale	–	Ecksicht auf Kinderzimmer. An der linken Seite ein Kinderbett mit Gitterstäben an den Seiten. Darin ein Kleinkind mit dunklen Haaren. An der hinteren Wand ein Fenster und eine Kommode. Vor dem Kinderbett eine Frau in weißer Bluse, dunklem Rock und hochgestecktem Haar.	Kleinkind hält sich mit Händen an Gitterstäben fest. Frau beugt sich zum Kind und schlägt es dreimal auf den Hinterkopf. Kind fällt ins Bett zurück. Frau stellt Kind wieder an Gitterstäbe. Frau geht einen Schritt zurück und beugt sich so vor, dass sie mit dem Kind Blickkontakt hat. Frau geht nah ans Kind ran und trommelt diesem mit beiden Fäusten auf den Hinterkopf. Frau geht wieder einen Schritt zurück.
2	16	Aufsicht	Halb-totale	–	Wie Einstellung 1.	Frau steht vor dem Bett dem Kind gegenüber, dieses hält sich an den Gitterstäben fest. Frau schlägt mit rechter Faust einmal auf rechte Hand des Kindes. Sie beugt sich zum Gesicht des Kindes vor und schlägt noch einmal mit ihrer linken Hand auf die linke Hand des Kindes. Dann mit der anderen Hand das gleich noch mal. Dann beugt sie sich vor und küsst das Kind auf den Hals, richtet sich dann leicht auf und beginnt mit ihren Handknochen am Hinterkopf des Kindes zu rubbeln.

Sequenz: 8
Gesamtdauer: 100 sec

Film: „Die Bettlektüre" von Peter Greenaway, 1996
Bemerkungen: Kinofilm; wechselndes Format (bis Einstellung 5 16:9-Format, in Einstellung 6 geht oberer schwarzer Balken weg, in Einstellung 7 auch der untere Balken); fließende Übergänge

Einstel-lung	Dauer in sec	Kamera			Bildinhalt		
		Per-spektive	Ein-stellung	Bewe-gung	Dekor		Handlung
1	21	Normal-sicht	Halbnah	–	Innenraum. Farben: bläulich schwarz. Weiße freistehende Badewanne, darin eine nackte asiatische Frau, in Schultersicht, im Hintergrund ein Spiegel, daneben große asiatische Schriftzeichen an der Wand.		Frau lehnt sich mit verschränkten Armen auf Badewannenrand, Kinn ist auf ihre Hand gestützt, ihr Blick geht ins „Nichts". Frau dreht Kopf nach Spiegel um, wendet sich mit ganzem Oberkörper dem Spiegel zu und beginnt mit ihrem Zeigefinger in den Wasserdampf auf dem Spiegel zu malen.
2	7	Normal-sicht	Groß	–	Gesicht und Arm der Frau.		Frau malt.
3	5	Normal-sicht	Halbnah	–	Wie Einstellung 1		Frau nimmt schwarzen Stift und beginnt das in Wasserdampf Geschriebene (asiatische Schriftzeichen) nachzuzeichnen.
4	6	Normal-sicht	Groß	–	Hand vor Spiegel, Spiegelbild des Kopfes der Frau.		
5	10	Normal-sicht	Halbnah	–	Wie Einstellung 1.		Frau beendet das Zeichnen.
6	9	Normal-sicht	Groß	–	Gesicht der Frau, Schultern sind nun bekleidet. Linke Hand mit Pinsel.		Frau hebt den Pinsel, mit Spitze nach unten, hoch und betrachtet diesen.

Einstel-lung	Dauer in sec	Kamera			Bildinhalt		
		Per-spektive	Ein-stellung	Bewe-gung	Dekor	Handlung
7	23	Erst Aufsicht, dann Normal-sicht	Groß	Kamera schwenkt nach oben	Erst nackter Oberschenkel der Frau auf denen schwarze Schriftzeichen aufgemalt sind, dann Bauch der Frau, sie trägt einen schwarzen Spitzenslip.	Frau sitzt und malt erst auf Oberschenkel, dann auf ihren Bauch, mit Pinsel schwarze asiatische Schriftzeichen.
8	11	Normal-sicht	Ameri-kanisch	–	Schlafzimmer: Frau in schwarzer Unterwäsche vor einem hellen Bett, dahinter ein dunkelbrauner antiker Regalschrank vor einer weißen Wand.	Frau steht, sie breitet ihre Arme aus und betrachtet ihre Körpermalerei.
9	8	Senk-rechte Aufsicht	Nah	–	Schwarze Tinte, Ausguss einer weißen Badewanne.	Tinte fließt in den Ausguss ab.